广东省信用管理师职业技能指定培训
国家职业资格（一级、二级、三级）鉴定培训校

信用管理师
（职业技能）

广东省职业技能鉴定指导中心 组织编写
主　编　周启运　陈　文　马　毅
副主编　吴健鹏　蒋致远　刘利　赵振华　高　雁

微信扫一扫 索取教学资源

南京大学出版社

图书在版编目(CIP)数据

信用管理师：职业技能 / 周启运，陈文，马毅主编.
— 南京：南京大学出版社，2019.10
ISBN 978-7-305-22592-5

Ⅰ.①信… Ⅱ.①周… ②陈… ③马… Ⅲ.①企业管理—信贷管理—技术培训—教材 Ⅳ.①F830.56

中国版本图书馆 CIP 数据核字(2019)第 160660 号

出版发行	南京大学出版社
社　　址	南京市汉口路 22 号　　邮　编　210093
出 版 人	金鑫荣
书　　名	信用管理师(职业技能)
主　　编	周启运　陈　文　马　毅
责任编辑	邵　萍　武　坦　　　编辑热线　025-83592315
照　　排	南京南琳图文制作有限公司
印　　刷	南京人文印务有限公司
开　　本	787×1092　1/16　印张 18.5　字数 485 千
版　　次	2019 年 10 月第 1 版　2019 年 10 月第 1 次印刷
ISBN	978-7-305-22592-5
定　　价	47.00 元

网址：http://www.njupco.com
官方微博：http://weibo.com/njupco
官方微信号：njuyuexue
销售咨询热线：(025) 83594756

* 版权所有，侵权必究
* 凡购买南大版图书，如有印装质量问题，请与所购
　图书销售部门联系调换

信用管理师职业技能培训辅导用书
《信用管理师职业技能》编委会

主　任　李柏青
副主任　陈　文　周启运　洪　隽
主　编　周启运　陈　文　马　毅
副主编　吴健鹏　蒋致远　刘　利　赵振华　高　雁
编　委　（按姓氏笔画排名）
　　　　　冯泽联　乔印久　刘　利　杨冬梅　张淑芬　陈楚钟
　　　　　陈基海　罗　婷　庞素琳　洪　隽　钟　萍　赵振华
　　　　　胡俊枫　胡美香　高　雁　唐志雄　夏　靖　黄琼珍
编　写　（按姓氏笔画排名）
　　　　　马　毅　乔印久　刘　利　杨冬梅　吴健鹏　张淑芬
　　　　　陈　文　陈楚钟　陈晓林　罗　婷　钟　萍　周启运
　　　　　赵振华　胡俊枫　高　雁　夏　靖　黄琼珍　蒋致远
　　　　　廖盛华

前 言

《信用管理师职业技能》(以下简称《技能》)是根据《信用管理师职业标准》的要求,以《广东省信用管理师职业资格培训教程》(以下简称《教程》)为基础,整合与归纳《教程》实用性的重点、要点内容为原则进行编写,力求体现"以市场需求为导向,以职业技能为核心"的指导思想,突出了专业培训特色。

本书在编写过程中,广泛参阅了我国新时代社会信用体系建设的理论研究新成果,借鉴了全国各地社会信用体系建设探索与实践经验,增加了部分新内容,力求体现信用管理师职业技能与时俱进的时代特色。

《技能》分信用管理师基础知识、公共信用管理、企业信用管理、信用风险管理、征信与评估等五个模块进行归类编写,既借鉴过去的方式,也融合建立起新的逻辑框架,力求涵盖信用管理师应掌握的内容,拓宽了信用管理师的视野,为培养复合型、应用型的信用管理人才服务,也可作为信用管理在职人员的专业培训教材或自学用书。

本书在编写过程中得到国内不少信用管理专家的悉心指导,对本书的编写提出了许多宝贵的指导意见,在此谨表谢意!同时,感谢广东中天弘信用管理有限公司对本书编写工作的大力支持。

由于时间仓促,水平有限,难免有疏漏不妥之处,敬请批评指正!

编　者

2019 年 9 月

目 录

第一章 信用管理师基础知识 … 1
第一节 信用基本知识 … 1
一、信用与信用产业 … 1
二、信用工具 … 3
三、相关信用概念辨析 … 8
第二节 社会信用体系 … 9
一、社会信用体系内涵 … 9
二、社会信用体系构架与功能 … 9
三、失信惩戒机制 … 11
四、发达国家社会信用体系建设模式 … 13

第二章 公共信用管理 … 16
第一节 公共信用管理内容 … 16
一、公共信用管理特点 … 16
二、公共信用管理基本内容 … 17
三、公共信用评价 … 20
四、信用监管 … 31
五、城市信用监测 … 34
六、信用修复 … 40
第二节 我国社会信用体系建设 … 43
一、我国社会信用体系建设历程 … 43
二、我国社会信用体系建设特点 … 44
三、我国社会信用体系建设重要文件解读 … 45
四、我国社会信用体系建设实践经验 … 47

第三章 企业信用管理 … 51
第一节 企业信用管理模式 … 51
一、"3+1"信用管理模式 … 51
二、全程信用管理模式 … 52
三、双链条信用管理模式 … 54
四、"3+3"信用管理模式 … 55
第二节 企业信用管理制度 … 56
一、企业信用管理部门设计 … 56

· 1 ·

二、企业信用管理制度设计 ………………………………………………… 62
　　三、企业信用管理流程 …………………………………………………… 64
第三节　企业信用政策 ………………………………………………………… 74
　　一、企业信用政策的内容 ………………………………………………… 74
　　二、信用政策的类型 ……………………………………………………… 75
　　三、产品销售信用政策 …………………………………………………… 77
第四节　客户赊销与授信 ……………………………………………………… 84
　　一、赊销合同技术条款设计 ……………………………………………… 84
　　二、赊销风险管理流程 …………………………………………………… 85
　　三、客户授信管理 ………………………………………………………… 86
第五节　客户档案管理 ………………………………………………………… 100
　　一、建立客户信用档案 …………………………………………………… 100
　　二、管理客户信用档案 …………………………………………………… 104
　　三、更新客户信用档案 …………………………………………………… 105
　　四、服务和解读客户信用档案 …………………………………………… 105
第六节　应收账款管理 ………………………………………………………… 106
　　一、期内应收账款管理 …………………………………………………… 106
　　二、逾期应收账款管理 …………………………………………………… 116
　　三、商账追收 ……………………………………………………………… 123
　　四、应收账款融资 ………………………………………………………… 133

第四章　信用风险管控 ………………………………………………………… 142
　第一节　商业银行信用风险管控 …………………………………………… 142
　　一、商业银行信用风险管控原理 ………………………………………… 142
　　二、商业银行信用风险新特点 …………………………………………… 143
　　三、商业银行信用风险管控模式变革路径 ……………………………… 143
　第二节　小微客户的风险评估技术 ………………………………………… 145
　　一、小微客户评估原则与步骤 …………………………………………… 145
　　二、小微客户资信评估方法 ……………………………………………… 146
　　三、小微客户资信评估内容 ……………………………………………… 152
　　四、小微企业常见风险与控制 …………………………………………… 157
　第三节　信用风险法律管控 ………………………………………………… 164
　　一、合同中常见风险 ……………………………………………………… 164
　　二、合同信用风险法律管控指引 ………………………………………… 166
　　三、合同各阶段风险法律管控 …………………………………………… 168
　　四、赊销中常见风险法律管控 …………………………………………… 169
　第四节　信用担保 …………………………………………………………… 172
　　一、信用风险转移工具 …………………………………………………… 172
　　二、信用担保功能与方式 ………………………………………………… 173
　　三、担保项目操作流程 …………………………………………………… 174

四、反担保措施的设计	182
第五节 信用保险与保理	188
一、国内信用保险	188
二、出口信用保险	188
三、保理服务	196

第五章 征信评估 205

第一节 个人征信与评分 205
- 一、个人征信内容 205
- 二、个人征信规范 207
- 三、个人信用评分模型与应用 208
- 四、个人信用评分方法的发展对社会治理的作用 223
- 五、个人信用报告 224

第二节 企业征信与评估 226
- 一、企业征信内容 226
- 二、企业征信渠道 230
- 三、企业征信技巧 232
- 四、企业评估方法 233
- 五、企业征信报告 243

第三节 征信中的侵权救济 245
- 一、征信侵权行为及救济方式 245
- 二、征信异议处理 246
- 三、征信投诉处理 248

第四节 信用评级 250
- 一、评级相关概念辨析 250
- 二、评级业务流程 251
- 三、指标及权重的确定 252
- 四、评级的分析框架 253
- 五、债项评级 255
- 六、信用评级报告 259

参考文献 286

第一章 信用管理师基础知识

第一节 信用基本知识

一、信用与信用产业

（一）信用概念

人类历史发展到今天，"信用"这个词已经包含着极其丰富的内涵，对于信用（Credit）的概念，基于不同的角度、不同的立场，会得出不同的界定。

1. 广义信用概念

从社会学角度看，一般把信用界定为信任、诚信、相信，即言（承诺）与行（行为）的统一。这是从道德范畴所界定的信用，是一种广义的信用概念。它是一切社会活动和经济活动的基础。人与人之间只有互相信任，才会发生社会交往或者经济往来。这需要相互之间有值得信任的记录以及值得信赖的表现，这就是诚信。

2. 狭义信用概念

从经济学和金融学的角度看，通常把信用界定为以偿还和付息为基本特征的借贷活动。这是一种狭义的信用概念，它以按期偿还为条件的交易关系和价值转移方式，形成交易主体间的债权债务关系。仅就经济活动而言，各种交易活动都要以信用为前提条件，所以说现代经济就是信用经济。

从上述对"信用"概念的解释中，可以归纳概括出信用的两个层面的含义：一是伦理道德信用，即基于伦理道德价值判断的信用范畴，是指人们履行义务或责任的意愿和行为；二是契约经济信用，即基于经济价值判断的信用范畴，是指经济交易活动中经济主体（主要是受信人）按期履约的意愿和行为。

3. 信用衍生含义

学者吴晶妹认为，信用是获得信任的资本。信用是其拥有者社会关系与经济交易活动的价值体现。信用由意愿、能力与行为结果构成，最终通过社会关系的声誉、经济交易的授信额度、行为记录与评价表现出来。

信用是信用拥有者在社会关系、经济交易等活动中以自己的意愿、能力、行为获得他人信任而实现的价值。获得信任的标志或结果就是获得机会、形成社会关系、达成信用交易。

信用拥有者即信用主体，包括政府、企业、自然人等。信用是信用主体的一种资本，是一种价值实现，是一种财富，可交易、可度量、可管理，具有社会价值、经济价值和时间价值。

在现代经济中，资本不再仅仅由实物财富构成，除了土地房屋、劳动力，还有各种各样的非实物财富构成,如知识、信用等。

(二) 信用的基本特征

经济交易活动中所产生的信用行为和信用关系形成了信用的基本结构,这种基本结构由信用主体、信用客体、信用条件、信用载体、信用内容、信用方式、信用类型等要素组成,具有以下基本特征。

1. 社会性

信用的社会性首先体现在社会心理因素上。信用以信任为前提和基础,是一种特殊的社会心理现象。其次,信用体现一种社会关系。信用是发生在授信人和受信人之间的社会关系。众多的授信人和受信人发生信用关系,行为主体时而是受信人,时而是授信人,身份会不断地变化。在现代社会,信用关系逐步深入到社会生活的方方面面,因而现代市场经济实质上是由错综复杂的信用关系编织而成的巨大社会关系网络。

2. 伦理性

信用属于伦理学的概念范畴,体现为一种约束人们行为的道德准则。信用不仅仅是一种社会关系,也不仅仅是一种交易方式,更是人类社会的一种价值观。诚实守信会得到社会的推崇和信任,失信则会遭受谴责。当人们都认同并遵循这种价值观和道德准则时,社会信用环境就会优化,失信的行为就会减少。

3. 契约性

信用靠契约维系,信用总是在交易双方的认同基础上产生的,这种认同可以是有形的契约,也可以是无形的契约,可以是普遍的规则认同,也可以是仅适用于双方的特例。契约的履行要求经济主体必须具有主观上遵守承诺、履行义务的道德品格,客观上具有兑现或偿付的能力。因此,信用包括品格信用和资产信用两个层次,守信是信用意愿和信用能力的统一。

4. 偿本付息

经济范畴里的信用,其基本特征就是偿还和付息,即信用是一种借贷行为,借贷的条件就是到期要按时偿还本金,并支付使用资金的代价——利息。通过信用方式融资,促成了资金的再分配和利润率的平均化;加速了资本的集中和积累;可以节省流通费用,加速资本的周转。

5. 风险性

任何信用都有既定的期限性,即未来某个时间偿还。而未来具有不确定性,不确定性意味着风险性。风险性要求获得等价的价值补偿或回报。因此,可以说信用是基于信任心理而表现为多种形式,最终是为了获得"价值偿付"。这种偿付包括交易中商品"物有所值""货真价实""履行契约"等多种形式。

(三) 信用产业

信用产业是指专门从事信用信息采集整理和加工,并提供相关信用产品和服务的产业总称。信用产业的诞生源于社会信用的缺失,信用产业的发展压缩了失信者的生存和发展空间,信用产业是市场经济自身的规范力量,是市场经济不可缺少的一部分。借用欧美的标准,信用产业可分为信用信息服务和信用管理咨询两块。

1. 信用信息类产品生产行业

信用信息类产品生产行业以生产征信产品为主,其业务取向是信用信息的采集、处理和合法传播,降低信用交易双方的信息不对称性,将信用信息产品的生产用于客户风险的事先防范。信用信息类产品生产行业包括企业资信调查业、消费者个人资信调查业、财产征信业、市场调查业和资信评级业。

2. 信用管理咨询服务行业

信用管理咨询服务类似管理顾问式的服务,主要是建立企业信用管理的信用顾问服务、逾期应收账款诊断服务、信用管理功能优化服务、客户档案建设服务、赊销合同管理服务等。信用管理咨询服务行业包括保理业、应收账款管理与追收业、信用保险业、信用管理咨询业和信用管理培训业。

随着社会信用服务业专业化、规范化、信息化的发展,信用产业逐步要与其他产业进行对接。在一定的地理区域内,信用服务企业以信用产品、信用服务、信用技术和资本等为纽带与周边企业结成一种具有价值增值的横向及纵向的战略联盟关系。这些环节是相互联动、相互制约、相互依存的一个有机整体,依托于共同平台,依据特定的逻辑关系和时空布局关系形成了链条式关联关系形态,从而具备了产业链的基本特征,构成了社会信用服务业的产业链。

3. 社会信用服务业产业链与传统产业链存在的区别

传统产业链具有显著的上下游衔接的链条形式,而社会信用服务业产业链是一个由多种复杂联系环节所形成的相互联系、相互作用的系统。随着社会信用服务业专业化、规范化、信息化的发展,信用产业逐步要与其他产业进行对接。在一定的地理区域内,信用服务企业以信用产品、信用服务、信用技术和资本等为纽带与周边企业结成一种具有价值增值的横向及纵向的战略联盟关系。

二、信用工具

(一) 信用工具内涵

信用工具又称金融工具,是指以书面形式发行和流通,借以保证债权人或投资人权利的凭证,是资金供应者和需求者之间进行资金融通时,用来证明债权的各种合法凭证。

一般来说,信用工具由五大要素构成:① 面值,即凭证的票面价格,包括币种和金额;② 到期日,即债务人必须向债权人偿还本金的最后日期;③ 期限,即债权债务关系持续时间;④ 利率,即债权人获得收益的水平;⑤ 利息的支付方式。

(二) 信用工具分类

随着信用在现代经济生活中的不断深化和扩展,信用工具种类越来越多,从不同的角度可以进行不同的划分。

1. 按信用形式划分

按信用形式可分为商业信用工具,如各种商业票据等;银行信用工具,如银行券和银行票据等;国家信用工具,如国库券等各种政府债券;证券投资信用工具,如债券、股票等;消费信用工具,如信用卡等。

2. 按期限划分

按期限可分为短期信用工具和长期信用工具。长期与短期的划分没有一个绝对的标准,一般以 1 年为界限,信用工具的有效期在 1 年以上的为长期信用工具,1 年以下(含 1 年)则为短期信用工具。

短期信用工具主要是指国库券、各种商业票据，包括汇票、本票、支票以及大额可转让定期存单、证券回购协议等。西方国家一般把短期信用工具称为"准货币"，这是由于其偿还期短，流动性强，可以变现，近似于货币。

长期信用工具通常是指有价证券，主要有长期企业债券、长期国家债券和股票等。

3. 按融资方式划分

按融资方式可分为直接融资工具和间接融资工具。直接融资工具包括政府发行的国家债券、地方政府债券，企业发行的企业债券、股票和商业票据。间接信用工具包括银行票据、大额可转让定期存单等。

4. 按投资者所拥有的权利划分

按投资者所拥有的权利可分为债权工具、股权工具和混合工具。债权工具的代表是债券，股权工具的代表是股票，混合工具的代表是可转换公司债券和证券投资基金。

（三）商业信用工具

商业信用工具主要是商业票据。它是在商业信用中，表明债务人有按照约定期限无条件向债权人偿付债务的义务的合法凭证。商业票据有本票（又称期票）和汇票两种。

本票是债务人对债权人发出的在一定时期内支付款项的债务证书。

汇票是债权人签发给债务人令其支付一定款项给第三人或持票人的支付命令书。由于商业汇票是由债权人发出的，这就必须在债务人承认兑付后才能生效。所谓承兑是商业汇票上的付款人在商业汇票上签字，承诺在到期日支付汇票金额的票据行为。根据承兑人的不同，商业汇票分为商业承兑汇票和银行承兑汇票。

1. 商业承兑汇票

承兑如果由企业做出，就叫商业承兑汇票。债务人如果不能按期如数付款，将由承兑人直接付款。

2. 银行承兑汇票

承兑如果由银行或金融企业做出，就叫银行承兑汇票。银行承兑汇票大大提高了商业票据的信用能力，因为债务人不能按期如数付款，将由银行直接付款。银行承兑汇票是由承兑申请人签发，并由承兑申请人向开户银行申请，经银行对客户的资信情况、交易背景情况、担保情况进行审查，同意承兑的票据，我国银行承兑汇票是商业信用中主要的信用工具。

（四）银行信用工具

银行信用工具主要是银行票据。银行票据是在银行信用基础上产生的票据，包括银行本票、银行汇票和银行支票。

1. 银行本票

银行本票是申请人将款项交存银行，由银行签发的承诺自己在见票时无条件支付确定的金额给收款人或者持票人的票据，银行本票见票即付，当场抵用，付款保证程度高。

2. 银行汇票

银行汇票是指汇款单位或个人将款项交存银行，由银行签发汇票给收款单位或个人持往外地办理转账或支取现金的结算凭证。特别适用于异地采购的结算，银行汇票的提示付款期限为自出票日起 1 个月。

银行汇票与银行承兑汇票同属于汇票系,但二者之间有着明显的区别,是两个不同的概念。

(1) 出票人不同。银行汇票是由出票银行签发的,由其在见票时按照实际结算金额无条件支付给收款人或者持票人的票据。银行承兑汇票是由银行以外出票人签发的,委托付款人在指定日期无条件支付确定金额给收款人或者持票人的票据。

(2) 付款人不同。银行汇票的出票银行为银行汇票的付款人。银行承兑汇票由银行承兑,其付款人不是出票人,而是承兑人。

(3) 提示付款期限不同。银行汇票的提示付款期限自出票日起 1 个月。银行承兑汇票的提示付款期限,自汇票到期日起 10 日。

(4) 款项结算方式不同。单位和个人各种款项结算,均可使用银行汇票。银行汇票可以用于转账,填明"现金"字样的银行汇票也可以用于支取现金。

银行承兑汇票持票人在票据到期时,可以承兑、委托收款或者贴现。

3. 银行支票

我国《票据法》中对银行支票的定义是:"支票是出票人签发的,委托办理支票存款业务的银行或者其他金融企业在见票时无条件支付确定的金额给收款人或其持票人的票据。"或者说,银行支票是银行的活期存款人通知银行在其存款额度内,无条件支付一定金额给持票人或指定人的书面凭证。支票可用于同城或票据交换地区,支票付款期为 10 天。

(五) 信用衍生工具

信用衍生工具又称信用衍生产品,是一种金融合约,是用来分离和转移信用风险的各种工具和技术的统称。信用衍生产品,经过四十多年的发展历程,在全球迅速发展且日趋成熟,比较有代表性的信用衍生产品主要有远期合约、期货合约、期权合约和互换协议等四种。

1. 远期合约

远期合约是在确定的未来某一日期,按照确定的价格买卖一定数量的某种资产的协议。

2. 期货合约

期货合约是在远期合约的基础上发展起来的一种标准化买卖合约。在期货合约中,交易的品种与规格、数量、期限、交割地点都是标准化的,唯一需要协商的就是价格。

3. 期权合约

期权合约即期权,又称选择权,是指它的持有者在规定的期限内具有按交易双方商定的价格购买或出售一定数量某种金融资产的权利。期权的标的资产包括股票、股票指数、外汇、债务工具、商品和期货合约。期权有两种基本类型,看涨期权和看跌期权,亦称买入期权和卖出期权。

4. 互换协议

互换协议包括货币互换协议和利率互换协议。货币互换协议包括外汇市场互换和资本市场互换。利率互换协议又称利率掉期,是指交易双方在一笔名义本金数额的基础上相互交换具有不同性质的利率支付,即同种通货不同利率的利息交换。

(六) 信用证

跟单信用证简称信用证(Letter of Credit,L/C),是指由银行(开证行)依照(申请人的)要求和指示或自己主动,在符合信用证条款的条件下,凭规定单据向第三者(受益人)或其指定方进行付款的书面文件。即信用证是一种银行开立的有条件的承诺付款的书面文件。

信用证有一定的融资担保功能,信用证是国际贸易中最主要、最常用的支付方式。

1. 信用证的基本特点

(1) 信用证是一种银行信用担保文件。在信用证项下,开证行负第一性付款责任,开证行的付款依据是单证相符,单单一致。信用证的主旨在于向受益人提供了一个付款担保,受益人一旦提交了符合要求的单据,便能得到偿付。受益人无须也不得直接找进口人付款,而是凭单据直接向付款行或开证行索偿。

(2) 信用证是独立于贸易合同之外的自足文件。信用证的开立虽然是以贸易合同为基础的,但是银行并未参与合同的签订,不是合同的当事人。信用证与合同是相互独立的两个契约。受益人依据信用证的规定缮制并提交单据,银行向受益人付款的依据是与信用证规定相符的单据。

(3) 信用证的标的是单据。信用证业务中,各有关当事人处理的是单据。信用证是凭相符单据付款的,信用证的开立和修改,必须明确据以付款、承兑或议付的单据。

2. 信用证的分类

(1) 以信用证项下的汇票是否附有货运单据划分为跟单信用证及光票信用证。跟单信用证是凭跟单汇票或仅凭单据付款的信用证。此处的单据指代表货物所有权的单据(如海运提单等),或证明货物已交运的单据(如铁路运单、航空运单、邮包收据)。光票信用证是凭不随附货运单据的光票(Clean Draft)付款的信用证。银行凭光票信用证付款,也可要求受益人附交一些非货运单据,如发票、垫款清单等。

在国际贸易的货款结算中,绝大部分使用跟单信用证。

(2) 以开证行所负的责任为标准可以分为不可撤销信用证和可撤销信用证。不可撤销信用证是指信用证一经开出,在有效期内,未经受益人及有关当事人的同意,开证行不能片面修改和撤销,只要受益人提供的单据符合信用证规定,开证行必须履行付款义务。可撤销信用证是指开证行不必征得受益人或有关当事人同意有权随时撤销的信用证,应在信用证上注明"可撤销"字样。但《UCP 500》规定:只要受益人依信用证条款规定已得到了议付、承兑或延期付款保付时,该信用证即不能被撤销或修改。它还规定,如信用证中未注明是否可撤销,应视为不可撤销信用证。

最新的《UCP 600》规定银行不可开立可撤销信用证(注:常用的都是不可撤销信用证)。

(3) 以有无另一银行加以保证兑付为依据,可以分为保兑信用证和不保兑信用证。保兑信用证是指开证行开出的信用证,由另一银行保证对符合信用证条款规定的单据履行付款义务。对信用证加以保兑的银行,称为保兑行。不保兑信用证是指开证行开出的信用证没有经另一家银行保兑。

(4) 根据付款时间不同,可以分为即期信用证、远期信用证和假远期信用证。即期信用证是指开证行或付款行收到符合信用证条款的跟单汇票或装运单据后,立即履行付款义务的信用证。远期信用证是指开证行或付款行收到信用证的单据时,在规定期限内履行付款义务的信用证。假远期信用证是指信用证规定受益人开立远期汇票,由付款行负责贴现,并规定一切利息和费用由开证人承担。这种信用证对受益人来讲,实际上仍属即期收款,在信用证中有"假远期"条款。

(5) 根据受益人对信用证的权利可否转让,可分为可转让信用证、不可转让信用证和红条款信用证。可转让信用证是指信用证的受益人(第一受益人)可以要求授权付款、承担延期付款责任,承兑或议付的银行(统称"转让行"),或当信用证是自由议付时,可以要求信用证中特别授权的转让银行,将信用证全部或部分转让给一个或数个受益人(第二受益人)使用的信用证。开证行在信用证中要明确注明"可转让",且只能转让一次。不可转让信用证是指受益人不能将信用证的权利转让给他人的信用证。凡信用证中未注明"可转让",即是不可转让信用证。红条款信用证是指可让开证行在收到单证之后,向卖家提前预付一部分款项。这种信用证常用于制造业。

3. 信用证业务中的当事人

开证申请人,即进口商,与出口商订立销售合同,委托银行开立信用证。

受益人:出口商,有权按照信用证的条款和条件提交单据要求兑取货款,履行信用证项下的义务后有权得到付款。

开证行:接受开证申请人的委托开立信用证并履行付款责任。

通知行:将信用证通知受益人。

议付行(交单行):接受并审核受益人提交的单据,代受益人收取货款。

4. 信用证交易的流程

一般遵循如下步骤:进口商申请开证→开证行开立信用证→信用证寄给议付行→信用证交予出口商→出口商送单议付并索汇→进口商与开证行清算,赎单提货。

5. 如何判断单据是否符合要求

(1) 单据与信用证表面相符。

例1:信用证规定最迟装运期为5月10日,提单的已装船批注日期是5月15日,与信用证规定的装运期不符。

例2:信用证规定货物装于木箱中(packed in wooden cases),单据表示为货物装于纸箱中(goods packed in cartons),与信用证规定不符。

(2) 单据与统一惯例相符。

例1:信用证规定CIF价,保险单表示保险比例低于发票金额的110%,属不符点。

例2:信用证没有规定最迟交单期,则单据应于装运日后21天内提交,晚于装运期后21天提交单据则属不符点。

(3) 与情理相符。

例1:信用证规定"shipment form Shanghai or Qingdao",提单的装货港照样表示成"Shanghai or Qingdao",不合情理,属不符点。

例2:信用证规定"Goods must be packed in boxes which effect to be indicated in the invoice",如果发票照样表示成"Goods must be packed in boxes"而不是"Goods have been packed in boxes",则属不符点。

(4) 发票中的货物描述必须与信用证的规定一致,其他单据可以使用货物统称,但不得与信用证的货物描述有抵触。

例1:信用证的货物描述是:Pakistanese blue poppyseed。质量报告书的货物描述是:Pakistanese blue (coloured) poppyseed。由于质量报告书的货物描述比信用证货物描述多了coloured(着色)一词,与信用证的描述冲突,不符合要求。

例2:商业发票照抄信用证上的货物描述后,添加了商标名称,这种添加内容对信用证描述的货物并未造成损害,可以接受。

6. 信用证在国际贸易中的作用与缺陷

信用证在国际贸易中具有安全保证、资金负担平衡和资金融通等作用。但是,信用证方式在国际贸易结算中也存在一些缺陷,比如容易产生欺诈等。一般而言,信用证欺诈的手段有:

(1) 利用假单据(合同、信用证、提单等)进行欺诈;

(2) 利用信用证的"软条款"进行欺诈;

(3) 利用"打包贷款"进行欺诈;

(4) 利用伪造修改书进行欺诈;

(5) 利用对开信用证进行欺诈。

7. 备用信用证

备用信用证(Standby Letters of Credit,SBLC),又称担保信用证,是指不以清偿商品交易的价款为目的,而以贷款融资,或担保债务偿还为目的所开立的信用证。备用信用证是集担保、融资、支付以及相关服务为一体的多功能金融产品,用途广泛,运作灵活,在国际商务活动中应用普遍。

(1) 备用信用证的特点及类型。

备用信用证在开立后就是一项不可撤销的、独立的、要求单据的、具有约束力的承诺,备用信用证的适用领域有国际担保、国际融资等。根据其应用领域的不同划分可分为履约备用信用证、预付款备用信用证、招投标备用信用证、对开备用信用证、融资备用信用证、直接付款备用信用证、保险备用信用证、企业备用信用证等类型。

(2) 备用信用证与一般信用证相比具有的优势。

① 一般商业信用证仅在受益人提交有关单据证明其已履行基础交易义务时,开证行才支付信用证项下的款项;备用信用证则是在受益人提供单据证明债务人未履行基础交易的义务时,开证行才支付信用证项下的款项。

② 一般商业信用证的开证行愿意按信用证的规定向受益人开出的汇票及单据付款,因为这表明买卖双方的基础交易关系正常进行;备用信用证的开证行则不希望按信用证的规定向受益人开出的汇票及单据付款,因为这表明买卖双方的交易出现了问题。

③ 一般商业信用证,总是货物的进口方为开证申请人,以出口方为受益人;而备用信用证的开证申请人与受益人既可以是进口方也可以是出口方。

(3) 备用信用证与银行保函之间的区别。

① 备用信用证是独立于交易合同的自足性契约;银行保函可以有从属性保函。

② 备用信用证的开证行负有第二性的付款责任;银行保函的担保行,可能承担第一性的付款责任,也可能承担第二性的付款责任。

③ 备用信用证常常要求受益人在索偿或索赔时出具即期汇票;银行保函不要求受益人索偿或索赔时出具汇票。

三、相关信用概念辨析

(一)诚信、信用与征信

诚信是人们诚实守信的品质与人格特征,说的是一个人恪守信用的主观意愿。它属于道德范畴,是一种社会公德,一种为人处世的基本准则。一个人诚信与否,是一个人主观上故意的行为,可以进行道德意义上的评判。

信用是一种行为,是指人们之间客观的交往关系,它在经济领域体现着"本质的、发达的生产关系"。所谓守信,就是坚守这种信用。人们常说的是人和人交往要"守信用",而不是说要"守诚信",原因就在于这两个词的含义不同。

征信本身既不是诚信,也不是信用,而是客观记录人们过去的信用信息并帮助预测未来是否履约的一种服务,是提高信用水平的手段和工具。

(二) 信用风险与信用危机

信用风险是指债务人或交易对手未能履行合同所规定的义务或信用质量发生变化从而给债权人或金融工具持有人带来损失的可能性。随着经济的发展和市场的逐步规范,信用风险的理念发生了根本变化。从传统的将信用风险视为一种成本、一种需要防范的风险,已发展到将其视为可以打包并买卖的有价值的商品,可以重新出售产品。

信用危机是行为主体由于自身信用缺失、信用过度或对危机事件处理不当,导致信誉急剧下降而引发的危机。信用风险不等于信用危机,信用危机与信用风险的区别可以概述为两点:一是信用风险是信用危机的诱因;二是并非所有的信用风险都会引发信用危机,只有当信用风险所造成的危害达到一定的程度时,才会演变为信用危机。

第二节 社会信用体系

一、社会信用体系内涵

社会信用体系是社会主义市场经济体制和社会治理体制的重要组成部分。它以法律、法规、标准和契约为依据,以健全覆盖社会成员的信用记录和信用基础设施网络为基础,以信用信息合规应用和信用服务体系为支撑,以树立诚信文化理念、弘扬诚信传统美德为内在要求,以守信激励和失信约束为奖惩机制,目的是提高全社会的诚信意识和信用水平。

社会信用体系的核心作用在于:记录社会主体信用状况,揭示社会主体信用优劣,警示社会主体信用风险,并整合全社会力量褒扬诚信,惩戒失信。可以充分调动市场自身的力量,净化环境,降低发展成本,降低发展风险,弘扬诚信文化。

二、社会信用体系构架与功能

(一) 社会信用体系基本构架

社会信用体系是一种社会机制,包括信用法制体系、信用数据技术支撑体系、信用征信体系、信用服务体系、信用教育体系、信用监管体系和失信惩戒机制等六个体系一个机制。

1. 信用法制体系

信用法制体系是我国建设社会信用体系的核心。有效的信用法制体系是指与信用有关的法律体系,不仅可以支持宏观层面的信用管理,还可以对微观层面所需要的信用信息的获取予以保障,在信用制度方面也发挥着重要作用。

2. 信用数据技术支撑体系

信用数据技术支撑体系是建立社会信用体系的重要基础设施。建立信用数据技术支撑体系，一是要从整合行政资源入手，把有关企业和个人信用的数据，作为重要的信用信息资源，有序开放，充分利用；二是在建立各部门基础数据库的同时，建立国家级和省级信用信息数据库和信息交换平台；三是有序开放信用信息数据库。

3. 信用征信体系

信用征信体系是建立现代信用体系的市场基础。征信体系指由与征信活动有关的法律规章、组织机构、市场管理、文化建设、宣传教育等共同构成的综合体系。社会征信体系是社会信用体系的基础和核心，市场经济是信用经济，建设信用经济的本质是健全社会信用体系，而社会信用体系建设的核心则是征信体系建设。

4. 信用服务体系

信用服务体系是我国建设社会信用体系的关键。信用服务体系是指以社会实体信用活动为基础，以公共部门、金融部门、企业为主要客户，以经营并销售信用信息与信用产品、提供专业化和社会化的信用服务为手段，立足于社会的信用信息管理与服务行业。信用服务体系已成为社会信用体系的重要组成部分。

5. 信用教育体系

信用教育体系建设是社会信用体系的一项长期的基础性工作。信用教育体系是指由与信用教育有关的机构、政策、教育资源组成的，促进信用教育发展的有机体系。信用教育可以为现代信用活动培养人才，是现代信用活动的有机组成部分，是社会信用体系的基础。

6. 信用监管体系

信用监管体系是指由行业监管部门、中央银行等组织对信用行业的规范、信用工具的投放、信用产业的发展进行的监督和协调机制。目前，我国的信用监管体系已成为建设社会信用体系的组织保证。

7. 失信惩戒机制

失信惩戒机制是社会信用体系正常发挥作用的保障。对失信者和失信行为不能给予及时、有力的惩戒，就是对失信者的鼓励，对守信者的惩罚。应综合运用法律、行政、经济、道德等多种手段，增加失信成本，使失信者付出与其失信行为相应的经济和名誉代价，直至被市场淘汰；使守信者得到各种方便和利益，获得更多的市场机会。

(二) 社会信用体系基本功能

1. 从本质属性看社会信用体系基本功能

从本质属性来看，社会信用体系具有记忆、揭示和预警功能。
(1) 社会信用体系具有记忆功能，能够保存失信者的纪录；
(2) 社会信用体系具有揭示功能，能够扬善惩恶，提高经济效率；
(3) 社会信用体系具有预警功能，能对失信行为进行防范。

2. 从社会经济持续发展的角度看社会信用体系基本功能

(1) 促进完善市场机制。

市场经济在一定程度上是契约经济，契约产生预期效果的基础是信用。信用制度规范契约关系，信用是现代市场交易的一个必须具备的要素，社会信用是市场经济的基础，社会信用环境决定经济运行质量。社会信用体系建设为市场建立一种游戏规则,这种规则的作用就在于保证市场上信用交易成功率的提高,间接地扩大市场规模。能否建立社会信用体系是衡量市场经济成熟程度和完善程度的重要标志。

(2) 促进经济发展。

社会信用体系对经济发展的促进功能主要表现在促进居民的信用消费,拉动经济增长、拓展企业融资渠道和降低经济主体的交易成本等方面。

(3) 促进对外开放。

信用关系紊乱带来的一系列问题,比如,不按合同履约、侵权盗版、冒用商标和企业名称、商业欺诈、不讲商业道德窃取商业机密,是我国企业走向国际市场遇到的难题,影响了我国对外开放的正常发展,必须通过建立社会信用体系加以解决。只有建立与国际惯例接轨、适应现代市场经济发展要求的社会信用体系,才能创造良好的市场经济环境,使我国顺利地与国际经济对等对接。

(4) 促进宏观调控。

社会信用体系是我国经济持续稳定健康发展的基本保障。当市场经济发展到一定程度,要保持国民经济持续稳定地健康增长需要投放信用支付工具时,政府就要调控金融企业向市场投放信用工具的总量。由于信用所具备的货币特性,金融企业和零售信用授信机构发放信用工具有向市场投放货币的效果。信用工具的安全投放,可以有效防范和化解金融风险,保证金融安全,进而保证国民经济的安全。

(5) 促进构建和谐社会。

社会主义和谐社会应当是一个诚实守信的社会,这是社会和谐的道义基础。没有诚信就没有相互的合作,就没有社会的团结,就不能形成普遍的认同,也就没有社会的和谐。建立社会信用体系,形成完整的信用记录,就对不讲信用的企业和个人形成了强大的压力和威慑力,这就为和谐社会奠定了坚实的道德基础,有利于实现经济持续健康发展和社会长治久安。

三、失信惩戒机制

(一) 失信惩戒机制内涵

失信惩戒机制是由信用市场各授信主体共同参与,以企业和个人征信数据库记录为依据,通过信用记录和信用信息的公开,来降低市场交易中的信息不对称程度,约束社会各经济主体信用行为的社会机制。失信惩戒机制是社会信用体系建设的目的,是打击失信行为的社会机制。

(二) 失信惩戒机制功能

失信惩戒机制的主要功能是对所有失信行为的法人或自然人实施实质性打击,让不讲信用的法人和自然人不能顺利地生活在社会中,使他们不敢轻易地对各类经济合同或书面允诺违约。一个国家只有具有运转正常的失信惩戒机制,才能具有完整和健全的信用管理体系和信用制度,才能有效保障市场健康有序发展。

失信惩戒机制产生的信用记录是实现失信惩戒的基础,具有两大基本功能:

(1) 消除信用交易中信息不对称现象,让授信方充分了解客户的信用记录,依此做出正确的授信决策;

(2) 一旦发生客户的失信现象,其不良信用记录会被送到征信机构,形成失信者不良信用交易记录。

黑色记录会阻碍信用记录不良的企业或个人再次进入市场,直至使记录不良的企业无法继续从事经营活动,使得信用记录不良的个人不能享受日常生活中的许多便利。

(三) 失信惩戒机制运行前提条件

失信惩戒机制的运行取决于三个基本条件:
(1) 企业和个人的信用信息对征信机构的开放;
(2) 专业征信机构通过联合征信形式采集征信数据,构筑征信数据库并合法公开不同级别和类型的资信调查结果;
(3) 由政府倡导,建立一个由所有授信单位参加的社会联防,使失信企业或个人的行为被及时记录。

失信惩戒机制运行最主要环节是采集失信企业和个人的不良记录,并合法地将其公示给有需要的授信单位。至于授信单位是否愿意利用征信数据库的信用记录,以及是否拒绝与程度严重的失信者进行交易,只能依靠市场的规律行事,政府和征信机构的角色是倡导和教育。

(四) 失信惩戒机制管理和监督

对失信惩戒机制的管理和监督是对惩戒机制环节的管理和监督,包括征信机构的管理,消费者个人信用调查报告机构的监督、立法,客户申诉的仲裁,个人隐私权的保护,民间信用管理组织的业务监控等。监督和管理工作的重点是:
(1) 对失信惩戒做出权威的标准尺度及其解释;
(2) 对于信用行业者使用的技术和设备方案做出评估或审查。

(五) 失信惩戒机制工作原理

根据信用经济学和信用管理理论,失信惩戒机制是通过降低市场交易中的信息不对称程度,达到对潜在失信者进行威慑;对于已经发生的失信行为,失信惩戒机制以企业和个人征信数据库的记录为依据,动用所有授信机构、雇主、政府和公共服务机构,共同建立起信用信息社会联防,使得失信者承担应有的失信成本。

在实践中,失信惩戒机制的工作原理是:依托大型征信数据库,形成信用信息的社会联防,使得失信惩戒机制具有可操作性。失信惩戒机制的工作原理,如图1-1所示。

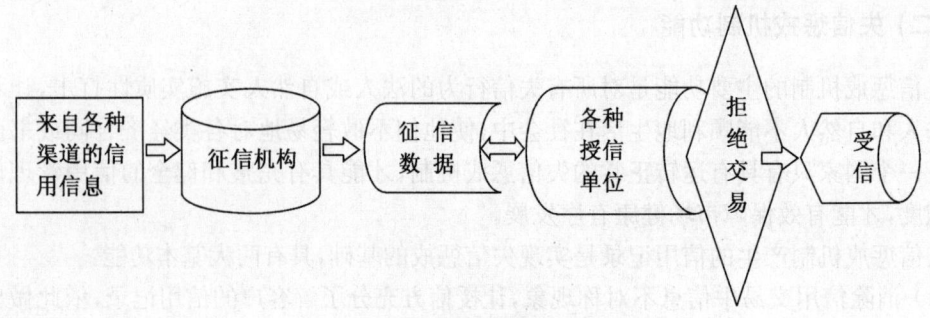

图1-1 失信惩戒机制的工作原理

(六)失信惩戒机制设计原则

在设计失信惩戒机制时,应遵循一个基本原则,即失信的"期望成本"一定要超过失信的"期望收益",相应的守信的"期望收益"要大于守信的"期望成本"。这样,失信者才能因失信而遭受损失,而守信者才能因守信而获得收益。经济主体通过成本、收益分析,会理性地选择守信,而不敢轻易失信。从而达到优化社会信用环境的目的。若相反,则起不到惩罚失信、激励守信的目的,失信惩戒机制也就不可能起到它应有的作用。

(七)惩戒机制运行操作

1. 主动打击失信行为

主动打击失信行为是指这种失信惩戒机制不对失信者进行思想道德教育,也不在意失信者是否愿意,在失信行为者不知情的情况下,个人征信机构的征信数据库就将其不良信用记录全部收录在案,并让失信者未来的交易方或者雇主能够方便取得。在全面了解有失信行为者的不良信用记录以后,由授信者或者雇主自己决定是否与失信者交易或交往,或者决定交易额度。

2. 社会全面渗透

社会全面渗透,是指对失信行为的记录是覆盖全国的,对不良信用记录的传播是全国(甚至是全球)性的。由失信惩戒机制建立起一种社会新秩序,如果个人不按照新规则要求自己,将给自己带来生活的不便,在个人或家庭经济上也是非常不划算的。如果企业不按照新规则调整管理方法,企业将失去市场,将永远不可能成长为一个大型企业。因此,这种做法会潜移默化地改变包括企业文化和社会道德在内的社会文化。

3. 对守信主体激励

加大对守信行为的表彰和宣传力度。按规定对诚信企业和模范个人给予表彰,通过新闻媒体广泛宣传,营造守信光荣的舆论氛围。发展改革、财政、金融、环境保护、住房城乡建设、交通运输、商务、工商、税务、质检、安全监管、海关、知识产权等部门,在市场监管和公共服务过程中,要深化信用信息和信用产品的应用,对诚实守信者实行优先办理、简化程序等"绿色通道"支持激励政策。

4. 引导民间市场运作

引导行业协会等社会组织、企业、个人以及相关民间征信机构顺应信用经济时代的市场交易方式需要,构建失信惩戒机制,对失信行为进行市场性、行业性惩戒。在进行市场性、行业性惩戒中,政府的作用应体现在保证征信数据的开放,制定有关法律来规范失信惩戒机制的操作,并保护消费者个人的隐私权。

四、发达国家社会信用体系建设模式

社会信用体系是市场经济体制中的重要制度安排,市场经济发达国家,如美国、日本以及欧洲等,经过百余年的发展,均建立了较为完善的社会信用体系。概括起来,西方国家社会信用体系建设模式主要有三种:

(1)以美国为代表、以私营征信服务为特征的企业经营模式;
(2)以德国等欧洲国家为代表、以公共征信服务为特征的政府主导模式;
(3)以日本为代表、以协会征信服务为特征的行业协会模式。

三种建设模式的基本情况如表1-1所示。

表1-1 国外三种主要社会信用体系建设模式一览表

国别		美国	以德国为代表的欧洲国家	日本
建设模式	模式类型	企业经营模式	政府主导模式	行业协会模式
	模式特点	私营征信服务	公共征信服务	协会征信服务
信用立法	专项立法	以《公平信用报告法》为核心的17项信用管理的法律	《欧盟数据保护纲领》等	《信用保证协会法施行令》等
	立法特点	强调信息开放与权益保护的平衡	强调消费者信息权益保护	强调信息保护和行业规范
管理体制	管理组织	联邦政府所属7个部门分工	中央银行	行业协会
	管理职能	推动立法、法规制定、执行监管	执行监管及征信运营	自律管理及征信服务
征信服务制度	征信服务主体	信用服务机构全部私营化	公共征信机构为主、私营征信机构为辅	行业协会信用信息中心
	信息开放程度	除法律限制外全面平等开放和共享	公共征信机构强制征信,私营征信机构受限征信;个人数据的处理和使用须征得本人书面同意	信息征集和使用仅限于会员内部,不对第三者和社会开放
	信息系统建设	由各征信机构投资建设	公共信息系统由政府投资建设,私管征信信息系统由其自身投资建设	由各行业协会投资建设
	信用服务机制	完全市场化	政府公共运作为主,私营市场运作为辅	会员内部互助式运作
失信惩戒	惩戒方式	失信记录保存多年;转化为对全社会的失信;受到经济甚至司法处罚	多部门联动;直接影响金融授信、政府福利享受水平	违约记录被保存和公示5~7年;直接影响金融授信水平
	惩戒特点	市场联防机制	社会联防机制	行为联防机制

一、本章重点概念

信用内涵　信用衍生含义　信用产业内涵　社会信用体系内涵　失信惩戒机制内涵　信用工具　信用证　备用信用证

二、复习思考题

1. 简述诚信、信用与征信的区别。
2. 如何理解信用监管?
3. 简述失信惩戒机制工作原理。

4. 简述社会信用体系构架与功能。

三、练习题

1. 从本质属性来看,社会信用体系具有(　　)功能。
   (A) 记忆　　　(B) 揭示　　　(C) 预警　　　(D) 教育
2. (　　)是社会信用体系的基础和核心。
   (A) 社会征信体系　　　　　　(B) 信用法制体系
   (C) 信用服务体系　　　　　　(D) 信用教育体系
3. 社会信用体系是社会主义市场经济体制和(　　)体制的重要组成部分。
   (A) 社会治理　　(B) 行政　　(C) 政治　　(D) 文化
4. 短期信用工具主要是指国库券、各种商业票据,包括(　　)。
   (A) 消费信用工具　　　　　　(B) 商业承兑汇票
   (C) 银行汇票　　　　　　　　(D) 证券回购协议
5. 信用由(　　)构成,最终通过社会关系的声誉、经济交易的授信额度、行为记录与评价表现出来。
   (A) 意愿　　　(B) 能力　　　(C) 身份特质　　(D) 行为结果
6. 诚实守信会得到社会的推崇和信任,失信则会遭受谴责。这属于信用的(　　)基本特征。
   (A) 伦理性　　(B) 契约性　　(C) 偿本付息　　(D) 风险性
7. 在设计失信惩戒机制时,守信的"期望收益"要(　　)守信的"期望成本"。
   (A) 大于　　　(B) 小于　　　(C) 不小于　　(D) 等于
8. 下列属于商业信用工具的是(　　)。
   (A) 银行承兑汇票　　　　　　(B) 商业承兑汇票
   (C) 国库券　　　　　　　　　(D) 银行支票
9. 备用信用证具有的法律性质有(　　)。
   (A) 可撤销性　(B) 独立性　　(C) 非强制性　(D) 非单据性
10. 信用工具由(　　)五大要素构成。
    (A) 面值　　　　　　　　　　(B) 初始日与到期日
    (C) 期限与到期日　　　　　　(D) 利率与利息的支付方式
11. 失信惩戒机制是由信用市场各授信主体共同参与的,通过(　　)的公开,来降低市场交易中的信息不对称程度。
    (A) 信用记录　(B) 信用信息　(C) 隐私信息　(D) 联系方式
12. 借用欧美的标准,信用产业可分为(　　)两块。
    (A) 信用信息服务　　　　　　(B) 信用管理咨询
    (C) 征信　　　　　　　　　　(D) 评级
13. 信用衍生工具又称信用衍生产品,是一种(　　),是用来分离和转移信用风险的各种工具和技术的统称。
    (A) 金融合约　(B) 金融新产品　(C) 信用产品　(D) 信用服务
14. 信用证的标的是(　　)。
    (A) 货物　　　(B) 合同标的　(C) 单据　　　(D) 货款
15. 比较有代表性的信用衍生产品主要有(　　)。
    (A) 有远期合约　(B) 期货合约　(C) 期权合约　(D) 互换协议

第二章 公共信用管理

第一节 公共信用管理内容

信用管理是指授信者对信用交易进行科学管理以控制信用风险的专门技术。随着信用经济时代的来临及我国社会治理的创新,信用管理内涵逐步发展成为运用现代信用技术及其相关学科的专业知识,对社会活动和经济活动进行科学治理的专门技术。因此,信用管理又称信用治理。

信用治理是社会治理创新的有效驱动因素,它以信用技术对社会主体进行管理,以经济手段对各种"未必违法但却失信"的行为进行防范,以市场机制对失信行为进行惩戒,维护社会公平,避免资源浪费。

信用治理具有一种为全社会"节能降耗"的效用,创造出显著的"信用红利"。一是信用信息实现互联互通、共建共享,有助于减少信息不对称、打破"信息孤岛",大大降低社会运行成本;二是通过"激励""修复"培养和提升社会成员的荣誉感、关爱感;三是为居民工作、生活提供便利条件。

按照信用管理的主体不同,信用管理可以分为公共信用管理、企业信用管理和消费者信用管理。

公共信用管理又称政府信用管理、社会信用管理,是指政府职能部门或授权的机构在社会经济活动中运用信用手段进行社会治理的各种活动的总称,包括政府内部的信用软环境建设和外部的信用硬环境建设。

社会信用是指具有完全民事行为能力的自然人、法人和非法人组织,在社会和经济活动中遵守法定义务或者履行约定义务的状态。

企业信用管理有狭义与广义之分。广义的信用管理是指企业为获得他人提供的信用或授予他人信用而进行的管理活动,其主要目的是为筹资或投资服务,为企业发展信用交易和获取信用资源服务。狭义的信用管理是指信用销售管理,其主要目的是提高竞争力、扩大市场占有份额。

消费者信用管理是以科学管理的专业技术,扩大信用消费、防范信用风险的管理活动。

一、公共信用管理特点

(一) 公共性

政府作为公共权力的代理者,必须为公众着想、为公众服务,必须体现公正、维护公平、服务公开,必须立足于公共领域基础之上反映公意。公共信用事务管理当中就要求抛开政府官员的自利动机,一心一意为公众服务,制定公共政策、提供公共产品、维护公共利益,因此,公共信用管理体现的就是一种公共意识。

(二) 规则性

政府作为公共规则的制定者和维护者,首先必须身体力行,遵守法律规则和道德规则,恪守规则的愿望和意志,因为规则对于所有的社会成员都一视同仁。政府信用要求公共行为规则制定明确,特别是合乎规则的行为与违背规则的行为之间的界限必须明确,同时也必须明确外在的道德制裁机制,使得诚信之德产生约束力,因此,公共信用管理意识就是一种规则意识。

(三) 责任性

政府作为公共权力机构,要勇于承担责任、要善于维护责任,一个不负责任的政府是懦弱的政府、是无所作为的政府。政府信用要求政府有能力、有责任为公众谋求福祉,兑现承诺,敢于对公共决策失误负责,因此,公共信用管理意识就是一种责任意识。

(四) 示范性

政府作为社会公众观念与行为的指导者,作为国家管理的实体存在,其言行对于全社会来说有着重要的指导意义,"上梁不正下梁歪",政府守信程度影响公众的守信程度,政府信用是社会信用的主要量标,因此,公共信用管理意识就是一种示范意识。

二、公共信用管理基本内容

(一)社会信用环境建设

1. 政府公信力建设

公信力是政府的影响力与号召力,它是政府行政能力的客观结果,体现了政府工作的权威性、民主程度、服务程度和法治建设程度;同时,它也是人民群众对政府的评价,反映了人民群众对政府的满意度和信任度。由"任性"政府走向服务型、责任型、法治型、透明型、可评价型的有限政府,良性回应公众期待。

(1) 培养政府公务人员的诚信意识。政府要把"恪守信用""诚信为本"作为社会道德建设的基础工程来抓,把讲信用作为公共伦理的底线,要求在思想、言论、行动、决策上对公众高度负责,忠实履行岗位职责。政府行政的宗旨是全心全意为人民服务,没有良好的政府信用意识就不可能形成良好的行政作风,也不可能出现良好的政府行为。

(2) 政府公职人员带头自觉讲诚信。政府的诚信是由政府中各个具体公职人员的诚信行为构建而成的,他们的行为直接影响到政府的形象和公信力。要使公民做到诚实守信,政府公职人员首先要做到诚信。因此,公职人员特别是领导干部工作不仅必须干得很好,而且必须让公众相信它干得很好。换句话说,能力和表现都是必要的。公职人员特别是领导干部带头自觉讲诚信,事关党和政府的公信力、感召力和向心力,事关党员干部队伍的整体形象。诚信本义是诚实,守信用,原指生意人应当以诚信为本。党员干部讲诚信则不是生意人生意场上的个人私事,已经远远超越了诚信这个概念的本义,党员干部讲诚信应赋予新时代内涵。

(3) 依法行政,实施政府行为法定化。明确权力与利益边界,明确政府及工作部门职责、权限。一要合理界定政府与企业、政府与市场、政府与社会、政府与中介关系,将本属于市场、社会中介组织、企业和个人权利还本复位,充分发挥市场机制在资源配置中的基础性作用,做到不越位、不缺位、不错位,最大额度地减少对经济行为的直接介入。二要角色转变。政府的角色须转变为市场经济和社会公众的裁判员和服务员,一切以人民利益为中心,任何行政行为都要以人民满意不满意、人民拥护不拥护、人民赞成不赞成、人民高兴不高兴作为价值评判标准,以实实在在的政绩取信于民。三要推行政务公开,消除"暗箱操作"。

2. 提升社会治理能力

(1) 提高行政效率。要从根本上改变政府的公共服务方式,精减行政审批事项,解决交叉审批、重复审批等问题,推行政府"一站式"电子化服务,节约公众的时间、费用成本,提高政府行政的透明度,增强政府的行政效率。建立健全政务信用档案,按照法定权限和程序对有关单位和相关责任人员开展社会信用激励和惩戒工作,将政务履约和守诺服务纳入政府绩效评价体系。

(2) 提升公共危机治理能力。目前我国正处于社会转型期,经济社会发展面临的各种矛盾突出,容易诱发人为自然灾害、事故灾难、公共卫生、社会安全等公共危机事件。社会公众对政府履行公共责任的能力提出了更高的期望,政府对公共危机的治理能力成为影响政府公信力的重要因素。政府处理公共危机事件的效果直接影响着政府信用度的高低。如果政府能够在公共危机爆发后,从预警、治理到后期恢复重建工作都能顺畅、很好地完成,那么政府公信力会得到很大幅度的提升。如果政府在应对公共危机时处理失当,就会失去公众的信任。

(3) 创新社会治理,营造营商环境。《社会信用体系建设规划纲要(2014—2020)》提出:社会信用体系是社会治理体制的重要组成部分,实质上把信用治理上升社会治理工具的地位。创新信用治理的关键在于营造营商环境,建立完善的社会信用体系,优化"信用生态"。一是围绕推进"放管服"改革,建设以信用为核心的市场监管体系,实现社会治理创新,提升社会治理水平和人民群众的获得感、幸福感、安全感。二是运用商业信用为发展经济服务。将信用产业打造成为现代服务业的重要产业,以信用惠民、惠企为重点,鼓励更多城市开发符合自身城市定位的市民个人信用积分,推动"信易贷""信易租""信易行"等"信易+"系列行动,为守信者建立行政审批"绿色通道",优先提供公共服务便利,优化行政监管安排,降低市场交易成本和融资成本等,充分释放信用价值,提升社会对良好信用的获得感。

(二) 公共信用信息的归集、披露与应用

公共信用信息的归集、披露与应用应以公示带动采集、以公示带动共享、以公示带动奖惩,实现信用信息采集和公示的一体化、长效化。

1. 公共信用信息的归集

公共信用信息的归集实行目录管理。各级政府信用管理部门应当遵循合法、审慎、必要的原则,组织编制本地区公共信用信息目录。公共信用信息的提供单位、信息分类、公开属性、归集频率、使用权限、记录期限以及数据格式等由公共信用信息目录规定。

下列信息应当纳入公共信用信息目录:

(1) 用于识别社会信用主体的基础信息;

(2) 刑事处罚、行政处罚、行政强制执行等反映社会信用主体信用状况的信息;

(3) 行政许可、行政确认、行政检查、行政征收、行政给付等反映社会信用主体信用状况的信息;

(4) 拒不履行生效法律文书确定义务的信息;

(5) 受到表彰奖励以及参加社会公益、志愿服务等的信息;

(6) 法律、法规以及国家有关行政主管部门规定应当纳入目录管理的其他信息。

2. 公共信用信息的披露

公共信用信息以公开为原则,通过公开公示、授权查询、政务共享等方式披露,法律、法规另有规定的除外。

(1) 依法应当公开的公共信用信息,通过各级政府社会信用信息服务平台和公共信用信息提供单位对外发布信息的平台向社会披露。

(2) 涉及商业秘密、个人隐私的公共信用信息,经信用主体书面同意公开或者国家机关认为不公开可能对公共利益造成重大影响的,可以依法公开。

(3) 依法不能公开的公共信用信息,经信用主体的书面授权可以查询,并按照约定的用途使用;未经其同意,不得将该信息向第三方提供。

各级政府公共信用信息管理机构应当制定并公布公共信用信息查询服务规范,合理设置公共信用信息查询窗口,向社会提供便捷的查询服务。

3. 公共信用信息的应用

各级政府信用管理部门应当组织有关部门制定公共信用信息评价规范,对信用主体履职过程中产生或者掌握的信用信息进行记录和评价。

(1) 对遵守法定义务和约定义务的守信主体,行政机关在法定权限范围内可以采取以下激励措施:

① 在实施行政许可中,根据实际情况给予优先办理、简化程序等便利服务措施;

② 在财政性资金和项目支持中,在同等条件下列为优先选择对象;

③ 在公共资源交易中,给予信用加分、提升信用等次;

④ 在日常监管中,对于符合一定条件的守信主体,优化检查频次;

⑤ 国家和上级政府信用管理部门规定的其他措施。

(2) 对违反法定义务和约定义务的失信主体,行政机关在法定权限范围内就相关联的事项可以采取以下惩戒措施:

① 在实施行政许可等工作中,列为重点审查对象,不适用告知承诺等简化程序;

② 在财政资金资助等政策扶持中,做相应限制;

③ 在行政管理中,限制享受相关便利化措施;

④ 在公共资源交易中,给予信用减分、降低信用等次;

⑤ 在日常监管中,列为重点监管对象,增加监管频次,加强现场检查;

⑥ 国家和上级政府信用管理部门规定的其他措施。

(3) 对严重失信主体,行政机关应当严格依照法律、行政法规的规定,就相关联的事项采取以下惩戒措施:

① 限制进入相关市场;

② 限制进入相关行业;

③ 限制相关任职资格；
④ 限制开展相关金融业务；
⑤ 限制享受相关公共政策；
⑥ 限制获得相关荣誉称号；
⑦ 法律、行政法规规定的其他措施。

（三）信用主体权益保护

建立健全信用信息异议、投诉制度。有关部门和单位在执行失信联合惩戒措施时主动发现、经市场主体提出异议申请或投诉发现信息不实的，应及时告知信息提供单位核实，信息提供单位应尽快核实并反馈。联合惩戒措施在信息核实期间暂不执行。经核实有误的信息应及时更正或撤销，并及时推送至省信用信息平台。因错误采取联合惩戒措施损害有关主体合法权益的，有关部门和单位应积极采取措施恢复其信誉，消除不良影响。信用主体认为有关部门和单位在社会信用信息归集、披露、异议处理和应用工作中的行为侵犯其合法权益的，有权依法申请行政复议、提起行政诉讼或者申诉。

（四）规范和促进信用服务行业发展

以社会信用体系建设为契机，把新兴信用服务业作为新经济发展重点，积极发展信用服务产业。

（1）准确把脉信用服务产业发展面临的困难。虽然我国社会信用体系建设取得了巨大进步，但目前仍然面临着信用机构采信难、信用服务产业扶持政策缺乏等许多问题，它制约着信用服务产业的发展，亟待探索解决。

（2）准确定位信用服务产业发展方向。促进信用产业发展，从外部来说有利于为中小微企业破解融资难、融资贵难题，从内部来说，当信用管理和服务成为一种管理手段时，有利于企业全面改质提效。为此，应以开阔的视野高端定位，以服务经济社会发展为核心，树立将信用服务产业打造成为现代服务业的重要产业的目标。

（3）加大信用应用探索创新力度，着力引导信用服务需求。着力推动政府率先应用信用产品，支持信用领域大数据、区块链、人工智能等技术创新，促进信用产品市场化、社会化应用，实现"信用管终身"。

（4）培育壮大信用服务人才。加强信用人才队伍建设，建立健全企业信用人才培养机制，造就一批高层次、专业性、复合型的信用管理职业化人才队伍，为发展信用服务产业提供人力资源支撑。

（5）着力加强信用市场监管。推动形成信用行业服务标准，完善信用服务产业监管制度，强化信用服务行业自律管理，全面提升信用服务行业的整体水平和综合竞争力。

三、公共信用评价

公共信用评价又称社会信用评价，是指基于公共信用信息服务平台归集的公共信用信息，根据信用主体的不同特征，对信用主体的信用状况做出的综合评价，该结果主要应用于政府的社会治理，也可作为第三方信用服务机构评价企业信用风险的基础性信息。本书以浙江省公共信用评价为例。

（一）企业公共信用评价

1. 企业公共信用评价指标

（1）指标设计原则。

① 综合性。从各个维度全面选取评价指标，综合反映企业的信用水平。

② 重要性。选取具有代表性、对企业信用水平有重大影响的指标。

③ 公共性。侧重于选取遵纪守法、社会责任等反映公共信用状况的指标。

④ 可得性。在设计指标的同时考虑数据来源。

⑤ 动态调整性。结合数据实际和模型优化需要，对少数指标动态微调。

⑥ 公信力。指标设置客观、科学，数据权威可靠，指标体系公正、可信。

（2）评价数据来源。

公共信用评价数据在公共信用信息服务平台实时抽取。

（3）指标结构图。

根据指标设计原则，将基本情况、金融财税、管治能力、遵纪守法、社会责任等五大要素作为一级指标，细分出17个二级指标。

具体指标结构如图2-1所示。

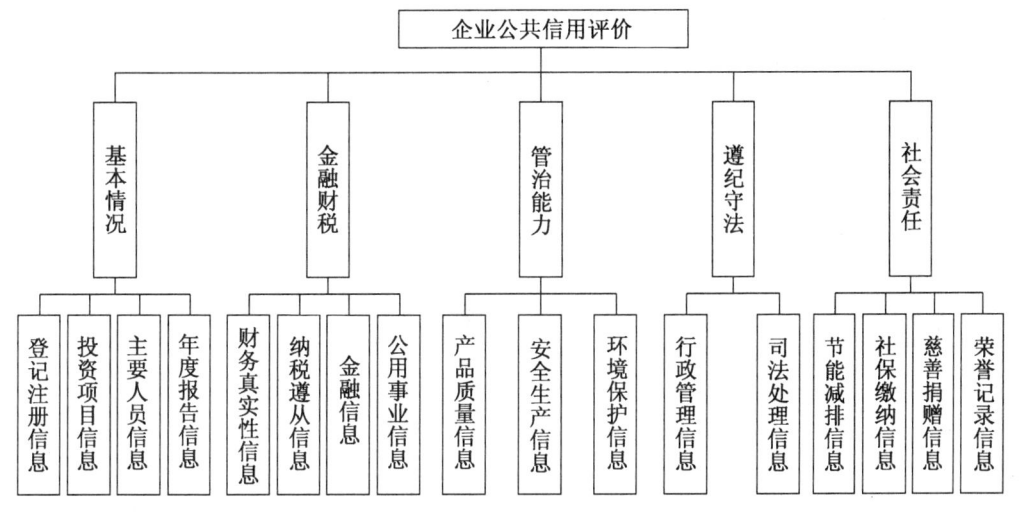

图2-1 企业公共信用评价指标结构图

2. 企业公共信用评价指标权重设置

企业公共信用评价模型总分为1 000分，根据指标的重要性，参照行业内相关权重配置规则，对大量难以采用技术方法进行定量分析的因素做出合理估算，对各一级指标和二级指标确定权重。其中，基本情况、金融财税、管治能力、遵纪守法、社会责任等5个一级指标对应的权重分值分别为150分、190分、210分、300分、150分。具体见表2-1。

表 2-1　企业公共信用评价指标权重一览表

一级指标项	权重1	二级指标项	权重2	说明	数据来源
基本情况	150	登记注册信息	30	在登记机关的注册信息	工商部门
		投资项目信息	40	企业的重大投资项目信息	发改部门
		主要人员信息	40	法定代表人、主要经营管理者和股东的公共信用评价信息	公共信用平台
		年度报告信息	40	是否正常履行年度报告义务情况	工商部门
金融财税	190	财务真实性信息	40	财务报表一致性比对信息	工商、税务、统计部门
		纳税遵从信息	70	正常履行纳税行为的信息和欠缴税的信息	税务部门
		金融信息	40	在投融资领域有无违约行为的记录	人行、银监、证监、保监系统
		公用事业信息	40	是否正常履行水电气、通信等缴费义务的记录	电力、通信运营、天然气、水务系统
管治能力	210	产品质量信息	70	企业产品质量监督检查违法信息	质监部门
		安全生产信息	70	安全生产及职业健康违法信息	安监部门
		环境保护信息	70	环境保护违法信息	环保部门
遵纪守法	300	行政管理信息	150	行政机关对企业的行政处罚、行政强制、黑名单信息	处罚决定部门
		司法处理信息	150	经司法生效判决认定构成犯罪的信息,不履行判决、裁定等生效法律文书的信息,有罪不诉的信息(含黑名单信息)	法院系统、检察系统
社会责任	150	节能减排信息	30	亩均贡献的能源消耗信息	经信部门
		社保缴纳信息	40	是否正常履行社保、公积金缴纳义务的信息	人社部门、住建部门
		慈善捐赠信息	30	捐助及资助慈善事业的信息	民政部门、群团组织
		荣誉记录信息	50	县级以上国家机关、群团组织授予的各类荣誉信息	有关国家机关、群团组织

3. 企业公共信用评价方法

根据企业公共信用评价指标和权重设置,通过识别指标特征、数据的标准化处理和综合计分,建立评分规则。

第一步,判断评价指标的基本特征。根据指标数据对输出结果的影响,将评价指标的基本特征分为正向相关和负向相关两类。

第二步,评价数据的标准化处理。根据指标基本特征和评价数据的分布情况,对评价数据作标准化处理,以取得指标的测评值 x_n。

第三步,综合计分:

$$f(x) = \sum_{n=1}^{17} a_n x_n$$

式中,a_n——指标权重;

x_n——指标测评值。

第四步,在全部企业算得评价得分后,对全量评价得分结果的分布进行校验,若数据统计特征合理,则输出评分结果;否则,返回第三步,对 a_n 做修正并重新计算得分,直到全量评价得分结果的分布校验通过。

随着有效评价数据的数量增加和覆盖面扩大,我们将应用机器学习方法的成熟技术,如神经网络模型、随机森林算法等,实现场景识别、监督学习、数据分析等功能,形成一个可应用于不同场景的评价自适应系统。

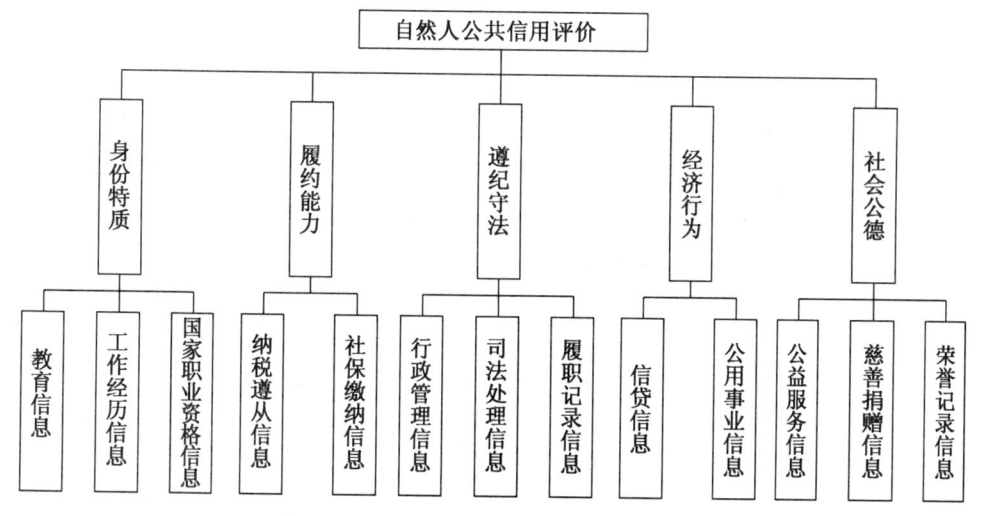

(二)自然人公共信用评价

1. 自然人公共信用评价指标

根据《国务院办公厅关于加强个人诚信体系建设的指导意见》(国办发〔2016〕98号),结合行业专家意见,将身份特质、履约能力、遵纪守法、经济行为、社会公德等五大要素作为一级指标,并在此基础上细分出13个二级指标。具体指标结构如图2-2所示。

图2-2 自然人公共信用评价指标结构图

2. 自然人公共信用评价指标权重

自然人公共信用评价模型总分为1 000分,按照权重配置的重要性和科学性原则,对各一级指标和二级指标赋分。其中,身份特质、履约能力、遵纪守法、经济行为、社会公德等5个一级指标对应的权重分值分别为150分、150分、300分、200分、200分。具体见表2-2。

表2-2 自然人公共信用评价指标权重一览表

一级指标项	权重1	二级指标项	权重2	说明	数据来源
身份特质	150	教育信息	50	个人受教育程度信息	教育部门
		工作经历信息	50	所从事职业及职务信息	人社部门
		资格信息	50	取得的国家职业资格证书信息	资格认定部门
履约能力	150	纳税遵从信息	75	正常履行纳税行为的信息和欠缴税的信息	税务部门
		社保缴纳信息	75	是否正常履行社保、公积金缴纳义务的信息	人社部门、住建部门
遵纪守法	300	行政管理信息	100	行政机关对自然人的行政处罚信息、行政强制信息	处罚决定部门
		司法处理信息	100	经司法生效判决认定构成犯罪的信息,不履行判决、裁定等生效法律文书的信息,有罪不诉的信息(含黑名单信息)	法院系统、检察系统
		履职记录信息	100	取得职业资格的重点人员在履职过程中的失信行为记录	资格认定部门
经济行为	200	信贷信息	120	是否有欠贷行为的记录	人行系统
		公用事业信息	80	是否正常履行水电气、通信等缴费义务的记录	电力、通信、天然气、水务系统
社会公德	200	公益服务信息	60	对外提供志愿服务等的信息	文明办、团省委、红十字会
		慈善捐赠信息	60	捐赠及资助慈善事业的信息	民政部门、群团组织
		荣誉记录信息	80	县级以上国家机关、群团组织授予的各类荣誉信息	有关国家机关、群团组织

3. 自然人公共信用评价方法

考虑到公共信用评价的基本定位和保护自然人合法权益的需要,对自然人的身份特质和履约能力两大要素只作指标设计,不作指标测评,直接计300分。另外,遵纪守法、经济行为、社会公德等三大要素,通过识别指标特征、数据的标准化处理和综合计分,建立评分规则。

评分步骤可参照《企业公共信用评价方法》执行。

(三) 社会组织公共信用评价

1. 社会组织公共信用评价指标

根据国家对社会组织管理的相关要求,将基本情况、互益能力、经济行为、遵纪守法、社会责任等五大要素作为一级指标,并在此基础上细分出14个二级指标。具体指标结构如图2-3所示。

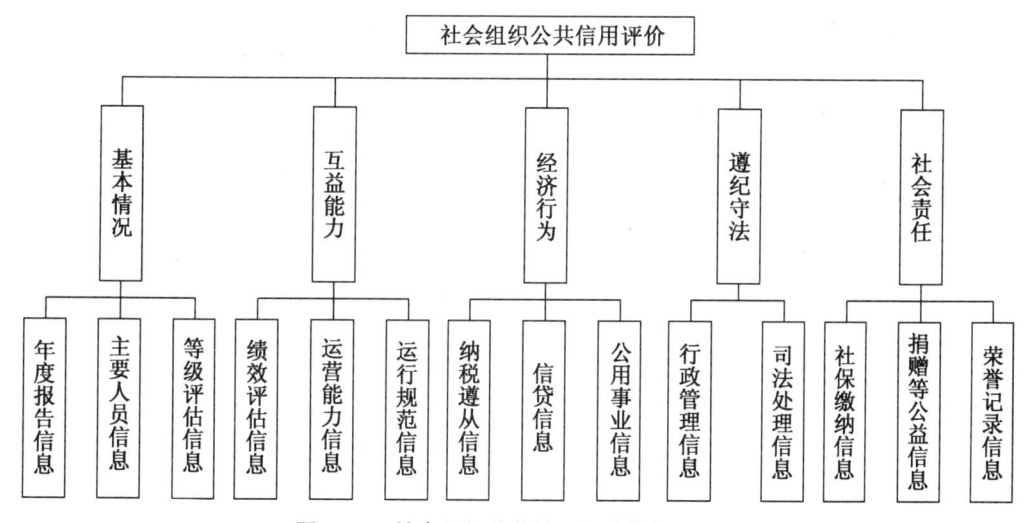

图 2-3 社会组织公共信用评价指标结构图

2. 社会组织公共信用评价指标权重设置

社会组织信用评价模型总分为1 000分,根据指标的重要性,借鉴民政部门开展的社会组织评估方法,对各一级指标和二级指标赋分。基本情况、互益能力、经济行为、遵纪守法、社会责任等5个一级指标对应的权重分值分别为150分、290分、170分、180分、210分。具体见表2-3。

表 2-3 社会组织公共信用评价指标权重一览表

一级指标项	权重1	二级指标项	权重2	指标说明	数据来源
基本情况	150	年度报告信息	40	是否正常履行年度报告义务情况	民政部门
		主要人员信息	40	社会组织负责人和发起人的公共信用评价结果信息	公共信用平台
		等级评估信息	70	民政部门组织的社会组织评估结果信息	民政部门

(续表)

一级指标项	权重1	二级指标项	权重2	指标说明	数据来源
互益能力	290	绩效评估信息	90	提供互益服务的绩效评估信息	民政部门
		运营能力信息	100	所承担政府购买服务项目是否有违反约定的,是否有违反章程使用投资收益的信息	民政部门、处罚决定部门
		运行规范信息	100	是否有违反社会组织管理制度被处罚的信息	民政部门
经济行为	170	纳税遵从信息	90	正常履行纳税行为的信息和欠缴税的信息	税务部门
		信贷信息	40	是否有欠贷行为的记录	人行系统
		公用事业信息	40	是否正常履行水电气、通信等缴费义务的记录	电力、通信、天然气、水务系统
遵纪守法	180	行政管理信息	100	行政机关对社会组织的行政处罚信息、行政强制信息	处罚决定部门
		司法处理信息	80	犯罪的,不履行判决、裁定等生效法律文书的,有罪不诉的、黑名单的信息	法院系统、检察系统
社会责任	210	社保缴纳信息	70	是否正常履行社保、公积金缴纳义务的信息	人社部门、住建部门
		捐赠等公益信息	70	是否有慈善捐赠信息,是否有参与突发事件、应急救援等公益活动的信息。	民政部门、应急部门、公益组织、群团组织
		荣誉记录信息	70	县级以上国家机关、群团组织授予的各类荣誉信息	有关国家机关、群团组织

3. 社会组织公共信用评价方法

根据社会组织公共信用评价指标和权重设置,通过识别指标特征、数据的标准化处理和综合计分,建立评分规则。

评分步骤参照《企业公共信用评价方法》执行。

(四) 事业单位公共信用评价

1. 事业单位公共信用评价指标

根据《国务院事业单位分类改革试点工作分类目录》,将基本情况、经济行为、公益服务、遵纪守法、社会责任等五大要素作为一级指标,并在此基础上细分出14个二级指标。具体指标结构如图2-4所示。

第二章 公共信用管理

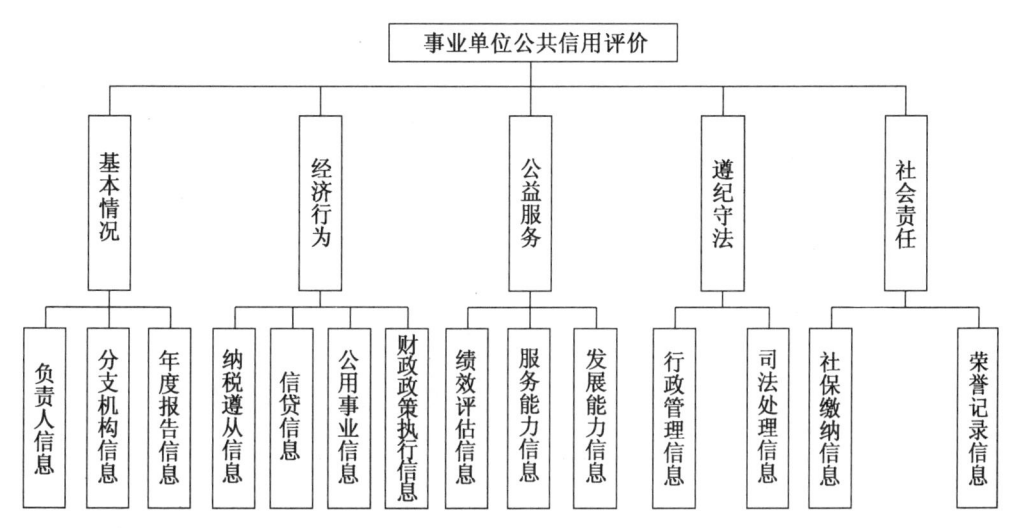

图 2-4 事业单位公共信用评价指标结构图

（事业单位公共信用评价 → 基本情况、经济行为、公益服务、遵纪守法、社会责任）

- 基本情况：负责人信息、分支机构信息、年度报告信息
- 经济行为：纳税遵从信息、信贷信息、公用事业信息、财政政策执行信息
- 公益服务：绩效评估信息、服务能力信息、发展能力信息
- 遵纪守法：行政管理信息、司法处理信息
- 社会责任：社保缴纳信息、荣誉记录信息

2. 事业单位公共信用评价指标权重设置

事业单位公共信用评价模型总分为 1 000 分，根据事业单位改革要求，对各一级指标和二级指标赋分。基本情况、经济行为、公益服务、遵纪守法、社会责任等 5 个一级指标对应的权重分值分别为 150 分、220 分、250 分、200 分、180 分。具体见表 2-4。

表 2-4 事业单位公共信用评价指标权重一览表

一级指标项	权重1	二级指标项	权重2	指标说明	数据来源
基本情况	150	负责人信息	50	法定代表人、单位负责人公共信用评价结果信息	公共信用平台
		分支机构信息	50	分支机构公共信用评价结果信息	公共信用平台
		年度报告信息	50	是否正常履行年度报告义务情况，年度报告公示情况等	事业单位登记管理部门
经济行为	220	纳税遵从信息	100	正常履行纳税行为的信息和欠缴税的信息	税务部门
		信贷信息	40	是否有欠贷行为的记录	人行系统
		公用事业信息	40	是否正常履行水电气、通信等缴费义务的记录	电力、通信、天然气、水务系统
		财政政策执行信息	40	收支、资产管理、政府采购、资金使用等是否有被处罚的信息	财政部门

27

续 表

一级指标项	权重1	二级指标项	权重2	指标说明	数据来源
公益服务	250	绩效评估信息	90	业务主管部门、业务指导单位要求的项目、任务等完成情况	举办单位登记管理部门
		服务能力信息	90	是否取得与主要业务发展相匹配的资格等信息	资质许可颁发部门
		发展能力信息	70	有非财政性收入,且用于投入事业发展的情况	举办单位登记管理部门
遵纪守法	200	行政管理信息	100	行政机关对事业单位的行政处罚、行政强制、黑名单信息	处罚决定部门
		司法处理信息	100	经司法生效判决认定构成犯罪的,不履行判决、裁定等生效法律文书的,有罪不诉的、黑名单的信息	法院系统、检察系统
社会责任	180	社保缴纳信息	90	是否正常履行社保、公积金缴纳义务的信息	人社部门、税务部门、住建部门
		荣誉记录信息	90	县级以上国家机关、群团组织授予的各类荣誉信息	有关国家机关、群团组织

3. 事业单位公共信用评价方法

根据事业单位公共信用评价指标和权重设置,通过识别指标特征、数据的标准化处理和综合计分,建立评分规则。评分步骤可参照《企业公共信用评价方法》执行。

(五) 政府机构公共信用评价

政府机构评价对象分为两类:地方人民政府(以下简称地方政府)和政府部门。其中,省级政府部门包括政府组成部门、直属特设机构、直属机构、部门管理机构等,市、县政府部门即政府工作部门。

1. 政府机构公共信用评价指标

根据《国务院关于加强政务诚信建设的指导意见》(国发〔2016〕76号)对地方及各部门政务诚信建设的工作要求,考虑指标体系确立的综合性、科学性和公共性原则,分别按照地方政府和政府部门公共信用评价设计指标。

对于地方政府公共信用评价,在依法行政、政务公开、勤政高效、守信践诺、履职成效等五大要素作为地方政府公共信用评价一级指标的基础上,细分出12个二级指标。具体指标结构如图2-5所示。

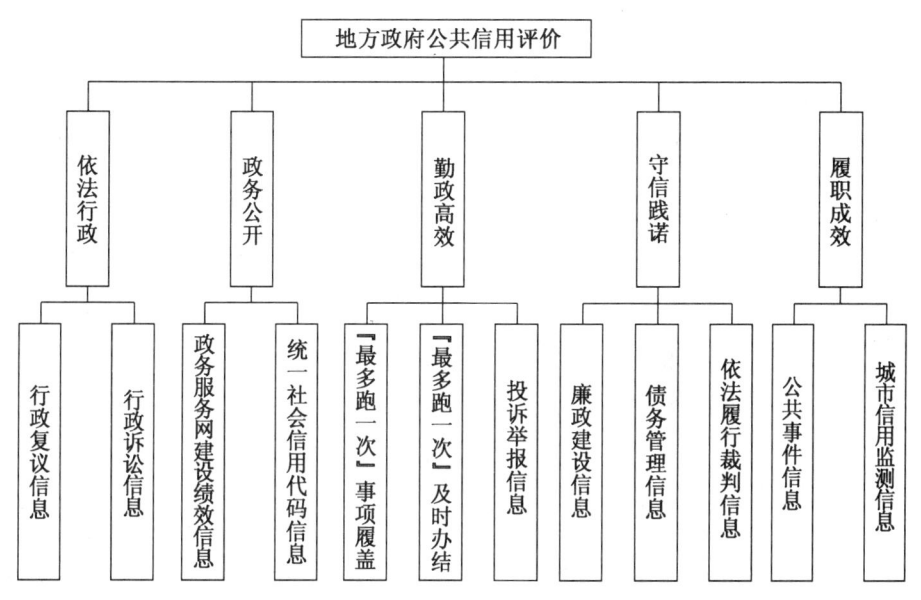

图 2-5　地方政府公共信用评价指标结构图

对于政府部门公共信用评价,在依法行政、政务公开、勤政高效、守信践诺、履职成效等五大要素作为政府部门公共信用评价一级指标的基础上,细分出 11 个二级指标。具体指标结构如图 2-6 所示。

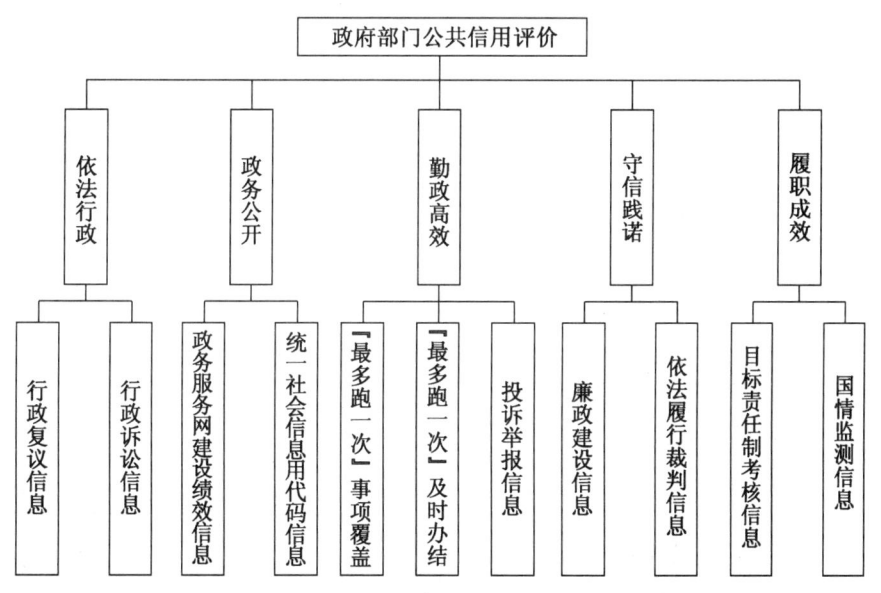

图 2-6　政府部门公共信用评价指标结构图

2. 政府机构公共信用评价指标权重设置

政府机构公共信用评价的两类评价模型总分均为 1 000 分,借鉴国家城市信用监测方法和信用建设示范城市创建要求,分别对地方政府和政府部门评价的一级指标和二级指标设置权重。其中,"依法行政""政务公开""勤政高效""守信践诺""履职成效"等 5 个一级指标对应的权重分值分别为180分、100分、300分、220分、200分。具体见表2-5、表2-6。

表2-5 地方政府公共信用评价指标权重一览表

一级指标项	权重1	二级指标项	权重2	说　明	数据来源
依法行政	180	行政复议信息	90	地区行政复议案件纠错信息	法制部门
		行政诉讼信息	90	各地区行政诉讼案件败诉信息、各地区行政非诉案件被裁定不予执行信息	法制部门
政务公开	100	政务服务网建设绩效信息	50	各地区政务服务网建设绩效考评情况	省府办（数管中心）
		统一社会信用代码信息	50	统一社会信用代码在"双公示"信息中的应用覆盖率	公共信用平台
勤政高效	300	"最多跑一次"事项覆盖	100	"最多跑一次"事项覆盖率信息	省府办（数管中心）
		"最多跑一次"及时办结	100	"最多跑一次"及时办结率信息	省府办（数管中心）
		投诉举报信息	100	信件及时办结率、及时答复率、群众满意率信息	省府办（数管中心）
守信践诺	220	债务管理信息	60	有无违规举债行为、负债率是否合规的信息	财政部门
		廉政建设信息	40	公务员党纪、政务处分信息	纪检监察部门
			40	公务员职务犯罪信息	法院系统
		裁判信息	80	未履行法院生效裁判信息	法院系统
履职成效	200	公共事件信息	100	各地区重大群体性事件、特大安全事故、重大公共安全事件发生情况	政法系统、平安办、安监部门
		城市信用监测信息	100	城市信用监测得分及排名情况	国家发改委

表2-6 政府部门公共信用评价指标权重一览表

一级指标项	权重1	二级指标项	权重2	说　明	数据来源
依法行政	180	行政复议信息	90	各部门行政复议案件纠错信息	法制部门
		行政诉讼信息	90	各部门行政诉讼案件败诉信息、各部门行政非诉案件被裁定不予执行信息	法制部门
政务公开	100	政务服务网建设绩效信息	50	各部门政务服务网建设绩效考评情况	省府办（数管中心）
		统一社会信用代码信息	50	统一社会信用代码在"双公示"信息中的应用覆盖率	公共信用平台

续　表

一级 指标项	权重1	二级 指标项	权重2	说　明	数据来源
勤政 高效	300	"最多跑一次" 事项覆盖	100	"最多跑一次"事项覆盖率信息	省府办(数管中心)
		"最多跑一次 及时办结	100	"最多跑一次"及时办结率信息	省府办(数管中心)
勤政 高效	300	投诉举报 信息	100	信件及时办结率、及时答复率、群众满意率信息	省府办(数管中心)
守信 践诺	220	廉政建设 信息	55	公务员党纪处分、政务处分信息	纪检监察部门
			55	公务员职务犯罪信息	法院系统
		裁判信息	110	未履行人民法院生效裁判信息	法院系统
履职 成效	200	目标责任制 考核信息	100	各部门年度目标责任制考核情况	政府督查部门
		舆情监测信息	100	舆情监测的负面信息	第三方监测部门

3. 政府机构公共信用评价方法

根据政府机构公共信用评价指标和权重设置，通过识别指标特征、数据的标准化处理和综合计分，建立评分规则。评分步骤可参照《企业公共信用评价方法》执行。

四、信用监管

(一) 信用监管的内涵与特点

信用监管是信用监管机构依据相关信用法规和信用市场发展状况，对信用市场参与人行为、信用产品和信用关系运行进行监督、规范、控制和调节等一系列活动的总称。

在急速的社会转型期，社会结构分化、利益群体重组，很大程度上加剧了社会治理的失序。面对日益复杂而艰巨的社会治理任务，传统常规治理手段的作用日渐式微，以信用为核心进行市场规制和社会治理的信用监管实践日益兴起。2016年10月1日，全国首部也是唯一一部市场监管领域的综合性法规——《广东省市场监管条例》正式施行。该《条例》合理确定了政府及其市场监管部门的权责界限，既"确权"又"限权"；同时构建了信用监管为核心的新型监管模式，强化信用约束；强化社会监督、构建多元共治格局。2019年国务院总理李克强在政府工作报告提出，推进"双随机、一公开"跨部门联合监管，推行信用监管和"互联网＋监管"改革。"信用监管"首次被写入政府工作报告，标志着以信用为核心的新型监管机制迈入新阶段。

信用监管是以信用为核心的新型市场监管制度，是整个信用体系的重要环节，更是社会信用体系建设职能定位的重大突破。近年来已不断嵌入"证照分离"改革、行政审批制度改革等过程中，不但提高了政府的审批效率，还极大激发了市场活力，优化了营商环境。

信用监管的特点是加强事中事后监管，是以信用为基础的有限监管，是以区别不同主体信用状况的分类监管，是瞄准违法失信风险的精准监管，同时也是多部门配合联动的协同监管和社会力量共同参与的综合监管。

1. 事中事后监管

信用监管是事中事后监管。信用的天然属性是管预期、管未来、管概率,这决定了信用监管更多的是服务于事中事后,具体分三个阶段来实施。

(1) 事前阶段主要是信用承诺,即出制度、出规范、出标准来确定一类主体是否讲信用的参照系,通俗一点就是事前要告诉市场主体有哪些"负面清单",各自的职责是什么,政府和市场主体都要做出相应承诺。

(2) 事中监管阶段主要是以优化监管模式为目的,通过记录大量的信用数据为基础,以信用评价分类、大数据分析、第三方信用评估监督为手段,为后期的信用应用提供支撑。

(3) 事后监管阶段主要是信用激励与惩戒,即应用信用产品,这个产品可以是原汁原味的信用数据,也可以是加工后的增值产品;应用的方式可以多种多样,既有像信息发布这样非常简单有效、性价比极高的应用方式,也有像实施联合奖惩这样高端的应用方式。

2. 有限监管

信用监管是有限监管。有限监管既不是不管,更不是什么都管,而是要把有限的监管资源配置在需要监管的重点领域、重点环节、重点对象。在实际操作中,要运用互联网、大数据技术,找出出险概率最大的那一部分,依法确定监管对象。

3. 分类监管

信用监管是分类监管。分类监管的前提是监管数据的实时共享,这个共享不能仅局限于本行业垂直层面的,而应该是跨行业、跨领域的政府监管数据共享。有了监管数据共享这一基础,才能筛选出有效的评价数据,科学运用计分方法,对市场主体进行分类排序。

4. 精准监管

信用监管是精准监管。国务院在推广随机抽查规范事中事后监管文件中明确提出,要根据市场主体的信用情况,采取针对性强的监督检查方法。因此,信用监管要做到像紧箍咒一样,只套孙悟空、不套猪八戒。前提要有主体的精准画像,只有做到精准画像,才能做到监管的有的放矢。

5. 综合监管

信用监管是综合监管。这里有两层含义,一是部门之间要协同联合;二是激励和惩戒要"两手"联动。监管不是目的而是手段,目的是通过信用成本控制,倒逼主体加强信用管理,履行信用义务,进而营造遵守法律、遵守契约的环境,营造诚实守信、公平竞争的环境,这是信用监管的根本目的。如果还是单打独斗的监管,还是只讲手段不讲目的的监管,还是只讲惩戒没有激励,或还是只有激励没有惩戒的监管,那么这样的监管都不能称之为是完全的信用监管。

(二) 信用监管的目的

信用监管的主体不同,信用监管的职能、权限、手段、领域和范围也不同,但其监管的根本出发点和总的目的却具有一致性。信用监管的目的可以概括为以下几个方面。

1. 防范信用风险

信用风险是信用活动中不可避免的首要风险,与信用活动相伴相生。信用活动几乎涉及每个人、每个企业,如果某一债务人不能按时履行其债务责任时,其债权人便不能及时获得收入,从而减少其流动性,进而降低其履行对第三者的偿债能力,这种状况发生连锁发展,就会导致社会信用链中断,演化成全社会的信用风险,动摇社会稳定和经济发展的基础。此外,由于金融不断创新,金融工具层出不穷,虚拟信用交易瞬息万变,一旦交易呈几何级数递增,使得信用风险难以识别和控制。因此,防范信用风险,是信用监管的一切政策和手段的出发点和归宿。

2. 规范信用行为

所有的信用行为涉及两个或两个以上的主体,有些市场主体出于利己的目的,往往会采取机会主义的手段,甚至恶意破坏信用关系,逃避信用责任,从而损害正常的信用秩序。信用监管机构通过信用监督、稽查和执法来控制、惩治各种失信主体,减少和消除各种失信行为。只有将信用行为纳入一定的法律框架之下规范运作,才能保护市场主体的利益,确保良好、健康的信用秩序。

3. 健全信用制度

商品交易方式是由物物交易、货币交易到信用交易这样一种由低级到高级的逐渐演化过程,信用制度也有一个由无到有、由初级到高级、不断完善的过程。信用监管机构将成熟的、被普遍接受的信用观念、信用关系、信用行为和信用产品等通过法律法规确定下来并付诸实施,形成稳定的制度安排,借以调整信用关系,改善信用环境,这既是信用监管的手段,也是信用监管的目的。

4. 促进信用发展

信用体系越完善、信用工具越丰富、信用关系越发达,社会交易成本就越低,政府、企业的筹资和投资就越便利,居民的投资和消费就越增加,有利于跨境筹资、投资和进出口贸易,从而促进经济更加健康发展。因此,促进信用发展便成为信用监管应有之义。信用监管为信用发展提供良好的信用法律环境、信用行为规则、信用文化理念和信用创新机制,确保信用规范有序发展;而信用发展又要求信用监管提高监管水平,改善监管手段,创新监管体制。信用监管与信用发展相辅相成。

(三) 政府信用监管的内容

政府信用监管内容很多,总体看来,应该包括诚信度监管、合规度监管和践约度监管三个方面。

1. 诚信度监管

诚信度是指信用主体的基本诚信素质,涉及信用主体的诚信素质、行为准则等内容,是一个意识形态层面的概念。诚信度监管主要涉及道德、文化、心理范畴。道德监管是监管企业和个人的道德水平,监管部门首先要制定道德规范标准,以此为依据来监督监管对象的道德水平。

2. 合规度监管

合规度是指信用主体在社会活动中遵守社会行政管理规定、行业规则、民间惯例的水平和能力,是获得管理者信任的社会资本。相应地,合规度监管主要涉及政策、准则、制度范畴。合规度监管是监管企业和个人的合规情况。监管部门首先要制定合规标准,并以此为依据来监督监管对象的合规情况,具体手段包括奖励措施和惩罚措施,即奖励合规的监管对象,惩罚违规的监管对象。

社会合规监管的行使主体为政府部门,监管依据为各类法律法规、部门规章、行业规范等,对于遵守规定的企业给予政务便利、政策扶持或资金支持;而对于违反规定的企业则采取行政和经济手段予以惩戒。现阶段,在我国失信惩戒机制无法完全发挥作用的时期,社会合规监管不失为一种有效的信用监管方式,既能做到有据可依、保证监管的公平性,也能运用有效的手段确保监管目的的实现,以维护社会秩序的有效性。

3. 践约度监管

践约度监管主要涉及经济交易范畴,对企业和个人的经济践约情况进行必要的规范和管理。监管部门首先要制定践约标准,并以此为依据来监督企业和个人的践约情况,企业和个人的践约情况可用践约度来反映。践约度是指诚信度和合规度在经济交易领域的具体表现,直接体现在社会经济关系和交易活动中。

践约度监管的行使主体主要是政府部门和行业协会、商会等自律组织,监管的依据主要是部门规章和行业自律公约等。政府部门、行业协会等监管机构可以指导和协助企业签署、执行诚信承诺、联盟公约,企业之间互相监督,实现企业的践约管理。

在经济践约监管领域,行业协会发挥的作用不容忽视。在许多影响力较强的行业协会中,行业协会不但可以团结行业内企业共享信息资源、建立沟通平台、抵制恶性竞争,而且可以利用协会的号召力发动行业内企业诚信经营,履约践行。

(四)我国信用监管的制度缺失

1. 缺乏基本的法律规范支撑

目前信用监管的相关法律规范以法规、规章及规范性文件为主体,立法位阶过低,缺少专门、核心的信用信息或数据安全法律规范,法规、规章也缺乏基本法律的指引,信用监管措施缺乏直接的法律依据,信用监管法律制度存在基础性、结构性缺失。完善的法律体系是建立社会信用系统的基本前提,有必要将信用监管的基本法律规范上升至高位阶的法律或行政法规层面,减少部门及地方的随意创设,以避免违法限制或剥夺相对人的合法权益。

2. 缺少必要的法律管控

信用监管作为政府监管工具,是构建社会诚信建设的核心机制,是行政主体实现社会治理目标的重要手段,但公权行使亦应以保障相对人权益为宗旨。目前,国家发改委会同有关部门就保险金融、资源交易、贸易流通等众多治理领域密集出台了三十多部失信联合惩戒备忘录,信用监管的辐射范围及影响逐渐扩大。事实也表明,信用监管在实际运作中若不加以必要管控则会被泛化滥用,不利于保障相对人合法权益。因此,信用监管应遵循行政法治原则,其实施应受行政法的规制与约束。信用监管的标准和依据应从严把握,应将必要且紧密关联的信息作为信用惩戒的依据,严禁在与履行行政义务无关的领域限制相对人权益。

3. 过度锲入私权领域

信用监管应有序有度,循序渐进。但现实生活中,信用监管普遍存在无序无度,急功近利的情形,其主要表现就是过度涉足私权领域。第一,侵犯相对人的隐私权。例如,行政主体若不加区分地对所有信息予以采集、整理,极易侵犯相对人的隐私权。第二,侵犯相对人的财产处分权。所有权及相关处分权能是民法所规定的基本权利,信用监管若过度锲入私权领域,会造成对相对人财产性权益的侵害。第三,侵犯相对人的信息自决权、被遗忘权。信息自决权是指信息主体对自身信息的控制与选择有自我决定的权利,被遗忘权是信息主体得以摆脱或删除不充分、不相关或已过法定使用期限的信用信息的权利。因公共信用信息的采集整理无须取得相对人同意,行政主体若在信息处理流程中使用不当或未加以法定期限、后续处理的限制,极易侵犯相对人的信息自决权及被遗忘权。

五、城市信用监测

城市信用监测是指国家发改委依据"全国城市信用状况监测平台",委托国家信息中心中经网对全国县级及以上城市在政务诚信、商务诚信、社会诚信和司法公信四个领域的动态信用信息进行监测,通过通报排名、约谈提醒方式,旨在化压力为动力,倒逼城市政府提高信用建设的积极性和主动性的一项工作制度。

(一)监测城市范围

全国 36 个省会、直辖市、副省级城市和 259 个地级城市。

(二)监测手段及数据来源

通过"全国城市信用状况检测平台",运用互联网信息采集和大数据挖掘技术,对全国 10 000 多个互联网网站公开的信用信息数据进行监测,并纳入了国家信息中心提供的各省信用共享平台考核评分、各城市黑名单统计数据以及芝麻信用提供的信用市场信用监测数据。

(三)检测网站

检测网站包括综合性媒体网络、信用网络、城市政府网站等 1 万多个网址。其中监测的 12 类政府网站有政府官网、工商、质监、安监、食药监、国税、地税、环保局、住建局、检察院、法院、城市信用网站等。

(四)监测对象

监测对象为各城市的四大类行为主体——政府部门、企业、社会组织、司法机关在政务诚信、商务诚信、社会诚信、司法公信四个方面的信用信息。

(五)监测指标

按照国家发改委的要求,中经网对信用城市建设的监测主要集中在信用事件监测、信用制度完善程度、信用信息透明度、信用工作绩效、信用市场发育情况、重大失信事件及其政府反馈和重大诚信事件八个方面。

1. 信用事件监测

将事前事后政府主动行为定为正面信息,政府未对失信事件进行处理或被上级部门处罚定为负面信息,通过正面事件和负面事件的占比衡量城市在信用事件发生方面所体现出的信用水平高低。

2. 信用制度完善程度

根据《社会信用体系建设规划纲要(2014—2020)》所设置的 153 个制度标准,对各城市的信用制度完善程度进行对标和评价。

3. 信用信息透明度

信用信息透明度主要反映在信用事件信息公开、信用制度信息公开、双公示信息公开等方面。

4. 信用工作绩效

信用工作绩效是通过检测信用信息共享情况、统一代码转换情况、黑名单归集和惩戒情况,综合度量信用工作的落实情况。

5. 信用市场发育情况

信用市场发育情况主要是通过第三方信用机构的数据归集与分析,度量个人信用意识情况、法人机构的用信情况和社会信用产品的使用情况。

6. 重大失信事件

针对重大失信事件全部予以直接扣分处理,其中,重大失信事件是指社会影响恶劣、网民关注度高的或者按照国家有关规定,人员伤亡和财产损失达到一定程度的重大失信事件。

7. 重大失信事件的政府反馈

针对重大失信事件的及时反馈,可抵减重大失信事件的扣分,它反映了政府对于失信事件的反馈速度、透明度和惩处力度。

8. 重大诚信事件

对城市发生的重大诚信事件,直接予以加分,其中,重大诚信事件是指树立诚信文化理念,弘扬诚信传统美德,对社会诚信体系建设具有示范效应的重大诚信事件。例如,被评为全国或省级以上的道德模范、信用标兵、中央主流媒体先进等。

为进一步完善城市监测预警指标体系,持续深化城市信用体系建设,国家发展改革委制定了《城市信用状况监测预警指标(2019年版)》,新版监测预警指标于2019年2月起正式执行。

附件:

城市信用状况监测预警指标(2019年版)

一级指标(5个)	二级指标(16个)	三级指标(40个)	四级指标(60个)	分值	信息获取方式
一、守信激励和失信治理(88分)	1. 重大诚信案例确认与弘扬(1分)	1. 突出诚信人物、优秀诚信企业数量		1	大数据监测
	2. 综合失信状况量化测评(12分)	2. 依据全国统一标准认定的黑名单情况及重点关注名单情况	1. 黑名单及重点关注名单总量占全国的比重(根据城市规模进行加权处理)	1	国家公共信用信息中心提供原始数据,中经网计算
			2. 黑名单及重点关注名单占法人企业的比重	3	
			3. 当月黑名单及重点关注名单增量占法人企业的比重	3	
			4. 当月黑名单及重点关注名单退出量占黑名单总量的比重	3	
			5. 黑名单及重点关注名单违法记录次数	2	
	3. 行业信用评价及监管(10分)	3. 公共信用综合评价	6. 差级企业占法人企业比重	8	国家公共信用信息中心提供
		4. 行业信用监管	7. 开展行业信用监管的领域	2	城市报送

续 表

一级指标 （5个）	二级指标 （16个）	三级指标（40个）	四级指标 （60个）	分 值	信息获取方式
一、守信激励和失信治理 （88分）	4. 失信治理绩效测评（16分）	5. 政府失信被执行人		2	财金司提供
		6. 涉金融领域黑名单		2	
		7. 电子商务专项治理		2	
		8. 中央文明委19个专项治理		10	大数据监测
	5. 联合奖惩绩效测评（24分）	9. 地方依据本省标准认定的黑红名单（依据发改财金规〔2017〕1798号文）		2	城市报送
		10. 联合奖惩	8. 联合奖惩制度覆盖面	1	大数据监测
			9. 联合奖惩案例数量（根据城市规模进行加权处理）	4	城市报送
			10. 奖惩措施实施率	3	
			11. 实施联合奖惩的领域	1	
			12. 参与部门数量	1	
			13. 是否建立自动化联合奖惩系统	1	
			14. 实现自动化联合奖惩的领域	1	
		11. 信用修复	15. 信用修复机制建设	1	城市报送
			16. 参加信用修复培训企业数（根据城市规模进行加权处理）	2	
			17. 失信主体开展公开信用承诺情况（依据发改办财金〔2018〕0893号文）	2	大数据监测
			18. 失信主体提交信用报告情况（依据发改办财金〔2018〕0893号文）	3	城市报送
			19. 失信提示、警示约谈情况（依据发改办财金〔2018〕0893号文）	1	城市报送
			20. 完成信用修复企业数量占黑名单比重	1	城市报送

续表

一级指标(5个)	二级指标(16个)	三级指标(40个)	四级指标(60个)	分值	信息获取方式
一、守信激励和失信治理(88分)	6.严重失信事件监测评价(25分)	12.严重失信政务事件	21～23.依法行政、诚信体系建设、守信践诺		大数据监测
		13.严重失信商务事件	24～34.生产、流通、金融、交通运输、电子商务、工程建设、政府采购和招投标、价格、税务、旅游、中介会展广告统计	18	
		14.严重失信社会事件	35～39.医药卫生、社会保障、文体教科、知识产权、环保		
		15.严重失信司法事件	40.法院检察院公信 41.公共安全公信		
		16.重大失信事件以及治理反馈		5	
		17.信用事件公开程度		2	
二、信用制度和基础建设(16分)	7.信用制度完善程序(5分)	18.国家法规文件的细化和落实		1	大数据监测
		19.规划纲要涉及的诚信制度覆盖情况		2	
		20.创新性制度建设情况		2	
	8.信用信息公示情况(3分)	21.双公示情况	42.第三方信用机构提供的省公示率(季度)	1	财金司提供
			43.城市双公示率	1	城市报送
			44.双公示信息数量(根据城市规模进行加权处理)	1	城市报送＋大数据监测
	9.信用信息归集共享(5分)	22.信用信息共享平台建设情况	45.是否建立共享平台	1	省报送
			46.平台信息归集的数量(根据城市规模进行加权处理)	1	城市报送
			47.公用企事业单位联通信用信息共享平台的情况	1	城市报送
		23.城市信用网站建设情况	48.信用网站是否运行	1	大数据监测
			49.信用网站点击量占城市户籍人口的比例	1	城市报送＋大数据监测

续 表

一级指标 (5个)	二级指标 (16个)	三级指标(40个)	四级指标 (60个)	分值	信息获取方式
二、信用制度和基础建设 (16分)	10. 统一社会信用代码转换(3分)	24. 重错码率		1	代码中心提供
		25. 纠正率		1	代码中心提供
		26. 转码率或映射率		1	代码中心提供＋城市报送
三、诚信文化和诚信建设 (8分)	11. 诚信文化、宣传和教育情况(4分)	27. 依托媒体、校园、企业、街道社区、村镇等渠道开展宣传活动情况		2	大数据监测
		28. "诚信建设万里行"案例情况		2	城市报送
	12. 诚信建设情况(4分)	29. 个人诚信分建设情况		1	城市报送
		30. 市场主体信用承诺情况	50. 市场主体信用承诺覆盖面和样板量	3	大数据监测
四、信用服务和信用创新 (14分)	13. 信用服务及应用(10分)	31. 信用惠民便企开展情况	51. 信易贷、信易游等信用应用	7	城市报送
		32. 信用服务机构和信用产品数量	52. 城市信用服务机构	1	城市报送
			53. 城市政府使用信用产品的种类	1	
		33. 经认可的第三方使用服务机构提供的信用指数情况	54. "芝麻信用"等第三方信用服务机构和地方政府认定机构的指数情况	1	芝麻信用、地方政府认定机构等提供
	14. 信用风险提示(2分)	34. 风险提示信息数量		2	大数据监测
	15. 失信案例调查(2分)	35. 失信案例核查的数量占媒体曝光失信典型案例数量的比例		2	城市报送＋国家公共信用信息中心提供
五、营商环境 (14分)	16. 营商环境建设情况(14分)	36. "信易批"情况	55. 已经实施容缺受理部门数量占具有行政审批权力部门数量的比例	3	城市报送
		37. "一网通办"情况	56. 政务服务大厅是否接入信用信息共享平台和信用网站	1	国家公共信用信息中心提供
			57. 政务服务平台是否上线运行	1	大数据监测
			58. "一网通办"事项覆盖率	2	大数据监测
			59. 平均办件时间	1	城市报送

续 表

一级指标 (5个)	二级指标 (16个)	三级指标(40个)	四级指标 (60个)	分值	信息获取方式
五、营商环境 (14分)	16.营商环境建设情况(14分)	38.合同执行情况	60.高法涉及合同纠纷案件数量(根据城市规模进行加权处理)	2	大数据监测
		39.A级纳税人占法人企业比重		2	国家公共信用信息中心提供原始数据,中经网计算
		40.海关高级认证企业占法人企业比重		2	

总体分值:守信激励和失信治理(88分)+信用制度和基础建设(16分)+诚信文化和诚信建设(8分)+信用服务和信用创新(14分)+营商环境(14分)=140分。

六、信用修复

信用修复是指按照公开的程序,证明失信人已经改正失信行为获得失信行为侵害对象的谅解且承诺不再从事类似失信行为。信用修复不是删除或掩蔽一个主体的失信记录,而是让真诚告别失信行为的单位和个人,获得重新得到社会信任的机会。

国务院《关于建立完善守信联合激励和失信联合惩戒制度加快推进社会诚信建设的指导意见》提出建立健全信用修复机制。国家发展改革委、中国人民银行联合发布的《关于加强和规范守信联合激励和失信联合惩戒对象名单管理工作的指导意见》提出,要结合实际建立有利于失信主体自我纠错、主动自新的社会鼓励与关爱机制,支持有失信行为的个人通过志愿服务、社会公益服务等方式修复个人信用,信用修复与纠正失信行为、信用承诺、信用修复培训相结合。

(一) 信用修复的分类

1. 经济领域失信行为的信用修复

经济领域失信行为的信用修复主要分两类:一是因信用信息错误产生的信用修复。这类信用修复主要由信用主体对错误、虚假失信信息记录提出异议,相关征信部门、信息提供机构等进行相应的审查,按照相应的程序对信用主体提出的异议进行处理,修正错误信息,并使信用主体恢复恰当的信用评价。二是因信用主体自身原因产生的信用修复。这类信用修复主要包括履行债务、减少信用账户数量、降低信用利用率、做出承诺等。这类信用修复,既可以是自我修复,也可以委托相关机构帮助修复。

2. 社会领域失信行为的信用修复

社会领域失信行为的信用修复主要是针对信用主体违法违规行为的信用修复。对于信用主体违法违规行为的信用修复,主要针对轻微或一般违法违规行为。通常采取两类修复方式:第一类是纠错式修复,即信用主体改正其违法违规行为后可以不再记入信用记录;第二类是救济式修复,由相关部门告知失信主体整改的目标、任务,依照相应的程序督促其改正违法违规失信行为,修正其错误。信用主体整改完成后,在一定期限内未再次实施相关违法违规行为即可进行信用修复。

3. 信用修复考量的条件

针对信用主体违法违规行为进行信用修复,重点在于该违法违规行为是否具有可修复性。从目前的实践看,需要重点考量四个条件:

(1) 信用主体主观上是否具有信用修复的意愿。即信用修复程序应当基于信用主体的申请而启动。

(2) 失信行为的危害程度。轻微违法违规行为和一般违法违规行为才可以纳入信用修复范围,重大违法违规行为不具有可修复性。

(3) 失信行为发生的客观原因。非因信用主体的原因而引发的失信行为,原则上应当予以修复。

(4) 对失信行为的主观认知。即信用主体是否真正认识到其行为的违法违规性,并通过信用承诺和实际行动纠正违法违规行为,改善其诚信状况。

(二) 信用修复的方式

信用修复主要有七种修复方式:纠失信,即在规定期限内纠正失信行为;做承诺,即做出信用承诺,保证不再出现失信行为;受培训,即自觉接受信用修复专题培训;入监管,即公示,接受社会的监督管理;交报告,即提交第三方信用报告,并主动接受第三方信用协同监管;受辅导,即接受主管部门或第三方服务机构的信用修复辅导;行公益,即参与志愿服务、社会公益服务。

(三) 信用修复流程

信用修复流程主要有四步:

(1) 按照"谁提供,谁负责"的原则,申请者向做出处罚的行政机关提出修复申请。

(2) 行政机关核实后发函给辖区内公共信用信息管理部门,公共信用信息管理部门进行核查。

(3) 公共信用信息管理部门修复该主体信用信息,将信息修复情况反馈给行政机关和申请者。

(4) 证明已履行行政处罚决定,主动纠正了违法失信行为,消除了不利影响,公共信用信息管理部门在公示平台将撤下相关公示信息。

(四) 各地信用修复制度建设

在国家信用修复机制顶层设计尚未明确的背景下,2017 年,湖北、上海、河北、浙江四地出台的信用立法均将信用修复作为一项必要内容条款进行规定。通过比对信用修复条款,可以看出各地立法中均包含信用修复条件、受理单位、受理流程、修复结果等必要要素,但是要素细节有所差异,如表 2-7 所示。

表2-7 四部地方信用立法中信用修复条款比较

名称	《湖北省社会信用信息管理条例》	《浙江省公共信用信息管理条例》	《河北省社会信用信息条例》	《上海市社会信用条例》
修复条件	信用主体依法纠正失信行为、消除不利影响	有不良信息的信息主体具有主动改正违法行为、消除不良影响等情形的	信用主体依法纠正失信行为、消除不利影响	在失信信息查询期限内,信息主体通过主体履行义务、申请延期、自主解释等方式减少失信损失,消除不利影响的
受理单位	信用信息提供单位	做出违法行为认定的公共信用信息提供单位	信用信息提供单位	失信信息提供单位
受理流程	经审查符合信用修复条件的,信用信息提供单位应当在三日内做出信用修复决定并报送省信用信息中心	公共信用信息提供单位应当做出信用修复决定,并经由省级公共信用信息提供单位书面通知省公共信用工作机构	经审查符合信用修复条件的,信用信息提供单位应当在三个工作日内做出信用修复决定并报社会信用信息工作主管部门	原失信信息提供单位可以向市公共信用信息服务中心出具信用修复记录的书面证明
修复结果	省信用信息中心收到信用修复决定后,应当及时删除原始失信信用信息并将修复记录归档管理。信用主体的信用修复后,按照规定不再作为联合惩戒对象	省公共信用工作机构应当根据信用修复决定删除该不良信息或者对修复情况予以标注。信息主体被列入严重失信名单的,不适用前款规定	信用主体的信用信息修复后,按照规定不再作为联合惩戒对象	市公共信用信息服务平台应当在收到该书面证明之日起三个工作日内在平台查询界面上删除该失信信息

(五)信用修复制度设计应注意的问题

1. 构建信用修复的基本规则

信用修复要与信用惩戒、信用激励机制相衔接,注重发挥信用的导向功能。失信人的失信记录如果可以轻易地进行信用修复,就难以发挥信用惩戒的功能。实施信用修复如果难度太大,则会使失信主体难有改过自新的机会,甚至产生相应的社会问题。将信用修复纳入法治轨道,可以有效避免信用修复过程中存在主观任意性和随意行事的问题。信用修复立法的重点在于明确信用修复标准和信用修复程序,如哪些信用状况是不可修复的,哪些信用状况是可以修复的,由谁实施修复,如何修复,修复的措施有哪些,如何监管和监督信用修复行为,对这些重大问题都需要做出明确的法律界定。

2. 注重区分违约行为的修复和违法违规行为的修复,分别进行制度设计

违约行为主要属于纠错式修复,重在偿还债务,了结债权债务关系,取得债权人谅解等。而对于违法违规行为的信用修复,既包括纠错式修复,也包括救济式修复。对违法违规行为进行信用修复的重点在于认定是否具有可修复性,包括信用修复的主观意愿、行为的危害程度、失信行为发生的客观原因、对失信行为的主观认知等。根据这些构成要件对信用修复做出更加具体的规定。要针对轻微违法违规行为、一般违法违规行为和重大违法违规行为等分别制定不同的信用修复规则。对于违法违规行为的信用修复,要制定严格的修复程序,建立信用修复申请、信用修复承诺、信用修复决定、信用修复审查、信用修复公示等必要的法律程序,接受社会公众的监督。对于相关机关决定不予修复的,信用主体可以对相关机关的决定申请复议或诉讼。

3. 区分信用信息修复和信用行为修复,进行有针对性的制度设计

信用信息修复因信息不准确而启动。这类问题的修复,要在确保信用主体知情权的前提下,对于错误或虚假信用信息予以更正,并进而修复其信用。主要制度包括信息异议、异议审查、信息修正等。相较而言,针对信用主体自身原因导致失信行为的信用行为修复,审核更严格、程序规定更严格,需要考虑的因素也更多。

4. 探索信用修复方法的类型化,构建更加精细化的法律规则

对于信用修复方法,有必要类型化,区分不同情况建立统一的信用修复机制,并进行相应的法律调整。根据违约或违法违规行为的性质适用不同类型的信用修复制度,是构建科学的信用修复机制的重要基础。

第二节　我国社会信用体系建设

一、我国社会信用体系建设历程

我国社会信用体系建设经历了起步阶段、初步发展阶段、加速发展阶段等三个发展阶段。

(一) 第一个阶段:1999 年以前(起步阶段)

1999 年以前中国出现了弱小的征信行业,始于 20 世纪 90 年代初期的起步阶段,其标志就是以信用评价为代表的信用中介机构的出现和发展。我国涌现出中国诚信、大公、远东等一批与企业发债和资本市场发展相适应的信用评估机构。从此,信用意识开始逐步被企业和投资者所接受。特别是银行为控制企业贷款风险,引入贷款证管理模式,上海等地还要求申领贷款证企业必须进行信用评级,这些措施拉动了企业信用需求。

在国家经贸委、财政部和中国人民银行等部门的大力推动下,我们国家涌现出济南、镇江、铜陵、深圳、重庆、山西、河南等一大批面向中小企业服务的信用担保机构。信用担保机构的发展不仅缓解了中小企业贷款难状况,也为企业特别是中小企业信用能力的提高创造了基础。

(二) 第二阶段:1999—2010 年(初步发展阶段)

1999 年 10 月,中国第一个信用研究课题"建立国家信用管理体系课题"诞生。课题由黄闻云出资,在中国社会科学院世界经济与政治研究所立项。12 月初,课题组部分成员分别奔赴美国和欧洲,对欧美发达国家的著名征信机构和信用管理行业组织进行广泛的调研。

2002 年 11 月,党的十六大提出:"整顿和规范市场经济秩序,健全现代市场经济的社会信用体系。"

2003 年 3 月,国务院提出,本届政府要用 5 年左右的时间初步建立起与我国经济发展相适应的社会信用体系的基本框架和运行机制。

党的十六届三中全会通过的《关于完善社会主义市场经济体制若干问题的决定》进一步指出:"建立健全社会信用体系。形成以道德为支撑、产权为基础、法律为保障的社会信用制度,是建设现代市场体系的必要条件,也是规范市场经济秩序的治本之策。"

2005年,在《中共中央关于制定国民经济和社会发展第十一个五年规划的建议》中,又提出了"以完善信贷、纳税、合同履约、产品质量的信用记录为重点,加快建设社会信用体系,健全失信惩戒制度"的具体要求。

2007年3月23日国务院办公厅《关于社会信用体系建设的若干意见》(国办发〔2007〕17号)提出:建设社会信用体系,是完善我国社会主义市场经济体制的客观需要,是整顿和规范市场经济秩序的治本之策。

(三) 第三阶段:2011年至今(加速发展阶段)

2011年10月18日,党的十七届六中全会提出要把诚信建设摆在突出位置,在全社会广泛形成守信光荣、失信可耻的氛围。

2012年12月26日,国务院第228次常务会议通过《征信业管理条例》,2013年1月21日中华人民共和国国务院令第631号公布。该"条例"分总则、征信机构、征信业务规则、异议和投诉、金融信用信息基础数据库、监督管理、法律责任、附则8章47条,自2013年3月15日起施行。

2013年5月17日,关于印发《国家发展改革委人民银行中央编办关于在行政管理事项中使用信用记录和信用报告的若干意见》的通知(发改财金〔2013〕920号)提出建立完善社会信用主体信用记录,推动各级政府、各相关部门在行政管理事项中使用信用记录和信用报告,切实发挥在行政管理事项中使用信用记录和信用报告的作用。

2014年1月15日,国务院总理李克强主持召开国务院常务会议,部署加快建设社会信用体系、构筑诚实守信的经济社会环境。会议原则通过《社会信用体系建设规划纲要(2014—2020年)》,这是我国社会信用体系建设史上重要的里程碑。《规划纲要》是对我国社会信用体系建设重要的顶层设计,是指导我国今后一个时期社会信用体系建设的纲领性文件。《规划纲要》的出台和实施必将极大地推动我国社会信用体系建设迈上新的台阶。

二、我国社会信用体系建设特点

与西方发达国家不同,我国顺应现阶段社会信用领域的主要矛盾,正在建立一个包含经济交易信用体系和社会诚信体系在内的广义的社会信用体系,这是我国社会信用体系建设突出的特点。

(一) 现阶段我国社会信用领域的主要矛盾和西方发达国家不同

西方国家经过长期的法制建设和道德建设,包括各种各样的机制建设,目前其社会诚信缺失问题已经基本解决,信用建设的主要任务是如何防范信用过度投放和信用交易风险。

与西方发达国家不同,现阶段我国正处在向成熟市场经济转轨过程中,社会诚信缺失和信用交易风险两大问题都比较突出。由于经济信用问题和社会诚信缺失问题同时存在,而且二者之间会互相影响、互相转化。因此,我们必须采取与西方国家不同的方法,统筹解决这两大信用问题。正基于此,我国需要建立比西方国家更加广义的社会信用体系。

(二）传统上我国对信用概念的理解也比西方更加宽泛

中国《辞海》对信用的定义是人们在经济、社会交往中形成的信任。这里既包括经济交往（活动），也包括社会交往（活动）中形成的信任。而西方国家所谓的"信用"（Credit），其含义是指"信贷，信用交易"。

我国给社会信用体系的定位是有效的经济社会治理手段，近年来又将其上升到实现国家治理体系治理能力现代化的重要途径和推进"放管服"改革的重要抓手，其内在逻辑正是基于广义社会信用体系概念的特点演变而来的。

三、我国社会信用体系建设重要文件解读

（一）《社会信用体系建设规划纲要(2014—2020年)》

2014年6月14日，国务院印发《社会信用体系建设规划纲要（2014—2020年）》（简称《纲要》）。《纲要》强调，社会信用体系建设要按照"政府推动，社会共建；健全法制，规范发展；统筹规划，分步实施；重点突破，强化应用"的原则有序推进。到2020年，实现信用基础性法律法规和标准体系基本建立，以信用信息资源共享为基础的覆盖全社会的征信系统基本建成，信用监管体制基本健全，信用服务市场体系比较完善，守信激励和失信惩戒机制全面发挥作用。

《纲要》明确了与人民群众切身利益和经济社会健康发展密切相关的34个方面的具体任务，并提出了三大基础性措施。

一是加强诚信教育与诚信文化建设。弘扬诚信文化、树立诚信典型、开展诚信主题活动和重点行业领域诚信问题专项治理，在全社会形成"诚信光荣、失信可耻"的良好风尚。

二是加快推进信用信息系统建设和应用。建立自然人、法人和其他组织统一社会信用代码制度，推进行业间信用信息互联互通和地区内信用信息整合应用，形成全国范围内的信用信息交换共享机制。

三是完善以奖惩制度为重点的社会信用体系运行机制。健全守信激励和失信惩戒机制，对守信主体实行优先办理、简化程序、"绿色通道"等激励政策，对失信主体采取行政监管性、市场性、行业性、社会性约束和惩戒，建立健全信用法律法规和标准体系，培育和规范信用服务市场，保护信用信息主体权益，强化信用信息安全管理。

法律制度外化于行，信用文化内化于心。市场经济是信用经济，需要信用文化来"软约束"。社会信用体系建设归根到底是要通过建立一套诚信约束机制，达到改善社会经济主体行为方式的目的，它最终是一种自律手段。为此，《纲要》要求，针对四大领域诚信缺失问题为重点内容进行专项整治。

1. 加快推进政务诚信建设

国无信则不威，政务诚信是提升政府公信力，建设社会信用体系的关键，政府信用处于信用层级金字塔的塔尖，是一国社会信用体系的最高形态。各类政务行为主体的诚信水平，对其他社会主体信用体系建设发挥着重要的导向作用。政府官员的选拔，尤其是公务员的任免，必须遵守诚实守信原则，政府部门的任何一员都应该以身作则，通过自身的守信践诺，给社会树立榜样，起到模范带头作用。

2. 深入推进商务诚信建设

商无信则不兴,提高商务诚信水平是社会信用体系建设的重点。商务诚信是各类商务主体可持续发展的生存之本,也是各类经济活动高效开展的基础保障。要重点关注食品药品安全领域、企业诚信管理制度、电子商务领域、工程建设领域、金融领域、税务领域的信用建设情况、建立信息共享机制,逐步开展线上线下联合失信惩戒和守信激励。在商务活动中,培育企业和个人等市场主体严格自律意识,恪守契约精神和诚实守信品行,促进信用与交易的良性循环。

3. 全面推进社会诚信建设

社会领域侧重于对社会个体的保护,通过完善社会保障、优化就业结构、强化企业及其从业人员的诚信管理、改善医疗科教条件等措施,尽可能全方位地照顾到社会各个群体的利益,以保证社会信用环境和谐稳定。社会领域的信用建设中,自然人信用建设的地位可谓重中之重,推进个人征信市场的发展不仅有助于金融风控体系发展,也符合国家对诚信建设的要求。个人征信市场的发展除了需要借助央行的力量之外,民营征信机构也是不可或缺的,发挥民营征信机构在各个领域的征信优势,能够更精准地判断个人信用,从而积极引导个人的行为规范。

4. 大力推进司法公信建设

司法公信领域的诚信建设是信用建设的一块基石,只有法律的公信力能维护社会的公平正义,司法公信的存在为执法机关的工作顺利进行打下了基础,为诚实守信的企业和个人织起一张保护网,而失信违约的个体只能接受法律的制裁。市场经济是法治经济,也是信用经济。一方面,强调市场经济是法治经济,"法律"是保障市场秩序的有力手段;同时,还必须用文化的力量,以"诚信"文化来维护正常的经济秩序。市场经济的健康运行,不仅要靠法律的强制力,更重要的,是要内化于心,要使市场活动的参与者,自觉主动成为竞争中的守法者,共同营造诚实、自律、守信、互信的社会信用环境。

(二)《国务院关于建立完善守信联合激励和失信联合惩戒制度加快推进社会诚信建设的指导意见》

为建立完善守信联合激励和失信联合惩戒制度,加快推进社会诚信建设,国务院印发了《关于建立完善守信联合激励和失信联合惩戒制度加快推进社会诚信建设的指导意见》(简称《指导意见》)。

1.《指导意见》制定出台的目的和意义

《指导意见》制定出台的目的,是有效治理失信行为高发问题,使失信者付出足够的代价,并通过实施正面激励让守信者受益,做到让守信者一路绿灯、失信者处处受限,从而形成引导社会成员诚实守信的正确导向。《指导意见》是我国第一部关于信用联合奖惩的规范性文件,解决了守信联合激励和失信联合惩戒的依据问题,明确了信用信息共享平台一个非常重要的应用问题。

2.《指导意见》的主要内容

《指导意见》指出要按照"褒扬诚信,惩戒失信;部门联动,社会协同;依法依规,保护权益;突出重点,统筹推进"的原则,建立完善守信联合激励和失信联合惩戒制度,并从"褒扬诚信、惩戒失信、协同机制、制度文化"四个方面明确了联合奖惩工作的具体任务,体现了激励与惩戒并重的原则。

(1) 守信奖励。

一是要选树诚信典型：① 有关部门和社会组织实施信用分类监管确定的信用状况良好的行政相对人、诚信道德模范、优秀青年志愿者；② 行业协会商会推荐的诚信会员；③ 媒体挖掘的诚信主体。

二是要奖励诚信典型：① 探索建立行政审批"绿色通道"；② 优先提供公共服务便利；③ 优化诚信企业行政监管安排；④ 降低市场交易成本；⑤ 大力推介诚信市场主体。

(2) 失信惩戒。《指导意见》既明确了联合惩戒的重点，也明确了必须将惩戒措施落实到人。

一是受到联合惩戒的严重失信行为主要包括四个方面：① 严重损害人民群众身体健康和生命安全的行为；② 严重破坏市场公平竞争秩序和社会正常秩序的行为；③ 拒不履行法定义务，严重影响司法机关、行政机关公信力的行为；④ 拒不履行国防义务、危害国防利益的行为。

二是惩戒失信，通过行政性、市场性、行业性和社会性约束和惩戒，并将惩戒措施落实到个人，增加失信成本。

行政性约束和惩戒包括两个方面：① 两个从严，即从严审核行政许可审批项目和从严控制生产许可证发放；② 八个限制，即限制新增项目审批、核准，限制股票发行上市融资或发行债券，限制在全国股份转让系统挂牌、融资，限制发起设立或参股金融机构以及小额贷款公司、融资担保公司、创业投资公司、互联网融资平台等机构，限制从事互联网信息服务等，严格限制申请财政性资金项目，限制参与有关公共资源交易活动，限制参与基础设施和公用事业特许经营；惩戒到人，对法人、主要负责人、负有直接责任的注册执业人员实施市场和行业禁入，取消参加评先评优资格。

市场性约束和惩戒包括：公开失信行为信息；限制高消费行为，包括出境、购买不动产、坐飞机、坐高铁、旅游度假、入住星级酒店等；纳入征信机构的信用记录和报告；提高融资成本。

行业性约束和惩戒主要是发挥行业协会商会的作用，包括建立会员信用档案、开展信用评级、依规依约对会员进行惩戒。社会性约束和惩戒包括建立失信举报制度；提起公益诉讼；编制发布地区、行业信用报告。

(3) 构建联合奖惩协同机制。通过建立触发反馈机制，实施部省协同和跨区域联动，建立健全信用信息公示机制，建立健全信用信息归集共享和使用机制，规范信用红黑名单制度，建立激励和惩戒措施清单制度，建立健全信用修复机制，建立健全信用主体权益保护机制，建立跟踪问效机制，保证守信或失信行为信息在部门间快速传递共享，确保奖惩措施落地并保护信用主体的合法权益。

(4) 加强法规制度和诚信文化建设。《指导意见》要求各地区、各有关部门要完善相关法律法规，建立健全标准规范，加强诚信教育和诚信文化建设，加强组织实施和监督检查。

四、我国社会信用体系建设实践经验

按照党中央、国务院的统一部署，紧紧围绕全面深化改革的总体目标，以创新为基础，以应用为导向，以服务为关键，从实处着手，以具体管用的方法推动社会信用体系建设。

（一）提高行政审批效率，构建以信用为核心的新型市场监管机制

推动实施事前信用承诺、事中信用分类管理、事后守信联合激励和失信联合惩戒制度。进一步完善各领域红黑名单制度，在办理行政审批、公共服务等过程中，推进对诚信企业实施"绿色通道""容缺受理"等便利措施，对失信企业依法依规进行禁止或限制，提高守信收益和失信成本。

（二）以政务失信专项治理为契机推动重点领域信用建设

加强政府自身诚信建设，政府机构被列入法院失信被执行人或其他黑名单的，必须及时修复信用，动态归零。对地方政府招商引资优惠政策承诺不兑现、"新官不理旧账"、政府工作人员不作为乱作为等行为进行督促整改，将营商环境建设过程中地方政府和公务员因违法违规、失信违约被司法判决、行政处罚、纪律处分、问责处理等信息纳入政务失信记录，加大对失信行为的惩处和曝光力度，追究责任，惩戒到人。

（三）组织开发基于信用的惠企惠民产品，使守信主体享受便利优惠

依托全国信用信息共享平台，广泛归集整合注册登记、纳税、社保、知识产权、水电煤气、仓储物流等相关公共信用信息。在此基础上，推进建立"信易贷""信易租""信易行"等系列守信激励机制，促进守信主体更加容易获得融资信贷、办公设备租赁、交通出行等服务，提升守信获得感。

（四）以信用示范城市创建和城市信用监测为抓手推动优化营商环境

为动态了解城市的信用状态，国家发展改革委委托国家信息中心中经网于2016年开发建设了城市信用状况监测系统——全国城市信用状况监测平台。该平台利用互联网信息搜索技术，对海量互联网信息进行7×24小时的信用事件及信用制度建设情况监测。

监测对象：各城市的四大类行为主体——政府部门、企业、社会组织、司法机关在政务诚信、商务诚信、社会诚信、司法公信四个方面的信用信息。

监测标准：对信用城市建设的监测主要集中在信用事件监测、信用制度完善程度、信用信息透明度、信用工作绩效、信用市场、重大失信事件及其政府反馈和重大诚信事件八个方面。

城市信用体系建设是优化营商环境的关键一环，开展信用状况监测是推动城市政府开展信用建设的有效手段，地方政府把参与示范城市创建的条件作为本地区信用建设工作努力的方向。继续实施并不断优化城市信用监测，督促信用监测排名靠后的城市，开展有针对性的培训，对标先进，正视差距，把握方向，奋起直追。

（五）打破信息孤岛，大力推进公共信用信息的归集共享

要聚焦采集内容，围绕社会关注度高、时间节点性强、对推动信用工作有重要意义的领域开展信用信息的主动采集，特别是围绕重点领域和重点人群建立动态更新的信用信息记录。创新采集方式，一方面依托共享平台，广泛、机制化地采集各部门在行政管理和公共服务过程中形成的信用信息，另一方面依托第三方机构、行业协会商会等机构采集市场主体在经济社会活动中的信用信息。通过"信用中国"网站畅通信息主体自主申报信息的渠道。

(六) 推进信用立法工作,落实监管职责,优化营商环境

中共中央印发《社会主义核心价值观融入法治建设立法修法规划》,明确提出探索完善社会信用体系相关法律制度。为更好地推进社会信用体系建设并发挥其作用,必须要加强信用立法工作,以有效规范信用信息的采集、整合、交换、发布和使用,解决经济社会生活中信用信息不对称问题,形成信用信息共享机制,警戒和惩戒失信行为,褒扬和奖励诚实守信,优化社会信用环境,促进经济社会健康持续发展。近期国家多个部委相继设立信用建设相关的部门规划,逐步落实监管职责。

一、本章重点概念

公共信用管理　政府公信力　信用治理　社会信用评价　城市信用监测　信用监管　信用修复

二、复习思考题

1. 如何构建以信用为核心的市场监管体系?
2. 如何理解党员干部讲诚信应赋予新时代内涵?
3. 简述公共信用评价有何作用。
4. 如何开展城市信用监测?
5. 简述信用修复的途径。
6. 简述信用修复对破产重整企业的重要性。

三、练习题

1. 公共信用评价的结果主要应用于政府的(　　)。
   (A) 行政管理　　(B) 经济管理　　(C) 社会治理　　(D) 市场监管
2. (　　)是指以信用为核心的新型市场监管制度,是社会信用体系建设职能定位的重大突破。
   (A) 信用监管　　(B) 市场监管　　(C) 信用治理　　(D) 社会治理
3. 公共信用管理的特点是(　　)。
   (A) 公共性　　(B) 规则性　　(C) 责任性　　(D) 示范性
4. 我国社会信用体系建设需要从逻辑层、基础层和(　　)三个层面设计有理论基础、科学、有目标、有内容、系统、有落地效应、清晰可见的路线图。
   (A) 政治层　　(B) 经济层　　(C) 应用层　　(D) 交易层
5. 《社会信用体系建设规划纲要(2014—2020年)》提出三大基础性措施为(　　)。
   (A) 加强诚信教育与诚信文化建设
   (B) 加快推进信用信息系统建设和应用
   (C) 加强四大领域信用体系建设
   (D) 完善以奖惩制度为重点的社会信用体系运行机制
6. 奖励诚信典型的措施有(　　)。
   (A) 探索建立行政审批"绿色通道"　　(B) 优先提供公共服务便利

(C) 优化诚信企业行政监管安排　　　(D) 降低市场交易成本
7. 惩戒失信,通过(　　)约束和惩戒,增加失信成本。
　　(A) 行政性　　(B) 市场性　　(C) 行业性　　(D) 社会性
8.《社会信用体系建设规划纲要(2014—2020年)》,明确提出要完善以(　　)为重点的社会信用体系运行机制。
　　(A) 奖惩制度　　(B) 惩戒制度　　(C) 公平制度　　(D) 信用制度
9. 信用治理创造出显著的"信用红利"是(　　)。
　　(A) 信用信息实现互联互通、共建共享
　　(B) 减少信息不对称,打破"信息孤岛"
　　(C) 通过"激励""修复"培养和提升社会成员的荣誉感、关爱感
　　(D) 为居民工作、生活提供便利条件
10. 城市信用监测的目的是(　　)。
　　(A) 加强城市信用体系建设考核评比
　　(B) 加快推进城市信用信息系统建设
　　(C) 加快推进城市信用信息系统应用
　　(D) 旨在化压力为动力,倒逼城市政府提高信用建设的积极性和主动性
11. 下列属于城市信用监测指标的是(　　)。
　　(A) 信用制度完善程度　　(B) 信用工作绩效
　　(C) 信用市场发育情况　　(D) 重大失信事件的政府反馈
12. 市场性约束和惩戒包括(　　)。
　　(A) 公开失信行为信息　　(B) 限制高消费行为
　　(C) 提高融资成本　　(D) 纳入征信机构的信用记录和报告

第三章　企业信用管理

第一节　企业信用管理模式

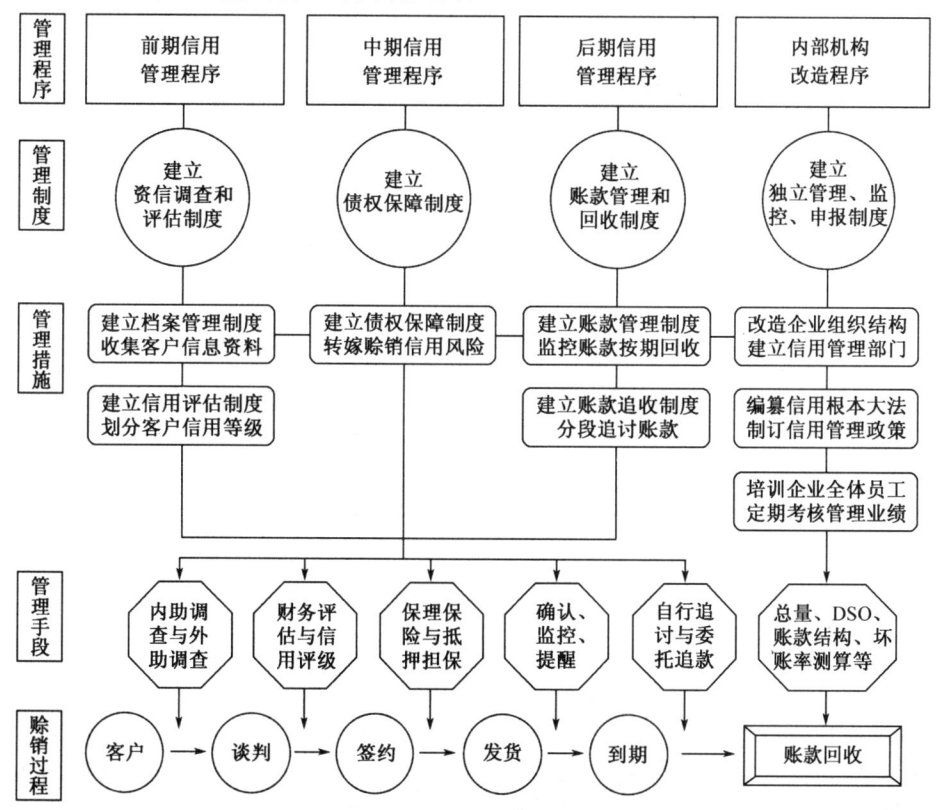

常见的信用管理模式包括"3+1"信用管理模式、全程信用管理模式、双链条信用管理模式和"3+3"信用管理模式。

一、"3+1"信用管理模式

"3+1"信用管理模式(见图3-1)是参照西方企业信用管理模式,结合中国企业的具体情况提出的。该模式由四项内容组成:"3"代表企业信用管理过程中,要建立三个不可分割的信用管理机制,包括交易前期资信调查与评估机制、中期的债权保障机制和后期的应收账款管理和追收机制。西方管理学界认为,前期信用管理是企业三个管理机制中最重要和最核心的内容。"1"代表一个独立的信用管理部门或人员。

图3-1　"3+1"信用管理模式

二、全程信用管理模式

全程信用管理模式是东方国际保理中心总裁谢旭针对中国企业忽视前期和中期管理只注重后期管理这一现实情况,提出的企业信用管理的方法和技术体系。所谓全程信用管理模式,就是全面控制企业交易中各个关键业务环节,从而达到控制客户信用风险,迅速提高应收账款回收率的方法。

全程信用管理模式,囊括了企业信用管理功能中的四个传统功能。它以企业信用销售之初的新客户接触到货款收回的操作过程为主链,分解其中的一个信用管理操作,并按照信用交易发展的时间顺序,将信用管理技术的内涵和外延分解成四个层面,即交易过程、管理环节、技术支持和控制过程。在时间顺序上,全程信用管理模式将信用管理过程分为三个阶段,即事前控制、事中控制和事后控制,也就是签约前的客户资信收集和客户筛选、签约时的信用分析评估和决策、签约后的应收账款管理和追收,同时提出企业应该建立专门独立的信用管理部门负责这项工作。全程信用管理模式如图3-2所示。

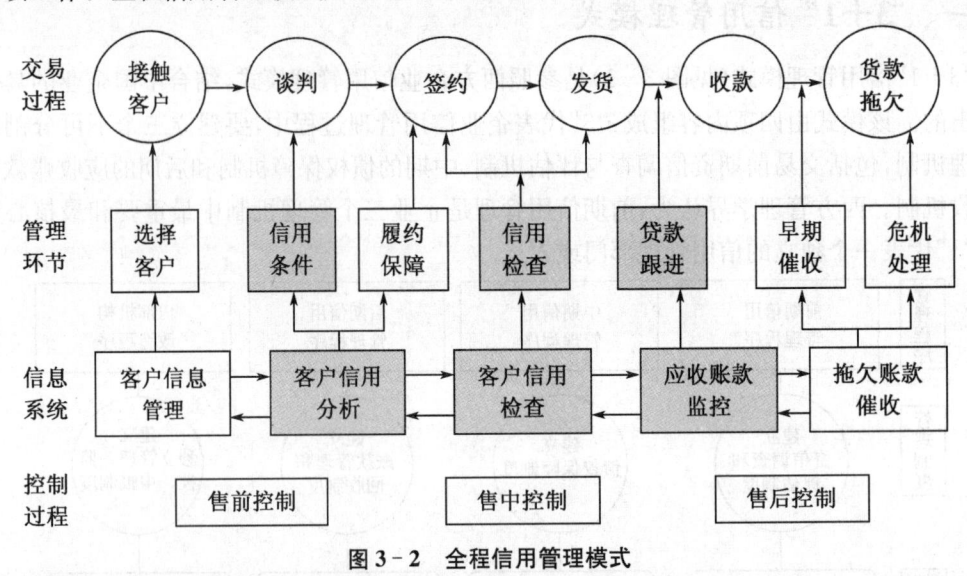

图3-2 全程信用管理模式

全程信用管理模式是沿着建立健全合理的企业信用管理体制、完善一套严格的内部信用风险管理制度、改进销售或回款业务流程、掌握科学的信用管理技术方法这样的思路逐步总结、完善起来的。

(一) 建立合理的信用管理组织机构

企业应当建立一个在总经理或董事会直接领导下的独立的信用管理部门(或设置信用监理),从而有效地协调企业的销售目标和财务目标,同时在企业内部形成一个科学的风险制约机制,防止任何部门或各层管理人员盲目决策所可能产生的信用风险。

将信用管理的各项职责在各业务部门之间重新进行合理的分工,信用部门、销售部门、财务部门、采购部门等各业务部门各自承担不同的信用管理工作,必须按照不同的管理目标和特点进行科学的设计。例如,在传统上销售人员垄断客户信息的问题,必须通过各部门间在信息收集上的密切合作以及信用部门集中统一的管理加以解决。

（二）改进销售或回款业务流程

销售或回款业务流程是企业关键性的业务流程之一,最为重要而且复杂。实践表明,企业实施信用管理,可以有效地将企业销售和回款业务活动中的各个环节有机地结合起来,以流程设计的方法实现销售业绩增长和降低收账风险这两个最基本的目标,从而为企业带来较大的利润增长空间。实行全程信用管理模式需要建立和改进的业务流程包括如下一些基本项目：

（1）客户开发与信息搜集业务流程；
（2）客户信用评级业务流程；
（3）订单处理与内部授信业务流程；
（4）销售风险控制业务流程；
（5）贷款回收业务流程；
（6）债权处理业务流程。

企业通过上述各项业务流程的建立和改进,将在销售或回款这一企业最重要的价值链中获得较大的增值,其中卖方（企业）信用控制能力的提高和买方（客户）信用风险的降低是使各项业务流程得以改进的关键。

（三）建立全程信用风险管理制度

1. 事前控制——客户资信管理制度

客户既是企业最大的财富来源,也是风险的最大来源。强化信用管理,企业必须首先做好客户的资信管理工作。而这些工作都需要在规范的管理制度下进行。目前我国许多企业需要在五个方面强化客户资信管理：客户信用信息的搜集；客户资信档案的建立与管理；客户信用分析管理；客户资信评级管理；客户群的经常性监督与检查。

2. 事中控制——赊销业务管理制度

赊销业务制度化管理应包括三个方面：信用政策的制订及合理运用；信用限额审核制度；销售风险控制制度。

3. 事后控制——应收账款监控制度

应收账款监控制度应在四个方面制度化：应收账款总量控制制度；销售分类账管理制度；账龄监控与贷款回收管理制度；债权管理制度。

（四）应用先进的信用管理技术

1. 客户信用分析模型

如特征分析模型和营运资产分析模型,都是一些简捷、适用的分析工具,应当加以普及应用。

2. 客户的信用风险等级划分方法

对客户的信用风险等级评定是客户资信管理的基础,因此在等级划分的目的、定义、评级标准和评定流程上都应采取科学、规范的方法。

3. 信用政策制定方法

将信用政策分成对内和对外两个文本。企业对内的信用政策文本起到对内部各业务职能部门的一个指导和管理的作用,对外的信用政策文本对于改善客户信用关系,约束信用付款行为等方面都可以起到非常显著的作用。

4. 信用限额的制订

实践中常用的几种信用限额的制订方法,包括经验评估方法、模型分析方法、营运资产评估方法和集体评议方法。这些方法将根据企业的不同情况加以综合运用。

5. 债权质量评估方法

这套技术包括对每一笔逾期应收账款从债权特征、拖欠特征、债务人特征和追讨特征等各个方面进行定性和定量的分析。

企业在经营管理上,销售部门与财务部门在工作目标、职能、方法、人员等方面都有很大不同。如何在销售与财务之间搭起一个桥梁,全程信用管理模式通过增加信用管理职能的方式将企业信用管理涉及的销售管理和财务管理有机地联系在一起,对于每一个信用管理操作,都给出一些信息管理技巧和征信产品上的支持。

三、双链条信用管理模式

该模式由华夏国际企业信用咨询有限公司刘宏程提出。双链条控制模式提出以企业信用销售流程为一条主线,分企业内外两条控制链(客户风险控制链和内部风险控制链)、三个过程控制制度(事前预防、事中监控和事后处理)、四大技术支持(数据库和信用管理软件、信用分析模型、监控指标系统和债务分析模型),并通过信息化和组织设计整合的整体解决方案,同时该方案也提出企业应该建立专门的信用管理部门负责此项工作。

该模式的操作流程如图3-3所示。

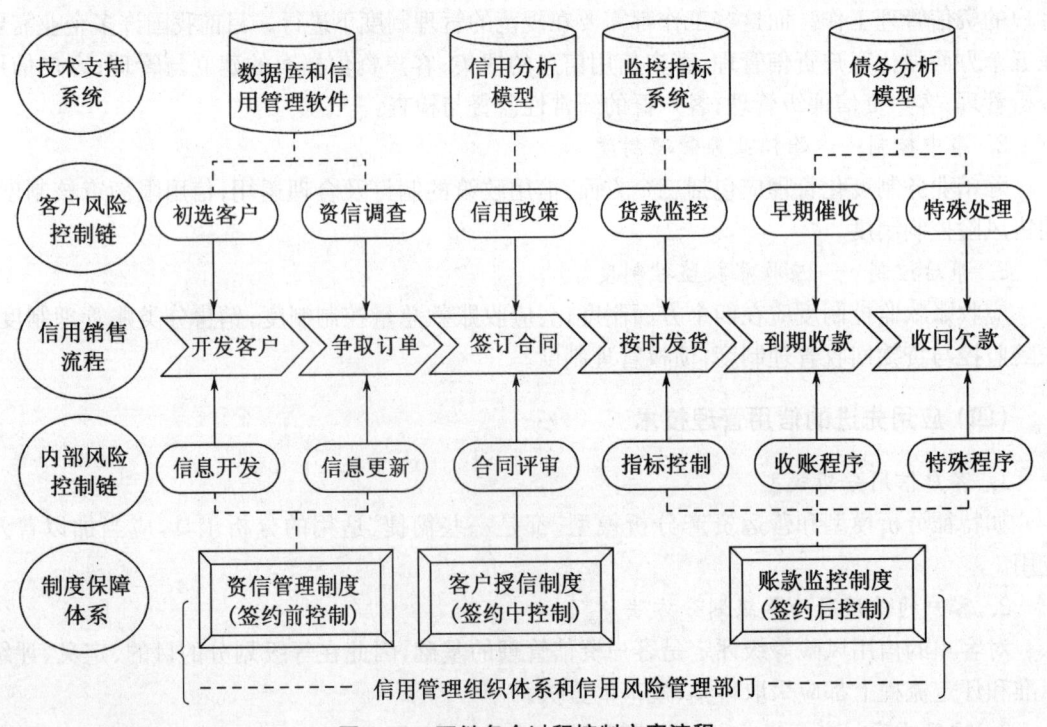

图3-3 双链条全过程控制方案流程

四、"3+3"信用管理模式

"3+3"信用管理模式是由联想集团上海公司于1998年创立。联想集团上海公司是联想集团在上海的销售总公司,主要负责个人电脑、笔记本电脑、数码产品在华东地区的经销。经营方式为服务和经销。集团自1998年开始建立信用部门,其信用管理体系由内部的前台、中台、后台三个部门各司其职,协作完成信用管理过程的事前、事中、事后三个阶段任务所构成。

模式中前台、中台和后台分别指公司内部的三个部门,即业务部、风险管理部(信用部)、财务部。

模式中的三个阶段,分别为第一阶段事前准备,即建立一个客户资信数据库系统;第二阶段事中监管,包括信用政策制定、信用审批和信用控制;第三阶段事后控制,即应收账款监控、逾期账款催收,并定时对整个评级系统进行评定、调整。

信用管理新模式使联想公司提高了实际工作效率。而在此过程中事前准备比起实施事中监管可以避免35%的拖欠;实施事后控制可以挽回41%的拖欠损失;相比实施全面控制可以减少80%的呆坏账,实施事前准备并控制可以防止70%拖欠风险。

通过上述介绍,我们在"3+3"的基础上再加一个"3",就可以总结出企业信用管理模式的三个建议。

(一) 内控流程

清晰定义每一个内控流程,其中可能包括交易审批的流程、客户资信管理流程和资金管理流程,每个流程的每个环节都有明确的管理分工。

(二) 组织上的平衡与制约机制

设立独立的组织机构——风险管理部,是对公司根本性的风险进行集中管控,分离风险的引入部门和风险的控制部门,以实现组织内的相互制约——业务、财务、风险管理部门共同介入。

(三) 业绩文化与内控环境

不同岗位设计关键业绩指标,制度化地报告这些指标,并将这些指标与奖惩相联系,对以不恰当理由违反内控规定的行为给予处罚。对于现在的企业来讲,首先在观念上要重视信用管理,在建立信用管理部门工作的评价标准和监控方法基础上,赋予其一定程度的灵活的政策空间,让专业而经验丰富的企业信用管理人员能够在收益与风险之间取得最佳的动态平衡。

第二节　企业信用管理制度

一、企业信用管理部门设计

(一) 企业信用管理部门的设置方式

是否设立独立的信用管理部门是困扰许多企业的一个难题,有关数据显示,设立独立的信用管理部门的企业,不论在破产率、坏账率、销售利润率等方面,还是在企业的发展速度上,都远远优于没有设立信用管理部门的企业。我们将在下文中介绍企业信用管理部门不同的设置方式并对这些不同方式的优劣进行比较。

1. 由财务部门负责信用管理工作

由财务部门负责信用管理工作这种设置方式的优点体现在:

(1) 财务部门所掌握的信息全面,可以及时了解公司生产销售各个环节的情况,由财务部门负责企业的信用管理工作可以有效地制约企业销售部门。

(2) 财务部门通过财务分析可以有效地控制企业的信用销售额度,能够有效地控制企业的信用风险。

(3) 财务人员相比较企业的销售业务人员,信用风险意识更强,而且具备专业的财务知识,能够很好地控制风险。

由财务部门负责信用管理工作的设置方式其缺点体现在:

(1) 财务部门过于保守,往往不愿意他人"无端"长期占用资金,会影响到企业的销售额,而且会加剧和销售部门的矛盾,增加公司的管理成本,影响工作效率,严重的还会造成企业内部信息流通不顺畅,财务部门和销售部门无法进行必要的沟通。

(2) 相比较于企业的销售部门,财务部门和客户的联系较少,对客户情况不熟悉,难以针对不同的客户制定不同的信用政策,从而导致信用政策缺乏必要的灵活性和针对性。同时,财务部门难以和客户形成并保持良好的关系,不利于公司业务的开展。

(3) 财务部门缺乏专业的信用管理知识,不能够像专门的信用管理人员那样与客户商讨销售合同条款的细节或是起草正规的追讨信函。显然,这些工作已经超出了他们的知识范围和工作范围。

2. 由销售部门负责信用管理工作

不单独设立信用管理部门,由销售部门兼管企业的信用管理工作,主要是从以下两个方面考虑的:

一是信用管理贯穿于企业销售业务的始终,从最初的信用调查、评估、债权保障到最后的应收账款回收无一不与销售业务密切相关。销售人员比任何人员都清楚业务进展情况和实际履行状况。

二是销售人员处在经营活动的第一线,直接面对和接触客户,对于客户的品格、经营情况、资金状况、信誉等方面情况相对更加了解。

由销售部门负责信用管理工作这种设置方式的优点体现在:

(1) 销售部门由于长期和客户接触,能够及时全面地了解客户的信息,而且所了解的客户的信息具有动态性,因此制定的信用政策更具有针对性和动态性,能够根据客户的现实情况同步变动相应的信用政策。这样也有助于维持与客户的关系。

(2) 销售部门接触新客户的过程中,对新客户制定优惠的信用政策,有助于开发新客户,扩大企业的销售额。

(3) 销售部门必须通过灵活的销售方式和多样的销售手段吸引客户,灵活的信用销售政策可以作为销售部门吸引客户的一个重要手段。

由销售部门负责信用管理工作的设置方式其缺点体现在:

(1) 分散了销售人员的精力,销售人员应将主要精力放在增加公司经营业绩上。

(2) 在涉及企业的销售利益和信用风险的关系时,销售人员会倾向于扩大销售而较少考虑控制信用风险。

(3) 销售人员往往不具备专业的信用管理知识,而且销售人员所接触的企业生产、财务等信息没有财务部门丰富,从而导致销售部门难以制定专业的信用销售政策。

3. 建立独立的信用管理部门

设置独立的信用管理部门和专职的企业信用管理人员有利于保证企业信用管理工作公平、公正而且又不失效率。不仅可以使财务部门和销售部门从复杂的信用管理工作中解脱出来,更加有效地开展本职工作,而且可以控制销售部门为了追求销售业绩而盲目扩大信用额度,同时又可以推动企业使用更加灵活的贸易方式寻找商机,在控制风险的同时扩大业务。企业信用管理部门职能如图 3-4 所示。

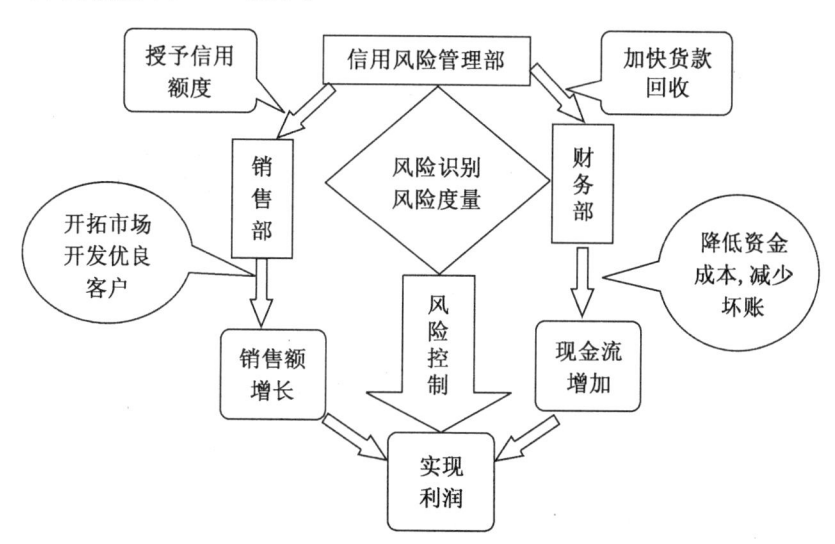

图 3-4 企业信用管理部门职能图

尽管有充分的证据和事例证明建立独立的信用部门的正确性,但是,并不是所有的企业管理者都会接受这个建议。这是因为:

(1) 管理者没有认识到设立独立的信用管理部门能够有效收集和客观分析客户信息和资料,控制或降低信用风险的发生。

(2) 管理者认为企业销售应该主要采用现金交易或是现汇交易,这种交易方式简单,交易对象单一,产生风险的可能性很小。

(3) 建立独立的信用管理部门会增加企业的经营成本。

(4) 信用管理部门在实际运行中难免会与相关部门发生矛盾和冲突。

(二) 信用管理工作岗位

企业信用管理岗位有多种,有些岗位是各个企业都设立的常见岗位,企业也可根据自身的特殊情况设置,或者特别加强某些岗位的职能。常见的信用管理工作岗位包括信用经理、信用监理、客户档案管理员、信用分析员、应收账款管理员等。

1. 岗位设置

企业的信用管理功能是通过各个专业岗位的作用来实现的,信用管理岗位的设置必须合理,各岗位的职责必须明确。岗位不同,人员的职权就不同,将合适的人放在最适合的位置,才能充分地发挥每个人的能力和优势,才能发挥信用管理部门的各项功能,实现部门和企业目标。

按照信用管理专业的职能分工设置岗位,可根据业务区划分工、负责全程客户信用风险管理和监控设置岗位,也可依据实际业务区划和风险责任规模来分设,如设立业务 A 区信用分析员、业务 B 区信用分析员或者某类客户信用专员、某类业务信用专员等,如图 3-5 所示。

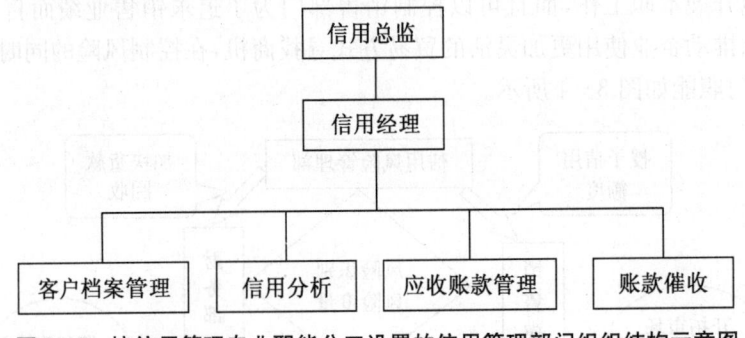

图 3-5 按信用管理专业职能分工设置的信用管理部门组织结构示意图

按全程风险责任管理设置岗位,可以将固定区域内的客户划分给指定的岗位人员负责,以便于信用管理人员更好地熟悉托管区域内的业务组织机构和销售人员,深入了解和跟踪客户群体,全面培养和提高信用管理人员的业务能力和综合素质,注重追求高效率的全程风险控制,如图 3-6 所示。

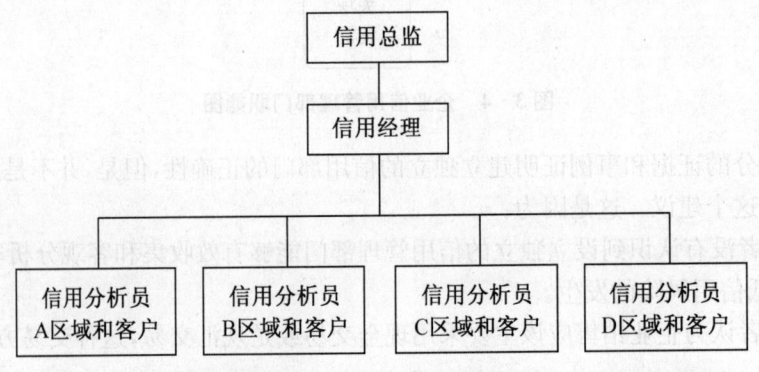

图 3-6 按风险全程管理模式设置的信用管理部门组织结构示意图

2. 岗位类别

设置岗位的同时，要定义专业的岗位职责，如信用经理、信用监理/主办、信用调查人员、客户档案管理人员、信用分析人员、逾期账款催收人员、信用申请窗口人员等。

3. 合理确定编制

企业一般根据企业信用赊销的规模、业务模式的繁简、客户数目多少和企业对信用管理部门的职能要求，来确定信用管理部门的人员编制。人员编制的原则应少而精，特别是中小企业，信用管理人员可以身兼数职。如果企业将客户收款的录入和平账、给客户放单发货、开发票、寄发票等会计职能工作也交给信用管理部门承担，部门人员编制则应根据这部分的工作量而适当增加。如果仅仅是限于信用账户的风险控制和客户账款回收管理的职能，一般可以根据客户的数目和客户信用的一定规模来安排部门人员数量。

如果因为客户数目较大、客户群体较多、业务类别较宽泛、分支机构重叠，确有需要的话，信用管理部门可以设为信用经理、信用主管和信用分析员三级管理，如图3-7所示。

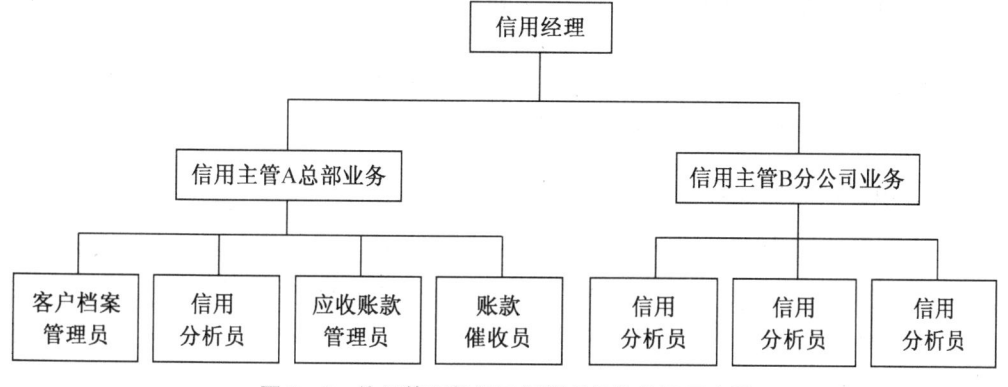

图3-7 信用管理部门三级管理机构设置示意图

建立企业的信用管理部门没有固定的模式，各企业应该根据所需要实现的信用管理功能而设置信用管理部门的组织结构。大型集团性企业可以在总部设立信用管理部门，对集团内各分公司、独立法人的或控股的子公司给予专业指导，提供服务支持，帮助各个分、子公司建立信用管理和监控的流程，使全集团的信用风险管理功能都比较健全和完善，达到现代化企业的管理水平。

(三) 根据部门设置调整岗位

按照基本信用管理组织结构设置的信用管理部门，为扩展员工的技能范围，还可通过将员工在信用管理部门内部多个岗位上轮换，这样还可增加员工的灵活性和可靠性，如遇某职员生病或休假，其他职员也可及时地临时接替其工作。

信用管理部门可根据企业的业务组织机构有针对性地设置岗位，将人员按不同的业务部门对口配置，或者根据销售区域的划分配置，对指定区域内客户的全部信用管理5项功能全程负责：从开始申请、评估、设立信用额度和账期、追收逾期账款直至欠款终结。

这样的设置也有一定的缺陷和不足，岗位人员如果业务技能不够全面，在承担和实现信用管理各项功能和职责上或多或少存在专业化水平不到位，在某些功能的管理质量上就可能达不到要求。另外，岗位人员可能因为全程管理事项过多，一旦客户诉求集中或遇到销售旺季时，因忙于应付最紧急的信用申请和重大款项的催讨，而疏忽了客户资料完整地收集和系统化管理，如对较小数额逾期账款的处理不够及时或者是在重点关注服务于大客户、核心客户的同时,对小型或普通客户出现怠慢等。企业应结合实际的情况和要求综合考虑决定如何调整最有利。

(四) 根据行业性质设置岗位

如果在同一集团内,业务部门较多,业务的性质差别很大,为了更好地服务于特定的业务部门,对具体类别业务的风险监控实施有针对性监控,可以单独为具体的业务门类设置信用管理岗位。

例如,对于制造业企业:销售元器件的业务付款周期较短,合同较为简约;而成套设备的销售、承包工程项目的业务以及大型设备的租赁业务等,商务谈判和合同条款审核要求高、付款方式复杂、周期相对较长;这些业务的风险监控有着非常不同的特点。必要的话,企业可以分别对销售元器件产品、销售成套设备、工程项目业务和租赁销售业务分别设置和配备专门的信用岗位人员,让每一个业务部门都能得到熟悉本业务的信用管理专家的指导、支持和监控。

如对商业企业:客户群体有着明显的差异,可以针对某几大类客户群设置专门的信用管理人员,深入调研、熟悉和掌握各类客户的风险特征和有效的监控办法。

对企业而言,在信用管理部门中,培养和拥有熟悉不同业务特点、行业特征以及不同客户类别的业务专家,对成功降低和控制信用风险无疑是非常必要的。

(五) 信用经理的权限设置

担任过企业客户信用经理的人都明白,在企业里,只有极少数工作的职责大于职权,信用经理的岗位便是其中之一。信用经理的权限范围是由各个企业自身的业务特点、商务模式、对客户信用政策和信用控制的松紧程度,以及信用经理在企业中所处地位、其本身的经验、能力、专业水平和管理水平决定的。

企业给信用经理的基本授权应包括以下几个方面。

1. 客户的信用额度和信用账期的批准权和否决权

是否对客户开放信用?理论上企业应当授权给信用经理,无论信用额度的大小,应该经过信用经理评估审核后决定,而不应由业务人员来决定。在实践中,有些企业始终保留给销售经理一定金额的信用额度审批权,结果往往削弱了信用经理和信用管理部门的权威和功能。而一旦风险源头未能有效加以防范和控制,事后的补救措施也难以奏效。

试比较以下两个企业给予信用经理的权限范围(见表3-1)。

表3-1 A、B企业信用经理权限比较

A 企业	
信用额度	审批权限
10万~25万元	信用经理
25万~50万元	销售总监或财务总监签批
50万~100万元	销售总监与财务总监共同签批
超过100万元	总经理

续 表

使用条件	审批权限
首付少于 20%	销售总监或财务总监签批
无首付款	总经理

信用期限	审批权限
少于 30 天	信用经理
30～90 天	销售总监与财务总监共同签批
大于 90 天	总经理

B 企业

信用额度	审批权限
少于 50 万元	信用主管
50 万～1 000 万元	信用经理
1 000 万～3 000 万元	财务总监
超过 3 000 万元	财务总监＋总经理共同签批

信用条件	审批权限
首付少于 20%～30%	信用经理
首付少于 20%	财务总监
无首付款	财务总监＋总经理共同签批

比较而言,B 企业对信用经理的授权范围和审批权限,使信用经理在 B 企业的控制力度和施展才能的空间远比在 A 企业内授予的要大。上述两个企业授权范围最核心的不同在于:是否给予销售总监以超过客户信用经理授权的权限。值得企业特别注意和思考的是:一旦销售经理或销售总监拥有给客户开放信用的权限,客户信用经理在企业内部的作用势必受到弱化。

2. 对客户停止接纳订单或停止发货的"锁单"权

当客户超过期限未能及时还款,企业是否能够容忍？是否应当继续发货？在什么时候应当暂停发货？企业在信用政策和操作规程中应有明确的规定。例如,有的企业规定:当客户的超期账款进入大于 30 天或 45 天的账龄时,信用经理和信用管理人员必须强制对该客户"锁单",或停止接纳新订单或暂时停止发货,甚至全面"锁单",向客户方施加并保持强大的压力,保证超期账款的尽快回收。

需要注意的是:为了维护与客户的合作关系,特别是对较为重要、敏感或挑剔的客户,信用管理人员在有充分的理由履行职责、执行企业的信用制度的同时,最好采取通知销售人员或者直接通知客户的方式,尽量做到"先礼后兵",充分尊重客户的"知情权"。与此同时,信用管理人员一定要表明不能接受对方超期不付货款行为的坚定立场,强调是对方违约在先,"锁单"是不得已的维权行动。

3. 是否恢复信用交易、降低信用或取消信用资格的决定权

对产生过延迟付款记录或拖欠货款的客户,不论严重程度如何,当客户最终付清所欠的账款,或者企业最终讨回客户的拖欠款,如果客户、销售人员仍旧希望继续恢复信用交易,企业是否同意?在什么样的条件下才能同意?是否降低信用额度?是否不再给予信用?是否应将客户列入"黑名单"?应当说,信用经理是对所有情况和过程了解最全面的人,应当最有资格得到企业的授权决定将做何处置。而信用经理的处置决定,一定要充分考量过企业所面临的风险和可能获得的商机孰轻孰重,如果事关重大,需要超乎常规的处理方式,信用经理会向上一级领导反映并特别申请获得必要的相关授权。

4. 是否采取法律手段或其他方式追讨客户逾期账款的决定权

根据企业的信用政策和实际问题的严重性以及账款追讨时效之需,信用经理应有权决定是否诉诸法律手段,包括诉讼、仲裁和非诉讼的手段,维护和实现企业的债权。在这一授权中最敏感的核心部分,是企业授予了信用经理处理客户的权利,包括得罪客户,甚至彻底破坏与某些客户的关系。因此,在信用经理行使这一授权时,也应该遵循相关的工作流程:在最终做出决定将客户列入强力追账程序之前,信用管理部门除了要透彻分析和诊断所涉及的案件,评估债权回收的可行方案和可能性外,同时就下一步的行动计划对与客户的业务合作产生的各种利弊,一定要与销售业务部门充分沟通协调好。在报告给信用经理的建议方案中,应当测算出企业将因此而可能发生的直接和间接费用成本。信用经理的批准和决定应当符合企业给予的权限金额范围和审批制度。

二、企业信用管理制度设计

企业信用管理制度分两个方面:一是建立企业守信的制度,解决企业对外信用形象类问题;二是建立企业信用风险管理制度,解决客户信用风险控制和转移的问题。为了将信用管理功能固化,企业建立信用管理制度,通过制度将权利授予各个环节的管理,使企业的日常管理工作有一套流程,非常规的决定不可轻易得到贯彻,不能干扰日常的生产和管理活动。

企业信用管理制度建设是在纲领性文件——信用政策的指导下实现的。在设计企业信用制度时,需要考虑企业的对外信誉建设,维护企业的资信评级级别,保证企业对外的诚信形象,征信机构对企业的资信评级级别会逐步提高,并且能够达到政府相关监管部门的监管要求。

在设计企业信用制度时,信用管理部门还要考虑未来行业协会、相关金融机构、标准化组织对企业信用管理部门的认证。企业建立和完善这一管理制度,符合企业社会责任标准,符合相关部门对信用管理部门实施的客户风险控制制度的认可,提升企业的信用价值和抗风险级别。同时也要为实现企业资产安全、激励员工遵守企业规定、提高信用风险控制效率、确保相关财务记录完整准确等内部目标服务。

(一) 设计企业信用管理制度应考虑的因素

1. 诚信可靠和遵守职业道德的员工

企业通过季度、半年和年终的员工绩效考评制度,来督促检查员工履行岗位职责和遵守职业道德规范。因为客户信用风险管理属于企业专业财务管理的组成部分,企业对信用管理人员的期望要远远高于一般社会道德的标准。

作为信用部门的负责人和领导,信用经理的道德操守毫无疑问是重中之重,企业在挑选信用

经理时有必要对此进行深入调查了解,对人选决定慎之又慎。而信用经理既要处处以身作则、恪尽职守,又要肩负起管理监督信用管理部门全体员工的重任,为达到企业的要求全力以赴。

2. 明确的责任分工、合理授权、职责分离与双人复核制度

责任分工:所有的责任都应明确界定并清楚地划分给每个人,每个人必须履行自己的职责、承担责任。

合理授权:任何一种对标准政策的偏离均需得到企业适当的授权。

职责分离:有助于减少错误和欺诈行为。例如,负责回收账款的人不应有权冲销应收账款,管理应收账款的人不应有权计提坏账准备。

双人复核:重要事项须经部门内至少另外一位员工的复核确认,防止出错或疏漏。例如,信用额度和账期批准并落实到客户账户,财务奖励折扣或延迟付款惩罚利息的统计等。

3. 保持真实财会记录,健全内外部审计制度

审计有外部审计和内部审计之分。外部审计主要针对企业财务报表及影响报表的因素,如有无虚假财务信息、操纵数据或粉饰报表的舞弊行为存在。内部审计则是要确保员工遵守企业的制度。

在审计过程中,审计人员如果发现企业现金短缺来自应收账款回收不力,就会向企业管理层报告并提出改进意见。若企业被发现财务信息虚假或有所粉饰,就会丧失其良好的声誉。对任何财务管理人员包括信用管理人员的职业道德的最大挑战,莫过于决定如何正确地处理他们发现的企业内部存在弄虚作假问题。欧美的法律体系规定,把证明企业财务信息准确的责任置于企业自身利益之上,可见对企业管理人员的职业道德水平要求之高、管束之严。

(二) 设计量化的业绩评价指标

企业在设立信用管理的专职人员或信用管理部门的同时,会根据信用管理部门要实现的任务目标来确定对信用专职人员或信用管理部门业绩评价和衡量的绩效指标,其中有的指标对企业有着非常重要的意义,属于反映企业经营和财务状况的关键性绩效指标(Key Performance Indicator,KPI),如 DSO、坏账率、保险覆盖率等。

1. DSO(应收账款回收天数)

企业在诸多财务考核指标中,首先会选择 DSO(包括正常账期内账款的 DSO 和逾期账款的 DSO)作为考评信用管理部门的主要业绩指标之一。DSO 这一指标最为直接也最为有效地反映出信用管理工作是否能够满足企业对流动资金的需求?应收账款的规模和质量是否达到了预期的结果?是否控制在合理的水平?是否没有产生太多久拖不还的欠款?看一家企业的 DSO 指标数,不但可以清晰明确地看到该企业在客户信用风险管理和监控的水平和结果,而且还能非常直观明了地测算出该企业投入在客户赊销中的这部分资金的质量和价值。

2. 坏账率

坏账率是企业考核信用管理业绩的另一项非常核心的重要指标。

确定一个会计年度坏账比率的计算公式是:年度坏账损失总额除以调整后的该年度销售总额。

例如:某企业调整后的年度销售总额为 1 326 000 000 元人民币;同年坏账损失额为 33 400 000 元人民币。

那么,坏账率=3 340 000÷1 326 000 000≈0.025 2×100%=2.52%。

如果企业是新成立的,可能没有过去的记录作为企业经验的标准用来参照,那么可以采用

同一集团内或同一行业内其他企业的经验值来对照参考。当企业有了过去几年的坏账比率时,将它们相加汇总,然后再算数平均,就得到一个可以用于参照的代表企业过去几年平均坏账比率的值。

3. 信用销售额百分比

信用销售额百分比即信用销售额占全部销售的比例及其变动状况。企业定期考查这一百分比,由此评价出企业对信用赊销所投入资金的大小规模和对通过信用赊销来实现销售目标的依赖程度。具体计算方式是,先将当期信用销售额单独统计出来,再将这一数额与当期全部的销售额比较,可以得到信用销售额占全部销售总额的百分比。对一家企业而言,当信用销售额占其总体销售额的比例从30%~40%增长到80%~90%时,这一比例数字所代表的含义对于企业来说,其对于信用管理部门工作应给予的关注程度和对管理水准的要求,肯定与以往是大不相同的。

4. 应收账款当月回款率

应收账款当月回款率＝本月实际收款金额÷本月应收款余额×100%

注:本月实际收款金额＝本月销售额＋上月应收账款余额－本月应收账款余额

5. 应收账款的保险和担保覆盖率

应收账款的保险和担保覆盖率是在西方企业对信用管理的业绩考核中常常可以见到的另一个重要指标。

所谓信用保险指的是企业为客户的应收账款购买商账保险,保险企业在对具体的客户账目确认的保险赔付额内承保,凡是有保险企业承保的应收账款就被视为有保险覆盖的账款。通常保险企业向企业确认的承保额要小于企业对客户开放的信用赊销金额,企业应当尽量在保险企业承保的安全范围内开展信用销售。

应收账款和担保覆盖率的计算方法:

将所有客户的应收账款余额和保险企业确认的承保金额一一对应列出并两项对应相减,得出每个客户保险额覆盖的盈余额或短缺额后,将短缺额也称为未覆盖差额做汇总,再将应收账款总计余额减去总的未覆盖差额,就得到覆盖总额。将覆盖总额除以应收账款总余额就得出覆盖率。如表3-2所示为实际覆盖金额计算。

表3-2 计算实际覆盖金额　　　　　　　　　　　单位:元

客　户	应收账款余额	保险或担保额度	短缺差额	实际覆盖金额
A客户	23 560 783	20 000 000	－3 560 783	20 000 000
B客户	15 664 289	16 000 000	335 711	15 664 289
C客户	18 304 575	12 000 000	－6 304 575	12 000 000
D客户	8 766 250	10 000 000	1 233 750	8 766 250
总　计	66 295 897	58 000 000	－8 295 897	56 430 539

保险或担保覆盖率＝56 430 539÷66 295 897≈0.851 2×100%＝85.12%。

三、企业信用管理流程

对于每个具体相关部门而言,制度化的信用管理不单是一个系统,更是一个工作流程。企业通过信用管理的规章制度和流程文件,对内部的各个相关部门提供了一份如何落实企业信用政策的详尽说明和解释,以此来规范企业内部在业务活动中的操作,避免具体相关部门违反规章制度做出随意的决策,给企业带来风险和损失。

(一) 建立信用管理工作的流程

所谓信用管理流程是一个从调查了解客户开始、经过赊销决策、账款产生直至账款回收的全程业务监控流程,它是一个动态的过程,由明确的流程目标、完善的规章制度和相应的组织机构三部分组成。

信用管理流程的设计,是从业务流程整体角度来全面分析信用管理工作,遵循业务流程操作的逻辑顺序,特别是对应三段管理:事前控制、事中控制和事后控制,专业化地完成从订单签订到账款回收全过程的风险控制。

图3-8显示了在业务流程中一系列对信用风险的控制和转移的信用管理单项任务。

图3-8 配合信用销售业务的信用管理工作流程

对信用管理具体工作流程的描述,是细化各项任务,将其分解为各个具体控制环节,有目标和任务要求、有操作责任人、有衡量的量和质的标准、规定各种情况的处理方式或选择方案;没有达到要求的会根据流程或者被否定、或者转入需待进一步处理、或者重新返回上一环节继续完善后再度循环,直至完成本控制环节的任务要求后才进入下一个控制环节,主要分为三段管理和控制,如图3-9所示。

1. 事前控制

事前控制是指信用管理人员在与客户合同交易成交、签订订单之前的工作,信用管理人员的介绍和服务支持应该在客户与销售人员提出信用条件成交意向之时开始启动。客户信用额度申请报批程序如图3-10所示;客户评估和授信决策程序如图3-11所示;创建、修改客户账户信用数据监控流程如图3-12所示。

图3-9 三段式管理示意图

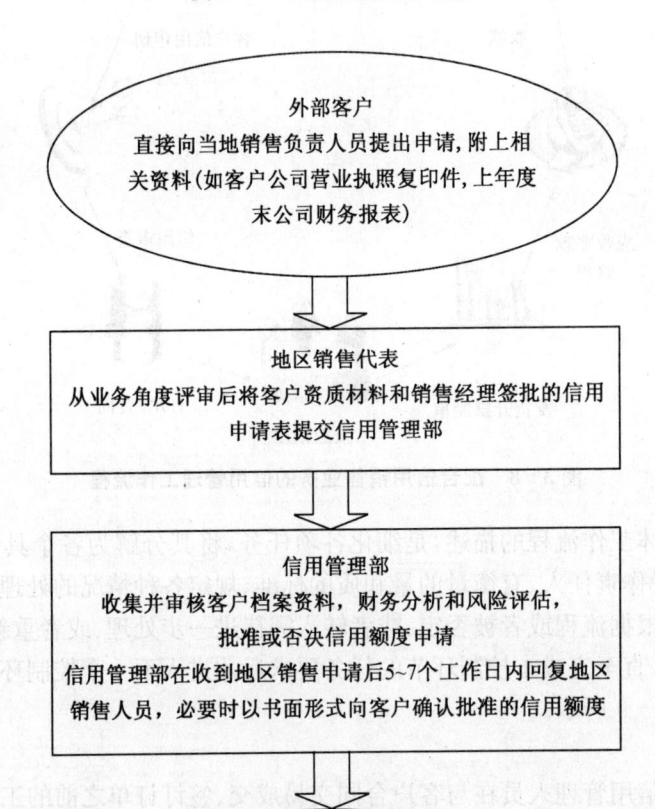

图3-10 客户信用额度申请报批程序

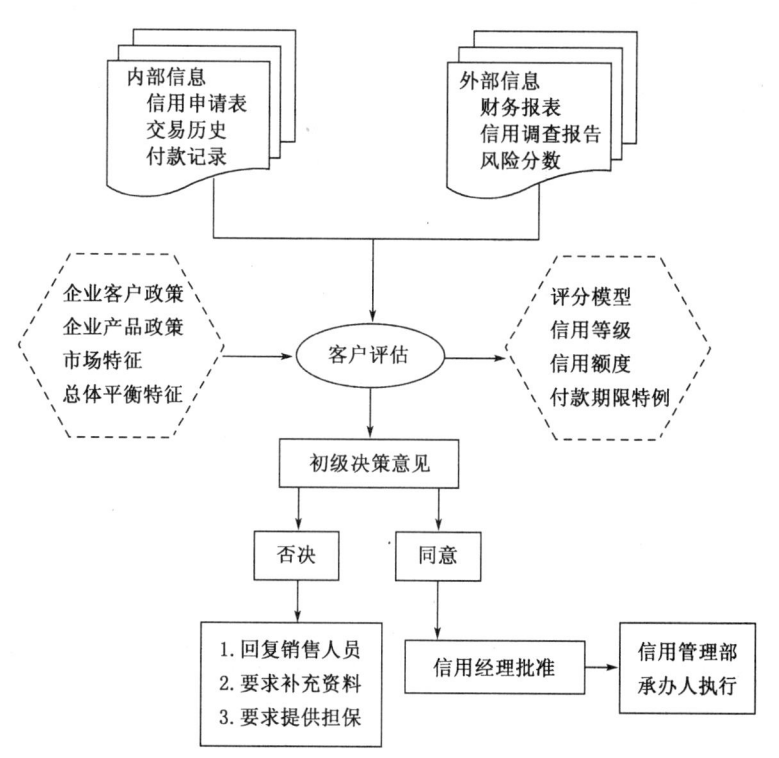

图 3-11 信用部门的信用评估和授权决策程序

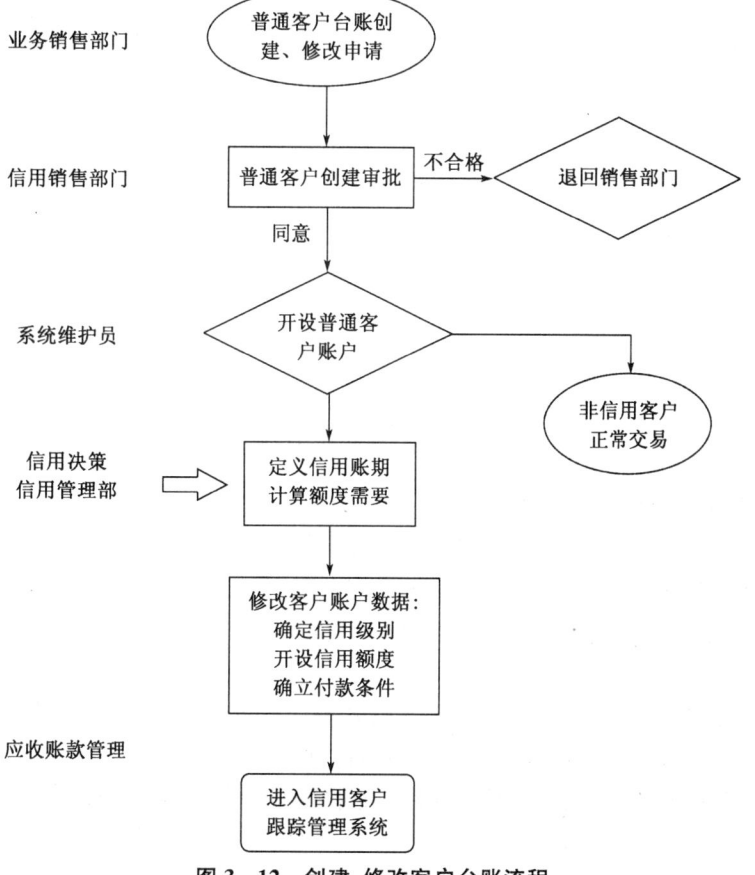

图 3-12 创建、修改客户台账流程

2. 事中控制

企业与客户正式签署交易合同,并全面投入生产和备货,安排运输,按照计划交货,进入执行合同阶段,信用管理部门要进行事中控制。信用管理人员应该关注客户信用额度的使用情况,有无超过额度、订单无法确认生效的情况,原因是什么?如何处理?有无延迟付款?双方往来账目是否及时核对无误?有无障碍影响按时发货?

(1)信用核查、决定发货与否流程。

此项流程的执行人是信用管理部门,如图3-13所示。

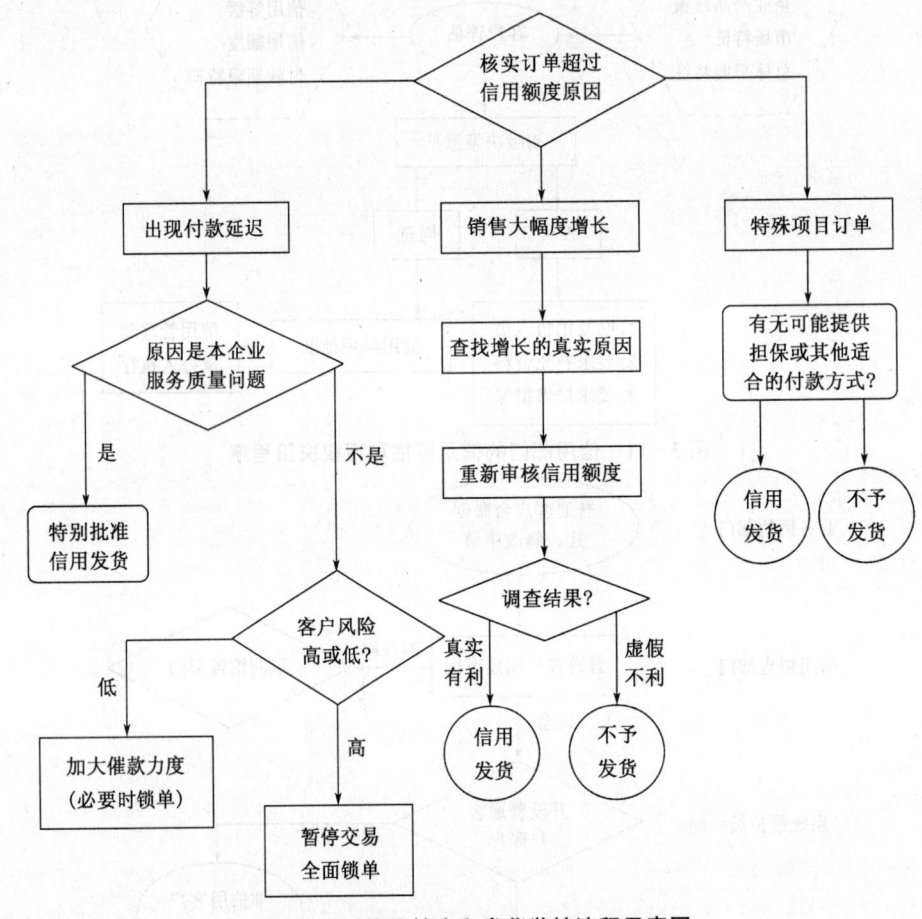

图3-13 信用核查和发货监控流程示意图

(2)账期内的应收账款跟踪和管理。

对账期内的应收账款管理以到期日前提示客户核对账目及时付款为主要工作,如信用管理部门的账期内应收账款管理操作规则中可做如下规定:

① 对协议月底结款的客户,应该在到期日前提前10天向客户发出对账单,帮助客户核对账款数额,并提示注意及时结款。

② 对合同约定发货日起30~60天清款的客户,应该在每周一向客户发出本周内所有到期应收账目提示清单,方便客户核对并在本周内付款。

③ 发给客户的每份对账单,应附上带有企业收款银行名称、账号、联系人名字和传真号码

• 68 •

的"客户付款确认单",方便客户办理付款。

④对有大宗账款(大于某一具体数额的账款)即将到期的重点客户,应在发出对账单后,以电话跟进的方式,主动核实对方是否收到对账单、对报告的账目有无疑问、落实对方能否按时付款等。

⑤对客户提出要求延期付款的申请,应在2个工作日内做出决定和回复。

⑥凡遇发生突发性重大或恶性事件,应该要求客户方对未到期的账款做出书面确认和优先付款安排及承诺。

3. 事后控制

(1)逾期账款追收流程。逾期账款追收流程见表3-3。

表3-3 逾期账款追收

步骤	阶段	时间	联系方式	催账形式
1	提醒客户	逾期第一天	传真	礼貌提示
2	提醒客户	以后第四天	传真	再度提示
3	了解问题	以后第四天	电话	了解客户发生了什么
4	第一次正式催账	以后第四天	传真	显示法律依据、证据
5	严肃通知	以后第四天	传真	严肃通知函
6	第二次正式催账	以后第四天	传真	显示证据
7	迫使客户会谈	与步骤6同一天	电话、销售人员拜访	表达不满、要求对方履行合同义务
8	第一次经理对话	以后第三天	电话	催账级别升高
9	(暂时锁单)	逾期第三十一天	电话	通知暂停接单和发货,保持压力
10	第二次经理对话	锁单后五天	电话、信用人员上门拜访	最后一次通话,设法获得客户还款承诺书
11	最后通牒	以后十天	传真、挂号	与追账代理签约、办理案件委托手续
12	送专业追账机构	一周之后	委托追账	法律行动、企业授权,律师代表
13	提出法律诉讼、仲裁	逾期半年左右	委托律师事务所	

(2)逾期账款账龄分析和调整。

如果接到客户延期付款申请,或根据表3-3程序步骤1、2、3所采取行动的结果,获知客户逾期未付的原因和问题所在之后,对属于可以接受的理由和同意给予的宽延天数,及时对应收账目的账期、账龄做出相应的调整,以反映真实的逾期账款数额和客户名单,有针对性地开展进一步的催收。

(3)计提坏账准备流程如图3-14所示。

```
信用管理人员    →  逾期应收账款      →  根据情况采取
                    账龄分析报告         行动加强追收
                         ↓                    ↓
会计人员         根据企业的财会制度：计
                 提坏账准备转出应收账款账
                 户、转入坏账准备账户
                         ↓                    ↓
会计人员和        每月底向财务总监和管   ←  信用管理人员
信用管理人员      理层提交：已经计提坏账准      追回货款并确认
                 备的余额报告
                         ↓
会计人员         冲抵还账准备余额中相
                 应款项，转回销售收款
                         ↓
信用管理部门     更新逾期应收账款账龄
                 分析报告继续追收其余账款
```

图 3-14　逾期应收账款计提坏账准备流程

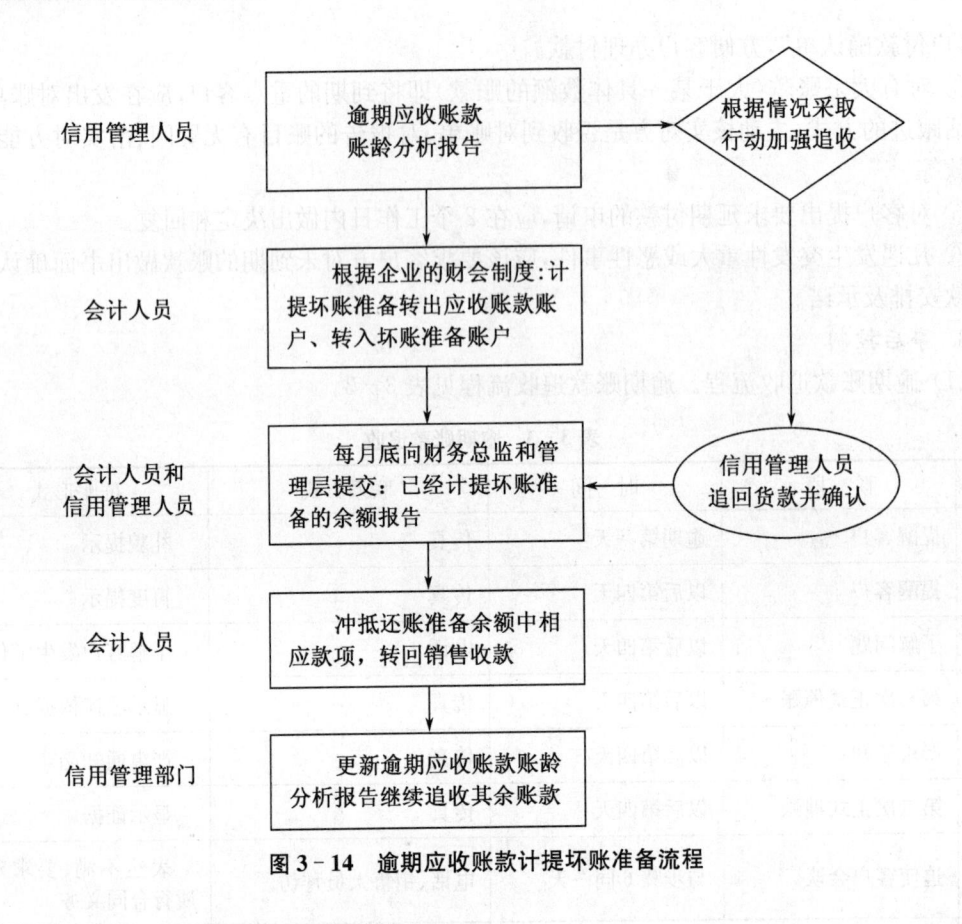

(二) 检验工作流程的合理性和完整性

检验信用管理工作流程的合理性和完整性，应该分几个方面进行考查，下面将常见的问题列出清单，以方便信用管理人员自查：

(1) 考查对客户风险和信用价值评估的完善性，包括是否确定了客户的法律地位和客户的付款能力如何。

(2) 向客户提供的信用条件是否合理？是否符合企业的信用政策？

(3) 企业的销售增长是否获得有力支持？

(4) 流程的时间和质量是否既令客户满意，也令企业内部各相关部门满意？

(5) 流程中各种申请表格内容和传递是否顺畅、无误、易于操作？

(6) 回复客户的问题和投诉是否及时？

(7) 催收机制是否有效？

(8) 人手配备是否合理？

(9) 职权划分和实际控制是否和谐有效？

(10) 信用管理考核指标是否顺利实现？如未达到，原因是什么？如何改进？

(三) 评定信用管理流程效率的指标

效率指标用于考评企业信用管理流程是否处于高效运转，是否满足企业经营和管理需求。

效率指标包括调查和评估反应速度指标,运营中的管理能力指标,应收账款管理能力指标等。

1. 调查和评估反应速度指标

调查反应速度是从业务部门申请到客户信用信息收集完毕的时间间隔。评估反应速度是从客户信息收集完毕到客户额度授予的反应速度。一个高效的信用管理流程,应保证调查和评估反应速度迅捷快速,为业务部门争取谈判的有利时间和环境。

资深信用管理人员应测算信用管理流程调整前后调查和评估反应速度的变化,作为效率考评的指标。

2. 运营中的管理速度和能力指标

资深信用管理人员应测算信用管理流程调整前后运营中管理速度的变化,作为效率考评的指标。运营中的管理反馈能力包括与储运部门、财务部门沟通能力、处理争议账款速度等,信用管理流程应保证从货物发出时到发出后能够及时高效处理相关情况。

(1) 处理紧急发货、异地发货的反应速度和能力;

(2) 处理发票错误的反应速度和能力;

(3) 处理客户提出争议时的反应速度和能力。

3. 应收账款管理的反应速度和能力指标

(1) 应收账款管理中,信用管理部门必须按照管理流程与客户保持联系和沟通,提醒客户付款,与客户对账。

(2) 信用管理部门还必须按照流程将管理报告发放相关部门和管理层。

(3) 在账款逾期时,按照管理流程催收账款。

(4) 在考评应收账款管理的效率时,一方面要考评账款管理的反应速度,即每个流程规定工作完成的时间,这是效率的考评;另一个方面,资深信用管理人员应针对本行业和本企业的特点,考评应收账款管理流程中的不合理因素,进行必要的调整,这是有效性的考评。

【案例研讨 3-1】

美国某医药公司信用管理制度建设案例

20世纪70年代是美国企业信用管理最关键的十年。众多企业正是在这个时期完成信用管理制度的建设。学习和研究美国企业信用管理的特点,对我国企业信用管理建设有重要意义。以下介绍一家美国企业信用管理建设过程。

一、背景

美国D医药集团公司是美国第三大医药集团,从业时间长达80多年。D公司很早就开拓国际市场,欧洲、亚洲和南美洲都占据了一定的市场份额,有多个医药产品是世界级品牌。D公司的主要销售还是在美国本土,占其销售总额的65%以上。该公司从20世纪70年代中期建立信用管理制度以来,被认为是非常成功的典型,公司的销售额、内部财务状况和市场占有率都是在这个时期得到巨大提高的。

在1970年以前,D公司的前身,UM公司一直采用信用销售手段开发客户,集团专门成立了销售公司,而且发展了30多个国内销售代理和十几个海外代理,同时海外还有5家子公司。由于没有信用管理部门,信用管理的实际职能分配到了几个部门的手里:财务部门负责管理销售产生的应收账款,业务部门负责收集客户的资料和审核赊销的金额,法律部门负责追收逾期的应收账款。1975年,UM公司与另一家企业合并,成立D集团公司,并在董事会改组后任命了新的总经理拉斐尔先生。拉斐尔先生是美国哈佛大学管理学硕士,曾长期在石油、汽车和电信等领域的大企业任职,享有很高声誉。

拉斐尔上任的4个月里,马不停蹄地穿梭于国内销售代理、子公司和世界各地的销售网点,并认真研究了公司以往的销售策略和管理方式,他认为,影响公司在销售和财务方面出现危机的根本原因,主要是信用管理存在严重缺陷,体现在企业坏账和拖欠款比较严重,同时销售竞争的方式也存在问题。4个月后,拉斐尔向董事会提交了一整套销售管理改革方案。

二、信用部门的筹备

1976年3月,董事会完全采纳了拉斐尔的方案,拉斐尔开始大刀阔斧地进行管理体制和机构的改革。

首先,他指示财务副总监辛迪女士分管信用的全面工作,并限期着手组建信用部门。辛迪立刻从财务部门和清欠部门抽调了两位长期从事账款管理和收账的经验丰富的职员,专职协助她开始信用部门筹建工作。

辛迪深知建立信用部门的工作烦琐,专业性强,为了尽量避免少走弯路,达到公司预定的目标,辛迪与信用管理的专业机构取得联系,并最终委托了一家专业的信用管理机构作为管理顾问,并签署了一年的管理合同。

4月,以资深信用管理专家雷蒙德先生、会计顾问乔恩先生组成的工作小组前往D公司,开始协助D公司的筹建工作。辛迪向拉斐尔汇报后,组织公司财务部门、业务部门、管理部门、仓储部门、采购部门和分公司主管,以及筹备组人员一起,参加信用管理知识的讲座和培训,由雷蒙德先生授课和讲解信用管理的知识和技巧。之后,雷蒙德先生又分头召开小组会议,就各部门的具体工作和相互协作等问题深入细致地进行了探讨。

5月,为了寻找信用部门合适的人选,辛迪、雷蒙德和人力资源部共同起草了一份招聘广告,公开招聘信用经理。经过大量的面试,辛迪和雷蒙德终于从众多的应聘人员中找到合适的人选——杰森先生。杰森毕业于英国的信用管理学院,取得硕士学位,并在英国的一家信用管理机构实习一年。之后,杰森在2家较小的公司担任过信用部门经理,对信用管理的理论和实际经验都有一定经验。在得到拉斐尔总裁的批准后,杰森正式上任了。

三、信用部门的建立

6月下旬,杰森上任后,与雷蒙德先生一起讨论部门建设方案。在雷蒙德的协助下,杰森在一个月后提交了5份报告,分别是《企业信用管理的诊断结论和问题》《各部门的信用资源整合和利用》《信用部门初期组建方案》《关于组建信用部门的费用申请》和《人员培训计划》。

在《企业信用管理的诊断结论和问题》中,系统阐述了企业目前的信用政策、营销策略、客户资料完整性、信用分析与决策、应收账款回收天数(DSO)、坏账率、现金流量、应收账款账龄结构、逾期账款率等与信用管理密切相关的问题,并分析造成目前状况的原因。

在《各部门的信用资源整合和利用》中,阐述了建立客户信用档案数据库,整合企业各部门的客户资料,报告标准化设计,制作各种信用调查表格,培训信息收集人员,帮助企业用最低成本收集客户信用资料等方面的问题。

在《信用部门初期组建方案》中,报告设计了信用管理部门的职能、架构,企业招聘、选拔信用经理和其他信用管理人员;指导企业建立内部纵向、横向申报、通报制度等方面的内容。

在《关于组建信用部门的费用申请》中,报告提出年度普通预算、年度特殊预算的计划和申请。

在《人员培训计划》中,提出了培训企业管理、销售、财务、仓储、采购、客户服务等部门人员,传授信用管理理论与实务知识,提高企业信用管理意识和管理水平的计划。

8月,公司开始第二轮招聘,招聘对象是信用部门的信用调查和管理员、信用评估员和账款管理员。其中,信用调查和管理员要求具有档案管理的学历和经历,信用评估人员具有会计师执照,账款管理员有律师执照并有多年的法律事务经验。9月初,5名信用管理部门的人员到齐。

9月下旬,在雷蒙德先生的配合下,信用经理杰森先生起草出了一部公司信用政策的大法——《企业信用政策管理和实施方案(草案)》,并上报财务副总监辛迪女士。辛迪女士立刻上报拉斐尔总裁,并在总裁召集下召开了高层经理办公会议,会议由辛迪主持,杰森详细介绍信用管理纲要的内容。经过1天的讨论,在征求了其他部门的意见后,杰森把意见汇总起来,并起草正式方案。

10月,"大法"修订稿再次上报给董事会和公司最高管理层,并抄送财务部、销售部、会计部、采购部、仓储部、资料室、子公司、直销店和销售网点等,并在7天后通过。同月,信用管理部年度预算报告被批准。10月底,公司特意召开了全体员工大会,公开宣布了信用管理部门正式成立的消息和信用政策的执行方案。

至此,信用部门成功组建起来了。

四、运转

由于没有计算机系统,信用部门临时雇佣了几个图书专业的大学生,负责整理散落在各部门的客户信用资料,并长期订购了一个信用调查机构的信用报告。经过两个月的整理和收集,信用部门基本建立了公司1 000多个客户的信用资料。审计发现,有多达304笔业务长期未收回欠款,也长期没有与客户联系,有56笔出现争议而无人解决,账款逾期现象严重,坏账率很高。经过信用部门2个月的努力,82%的欠款得以全部或妥善解决,一些失踪和倒闭的企业被销户。

在运转4个月,信用档案和应收账款处理完善后,企业开始着手信用审批制度。随着计算机开始进入市场,信用部门申请建立计算机信用管理系统。

1977年5月,公司专门为信用部门购进两台计算机,并委托专业机构逐步设计客户管理数据库,应收账款预警系统和自动提示打印系统。1980年,企业最终实现了信用管理全部自动化的管理目标,企业的信用管理水平、速度、规范性都进一步大幅度改善,管理费用降低至原来的1/3。

到1977年底,公司的信用部门完全走入正轨。统计显示,经过一年的信用管理,企业的销售额上升了56%,坏账率从7.9%下降到2.5%,销售未清账期从83天降到55天,客户的数据库档案齐全,每笔交易都记录在册,客户的等级关系基本建立。各项指标全面超过行业平均水平,企业从年初的轻度亏损一跃盈利5 000多万美元。在随后的20年中,D公司的信用管理一直非常规范,信用部门成为公司最卓有成效的部门之一。

评析:

这是一家信用管理规范、信用制度完善的美国企业,从信用管理概念的引入,到信用管理制度的设计,最后到信用管理部门的正式运行,这家企业前后整整花费了一年时间。两年后,企业取得了巨大的成功。

从这个案例我们可以分析出一些经验:

(1) 建立信用管理制度不能急功近利,一蹴而就。大多数中国企业已经认识到信用管理的重要性,很多企业已经开始着手建立信用管理制度。但是,在还没有认真研究本行业的特点,未对本企业内部管理问题深入剖析,也未广泛征求企业内部各部门的意见时就仓促上马开展工作,势必要走很多弯路,甚至适得其反。

(2) 应该聘请专业的信用管理机构和人员,指导企业按照正确的方向,严谨周密地改革内部体制,分析企业信用管理问题,辅佐本企业的人员尽快熟悉新的岗位和工作,制订企业短期、中期、长期的信用政策和计划。

(3) 在信用管理制度建立之前,必须系统培训企业内部各部门的人员,让所有相关部门的人员积极参与和学习信用管理制度。只有企业所有相关部门都认识到了信用管理的重要性,认真执行信用政策,熟练掌握信用管理的操作,企业信用管理制度才能健康有序地运转。

(4) 信用管理自动化能够帮助企业极大地提高管理水平和降低管理费用,在计算机广为普及的今天,企业信用管理自动化,是每家企业应达到的目标。

第三节　企业信用政策

企业的信用政策(Credit Policy)是为企业持续一致的信用决策提供依据所制定的一整套信用策略,是企业实施信用风险管理的基本准则。企业信用政策的直接目标是使企业在现金流和收益率上实现最大化,主要表现为:科学地将企业的应收账款持有水平和产生坏账的风险降到最低,提高现金流动速度,实现最大限度的信用销售。它不仅是信用管理部门的工作指南,还是企业指导赊销和信用管理工作及其有关活动的根本依据。

一、企业信用政策的内容

(一) 信用标准

信用标准是指当采取赊销手段销售货物的企业对客户授信时,对客户资信情况要求的最低标准,也是客户获得企业商业信用所应具备的最低条件,通常以逾期的 DSO 和坏账损失比率作为制定标准的依据。企业信用标准的设置,直接影响对客户信用申请的批准与否,是企业制订信用管理政策的重要一环。企业应在成本与收益比较原则的基础上,制定适宜的信用标准。

信用标准的制定具体步骤如下。

1. 设立信用标准

首先查阅客户以前若干年的信用资料,找出具有代表性、能说明偿债能力和财务状况的比率,作为评判信用风险的指标,然后根据最近几年内"信用好"和"信用差"两个客户相同比率的平均值,作为评价该客户的信用标准。

2. 计算客户的风险系数

利用各客户的财务报表,计算这些指标,并与标准值进行比较。其方法是:若某客户的某项指标等于或低于最坏信用标准,则客户的风险系数增加 10%;若某项指标介于好的信用标准与差的信用标准之间,则客户的风险系数增加5%;若某客户的某项指标等于或高于好的信用标准,则客户的风险系数为0,即无信用风险。比较各项指标后,即可累计客户的风险系数。

3. 风险排序

企业按上述方法分别计算出各客户的累计风险系数,即可按风险系数的大小进行排序:系数小的排在前面,系数大的排在后面,由此便可根据风险程度由小到大选择客户。

(二) 信用限额

信用限额又称信用额度,指无须其他信用保障即可允许一个客户的总负债额,也即在信用条件下授予客户的最高赊销额。在信用额度内授信不必对客户做另外调查,超出信用额度的申请,就要对客户的资信重新评估。

信用额度的确定方法如下。

1. 收益风险对等法

收益风险对等法,即根据赊销收益与相应承担的信用风险对等原则确定客户应得的信用额度。也就是根据客户全年的采购情况估算企业能够获得的赊销收益额,以此确定客户的信用额度。

2. 营运净额比例法

营运净额比例法,即根据客户在一定的生产规模下流动资产减去流动负债后的营运资金净额的一定比例来计算发放给客户的信用额度。

3. 清算价格比例法

清算价格比例法,即当客户无力偿还企业债务或因为其他原因进行破产清算时,根据客户清算价值的一定比例来计算客户的信用额度。清算价值是客户还款的最后保证。

(三) 信用条件

信用条件是指企业要求客户支付赊销款项的条件,一般包括信用期限、现金折扣率和折扣期限。每一个公司都规定有一般性的信用条件授予大部分的客户,尤其是没有与公司签订长期购销合同的客户。经常使用的信用条件是 $2/10, n/30$,其内容为"从发票开出次日算起,折扣期 10 天内付款,可以享受 2% 的现金折扣率,超过折扣期付全额,最迟 30 天付款即信用期"。

对于签有长期合同的客户,公司经常提供多个价格和信用条件的组合。制定信用条件时,要进行相应的成本—效益分析,因为不同的信用条件会产生不同的效益和成本。

(四) 收账政策

收账政策是指信用条件被违反时,企业所采取的收回应收款项的政策。企业在正常情况下,对于信用质量高的客户,可以采用宽松的政策;对于信用质量差的客户,应采取积极的、严格的收账政策。

二、信用政策的类型

信用政策按照风险与收益的不同,具体分为紧缩型、适度型和宽松型三种类型。

（一）紧缩型信用政策

紧缩型信用政策是一种低风险的信用政策。采用紧缩型信用政策的企业不愿意承担任何大的信用风险，战略上追求稳健成长。因此，紧缩型信用政策一方面减少了坏账损失，另一方面也可能由于过度紧缩而丧失客户，从而导致企业收入减少，当收入减少到一定危险的程度时，就会限制企业规模扩张和制约企业持续发展。因此，企业在激烈的市场竞争中要慎用紧缩型的信用政策。

（二）适度型信用政策

适度型政策是一种风险适中的信用政策。采用这种信用政策的企业通常愿意承担适度的风险，战略上追求均衡发展。

适度型的信用政策是大多数企业乐于选择的信用政策类型，企业希望在风险控制和企业发展之间找到平衡。实行该类型信用政策的企业经营活动一般处于良好的发展态势，进入了良性循环的轨道。但是，这种类型的信用政策具体操作上比较难于把握，控制力度过大，虽然坏账损失较少，但会增加管理成本；控制力度不够，就会增加坏账损失。

（三）宽松型信用政策

宽松型政策是一种高风险的信用政策。采取这种信用政策的公司十分看重销售额，把销售额放在首位，通常愿意承担巨大的信用风险，战略上追求高速成长和规模扩张。因此，企业选择客户的标准较低，信用风险非常大，如果风险控制不力，会因资金问题而陷入财务困境，导致企业破产。

表3-4　信用政策类型的特征与局限性

类型	特征	局限性
紧缩型	采用这种信用政策的企业不愿承担任何风险，只向财务状况良好、付款及时的客户进行信用销售	企业的销售规模和发展将受到限制
适度型	采用这种信用政策的企业愿意承担一定风险，希望在风险控制和企业发展之间找到平衡。除了向付款及时的客户进行信用销售，也向付款经常拖欠但最终会付款的客户进行信用销售	采取适度型政策的企业可能存在一定逾期账款和坏账损失。关键是把握好均衡点
宽松型	采用这种信用政策的企业无论风险大小，基本上向所有客户进行信用销售	企业销售额增长迅速，但是逾期账款和坏账损失很大，销售质量不一定很高

一个企业的信用政策采取或松或紧哪种偏向，与企业所在行业、市场激烈程度、主要对手的信用政策、产品特征及所处阶段、企业生产规模等因素有关。尽管企业的信用政策应该在相当长的一段时间内稳定，但也是可以调整的。企业选择何种类型的信用政策，并不是绝对的，即使同一家企业，在不同的情况下，也应该随时调整所采用的赊销政策的松紧。例如，如果企业的客户所在行业是萧条行业，采用宽松型的政策就很危险；而客户所在行业是稳定增长的行业，采用紧缩型的政策就会丧失市场机会。

三、产品销售信用政策

在企业的整个市场营销策略组合中,产品策略处于基础性地位。信用政策是产品质量的一种有效传递机制。具体而言,产品策略是一个多种手段的组合,主要内容包括包装策略、产品的生命周期策略、产品系列策略和产品创新策略。在这个组合中,与信用政策有着紧密联系的是产品的生命周期策略与产品质量策略。

(一) 通过信用政策传递产品质量策略

1. 优质产品比劣质产品更倾向于采用宽松的信用政策

优质产品厂商让购买者有充分的质量评估期,利用信用期限作为质量信号传递的机制;而对劣质产品的厂商有利的选择是现金交易,他们愿意用低价格也不采取赊销的办法。但是也有例外,垄断产品供应商更愿意采取现金交易和预付款方式,不受产品质量的限制。

2. 行业的新进入者更积极采取宽松的信用政策

新进入者由于要获得市场认可,需要给购买者检验、确认、评价产品质量的时间,在对自己产品质量有信心的情况下需要采用宽松的信用政策;而行业已有的企业则倾向于采取低价策略。但是赊销对企业现金流会产生负面影响,企业要在客户的选择上比其他企业更为严格。

3. 小企业更倾向于采取宽松的信用政策

小企业与大企业相比,在品牌、声誉、产品质量以及口碑正处于逐渐培养的过程中,与大企业相比存在差距,需要获得市场的进一步评定和认可,在这个过程中需要采取宽松的信用政策。

4. 质量难以确认的产品适宜采用宽松的信用政策

生产高科技产品行业的信用期限应该比食品等产品行业的平均信用期限长,这是因为除标准产品外的高科技产品,如计算机、网络设备和通信设备等,它们的质量认定时间比食品的质量认定时间长,所以高科技产业的平均信用期限比食品行业的信用期限长。

(二) 根据不同的产品生命周期来适当调整信用政策

企业的产品在不同的生命周期阶段具有不同的特征,典型的产品生命周期一般可以分成四个阶段,即引入期、成长期、成熟期和衰退期,如表3-5所示。

表3-5 产品生命周期与信用政策类型选择

	营销目标	经营风险程度	财务状况恶化程度	经营性现金流量	信用政策类型
引入期	努力创造产品知名度,吸引、发展客户	非常高	高	—	宽松(激进)
成长期	最大限度地扩大市场份额	高	中等	+	稳健
成熟期	保持市场份额,提高市场占有率,争取最大利润	中等	低	+	紧缩(保守)
衰退期	压缩开支,榨取品牌价值	低	高	—	稳健

第一阶段:引入期。这一阶段顾客少、产品产销量小,市场占有率低,制造成本高,广告费用大,产品销售价格偏高,利润低、竞争者少。这一阶段企业的主要任务是迅速扩大该产品的市场占有率和知名度,吸引、发展更多的客户而不注重当期的利润回报,因此,此时期的信用政策主要服务于市场开拓,应该选择宽松的信用政策,合理降低信用标准、延长信用期限,对信用等级高的客户给予较高的信用额度,以此配合产品的促销政策,如表3-6所示。

表3-6 产品引入期的信用政策组合

	信用标准	赊销比例	信用额度	信用期限	现金折扣和现金折扣期
一般产品	↓	↑	——	↑	一般不使用
高科技产品	↓↓	↑↑		↑↑	一般不使用
大企业		↓		↑	一般不使用
小企业		↓↓	↑↑	↑↑	一般不使用
质优产品		↓↓	↑↑		一般不使用
质欠优产品		——	——		一般不使用

注:↑表示增加,↓表示降低,——表示不变。

第二阶段:成长期。这一阶段企业的产品逐渐被市场所了解和接受,需求量和销售额迅速上升,生产成本大幅度下降,利润迅速增长,竞争激烈。因此,扩大市场占有率,提高竞争力是企业这阶段的主要任务。这一阶段企业应该选择较为适度的信用政策,给予优质客户较高的信用额度,充分利用信用期和现金折扣优惠吸引更多的客户,与客户建立长期稳定的合作关系,同时加强应收账款的管理,剔除劣质客户,减少坏账的发生,如表3-7所示。

表3-7 产品成长期的信用政策组合

	信用标准	赊销比例	信用额度	信用期限	现金折扣和现金折扣期	收账措施
一般产品	设计严格信用标准	按照一般程序进行	按照一般程序运行	按照一般程序进行	加大灵活使用力度	逐渐严格收账管理
高科技产品	比一般产品更严格	按照一般程序进行	按照一般程序进行	按照一般程序进行	比一般产品灵活性更大	比一般产品更严格
大企业	比小企业稍微宽松	按照一般程序进行	按照一般程序进行	按照一般程序进行	比小企业灵活性更大	比小企业更严格
小企业	设计严格信用标准	按照一般程序进行	按照一般程序进行	按照一般程序进行	加大灵活使用力度	逐渐严格收账管理
质优产品	设计严格信用标准	按照一般程序进行	按照一般程序进行	按照一般程序进行	加大灵活使用力度	逐渐严格收账管理
质欠优产品	设计更严格信用标准	按照一般程序进行	按照一般程序进行	按照一般程序进行	不使用	更严格收账程序

第三阶段:成熟期。产品进入成熟期后,产品销量大而稳定,成本较低,市场需求趋于饱和,销售增长速度缓慢直至转而下降,由于竞争的加剧,导致广告费用再度提高,利润下降。因此,企业在这一阶段的主要任务是尽可能地扩大销售,最大程度地获取利润。企业应该选择逐渐紧缩的信用政策,提高信用标准,严格筛选客户,严格控制信用额度的审批,加强应收账款的管理和催收,保证企业的现金流量,以获取最大的利润,如表3-8所示。

表3-8 产品成熟期的信用政策组合

	信用标准	赊销比例	信用额度	信用期限	现金折扣和现金折扣期	收账措施
一般产品	更严格信用标准	逐渐紧缩	逐渐紧缩	逐渐紧缩	最低限度	以严格管理作为日常工作核心
高科技产品	比一般产品更严格	逐渐紧缩	逐渐紧缩	逐渐紧缩	最低限度	以严格管理作为日常工作核心
大企业	比小企业稍微宽松	逐渐紧缩	逐渐紧缩	逐渐紧缩	最低限度	以严格管理作为日常工作核心
小企业	设计严格的信用标准	逐渐紧缩	逐渐紧缩	逐渐紧缩	最低限度	以严格管理作为日常工作核心
质优产品	设计严格的信用标准	逐渐紧缩	逐渐紧缩	逐渐紧缩	最低限度	以严格管理作为日常工作核心
质欠优产品	设计更严格的信用标准	逐渐紧缩	逐渐紧缩	逐渐紧缩	不使用	以严格管理作为日常工作核心

第四阶段:衰退期。产品进入衰退期,产品的销售量和利润持续下降,企业出现了生产能力过剩的局面,使产品仅仅获得微利甚至亏损,出现了新产品和替代品,此时成本较高的企业就会由于无利可图而陆续停止生产,该类产品的生命周期也就陆续结束,以至最后完全撤出市场。企业必须着手开发新产品替代老产品,开始新一轮的产品生命周期。在这一阶段,企业应该选择最为紧缩的信用政策,提高信用标准,减少赊销比例,严格信用额度的审批,不使用现金折扣政策,采取积极的收账政策,如表3-9所示。

表3-9 产品衰退期的信用政策组合

	信用标准	赊销比例	信用额度	信用期限	现金折扣和现金折扣期	收账措施
一般产品	最严格信用标准	适当放宽	严格控制	严格控制	最低限度	日常工作核心
高科技产品	最严格信用标准	适当放宽	严格控制	严格控制	最低限度	日常工作核心
大企业	最严格信用标准	适当放宽	严格控制	严格控制	最低限度	日常工作核心
小企业	最更严格信用标准	适当放宽	严格控制	严格控制	最低限度	日常工作核心
质优产品	最更严格信用标准	适当放宽	严格控制	严格控制	最低限度	日常工作核心
质欠优产品	最更严格信用标准	适当放宽	严格控制	严格控制	不使用	日常工作核心

(三) 利用信用政策优化客户结构

客户既是企业最大的财富来源,也是风险的最大来源。为尽量扩大客户价值和避免风险,对客户必须区别对待,就是在对客户分类的基础上,给予不同的信用政策,这样不仅能够提高管理效率,节约管理成本,而且有利于控制信用风险,提高信用决策质量,进而优化客户结构,使企业利益最大化。在实际执行过程中,企业应当针对不同类型的客户和不同情况,对于具体执行的信用政策进行调整,甚至可以为重点客户执行独立的信用政策。

1. 客户信用的定性分析

信用的定性分析就是对客户"质"的方面的分析。这可以通过5C系统来帮助完成。所谓5C系统,是评估客户信用品质的五个方面,即品质(Character)、能力(Capacity)、资本(Capital)、抵押(Collateral)、条件(Condition)。企业通过5C系统对客户进行评估后,可将客户分为三类。针对不同风险级别的客户制订相应的信用政策如表3-10所示。

表3-10 针对不同风险级别的客户信用政策

客户类别	销售方式	信用政策
低风险	尽可能提供信用额度和供货数量,满足客户的要求。不采用标准收账政策,优先解决争议,给予最大支持	宽松的信用政策
一般风险	给予客户标准信用额度和期限,使用标准收账政策,逾期一定天数就停止供货	适度的信用政策
高风险	严格控制信用限额和数量,发生拖欠立即停止供货。并列入"黑名单",采用担保等防范措施	严格的信用政策

2. 客户信用风险评估模型的量化

客户信用风险管理应当建立在预先对客户科学评估、分级的基础上。信用评分模型法是指在充分分析客户数据后,构建信用评级模型,设置模型变量和参数,从而计算受评对象信用等级的一种计量方法。建立客户风险评估模型首先是选择风险评估因素,还需要将这些定性指标进行定量化排列,同时赋予不同的评分,再根据各信用评估的因素对客户风险评估的重要程度分别予以确定,如果因素越重要和影响程度越大,那么其权数比重就越大。

为此,企业应建立客户信用风险评估模型,对往来客户的信用程度评价并建立档案管理系统。评估的内容包括客户的商业信誉、经营状况及与公司业务往来历史;客户的资本实力、资金运作情况尤其是流动资金周转情况;客户的经营性质、信用历史、经营规模;客户的经济效益、资产、负债比率等。设定每项评估内容的标准,并依此对每个客户评分。

建议具体指标和权重如表3-11所示,评分表指标部分可细化为4个总指标和21个分指标;各指标的对应评分分值为1~10,如为无信息,则为0。综合信用评估得分等于权重与对应分值的乘积。权重分配,总指标中客户企业特征占34%,客户偿债能力占24%,客户营运能力占19%,客户盈利能力占23%。

表 3-11 客户信用评分表

总指标	分指标	权重(%)	对应分值(1~10)	综合信用评估得分
客户企业特征 (34%)	经营状况	5		
	担保条件	4		
	市场地位	4		
	信用历史	4		
	主要产品寿命周期	4		
	新产品研发能力	3		
	技术水平	3		
	可替代性	4		
	商业信誉	3		
客户偿债能力 (24%)	资产负债率	5		
	流动比率	7		
	速动比率	6		
	应付账款逾期率	6		
客户营运能力 (19%)	合同履约率	7		
	应收账款周转率	5		
	管理水平	3		
	管理者综合素质	4		
客户盈利能力 (23%)	销售净利率	6		
	流动资金周转天数	7		
	人均利税额	5		
	资本金收益率	5		

根据总分情况,可以划分为不同的分数段,得出相应的客户重要度级别。为便于识别,4档对应客户信用等级 A、B、C、D,具体每档对应的级别如表 3-12 所示。

表 3-12 客户信用评估等级分类

最终得分	类 别	客户信用等级
0~20	客户信用风险非常高,交易价值低,严格控制月结,要求预付款合作或不予合作	D
21~45	客户信用风险较高,交易价值较低,尽量不给予月结,即使要求给予月结,也要严格限制信用额度,并寻求有效担保	C
46~65	客户信用风险可接受,具有发展为长期合作客户潜力,可赊销并适当授信	B
66~100	客户信用风险较小,交易价值较高,具有长期合作的前景,可给予较大信用额度	A

3. 客户信用等级和项目价值相结合

综合考虑客户信用和项目价值，有四种情况：低风险客户与高价值项目相结合为最佳，应采取宽松的信用政策；高风险客户与低价值项目相结合为最差，应采取紧缩的信用政策；另外两种情况具有特殊性，应制定特殊的信用政策（见表 3-13）。

表 3-13　选择重、特大项目时的特殊信用政策

客户信用等级	项目评估等级	政策建议
客户风险低	项目价值低，风险程度高	对好客户的差项目：应极力争取，加强对项目的调查，如果有特殊条款，应要求对方提供财产抵押或银行担保，按严格的审批程序，并加强合同跟踪和账款监控
客户风险高	项目价值高，风险程度低	对差客户的好项目：应积极争取，加强对客户信用变化的跟踪调查，如果有特殊条款，应要求对方提供银行担保，按严格的审批程序，并加强合同跟踪和账款监控

4. 客户的生命周期

企业与客户关系的生命周期理论，是指从企业与客户建立业务关系到完全终止关系的全过程，其动态地描述了客户关系在不同阶段的总体特征。客户关系生命周期可分为考察期、形成期、稳定期和退化期等四个阶段。由于各个阶段的基本特征及主要任务不同，相对应的信用政策也有所差异。每个阶段的基本特征、主要任务及对应的信用政策可以简单地概括成表 3-14。

表 3-14　客户关系生命周期对企业信用政策的影响

阶　段	基本特征	主要任务	信用政策
考察期	双方相互了解不足、不确定性大。客户会下一些常识性的订单，企业与客户开始交流并建立联系	评估客户的潜在价值和降低不确定性，对目标客户进行筛选与划分	针对优质客户，提供比竞争对手更为优惠的信用政策，逐步与其建立稳定的客户关系
形成期	建立了一定的相互信任关系，双方交易不断增加，愿意长期合作，客户已经开始为企业做贡献，企业开始盈利	建立与客户更为融洽的关系，提高客户的满意度与忠诚度；同时争取吸引更多的客户，占领更大的市场空间	选择适度的信用政策，但不能为扩大客户规模而盲目赊销，要分析客户的质量，继续有针对性地对优质客户给予较为优惠的信用政策
稳定期	双方对对方提供的价值高度满意，双方对持续长期关系做了保证，双方交易量较大，企业从客户交易中获得了较高的盈利	对已有的客户进行进一步的考察，划分类别，保持良好的客户关系，增强客户的忠诚度	严格区分客户类别，分析客户对信用政策的满意程度，并针对不同客户调整信用政策
退化期	交易量下降，一方或双方正在考虑结束关系甚至挑选其他关系伙伴，企业从客户交易中所获得的利润下降	做出抉择：或者是加大对客户的投入，尽可能地留住客户，重新恢复与客户的关系，或者是进行客户关系的二次开发	如选择留住客户，可选择比竞争对手更为优惠的信用政策；如选择二次开发客户关系，意味着新一轮客户生命周期的开始

5. 客户的数量、质量与信用政策的关系

通常情况下,企业的目标客户越多,则可以选择相对比较严格的信用政策。目标客户的质量主要是指客户的信誉、财务状况及还款意愿等因素,目标客户的质量越高,企业可以采用相对比较宽松的信用政策。

(四) 根据其他分类方法制定的具体信用政策

1. 对老客户的信用政策

(1) 除非是重要客户,否则所有拖欠贷款超过信用期限一定天数的客户都将自动被停止供货。只有当拖欠的货款付清之后,才可以继续供货。

(2) 超出信用额度的发货必须征得信用经理的临时审核批准,如果长期超过信用额度,就需要客户办理担保等债权保障措施。

(3) 如果拖欠的货款是有争议的,信用部门应向客户承诺在一周之内或尽可能短的时间内解决所有的争议。如果客户是对的,则发给客户信用销售通知;反之,客户必须付清全款。

2. 对新客户的信用政策

(1) 一般在获得足够的信息评出信用额度之前,不能采用赊销供货方式。

(2) 如果要求立即供货,必须采用现金付款,或者提供足额担保。

(3) 在成为正式客户前必须先提交信用额度申请表,信用经理应参考该客户的期望销售额和实力确定信用额度。

3. 对重要客户的信用政策

(1) 对重要客户要进行信用状况跟踪调查,关注其异常变化和经营趋势。

(2) 对可能的潜在大客户或特殊情况,在正式的信用额度评定之前,可以给予小额的信用额度,以全力支持销售。全面的信用额度评定必须在下次发货前完成。

(3) 在信用政策允许的范围内给予优惠的信用政策和简化的审批程序。

4. 对分销商的信用政策

(1) 内部授信的制度可以延伸至分销商,可以由业务人员负责控制分销商的额度。

(2) 对分销商也应当定期核定赊销额度。

(3) 可以采用提前回款鼓励和延迟付款惩罚等方式促进分销商加快回款。

5. 重、特大项目的特殊信用政策

(1) 付款方式。除预付款30%和贷款70%的合同之外,其他的情况都存在特殊付款条款的问题。

(2) 应尽量减少付款次数,最多不应超过4次。预付款和提货款的支付保险较小,可按常规审批和履行。验货后付款、项目验收后付款情况,要明确约定付款标准或具体时间,不可含糊不清。

(3) 价格政策。对毛利率在25%以上的项目,质保金条件可适当放宽到10%。在客户信用状况欠佳的情况下,宁肯降低价格,也不改变付款方式。

(4) 结算方式。最易接受的是客户采用转账支票或即期汇票来付款,也接受客户的即期银行承兑汇票,不接受远期商业承兑汇票。

第四节　客户赊销与授信

一、赊销合同技术条款设计

赊销合同的技术条款主要涉及信用期限、现金折扣、信用限额、结算方式、失信处罚、纠纷处理六个方面。具体设计内容如下。

(一) 信用期限设计

确定适宜的信用期限是企业制定赊销合同时首先需要解决的问题。信用期限的设计,一方面可根据行业内长期经验和惯例形成的行业标准来设定或者选用;另一方面可针对企业自身的特点,通过对不同赊销方案进行分析和计算得出。合理的信用期限应当着眼于使企业的总收益达到最大,理论上最低限额应该是损益平衡。

(二) 现金折扣设计

现金折扣是赊销合同给予客户信用条件的另一个重要组成部分,它是一个价格的扣减。在现金折扣条件下,购买方如果在一个比既定的赊销期限短的时间内支付货款,就可以在支付发票金额时减少一部分。设计时应注意,采用现金折扣的方式因为缩短了付款期,会使资金的机会成本、管理成本和坏账成本减少,但同时现金折扣的成本增加了。企业决定是否提供现金折扣以及提供怎样的折扣政策,应着重考虑的是提供折扣后所获收益是否大于现金折扣的成本。

(三) 信用限额设计

信用额度在一定程度上代表企业的实力,反映其资金能力,以及对客户承担的可容忍的赊销和坏账风险。其额度过低将影响到企业的销售规模,并势必相应增加同客户的交易次数和交易费用。但是,信用额度过高会加大企业的收账费用和坏账风险。因此,企业信用管理部门应根据自身的情况和市场环境,合理地确定信用额度。

(四) 结算方式设计

所谓结算方式,是指用一定的形式和条件来实现各单位(或个人)之间货币收付的程序和方法。结算方式是办理结算业务的具体组织形式,是结算制度的重要组成部分。赊销合同中一定要约定清楚款项的结算方式,采用票据结算时,必须注意使票据关系建立在可靠的票据基础上,以防范未取得对价情形下的票据付款造成的损失,有效地保护自己的合法权益。

结算方式的主要内容包括商品交易货款支付的地点、时间和条件,商品所有权转移的条件,结算凭证以及其传递的程序和方法等。现行的结算方式包括银行汇票、商业汇票、银行本票、支票、汇兑、委托收款、异地托收承付等。

(五)失信惩罚设计

失信惩罚条款是针对合同双方违反合同的义务而设计的。《合同法》中明确规定,当事人一方不履行合同义务或者履行合同义务不符合约定的,应当承担继续履行、采取补救措施或者赔偿损失等违约责任。合同双方可以通过条款约定,一方违约时应当根据违约情况向对方支付一定数额的违约金,也可以约定因违约产生的损失赔偿额的计算方法。

二、赊销风险管理流程

(一)事前调查与评估

1. 认真评估客户资信和信用等级

为了尽量降低赊销风险,有必要在赊销前对客户进行资信等级评估。先制定出企业信用等级标准,根据每个客户真实的报表资料,计算出客户的信用等级,再与企业制定的等级标准比较分析,从而决定是否赊销。

2. 制定鼓励客户积极回款政策

企业既要鼓励客户采取购销、现款现货等交易方式,又要对货款回流及时、销售良好的赊销客户给予奖励或优惠的销售政策,或在返利上做出适当让步,或是在售后服务等方面提供特别优惠,激励客户及时付款的积极性。

3. 注意赊销技巧以减小收款风险

在销售过程中,为尽量减小赊销风险,必须遵守以下几条原则:

(1)建立严密的赊销审批权限的制度,实行规范化的赊销管理,分别对不同级别和部门赋予不同的赊销额度,避免盲目和随意放宽赊销政策。

(2)新客户的赊销期限应尽量短,额度尽量小。

(3)实行小批量分期结账方式。通常应实行小批量、多品种的现购结账的方式,这种搭配的销售方式风险小,容易控制。

(二)事中风险控制

1. 加强合同管理,规范经营行为

在赊销过程中必须签订销售合同,对客户提出的标的、数量和质量、价款或酬金,交货的期限、地点和付款方式,以及违约责任等应认真审查。销售合同如需变更,购销双方应充分协商,达成一致后再签订补充合同或者新的合同,以维护购销双方的合法权益。

2. 加强销售业务处理过程的管理

对收款、开具提货单、发货、结算方式等环节的管理,是应收账款控制的关键所在。(1)收款方面,企业如果收到汇票、支票等应及时办理入账手续;如果收到银行承兑汇票,必须及时向银行查询是否有效。(2)开具提货单。按销货合同开具提货单,由客户签收。(3)发货时由负责销售业务的部门根据提货单组织发货,切实做到货物的数量、规格、型号准确无误。(4)货款结算时尽可能选择安全性高的结算方式,减少在途资金时间。

3. 建立动态的资信评审和账款跟踪管理体系

每个客户的销售业绩是不尽相同的,所以,客户资信评审是个动态、长期的工作,其中最重要的环节是账款追踪分析和账龄分析。对资信度高、效益优良的客户,给予优惠的信用政策,而对资信度低、效益低的客户,采用严格的账款管理。

(三) 事后监督

事后监督包括赊销合同到期时款项的收回控制,以及款项到期由于各种原因无法收回而形成坏账损失的处理。主要包括对于逾期未能收回的款项,会计部门应立即报经有关决策审查;如果确定坏账损失,应做出相应的账务处理,并核销对应的应收账款;除此之外,信用管理部门和销售部门仍须密切注意造成坏账损失客户的经营等情况,如有还款可能,应即刻通知会计部门并协助收款。已注销未收回的坏账损失,应定期向其客户寄送对账单,提醒客户还款。相关机构应查明坏账产生的原因,明确相关责任人、相关责任部门,并做出相应的处理。

三、客户授信管理

(一) 选择信用条件

在信用交易中,企业对客户授信是信用管理的关键环节。企业对客户授信,应该建立在对客户进行资信调查和信用状况评估分析的基础上,并且对授信的信用条件和信用标准进行综合选择之后,确定授信额度。

信用条件是指企业给予客户信用时延期付款的若干具体条件,主要包括信用期限、现金折扣和折扣期限。一般来说,企业的信用条件是遵循本行业的惯例给出的,给客户的信用条件如何,直接影响甚至决定着企业的应收账款持有的水平和规模。

1. 信用期限

信用期限是指企业允许客户从购货到支付货款的时间间隔。企业产品销售量与信用期限之间存在着一定的依存关系,确定信用期限是信用管理的重要环节,确定信用期限的标准是让企业赢得更多的利润。信用期限通过两个方面对企业的赢利能力产生影响:一是信用期限会影响企业的成本,信用期限越长,企业背负的成本就越大,否则就相反;二是信用期限影响企业在市场上的竞争力,企业给予的信用期限越长,客户购买商品时所付出的代价就越低,产品在市场上就越有竞争力,企业赢得的市场份额就会越大。因此,最佳信用期限决定于这两者的平衡。

企业要根据企业生产经营、市场销售、现金流的变化情况,本着提高有效销售、增加企业利润、保持企业健康发展的原则,需要适时地调整信用期限,所用的方法主要有边际收益法和净现值法。企业可以结合自己的实际情况,选择合适的调整方法。

(1) 边际收益法。

边际收益法是企业采取新的信用期限与原有的信用期限相比,在计算所增加的收益(称为边际收益)和所增加的成本(称为边际成本)后,算出信用期限调整所带来的边际净收益。如果要考察多种信用期限调整方案,则选取边际收益最大的信用期限调整方案。

决策的程序是:

① 确定标准信用期限。可以选择企业以前年度的信用期限或本行业的平均信用期限,也可以将信用标准期限设为零。

② 确定变更信用期限的若干方案,测算各方案的边际成本和边际收益。

③ 按边际收益减去边际成本后的最大化原则,选择最佳方案。
边际指标测算表如表 3-15 所示。

表 3-15　边际指标测算表

条　件	数　值
S_0:现信用期限下的销售收入(万元)	200
S_1:新信用期限条件下的销售收入(万元)	320
ΔS:销售收入的变化值	
T_0:过去采用的信用期限(天)	30
T_1:新提高的信用期限(天)	45
B_0:过去的坏账损失率	1%
B_1:采取新信用期限条件下的预估坏账损失率	2%
ΔB:边际坏账损失率	
I:当前的国债投资年利率	7%
A:以往企业销售毛利率	16%
M_0:现信用期限条件下的管理成本(万元)	2
M_1:新信用期限条件下的管理成本(万元)	2×(1+15%)=2.3
MC:边际成本	
MI:边际收益	
NMI:边际收益净值	
ΔO:边际机会成本	

【例 3-1】　某企业过去一直按照当地同行的平均水平授予其客户 30 天的信用期限,从而使企业年信用赊销额达到 200 万元。企业经理办公会根据企业生产现状和市场环境决定进一步促进赊销和较大幅度地降低产品库存量,提出延长客户信用期限至 45 天的想法。企业销售部门预测,延长信用期限后赊销额将增加到 320 万元,应收账款的管理成本将在现有的 2 万元基础上增加 15%,坏账损失率估计可能由 1% 增长到 2%,当前的国债投资年利率为 7%,以往企业销售的毛利率为 16%。根据以上条件,企业信用管理部门对此进行可行性分析。

解析:第一步:计算边际收益。

根据实施新信用期限条件下所增加的赊销额和销售毛利,可以测算出新销售方案的边际收益如下:

$$MI = \Delta S \times A = (320-200) \times 16\% = 19.2(万元)$$

第二步:计算边际成本。

应收账款的持有成本包括管理成本、机会成本和坏账损失,边际成本是这三个项目的边际成本之和。

边际管理成本 $= M_1 - M_0 = 2 \times 15\% = 0.3$(万元)

边际机会成本 $= (S_1 \div 360) \times T_1 \times I - (S_0 \div 360) \times T_0 \times I$
$= (320 \div 360) \times 45 \times 7\% - (200 \div 360) \times 30 \times 7\%$
$= 2.8 - 1.17 = 1.63$(万元)

边际坏账损失＝S1×B1－S0×B0＝320×2％－200×1％＝4.4(万元)
MC＝0.3+1.63+4.4＝6.33(万元)

第三步：计算边际净收益。
NMI＝MI－MC＝19.2－6.33＝12.87(万元)

第四步：结论。

向客户发放45天的信用期限可以使企业增加12.87万元的利润。从企业信用管理部门角度看，此方案是可行的。

(2)净现值法。

净现值法是计算企业采取各种信用期限方案给企业带来的净现值，当存在多个信用期限方案可供选择时，选取净现值最大的方案。

决策程序是：

① 确定标准信用期限及变更方案。

② 根据日产销量、单价、单位成本、平均收账天数、坏账损失率以及利率等因素计算日营业净现值。

③ 根据日营业净现值的多少进行方案决策。

日营业净现值法是通过比较不同信用期限下的日营业净现值的大小，来决定信用期限的优劣。以日营业净现值大的方案为优。其计算公式为：

$$企业日营业净现值(NPV)=P\times Q(1-B)\div(1+K\times T)-C\times Q$$

式中，

P——单价；

Q——日销量；

C——单位成本；

B——坏账损失率；

K——日利率；

T——平均收账期。

【例3-2】 假定某企业原采用30天的信用期限。企业产品单价为600元/件，单位成本为400元/件。每天销售量为600件，由于部分客户拖延付款使得平均收账期为40天，坏账率为2％。现拟将信用期限放宽至60天，日销售量提高到800件，售价不变，单位生产成本降为350元/件。根据过去的经验估计，在新的信用条件下的平均收账期为70天，坏账损失率增加至3％，假定目前的日利率为0.02％。现根据上述条件，分析两种信用期限方案的优劣。

解析：原方案企业日营业净现值：

$NPV0=600\times 600\times(1-2\%)\div(1+0.02\%\times 40)-(400\times 600)=86\ 667(元)$

新方案企业日营业净现值：

$NPV1=600\times 800\times(1-3\%)\div(1+0.02\%\times 70)-(350\times 800)=128\ 421(元)$

由于60天期的日营业净现值大于30天期的日营业净现值，故应选择60天期的信用期限。

2.现金折扣

现金折扣是赊销合同给予客户信用条件的另一个重要组成部分。对企业来说，最终目的是要把商品卖出去，把钱收回来。为了达到这个目标，企业通常采用折扣的办法。现金折扣就是企业对客户在商品价格上所做的扣减。向客户提供这种价格上的优惠,主要目的在于吸引客户为享受优惠而提前付款,缩短企业的平均收账期。另外,现金折扣也能招揽一些视折扣为减价出售的客户前来购货,借此扩大销售量。

企业可以根据自己的实际情况确定信用期限和折扣率,折扣表示普遍采用如"2/10、1/20、n/30"的形式,"/"号前表示可以享受的价格优惠,"/"后的数字表示付款期限。例如,销售货款原始价为1000元,2/10表示在10天内付款可享受2%的折扣,只需要支付980元;同理,1/20表示在20天内付款,则只需要支付990元;n/30表示付款的最后期限为30天,但此时则无优惠。这样做会鼓励那些有能力支付的销售商选择尽可能短的信用期限。

现金折扣成本是企业为了提前收回货款所付出的代价,相当于加速获取资金为客户支付利息,现金折扣折算成年利率的计算公式是:

$$现金折扣年利率=现金折扣率\div(信用期限-折扣期)\times 365$$

以"2/30,n/60"为例,现金折扣年利率$=2\%\div(60-30)\times 365=24.33\%$。

可以看出远远高于银行短期贷款利率。因此给予客户什么程度的现金折扣,需要在计算现金折扣的成本和收益后做决策。

企业在准备使用现金折扣政策时通常要确定两个数字,一个是折扣率另一个是折扣期限,下面举例说明现金折扣的计算方法。

【例3-3】 某企业的标准信用期限是45天,一定期限内的销售额为100万元,相应的应收账款管理成本为2万元,预计坏账损失率为1%,市场资金收益率为10%,为加速账款回收,拟采取三种现金折扣方案,如表3-16所示,请选择最优的现金折扣方案。

表3-16 各现金折扣方案的影响

项 目	A方案	B方案	C方案
采用折扣方式	2/20	3/10	2/10
账款在折扣期收回的可能性	98%	95%	90%
管理成本降低为	50%	70%	80%
坏账损失率	0.50%	0.60%	0.80%

解析: 比较这三种方案的收益情况。

A方案净收益的增加额为:$2\times(1-50\%)+100\times(1\%-0.5\%)+100\times 98\%\times 10\%\times(45-20)\div 365-100\times 98\%\times 2\%=0.21$。

其中,$2\times(1-50\%)$是A方案可以节省的管理成本,$100\times(1\%-0.5\%)$是可以减少的坏账损失,$100\times 98\%\times 10\%\times(45-20)\div 365$是账款在折扣期内收回给企业带来的资金收益,是按照市场资金收益率来衡量的,$100\times 98\%\times 2\%$是采取现金折扣所减少的账款回收额。

同理,可以计算B方案和C方案给企业带来净收益的增加额。

B方案净收益:$2\times(1-70\%)+100\times(1\%-0.6\%)+100\times 95\%\times 10\%\times(45-10)\div 365-100\times 95\%\times 3\%=-0.94$。

C方案净收益:$2\times(1-80\%)+100\times(1\%-0.8\%)+100\times 90\%\times 10\%\times(45-10)\div 365-100\times 90\%\times 2\%=-0.34$。

从获取净收益最大化角度看,比较结果是A方案最佳。

需要注意的是,利用现金折扣政策来刺激付款不应经常被采用,因为现金折扣通常在足够高时才有吸引力,而此时卖方成本会比较大。

3. 其他信用条件

除了上述所谈到的信用期限、现金折扣等信用条件以外,企业还可以选择使用一些与客户交易的特殊条款和方式作为信用条件,包括有关拖欠罚金的约定、结算回扣条款、分期付款方式和发货控制条件等。

(1) 结算回扣。结算回扣指企业对于超过一定销售金额的客户,在一般现金折扣的基础上再给予销售折扣,主要是对分销商和大客户进行的。在实施结算回扣的过程中,要把客户的销售规模和提前或及时付款作为条件,有区别地进行选择。

(2) 拖欠罚金。拖欠罚金指企业在交易活动中对于客户违约所约定的罚金,它能够对客户及时付款产生威慑力和保障力。企业对于信用好的客户可以不采用拖欠罚金的方式,对于信用差的客户则需要采用这种方式。

(3) 发货控制规定。具体规定:超过额度的客户订单需要审批;超过信用期限一定时间需停止发货;款到发货指令由财务部发出。

(4) 分期付款。分期付款方式的特点是一个项目持续时间比较长、付款的性质和种类比较多、项目分阶段进行,是一种比一次性付款对客户更具有吸引力的结算方式。对于交易规模比较大、信用好的客户可以选择分期付款的方式,对于交易规模小、信用差的客户一般不采用分期付款方式结算。

(二) 确定授信标准

企业向客户授信之前,必须确定自身的整体信用额度及标准信用期限。

1. 确定企业的整体信用额度

信用额度,又叫作授信额度,是企业在进行信用销售时授予客户的赊销限额。信用额度的大小在一定程度上代表了企业的实力,反映了企业的资金实力和对客户所承担的机会成本及坏账风险的承受能力。

整体信用额度制定时需要考虑的因素有坏账风险的整体比例、企业能承担的整体信用额度(或风险、现有债务)以及国家和行业风险、平均目标信用期限等。

企业整体信用额度的计算公式如下:

$$企业整体信用额度 = 全年销售目标 \times 标准信用期限(月) \div 12(月)$$

例如,一个企业的年销售额为1 200万元(赊销),标准信用期限为1个月,则企业可以设定大约为100万元的整体信用额度,表示相当于有一个月的销售额还处于赊销中,应收账款还没有收回。

2. 设定企业标准信用期限

标准信用期限,又称目标信用期限,是企业信用管理部门确定客户信用期限的指导性数据。企业应当根据客户的信用记录和交易的重要性,在标准信用期限的基础上对客户信用期限进行调整。

标准信用期限的实施步骤有以下三步:

第一步,企业可以根据国家或地区的行业信用期限统计数据或者权威统计数据,按照行业惯例初步确定一个期限。

第二步,根据企业自身的销售经验和信用政策,采用边际分析法或净现值法来选择较佳的信用期限。

第三步,根据应收账款统计报告、DSO报告进行信用期限修正。例如,某企业整体信用额度为上年营业额的12%,则意味着企业的标准信用期限不超过44(=365×12%)天。

企业的标准信用期限可以只有一个,但是对于不同类型的客户群体和重要性不同的交易,信用期限一定要有所区别,因此企业可在标准信用期限下细分出不同客户群的指导信用期限,或者按照销售区域设置指导信用期限。表3-17为某公司分类客户信用期限表。

表3-17 某公司分类客户信用期限表

单一客户月平均销售额	指导信用期限
标准信用期限	30天
销售额低于5万元的新客户和低于2万元的老客户	立即付款
销售额为2~10万元的老客户	30天内付款
销售额为10~50万元的老客户	45天内付款
销售额为50万元以上的老客户	60天内付款

(三)确定授信额度

1. 具体客户信用额度制定时需要考虑的因素

有了整体信用额度和标准信用期限,对于每一个客户,还要制定一个信用额度,作为赊销金额的上限。授给每个客户个体的信用额度,是批准客户的信用申请的授信工作的最后一道手续。例如,某工厂的信用管理部门批准其客户的信用额度是10万元,这就意味着该客户可以先不付货款,就可以从工厂提走价值10万元的产品。

具体客户信用额度制定时需要考虑:一般的订货规模和货物或服务的价格;一般的订货周期;结算的行业标准条款;客户的信用评级或评估;现有客户的付款记录。

2. 企业信用管理部门确定每个客户个体信用额度的方法

(1)参考其他债权人所给予的信用额度。

使用这种方法有一个前提,即企业了解它的竞争对手给客户的信用额度。尽管很难得到准确的数字,但可以通过直接交换信息或从调查机构获得大概的情况。这种方法的不利之处是,其他企业允许的信用额度也可能会超过客户的实际承受力。而且,即使其他企业授信额度不高,但几个销售商同时向一个客户供货,客户的承受能力是否能够得到保证呢?许多企业依靠它们自己对信息的分析和理解来设定信用额度,只有在特殊情况下才参考竞争者的经验。

(2)低额启动,随经验增长。

一个非常普遍和实际的方法是从小金额开始供货,如果该客户按时付款则逐步增加金额。信用部门刚开始时可以给客户一个低限额或仅够第一批购买的金额。随着与客户往来的增多,客户证明他们能支付更大的金额,则信用部门可以提高限额以使客户能够支付更大的购买。如果客户支付能力不足,信用部门将维持现有额度以限制客户的购买,甚至降低额度。但是,这种方法风险大,可能丧失有力的商业机会,也可能会发生大额的坏账,不利于企业的发展。

(3) 按时间段确定购买数量。

某些企业信用部门尝试在一个特定的时期内限定某些货物购买的总额。当然，实际的时限会根据不同的行业、不同的情况而变化，这种方法的优势在于简单统一。这个方法同时强调销售额，因为销售额不断增加，信用限额也会不断增加。它的缺点是金额难以准确确定。

(4) 以调查机构的评级为基础。

信用调查机构提供评级以表明财务能力和总体信誉水平。具体的信用额度可以从两方面确定，即财务评估和信用评级。由调查机构提供欠账记录和其他数据的情况越来越普遍，这些材料在将来还会越来越重要。

(5) 使用公式方法计算出信用额度。

这种方法以某些财务数据为基础，如净资产、流动资产、库存等。随着计算机的广泛应用，许多信用经理已经开发了一些管理系统和模型以帮助他们做出信用决策和设定信用额度。

企业可以为新客户建立一套标准的信用额度，它建立在一般购买规模和标准结算条款的基础上。每一个新客户都将根据其信用评估而在这个信用额度内获得由企业提供的信用，企业也可以根据时间和有关内容对每一个客户的信用额度做出调整等等。

3. 信用额度的计算方法

计算客户的信用额度时，可以应用很多方法，如营运资产法、销售量法、回款额法。在实践中，可以根据企业自身的需要选择合适的模型，以下就几种常用方法做简单介绍。

(1) 营运资产法。

营运资产法是以客户的最大负债能力为最大限额，并在此基础上进行修正，得到信用额度的计算方法。营运资产分析属于一种管理模型，不是用来预测客户破产的可能性，而是用来评估客户的资金和信用能力。

营运资产法的计算过程可以分为四个阶段。

第一阶段：营运资产的计算。

$$营运资产=（营运资本+净资产）\div 2$$

其中，营运资本=流动资产-流动负债，净资产即为企业自身资本或股东权益。

营运资产法不仅考虑了客户当期的偿债能力，即营运资本的大小，还考虑客户的最后清偿能力，即客户净资产的多少，是综合考虑了当前偿债能力及净资产实力。如果只有第一阶段，一般以营运资产的 0~25% 作为信用限额。

第二阶段：通过相关资产负债比率衡量营运资产质量。

一般引入4个常用的资产负债比率来衡量资产质量，这些指标是：

$$流动比率=流动资产\div 流动负债$$

$$速动比率=（流动资产-存货）\div 流动负债$$

$$短期债务净资产比率=流动负债\div 净资产$$

$$债务净资产比率=债务总额\div 净资产$$

其中，流动比率和速动比率指标衡量企业的资产流动性，该两个指标值越高，说明客户的短期偿债能力越高，对债权人来说越安全；短期债务净资产比率和债务净资产比率指标衡量企业的资本结构，该两个指标值越高，说明客户的净资本相对较少，对债权人来说风险越大。

第三阶段：计算评估值。

$$评估值=流动比率+速动比率-短期债务净资产比率-债务净资产比率$$

评估值综合考虑了资产的流动性和负债水平,该值越大,表明企业的财务状况越好,风险越小。

第四阶段:计算信用限额。

根据评估值大小和客户的付款历史等情况,确定经验百分比,计算信用限额,计算公式为:

$$信用限额＝营运资产×经验性百分比$$

计算信用限额的关健在于经验百分比的确定,这是一个经验性的数字,依据评估值得出,经验值是信用管理方面的专家在大量经验基础上得出的数据。

采用营运资产分析模型时应该注意以下两点:一是根据营运资产模型得出的赊销额度只能作为信用管理人员决策的参考,而不能也不应严格按照模型给出确定额度,因为一些影响信用风险的因素在模型中并没有得到体现。二是营运资产百分比等级应该根据公司的销售政策和公司当前整体赊销水平不断进行调整。每一个评估值都对应一个经验百分比,是一个经验性数据。评估值代表了评估的信用等级,是专业分析人员在大量经验基础上获得的重要数据。针对不同的行业,百分比有所不同。表3-18是某企业的经验性百分比确定表,可以作为参考依据。

表3-18 经验性百分比确定表

评估值	风险类别	信任程度	经验性百分比
≤-4.6	高	低	0
-4.6~-3.9	高	低	2.5
-3.89~-3.2	高	低	5
-3.19~-2.5	高	低	7.5
-2.49~-1.8	高	低	10
-1.79~-1.1	有限	中	12.5
-1.09~-0.4	有限	中	15
-0.39~-0.3	有限	中	17.5
-0.31~-0.9	有限	中	20
1	低	高	25

(2)销售量法确定客户的赊销额度。

销售量法就是根据客户以往的订货量和订货周期确定赊销额度的方法,以客户上个季度(可用度)订货量为基本数额,以本企业标准信用期限为参数,计算客户的赊销额度。客户历史付款记录或客户的信用等级作为修正系数。

使用销售量法确定客户的赊销额度可按如下步骤进行:

第一步,确定客户上季度订货量。

一般企业应该定期记录和统计客户的销量,对于有进销存管理软件的企业来讲,可以采用软件直接统计数据;对于手工操作的企业来说,可以依据销售记录、订单或出库单等信息来确定客户的订货量。

第二步,确定客户的信用期限。

根据客户的类型和交易的重要性,在标准信用期限内由信用管理人员给出客户的一般信用期限,也可以直接使用标准信用期限。

第三步,计算信用限额。

$$信用限额=季度订货量×信用期限÷90$$

第四步,修正信用限额,确定客户的赊销额度。

$$赊销额度=信用限额×风险修正系数$$

这里的关键是风险修正系数的确定。一般来说,修正系数有两种确定的方法:第一是依据客户的信用等级;第二是依据客户的信用记录,即客户以往及时付款或拖欠情况。

两种方法的运用见表3-19、表3-20。

表3-19 风险修正系数1(信用等级)

风险级别(信用等级)	修正系数(%)
A	100
B	60
C	20
D	0

表3-20 风险修正系数2(信用记录)

拖欠金额×拖欠天数(某行业)	信用评分记录	修正系数(%)
无	100	100
25万元	80	80
60万元	50	50
100万元	20	20
200万元	10	10

另外,在运用销售量法确定客户赊销额度时,还应该具体考虑客户能否提供担保,以及竞争对手给客户的信用额度,及时做相应的调整。销售量法以客户的实际销售量作为依据来预测其赊销额度,是一种企业用来确定赊销额度的应用广泛的方法,较为简便易行,且与销售密切相关,容易在企业实施。

(3)回款额法确定客户的赊销额度。

回款额法确定客户标准信用额度,就是在考虑客户最近半年的回款能力条件下,为客户设定标准信用额度的方法。企业对客户近半年来,每个月的回款额进行加权平均计算,以本企业标准信用期限为参数,计算客户的信用额度。

① 回款额法的计算步骤如下:

第一步,确定客户评估日期前半年每个月的回款额。

一般企业财务部门应该定期记录和统计客户的回款情况,对于有财务软件的企业来讲,可以直接使用软件中的统计数据;对于采用手工记录方式的企业来说,利用收款凭证和销售台账等信息确定客户每个月的回款额。新客户不宜,也得不到无条件授予赊销额度的信用政策。

第二步,确定本企业的标准信用期限(参照销售量法)。

第三步,计算赊销额度。

标准赊销额度=(最近月份回款额×6+……×5+……×4+……×3+……×2+半年内最远月份回款额×1)÷(6+5+4+3+2+1)×(标准信用期限÷30)

② 回款额法的应用。

回款额法以客户前一个周期实际付款的数量来核定信用额度,是一种比销售量更为稳妥的做法,这种方法简单直接,易于操作,不用进行参数设定,但对于销售季节性较强的商品交易和客户回款极其不稳定的情况会有一定的误差。

(4)快速测算的方式。

为了方便企业提高授信效率或及时对数量较多的小客户授信,可以使用快速测算法,主要包括三种:

① 营运资产法简化。

$$赊销额度=净资产×10\%$$

或

$$赊销额度=流动资产×20\%$$

② 销售量法简化。

$$赊销额度=客户上季度平均每月订货量的两倍$$

③ 心理测算法。

心理测算法是非常有经验的业务人员或专业信用管理人员使用的方法,完全是一种心理估算,即估计客户在多少额度之内,不至于也不值得去违约。这种方式实质上并不是一种科学的计算,但在实际工作中具有很强的实用性。

这几种方法都属于先计算个别赊销额度上限,再进行汇总的方法,对于某些企业要求在年度计划中明确应收账款总额、应收账款周转率进而确定了全年总赊销额度的情况,需要做出些调整,以便能够适应企业事先计划、事中调整反馈的要求。

4. 风险指数法

风险指数是对企业资信状况进行量化分析结论中最有用的指标,也是决定授信额度的依据。风险指数与资信评级的原理相同,有时目标也相同,因此在无法取得完整财务数据的情况下,风险指数可以作为资信等级的替代品。

邓白氏公司的风险指数及其含义,见表3-21。该指数按倒闭及营运企业的不同情况,将风险水平分成6个等级,用数字1~6标记。其中,数字1代表较低的企业停业率,而6代表较高的企业停业率。

表3-21 风险指数含义

风险指数	含 义	企业停业比率(%)
RI1	最低风险	0.01
RI2	显著低于平均风险	1.09
RI3	低于平均风险	1.8
RI4	略低于平均风险	2.5
RI5	两倍高于平均风险	8.0
RI6	五倍高于平均风险	19.6
NA	由于信息不足,无法进行评估	—

(1) 风险指数的应用。

风险指数主要应用于两个方面：一是评估新的信用申请或新的客户；二是监控现有客户，便于调整信用额度，决定应收账款的追收方式或跟踪供应商的稳定性。

① 评估新进客户。

在企业对新进客户进行信用决策时，可以同时考虑邓白氏风险指数与其他信息，如企业内部信用申请情况、销售人员反馈、专业评估公司提供的其他信息等。在将邓白氏风险指数和各企业内部客户群体分析相结合的基础上建立最佳的企业信用风险标准，从而产生较低、中等、较高三种风险水平。针对不同风险指数的客户，企业将授予不同的信用额度。

② 监控现有客户。

当现有客户的信用指数发生变化时，企业应该调整客户的信用额度，见表3-22。

表3-22 客户的信用额度调整

现有信用额度	风险水平		
	较低风险	中等风险	较高风险
高	① 调整至更高额度 ② 可考虑适当扩大销售机会	① 保持较高的额度（无须调整） ② 常规监控指数变化的趋势	① 调整至较低的信用额度 ② 严格监控指数变化的趋势
中	① 维持中等信用额度或调整至较高额度 ② 可考虑适当扩大销售机会	① 维持中等信用额度（无须调整） ② 常规监控指数变化的趋势	① 调整至较低的信用额度 ② 严格监控指数变化的趋势
低	维持较低的信用额度或根据客户的实力调整到中等信用额度	① 维持较低的信用额度 ② 调整至更低的信用额度 ③ 严格监控指数变化的趋势	① 严格监控指数变化的趋势 ② 考虑现金支付或其他应收账款管理的方式

(2) 企业客户的信用风险指数计算。

客户信用风险指数的计算，是一个非常现实的问题，它的关键点是要收集客户的征信资料，包括客户基础的财务数据和业务数据以及其他影响客户信用风险评价的重要因素等，借助数理统计方法和数学模型，形成变量从而计算出风险指数。

企业信用管理部门在使用该指数对某一客户进行信用管理决策时，可以将邓白氏风险指数结合客户群的具体情况加以分析，建立起适用于自身的风险指数标准。影响邓白氏风险指数的主要因素及其权重，见表3-23。

表3-23 影响风险指数的主要因素及其权重

序 号	主要因素	权重分配
1	商业信息	52%
2	财务信息	26%
3	地理信息	9%
4	付款信息	8%
5	公众记录	5%

(3) 确定客户资信等级的步骤。

① 找出相关风险因素。

对风险因素进行分析,得出各项指标与潜在风险的相关程度,选择其中与风险紧密相关的因素。

② 定义评分指标。

评分指标与风险因素相比要少得多,但至少包括财务指标和非财务指标两大类。选择评分指标时要考虑到企业现有的评价方式、行业特征以及专业咨询公司的经验。

③ 建立指标体系。

对不同的分析因素赋予不同的权重。

④ 计算客户的分数。

利用客户档案中收集的信息和指标体系对每一个客户的相关指标打分,然后计算出客户的评分。通常可以利用专业软件将打分和评分的过程自动化处理,保证评分的客观性。

⑤ 分析评分结果,确定信用等级。

评分计算出后,应对评分结果进行分析。通常企业都会根据自身的经验对客户群信用的高低有一个大致的判断,而评分的结果也应该基本符合这一判断。

⑥ 指导确定信用额度。

客户资信等级确定后,就要以此为依据帮助企业进行信用决策并指导企业确定信用额度。

5. 使用信用额度时的注意事项

客户的信用额度设好之后,必须要持续地定期调整。在销售过程中,根据客户的货款支付状况,要对其信用等级和信用额度进行再评价。一般来说,以下情况企业需要考虑调整客户的信用额度:

(1) 半年或一年一次定期审核客户信用额度;

(2) 客户提出申请要求调整信用额度时;

(3) 客户订货量持续超过信用额度时;

(4) 客户付款变慢,产生大量预付货款时;

(5) 客户可能发生经营危机时。

对于调整后的客户信用额度和使用条件,要及时告知客户,并向其说明调整的原因,以取得对方的理解。信用额度的调整,还需要考虑企业的整体信用额度有无调整,以及企业有无促销计划,一般在促销期间,要放宽赊销政策,增大客户的信用额度;同时对于企业遇到的重大、特大项目,由于会对企业的发展造成重大影响,因此其信用额度的制定要受更多方面的影响,需要单独审批。

【案例研讨3-2】

中石化广州分公司利用信用管理规避风险

提要: 2002年年初,拥有2 000多员工的中石化广州分公司,账目上逾期一年以上的应收账款,高达2 300多万元。

沉重的清欠负担以及由此而带来的费用开支、资金占用、坏账损失等等,大大增大了企业的管理成本、机会成本和坏账成本,使企业巨额效益白白流失。是继续在"不赊销等死,赊销等于找死"怪圈中徘徊,还是跳出怪圈理智地分析和另辟蹊径?公司选择了后者。

在深刻总结以往盲目赊销的教训后,公司认识到:现代市场经济本质上是一种信用经济。随着中国加入WTO,成品油的终端零售、批发市场逐渐开放,赊销已成为所有成品油供应商扩大市场份额的现实选择。在这种选择中,企业必须不断地扩展信用销售,即"理性赊销"。同时,企业防范信用交易风险不能只寄希望于客户,而更应该引入"信用管理"理念,控制交易环节的信用风险,建立规范化、制度化的赊销程序,以增强企业防御风险能力,加强应收账款管理,减少企业呆坏账损失,在扩大销售与控制风险之间求得最佳平衡和实现盈利最大化。

中石化广州分公司(以下简称"公司")利用信用管理规避风险的做法如下。

一、建立完整的信用管理与控制体系

2002年3月,公司聘请国内颇具权威的新华信商业信息咨询有限公司有关专家,对公司信用管理的制度和政策、客户信用授权流程、应收账款管理等项目,进行了会诊。诊断发现,由于公司没有完整的客户信用档案,没有对赊销客户进行分类管理,致使风险预警能力不足;由于应收账款、赊销管理、合同管理之间的协调严重不足,致使营销信用管理漏洞百出;由于应收账款管理不明晰,致使公司平均收账期呈明显上升趋势,赊销比率的均值增加了100%。

针对上述问题,公司确立了实施信用管理的基本思路和制度框架,并于2002年7月正式出台了公司《信用管理办法》。

公司成立了专门的信用管理委员会和信用管理部。"信管委"为公司信用管理的最高决策机构,"信管部"是信用管理的执行部门。与此同时,公司还明确了各有关部门的职能和职责。

二、准确而细致的客户信息管理

"理性赊销"说到底,就是在销售前摸清销售对象——客户的资金信用情况,做到有的放矢。因此,准确细致的客户信息管理是首要工作。

公司建立了信用管理的机构和规章制度,又抓紧建立客户信用信息动态数据库,按信用级别、授信额度、赊销期限等分类进行管理。

油站站长、经营部业务员必须实地考察、了解客户的企业性质、生产规模、设备及人员配置等基本情况,并填写"赊销评分表",递交"赊销申请表",且须附上客户的营业执照、税务登记证、法人授权证明书、个体经营者身份证复印件等资料。

信息管理员审核经营单位所递交的资料时,更要通过网络了解客户实体是否存在、客户历史沿革和组织机构、有否偷漏税及诉讼等不良记录等;利用已建立的客户信用信息数据库,了解客户有否延迟付款、与公司发生纠纷、在公司多个经营单位赊销等;利用《客户信用评估报告》提供的行业信息掌握相关行业的发展状况、平均水平和前景的主要财务指标,为评价同行业的其他客户提供借鉴;还要定期向经营部门通报付款有不良记录、法律纠纷等客户的"黑名单"。

信管部通过查询客户档案得知广州某农机公司的经营即将期满,于是及时告知与之交易的公司经营部、营销人员密切关注客户经营状况,核实客户是否延续工商登记。结果避免了以往因没有密切监控客户而导致大量清欠款项发生后"找不到人""企业失踪""欠款单位破产、停业"而无法追收的现象。

某经营部上报广州某运输公司车队35万元、50天赊销期限的申请,并附上该车队权属的大型货运车证照复印件。信管部人员从客户档案了解到,该客户曾因拖欠加油站1万多元货款而被起诉,于是及时通知营销人员,避免了新的赊销风险。

至2003年2月底,公司全辖区共有4054个客户记录在案,其中核心客户160户,重要客户583户,普通客户1240户,小型客户2071户。除少数外地客户外,大部分都能通过广州信用网掌握其工商登记情况。

三、信用控制走好关键的三步棋

(1) 信管委根据用户的信誉和前景、经营和财务状况、拖欠记录,把用户分为四个信用档次,分别采用"宽松""较宽松""严格""取保赊销或现金交易"四个信用政策。

(2) 设置严格的信用审批权限。按油站站长和经营部业务员、经营部主管、区域零售主管、信管部、信管委分级权限审批零售、配送销售客户的赊销额度。

(3) 进行信用评估、分析及授权。根据公司盈利能力和赊销额度,判定可以送中介评估的客户。中介机构进行信用调查并出具《信用评估报告》,公司参考中介机构建议的信用额度授予其赊销的信用金额和期限。对不景气的客户,必须与其签订《担保合同》或交纳保证金。

严谨、严格的信用控制,使公司获益匪浅。海外某著名集团所属5家公司提出统一采购柴油且开出6个月的商业承兑汇票,申请赊销金额达6 000万元。评估报告显示,该集团由于快速扩张,生产大量占用资金,付款期限长达60天以上,其资产已全部抵押给银行;且上述5家企业均已独立核算,彼此信用状况差异较大,法律上互不承担连带责任。公司在考虑到应收账款规模控制、资金安全回收等因素后,对5家分别授予信用额度,并强调不能并用。这样,把客户信用额度有效控制在其短期偿付能力内,实现了理性扩大销售。

2002年下半年开始营运的一家巴士公司,难以确定信用额度,但考虑到能取得公交营运必具相当资质,就以缴纳押金进行记账加油、加油量满2万元即付款的办法,经过两个月交易考察后,始给予对方10万元、45天的信用额度。

四、严格应收账款的监控分析

为了纠正过去《油品购销合同》中条款、签字和盖章不全而最终成为"无效合同"的弊病,公司信管部重新编写了《规范填写合同的说明》,有效避免了以往清欠款项中大量存在的因手续不全导致起诉证据不足难以追讨的现象。

同时,信管部还对全市应收账款余额实施监控,按赊销的权限、金额、期限,对每个客户的应收账款进行日常监控,编制《部门客户应收账款余额表》和全区《违规赊销客户情况表》,发送经营单位。

随着销量的扩增,至2003年2月末,公司应收账款总额已达2.02亿,比实施信用管理前增长了51.86%,但其中3个月以内的应收账款占总额的88%,比实施前上升了17个百分点;其中1个月以内的占了80%,二三个月应收账款占了8.15%。实施后,平均每月发生的清欠款只有3万元,比2002年实施前降低了50%。

公司信管部成立以来,通过发出"催讨函""最后通牒",追收逾期欠款13宗,所涉金额73.82万元中收回69.16万元,余下的4.66万元也通过诉讼程序收回。

自2002年6月实施信用管理以来,公司送中介机构进行信用评估的客户212户,评估后批准赊销额度8 424万元,对比客户申请额度减少3 100多万元;自行信用评估的客户619户,批准赊销额度7 746万元,比客户申请额度减少2 800多万元。这两项合计共规避赊销风险6 000多万元。2003年1月、2月末应收账款周转次数分别为2.38次、2.03次,分别比实施前的1.34次加快了0.69次、1.04次;1、2月应收账款的收账期13天、15天,比实施前提前了7天、9天。

在取得信用管理效果的同时,公司的总销量由实施前的月均9万多吨逐月上升,到今年一季度月均达13万吨左右。实施后公司的赊销量占总销量比例为73%,比实施前还增加了28%,真正实现了有效销售的扩张。

事实证明,信用管理使公司正常周转的应收账款不断增加,风险控制明显好转。扩大、理性、有效的信用销售呈现良性循环。

评析:

(1) 作为一种销售手段,赊销已无可争议地成为所有成品油供应商扩大市场占有的选择,理性赊销也就随之成为成品油供应商必须认真研究的课题。

当企业面临巨额不良债务时,"谁经手(赊销)谁负责(追债)"的简单行政规定,不可避免地会导致管理人员或营销员,要么因"害怕负责"而放弃赊销这一销售手段,要么干脆以"我负责"名义而盲干、蛮干,并由此给企业带来巨大的损失和无穷的后患。

(2) 信用管理既能较好地规避不断扩大的赊销带来的经营风险,同时也能保证最大化的利润,即实现有效销售。

信用管理使销售更趋向理性化,从而有效地控制资金的占用和损失,打破了原来"盲目赊销—货款逾期—停职清欠"的恶性循环,让营销人员从清欠工作中解放出来,全力以赴扩大销售,达到企业增加销量、增加效益的目的,最终形成一个"信用销售良性循环"。

公司的经验证明,信用管理对促进销售、减少坏账损失和降低追收费用、保证资金周转、提升企业竞争力和企业形象有着重要的意义。我们期待着与更多的企业共同让信用管理真正成为"盈利战略的重要组成部分"。

第五节　客户档案管理

一、建立客户信用档案

客户信用档案是指在客户信用信息中对信用评估和决策有参考价值的原始记录和原始资料,制作、保存、更新、利用、检索客户信用档案的程序和方法,是企业信用管理过程中必要的工作环节。

管理客户信用信息就是对客户信用记录的管理,也是企业信用管理的基础工作之一。管理客户信用信息目的是及时、准确、全面地掌握关系到客户信用状况的信用信息,建立、健全对客户信用信息进行调查、收集和更新处理的信用档案动态管理系统,便于对客户信用信息进行查询、分析,以便提供高质量的使用效果。

客户信息收集、处理、评价的成果最终都可以通过标准版式的企业资信调查报告予以具体、详实地记录。反过来说,实质上在对客户的信息进行收集、处理、评价时,需要以完成企业资信调查报告作为目标,并以此调查报告所需的信息作为标准。因此,企业在构建合格的客户档案时可以选择以企业资信调查报告的核心内容和要项为范本。

简单地说,对于企业信用管理的客户档案管理工作,一份合格的、简单的、一目了然的客户档案就是一份日常版的客户资信调查报告。换句话说,客户档案库的数据平台就是普通版本的企业资信调查报告的汇集,客户档案是在资信调查报告所需内容的基础上建立的。

（一）管理客户信用档案的目的

1. 使客户的信息资料清晰、有序，便于增补、使用

有序地管理客户资料，为信用管理工作人员查询信用信息、进行信用决策提供极大的方便。由于零散、不完整的信息简单堆积，难免会造成重复、遗漏、错误以及无法检索使用等一系列问题，这会对信用管理工作的准确决策产生障碍。

2. 防止优质客户流失

随着时间和环境的变化，信用信息将不断产生，信用档案管理人员必须坚持动态管理的原则，及时、准确、全面地采集和补充客户信用信息，才能准确处理不同客户、不同时期的信息，并得到具有科学可比性的分析结论，使得客户资源的价值发挥到最大。

（二）建立客户基本账户

建立客户基本账户的操作步骤如下。

1. 编制客户账户代码

设立客户代码的目的是为了便于在所有客户数据档案中快捷查询以及调用该客户的信息和业务记录内容。企业在编制客户代码时，通常按照先后排序法选用一组数字，也有的企业会选择按照客户名称的缩写，或者根据企业对数码的自定义来编排。

2. 输入客户基本账户的主要数据

（1）客户基本信息。

客户完整且无误的法定名称、统一社会信用代码、注册地址、办公地址、发货地址（如不同于办公地址）、联系人姓名、联系电话和电子邮箱。

（2）财务信息。

客户开户银行名称、地址、账户号码、支付方式（支票、电汇或者其他），有无开发票的特殊要求等。

（3）客户类型或分组。

根据业务的特征或根据客户本身的性质明确定义客户的类别或编组，便于企业实施有效的客户管理、统计和分析各种客户业务的数据。

（4）交易条件信息。

采购产品类别和范围、价格定义（计价单位、是否包含运费等）、有无价格折扣系数、结算条件（有无信用和账期期限）、货品包装要求、通知发货要求及联系方式、指定的运输方式、保险条件等。

3. 审核客户基本信息

（1）审核外部信息。

客户的上述相关基本信息应该由客户方有授权的部门和人员正式书面提供，包括附上企业营业执照复印件以及某些特许经营许可证明文件的复印件，以便核实。必要时，信用管理部门还可以对客户所提供文件的真实性加以复核。

（2）审核内部信息。

审核内部信息主要是对成交的产品类别、价格定义或者价格折扣系数水平以及价格有效期限、品种数量、发货要求（包括发货计划要求、包装要求、运输方式、有无保险等）、结算条件等

事项的审核。需要特别注意的是,应该根据双方交易合同所达成的约定,严格执行所有相关成交条件以及具体有效起止期间等细节。

4. 明确客户账户创建的批准流程和责任人

一般而言,企业根据内部职能划分,将批准商务成交条件的职责分别划分给销售部门、法律部门、财务部门和后勤部门。

(1) 销售部门。销售部门对产品的种类、数量和销售价格以及同类产品竞争者情况等负责。

(2) 法律部门。法律部门对合同条款的审核和批准等负责。

(3) 财务部门。财务部门对开立发票、是否接受信用赊销、如何确定账期等规定负责。

(4) 后勤部门。后勤部门对负责落实交货期、发货安排及后续辅助服务等负责。

5. 复核客户信用账户

当系统维护人员将客户账户建好以后,信用管理人员应该立即将具体批准给客户的信用额度和信用结算期限准确录入该客户账户,做好相关的复核工作;并应该通知负责该业务活动的业务人员、订单操作人员等关于该客户的代码及建立情况,以便及时开展交易。

(三) 客户信用档案的内容

建立客户信用档案,是客户信用信息管理的一个重要组成部分。在具体建立之前,首先有必要了解客户信用信息中涉及的主要内容。

1. 客户信用信息管理的内容

(1) 识别客户合法身份。

企业的销售业务部门应当与信用管理部门配合,识别客户的身份证明材料的真实性,确认新客户的合法身份,这是与客户进行交易活动的必要前提。在信用管理工作中,识别客户身份信息是首先要做的内容。这项工作主要集中在对新客户的筛选过程中,通常可以分为两个部分:一是要核实新客户的企业法人身份是否合法,二是避免有人假冒他人的合法身份。

(2) 管理客户信用档案。

企业信用管理部门要为每个发生赊销往来的客户和潜在客户建立信用档案,客户信用档案是客户信用记录的集合,是对客户信用状况准确、及时、全面、系统、连续和动态的综合记录。

(3) 收集并处理客户信用信息。

企业信用管理部门根据管理客户信用档案的需要,针对客户信用信息的内容和来源不同,通过多种方式和渠道进行信用信息收集,运用多种方法和技术对信息的真实性进行审核确认和对数据进行综合处理。

(4) 建立客户信用管理系统。

客户信用信息的收集和处理需要建立客户信用管理系统,包括建立客户信息数据库,通过建立客户信用管理信息系统,能够方便存储、分析和使用大量的客户信息,使信用管理人员脱离繁重的手工劳动,使部门间的信息沟通和管理流程更加顺畅,随时监控客户信用风险和业务的进展情况,有效地提高企业信用管理的质量和效率。

建立合格的客户档案库作为企业信用信息管理工作的重点。在第一次与客户接触之后,就应当着手建立客户的信用档案,并在随后的交往中不断积累、增加新的信息资料。

2. 客户信用档案的设计基础

客户信用档案的设计可以通用版本的企业资信调查报告模板为基础,包括在调查报告格式的表格中填写的记录、对客户进行特殊观察得到的资料、本企业对客户的评价、应用提示和查询记录等。

3. 客户信用档案的内容

(1) 基本资料。

基本资料包括营业执照复印件、各种资质证书复印件、各种许可证书复印件、各种荣誉证书复印件等。

(2) 反映客户信用申请和相关调查的资料。

反映客户信用申请和相关调查的资料包括信用申请表、现场调查表、客户相关方调查表、资信调查报告或信用分析报告和结论等。

(3) 财务报表。

财务报表包括资产负债表、利润表和现金流量表。在授予信用额度审查时,采集的档案资料一般是客户前一年或者连续三年的财务报表。但是,在赊销活动发生以后的管理阶段中,信用档案收集的报表更多,甚至可能包括客户的季报、半年报表和纳税申报表等。

(4) 批准材料。

批准材料包括每次授予额度后的授信额度及通知函。

(5) 赊销后的管理材料。

赊销后的管理材料包括验货记录、业务往来信函、客户通话记录、催账电话记录簿、对账单、付款承诺等。

(6) 客户其他相关资料。

客户其他相关资料包括企业宣传资料、网站资料、名片等公开信息。

(四) 客户信用档案的类型

1. 书面档案

书面档案即对客户信息进行收集并加工整理后所形成的书面资料,一般包括交易过程中的合同、谈判记录、交易备忘录、项目可行性研究报告和报审及批准文件、客户的营业执照、客户履约能力证明资料、客户的法定代表人或合同承办人的职务证明、个人身份证明、介绍信及授权委托书、我方企业的法定代表人的授权委托书、客户的担保人的担保能力和主体资格证明资料、双方签订或履行合同的往来电报、电邮、信函和电话记录等书面材料、合同正本和副本及变更、解除合同的书面协议、标的物的验收记录、交接、收付标的物及款项的凭证。

在对客户档案资料进行保管和分析的过程中,客户书面档案资料的保管和整理是最基本的工作。因为在交易过程中逐渐形成的客户档案资料、信息是非常多的,为了避免今后的合同纠纷,防范合同风险、法律风险、信用风险,这些书面的交易资料应该被完好地保存起来。

2. 电子档案

由于电子化、无纸化管理的不断深化以及电子计算机和通信技术的发展,产生了电子公文、电子图书、电子图形图像和电子文献资料等。这些与书面档案一样具有档案保存价值的电子文件,同样能够作为客户信用档案,即电子档案。

(五) 客户信用档案的建立

企业需要将在从事生产、经营及管理活动中形成的对企业考察客户信用具有保存价值的信息归档。企业需要遵循如下步骤,方能高效、完整地建立客户信用档案。

1. 整理客户信用档案资料

企业采集的客户信用信息,大多数比较零散和不规范,信用档案管理人员首先需要将各种信用资料加以整理,在检验其完整性的基础上,根据企业客户信用档案的制作要求,分门别类地归集信息,做好制作客户信用档案的准备工作。

2. 编制客户信用档案的档号

信用档案管理人员将客户的信用资料整理确认以后,需要给每一个客户的信用档案编制一个档案号,以便在日常管理中检索、使用和修正。

3. 归集客户信用档案原始资料,制作档案文件夹

客户信用档案夹包括客户基本账户、客户基本账户修改表、授信额度通知函、授信额度表、催收记录或催收情况报告、客户应收账款分析报告、信用申请表、财务报表、现场调查表、信用相关方调查表、客户资信调查报告、定单或赊销合同复印件、货物验收凭证复印件、其他反映客户身份和资质的证明文件。

二、管理客户信用档案

(一) 集中管理

如果客户资料分散在业务人员个人的手中,就可能导致客户是业务人员的客户,而不是企业的客户。企业的管理层并不熟悉每一个客户的情况。有时候,一旦业务人员变换岗位或者离开企业,客户的信息及其业务也随之离去,如果一个公司的业务人员因为种种原因离职后将自己手中的客户资料带到了另一个竞争对手那里,则会造成该公司销售额下降;有时还会出现原业务员出于对老客户的了解,并凭经验管理客户、降低风险的情况,一旦业务员离开,即使客户留在企业中,企业也完全无法了解客户的信用情况,进而盲目授信,使某些客户拖欠的账款变成坏账,导致无法追回并给公司带来重大的经济损失。现实中,这种案例随处可见。

除了上面的情况以外,客户资料分散在各个部门也是常见的情况。这种情况虽然对改善个别业务员掌握客户资源有所帮助,但在实践中,具体表现在多个同类部门与同一客户发生交易往来,结果可能是部门在为了获得订单时提供一个又一个比其他部门更优惠的信用条件,而这种优惠的信用条件倒不是因为客户的信用级别足够,仅仅是部门之间恶性竞争的结果,这样,部门的利益是保住了,但最终承担风险的是企业。

针对这样的问题,企业唯一的解决办法就是对客户进行集中管理,即集中管理客户档案,并在此基础上统一授信,以全面跟踪、监督客户的信用状况,及时控制可能发生的信用风险。

(二) 长期积累,动态管理

所谓动态管理,指的是对客户档案信息要不断更新。这是因为客户本身的情况是在不断变化的。就客户的资信报告来讲,它就是一份即期的客户档案,有效期在3个月到1年,超出了这个时间长度,就应该对客户进行新的调查和信息收集。同时对客户档案实施动态管理的

另一个目的是：随着客户的财务、经营、人事及市场等的变动，定期调整对客户的授信额度。信用管理部门的授信应该按照客户的协议进行，一般以年度为单位确定本期授信的有效期。当客户的基本情况发生变化时，信用额度也要随之进行调整。

长期积累客户信息也很关键，通过完整的历史记录可以看到客户本身的近期发展趋势，更好地对客户的潜力进行分析。此外，历史积累数据是进行有效的统计分析的基础，积累数期的数据可以帮助挤出客户财务报表、客户非正常经营情况下的各类不准确信息的"水分"，并为准确地预测和风险管理提供信息基础。

（三）分类管理

企业的信用管理部门需要对客户进行分类。这主要是出于客户对企业的重要性、影响力和客户档案管理发生的费用进行考虑的。

考虑客户对企业的重要性和影响力因素，信用管理部门可将客户划分为普通客户和核心客户。核心客户一般与企业的交易量大，是企业利润的主要来源。企业一般可以选择占有企业80%销售额、20%数量的客户作为核心客户。如果该类客户出现风险，对企业所造成的损失将是巨大的。

对该类客户的管理尤为重要，也是企业对客户实施分类管理的关键。一旦将某客户划入核心客户范围，则对其档案进行管理的复杂程度和细致程度就会全面提高，与此对应的档案管理费用也会有所提高。然而，需要强调的是，对核心客户的重点管理并不意味着对普通客户的管理就可以放松，这批客户数量多（超出企业客户总数量的80%以上），交易额小（一般在企业客户交易总额的20%以内），应用群体分析和评分控制更为简便、有效。

三、更新客户信用档案

（一）更新客户信用档案的信息

用来分析信用状况的信息质量对信用决策的质量起着关键作用。客户信用档案里包含着大量既往资料，能够反映客户以往的信用状况。申请信用额度的客户，其信用状况时刻都处于变化之中。客户现在和过去良好的信用记录并不能百分之百地说明客户在未来就能够按时履行债务偿还或信用义务。据统计，86%的信用损失反而来源于老客户。如果客户的信息不能够及时更新，就会影响当前信用决策的准确度。因此，企业在信用档案管理政策中，应当明确制定信用档案更新的内容和程序。

（二）删除无须归档的客户信用档案文件

随着各项业务的发展和时间的推移，新的客户信用档案不断补充，使档案的总量日益增加。而档案资料在保存一定时间以后，有些还需要继续保存，有些则已经失去其保存价值。为了解决档案庞杂、失效的问题，就需要对档案进行鉴别，去繁存精，经过一定的手续，将确实已经失去保存价值的档案删除或销毁。

四、服务和解读客户信用档案

信用管理部门建立客户信用档案，主要目的是支持企业的赊销和授信工作，因此信用管理人员应该让企业内部所有与客户打交道的业务人员都能够得到客户尽可能多的信用信息和评价。所以,能否在企业与客户交易的事前、事中和事后提供及时准确、简明易懂的信用档案服务,是评价企业信用管理服务是否合格的重要标准之一。

评价一个客户档案的管理是否合格,必须从两个方面考查:一是档案记录本身达到标准;二是要提供优良的客户档案服务,并使客户档案服务达到准确提示、及时传递、显示简单易等标准。

所谓对客户档案进行准确的提示,指的是由客户档案分析人员对客户的资信调查报告进行解读,将报告中给出的客户弱点和亲近点信息用彩笔或符号系统标示出来,提示给使用客户档案的经理。

客户资信信息的显示要简单易懂,其意义很明显,使用客户档案分析资料的人员是即将与客户谈判的本企业各部门经理和业务人员,这些人员中的绝大多数不是经过信用管理业务培训的专业调查人员,让这些企业人员读懂复杂的客户资信调查报告和编码系统,不是一件容易的事情。除了就档案进行提示和标示以外,有时业务部门还要求信用管理部门在标准版本客户档案基础上,提供对客户的分析和解释。

第六节 应收账款管理

一、期内应收账款管理

(一) 应收账款管理概念

应收账款管理(Account Receivable Management)是指在赊销业务中,从授信方(销售商)将货物或服务提供给受信方(购买商),债权成立开始,到款项实际收回或作为坏账处理结束,授信企业采用系统的方法和科学的手段,对应收账款回收全过程所进行的管理。

广义的应收账款管理分为两个阶段:第一个阶段,从债权开始成立到应收账款到期日这段时间的管理,即拖欠前的账款管理。第二个阶段,应收账款到期日后的账款管理,即拖欠后的账款管理。信用管理机构为了对这两个阶段的管理加以区别,往往将账款被拖欠前的管理称为应收账款管理(即狭义的应收账款管理),而将逾期后的账款管理叫作商账追收。

(二) 应收账款整体状况分析

1. 应收账款合理水平的确定

对于应收账款管理工作而言,企业持有应收账款的水平包括两种含义:一是持有应收账款的总体额度,即企业赊销给客户群体的货品和服务的总金额;二是持有应收账款的个体额度,即企业对单个客户的应收账款。

如何确定应收账款总体额度的合理水平,需要根据企业自身的情况,计算确定最小的成本或者收益最大的方案。

(1) 最小成本分析法。

应收账款转变成为企业自有资金前也会发生一定的资金成本,资金成本一般包括管理成本、机会成本、坏账成本和短缺成本等。

管理成本是指企业为了对应收账款进行日常管理而发生的费用,如对客户进行信用调查、账簿记录发生的费用,以及收账成本、诉讼成本等。

机会成本是指企业将欠款放在客户手中则丧失在其他领域所创造收益的机会。衡量的方式有投资收益率、预期报酬率、企业平均资金成本率等。例如,在市场投资收益率为10%的情况下,企业每持有100万元应收账款,对应每年损失10万元的利息收入,即该笔应收账款的机会成本是10万元。

短缺成本是指企业虽然拥有一定量的应收账款,但由于过于保守,应收账款额较低,导致企业的销售额没有最大化。

坏账成本是指企业因为无法足额收回欠款而导致的损失。从实际来看,坏账成本往往与应收账款总额呈正比例关系,坏账导致的风险必然会使得企业发生在应收账款上的成本费用上升,导致企业本应该获得的正常利润被一些无效成本费用所消耗。

各成本计算方法如下:

$$信用销售管理成本 = \sum 各项信用管理成本$$

$$信用销售机会成本 = (年信用销售额 \div 360) \times 平均收账天数 \times 变动成本率 \times 资金成本率$$

$$信用销售坏账成本 = 信用销售额 \times 坏账损失率$$

$$销售短缺成本 = (最大销售量 - 实际销售量) \times 销售利润率$$

$$信用销售总成本 = 管理成本 + 机会成本 + 坏账成本 + 短缺成本$$

根据形成应收账款的成本要素,以横坐标为应收账款规模,纵坐标为持有应收账款的成本,管理成本、机会成本和坏账损失与应收账款的规模呈正比关系,也就是说,应收账款规模越大,上述三种成本越高。短缺成本是指企业如果采用严格的信用政策进行销售,也就是说持有的应收账款额度规模变小,因此而导致的销售收入减小,净利润减少。这也相当于一种损失,这种损失可以看作是企业持有过低的应收账款造成的短缺成本。短缺成本与应收账款的持有规模呈反比关系。

因此上述前三种成本和短缺成本呈反比关系,四种成本的叠加构成的平面曲线就是一条开口朝上的抛物线,这条抛物线就是应收账款的总成本,其最低点就是应收账款持有的最佳额度。绘制如图3-15总成本曲线,那么,A点对应的应收账款规模为最佳规模。

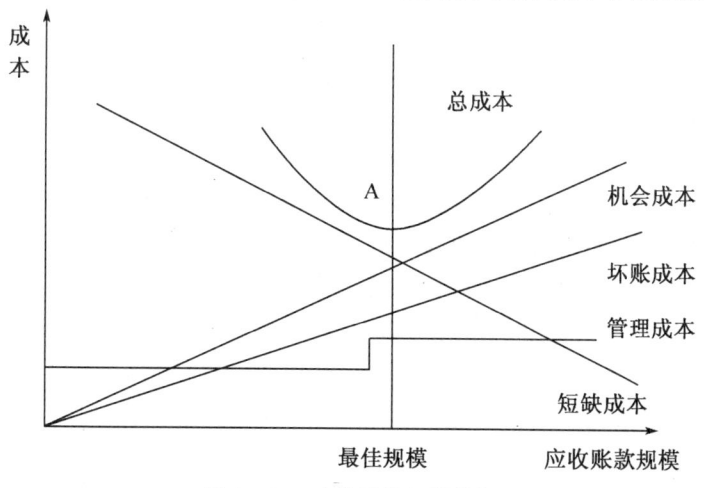

图3-15 应收账款规模分析

例如,某企业确定应收账款规模的测算过程见表3-24、表3-25。

表3-24 确定应收账款规模时参考条件

应收账款规模	短缺成本	管理成本	机会成本	坏账损失
10~30万元	最大应收账款持有量为70万元,企业销售利润率为20%	7 000元	市场资本收益率为10%	4%
40~60万元		10 000元		5%
70万元以上		15 000元		6%

表3-25 应收账款成本测算表 单位:元

应收账款规模	短缺成本	管理成本	机会成本	坏账损失	总成本
100 000	120 000	7 000	10 000	4 000	141 000
200 000	100 000	7 000	20 000	8 000	135 000
300 000	80 000	7 000	30 000	12 000	129 000
400 000	60 000	10 000	40 000	20 000	130 000
500 000	40 000	10 000	50 000	25 000	125 000
600 000	20 000	10 000	60 000	30 000	120 000
700 000	0	15 000	70 000	42 000	127 000

由表3-25可以看出,应收账款规模为60万元时,总成本最小为12万元,因此60万元即为该公司的应收账款最佳规模。

企业信用经理要善于做预测性工作,这些工作是做信用决策和赊销计划的基础。当然,测算过程有一定的复杂性,要求有相当的经验和理论基础。但应收账款最佳规模的测算一般不要求结论精确(往往也无法精确),能够对赊销起到指导作用即可。最小成本是在信用期限固定的情况下,计算最大应收款总规模的方法。如企业在判断采用不同的赊销信用期限决算时,应当利用最大净利润法计算确定。

(2)最大净利润法。

最大净利润法的基本原理是采用方案比较的方法,用现金交易和两种常见的信用期限方案作比较和计算,估计销售收入,测算销售成本、管理成本、管理应收账款费用等,用销售收入减去各项费用就得到净利润。比较净利润,净利润大的为较优方案,净利润最大的赊销方案对应的应收账款规模就是最佳规模。

表3-26列举了净利润最大的赊销方案比较。

根据表3-26,可以得出:30天信用期限方案和60天信用期限方案相差30天,应收账款规模却扩大一倍以上,这还是假定应收账款按期收回的情况。

所以,企业标准信用期限是一项重要的信用政策,应引起信用经理密切注意。此外,在销售旺季,应适当调大规模,并通知财务部门给予一定的资金支持,但应收账款规模一定要在本企业资金允许的范围内。

表 3-26　净利润最大的赊销方案比较　　　　　　　　　　　　　　单位：元

项　目	现金交易	30 天信用期	60 天信用期
应收账款规模	0	1 500 000	3 500 000
销售收入	10 000 000	18 000 000	21 000 000
销售成本	7 000 000	12 240 000	14 280 000
毛利	3 000 000	5 760 000	6 720 000
一般管理成本	2 200 000	3 600 000	4 200 000
收账费用	0	360 000	630 000
坏账成本	0	360 000	630 000
利润	800 000	1 440 000	1 260 000
折合现金交易增加机会成本	0	150 000	210 000
净利润	800 000	1 290 000	1 050 000

2. 其他因素对应收账款持有规模的影响

以上从应收账款的持有成本角度分析了企业持有应收账款规模的合理性。在实践中，还有其他一些因素。

（1）同行业竞争。

每一个企业为了能使自己在激烈的竞争中取胜，扩大企业的商品销售，取得更好的经济效益，就必须比同行业中的其他企业以更优惠的条件来吸引顾客。所以企业间的竞争愈激烈，信用销售方式使用的就愈广泛，占用在应收账款方面的资产就愈大。

（2）销售规模。

企业应收账款的大小在很大程度上取决于企业的销售规模。企业每天在市场上销售的商品越多，占用在流动资产周转各个阶段的资产也就越大，因为应收账款是流动资产周转的一个重要阶段，所以应收账款也就毫不例外地会随着销售规模的扩大而增加。

（3）企业产品的生命周期。

市场上的需求情况、产品质量、季节变化等因素也会影响企业应收账款的占用量。

3. DSO 方法

（1）DSO 指标的含义。

国外在应收账款管理中应用较为普遍的分析指标是应收账款平均销售天数（Days Sales Outstanding, DSO），它是衡量企业信用管理水平的一项重要指标。应收账款平均销售天数（DSO）指标表现了平均收账期，即把赊销转化为现金所需要的时间。

采用销售变现天数（DSO）指标来衡量应收账款的质量不仅有利于企业内部的信用交易管理，而且还可以与同行业的其他企业进行横向对比。如果本企业的销售变现天数（DSO）值低于同行业的平均水平，则说明本企业比同行业企业具有更低的销售成本、更高的销售收益，在市场竞争中取得有利的地位。

（2）DSO 指标的作用。

通过测算该指标，可以了解客户群体的实际付款速度。DSO 指标直接关系到企业现金流量充足与否，应收账款管理水平的高低。该指标的变化只受到信用期限和收款效率的影响，与销售额的大小无关。信用期限越长,收款效率越低,DSO 越大;相反则 DSO 越小。

DSO 指标在国际企业管理实践中被广泛采用。成为衡量信用管理人员工作成绩和公司整体信用管理状况的重要指标之一。在与同行业内的其他企业作比较的时候,DSO 指标也能够简单明了地反映相互间的差距。信用管理部门工作责任之一就是将本企业的 DSO 水平降低到行业的平均水平之下。现将 DSO 指标的优缺点简单汇总如表 3-27 所示。

表 3-27　DSO 指标的优缺点对比

优　点	缺　点
反映货款回收的及时性要求	
关注应收账款控制要求	难以制定统一的 DSO 考核指标;或者制定统一的考核指标,部分困难办事处将难以完成
可以按月考核,各月考核目标一致,促进各月回款工作的均衡性	DSO 指标受发货影响较大,并且有明显的"时滞效应"
和发货指标正相关,即发货大有利于 DSO 指标完成	受"春节效应"影响明显
对回款工作的系统问题有更深刻的反映(包括市场环境、销售模式、付款方式、销售波动、回款努力等)	

4. DSO 指标的计算方法及比较

DSO 可以按年、季度或月时间段进行计算,计算的方法有期间平均法、倒推法和账龄分类法三种。

(1) 期间平均法。期间平均法是最常用的评价信用部门业绩的指标之一。具体计算方法为:

$$DSO=期末应收账款余额÷本时期的销售额÷销售天数$$

例如:某企业在 3 个月内销售额为 300 万元,3 个月末应收账款余额为 200 万元,则 DSO=200 万元÷300 万元÷90 天=60 天。

这个数据说明企业在此 3 个月内的 DSO 为 60 天,抛开其他因素,如果在随后的销售中 DSO 的天数上升了,就表明信用部门没有做好工作,使账款回收变得缓慢;反之,如果在随后的销售中 DSO 的天数下降了,就说明信用部门的工作更有成效。这种计算方法的不足之处是没有考虑到季节性因素的影响,准确性和敏感性相对较差。

(2) 倒推法。因为应收账款更多地与最近发生的赊销额有关,DSO 的计算就应该更多地考虑最近的赊销额,而不是年度或季度的平均值。倒推法是以最近的一个月为开始,用总应收款余额逐月甚至逐日的减去销售额,直到应收账款余额被减完时为止,再查看减去的总天数,总天数即为 DSO。通常的做法是在每个月底按倒推法计算,用总应收货款(当前的、过期的和未结算的)减去总的月销售额,逐月算回去,直到总应收账款数字被减完为止。如果抵消后的余额不足以减下个月的信用销售额,则用抵消后的余额乘以下个月的天数(一般 30 天)再除以下个月的信用销售额,所得值即为下一个月的 DSO 天数。计算结果见表 3-28。

表 3‑28　使用倒推法计算 DSO

截止日期:2014 年 6 月 30 日　　　　　　　　　　　　　　　　　　　　　　　　　　　　　　　单位:元

六月底应收账款总额		3 500 000	
各月份	信用销售额	抵消后余额	相当的天数
六月	1 400 000	2 100 000	30
五月	1 600 000	500 000	31
四月	1 500 000	0	10
DSO 天数			71

又如,某企业在 2014 年 7 月份对信用销售情况统计结果如表 3‑29 所示。

表 3‑29　信用销售和应收账款分布情况

截止日期:2014 年 6 月 30 日　　　　　　　　　　　　　　　　　　　　　　　　　　　　　　　单位:元

	一 月	二 月	三 月	四 月	五 月	六 月	合 计
平均日信用销售额	2 000	1 700	1 800	2 000	1 400	2 100	
总信用销售额	62 000	47 600	55 800	60 000	43 400	63 000	
应收账款余额及分布	2 500	3 000	8 500	12 000	31 000	60 000	117 000

在 2014 年 6 月底,企业的应收账款总额为:
2 500＋3 000＋8 500＋12 000＋31 000＋60 000＝117 000(元)
扣除 6 月份的销售额(30 天)＝117 000－63 000＝54 000(元)
扣除 5 月份的销售额(31 天)＝54 000－43 400＝10 600(元)
10 600 元相当于 4 月份 5.3 天(＝10 600 元÷60 000 元×30 天)的销售量
DSO＝30＋31＋5.3＝66.3(天)

假设这个公司 2014 年 5 月份的 DSO 是 60 天,4 月份的 DSO 是 56 天,客户群的付款速度在整体放慢,说明这家企业的信用管理工作出现了异常。信用管理经理应该找出异常产生的原因,如果是由于企业的信用政策放松的缘故,要及时研究做法是否正确;如果是执行收账政策出了问题,就要及时采取措施进行补救。总之,通过计算 DSO,信用部门就可以立刻发现信用管理的异常和缺陷,及时找出对策。这种 DSO 的计算方法注重最近的账款回收业绩,而非全年或半年的业绩,能够反映出当前应收账款回收的细微变化,不大会受季节的影响,是最准确的 DSO 计算方法。

(3) 逐月计算法。这种方法是按照最近半年各月的应收账款发生额和当月的赊销额情况,以当月应收账款发生的余额相当于当月的日赊销额的天数为基础,累计各月天数即得到 DSO。使用逐月计算法计算 DSO,结果如表 3‑30 所示。

(4) 不同 DSO 计算方法优劣比较。不同的计算方法有不同的作用,信用管理人员需要根据企业的需求分别或者全部计算出不同的 DSO 数据,以满足信用经理和高层管理者使用要求。不同 DSO 计算方法的优劣见表 3‑31。

表 3-30 逐月计算法计算 DSO

截止日期:2014 年 6 月 30 日   单位:元

	一月	二月	三月	四月	五月	六月	合计
总信用销售额	62 000	47 600	55 800	60 000	43 400	63 000	
应收账款余额及分布	2 500	3 000	8 500	12 000	31 000	60 000	
货款在外天数 DSO	1.25	1.76	4.72	6	22.14	28.6	64.47

表 3-31 不同 DSO 计算方法的优劣

计算方法	目的	优点	缺点
期间平均法	企业的横向比较和纵向比较	用这数据与本企业前几个年度进行比较,可以得知本年度的现金回收速度是更快了还是更慢了,从而为下一年目标做准备。也可以用这个数据与其他企业本年度 DSO 做比较,评估出本企业的信用管理工作是否优于同行企业	用期间平均法计算 DSO 时,计算的期间越大,误差也越大。这主要是因为这种计算方式不考虑销售高峰与低谷变化的原因。算出来的 DSO 只能作为综合评价使用
倒推法	了解最近日期的 DSO 大小	这种方法最能反映出每个月的 DSO 变化,从而使企业信用部门和信用经理及时做出安排	无法了解每笔被拖欠货款的账龄
逐月计算法	综合考虑了赊销和账龄关系	信用经理可以对每笔应收账款的账龄一目了然,并通过计算每个阶段应收账款的比例,发现拖欠的原因和解决方法	账龄分类法 DSO 的数据也存在一定误差

5. DSO 分析报告

DSO 是企业信用管理最常使用的指标,应引起信用经理和高层领导的足够重视。信用部门应当定期做出 DSO 状况分析报告,作为企业管理者的决策参考资料,并提出解决问题的方案。DSO 分析报告见表 3-32。

表 3-32 DSO 分析报告

DSO 类别	天数	应收金额	百分比
信用期内应收账款 DSO			
逾期应收账款 DSO			
超过 2 年应收账款 DSO			
有争议应收账款 DSO			
全部应收账款 DSO			
其中:应收货款 DSO			
质量保证金 DSO			
其他应收款 DSO			
DSO 分析结论:			
报告人:		分析截止日期:	

DSO指标与现金状况直接相关,如果一个企业的DSO指标超出同行业的平均水平,信用经理就必须采取措施,努力使DSO天数低于行业平均水平,从而取得竞争优势,以保障现金的正常周转。如果你比竞争对手少10天,你的企业就少相当于10天销售额的资金融通成本。因此,既然应收货款和现金流量对于竞争十分重要,每一个公司的管理层都应该了解行业和主要竞争对手的DSO水平,并且应该力争超过它。

信用管理部门应于每个期末完成报告,给出分析结论,提交管理层。上表中没有的应收账款种类可以不列,能够分销售地区分析的应当分开分析,以便制定更详细的分区信用政策。

运用DSO指标时还应注意以下问题:

(1) DSO反映了当前收款的速度,用于检验收款工作,便于及时发现重大的客户拖欠以及企业内部的信用管理和收账问题。

(2) 使用DSO指标的最简单方法是与企业的标准信用期限做比较。理想的状态是DSO天数等于标准信用期限,这说明企业的应收账款全部能够正常回收,或者有一部分提前回收了。

(3) 使用DSO指标的另外一个方法就是比较当月的DSO天数和以前各月的DSO天数的变化情况。对于大企业来讲,减少一天DSO可能意味着几千万元的应收货款已经回笼。

(4) 要经常比较DSO天数的变化与信用政策、经济环境等各种因素变化的关系,以便及时调整信用政策,改善信用管理。企业如果想在当前迅速降低DSO天数,可以尝试通过改变现金折扣政策来改善。

(三) 应收账款管理系统的建立

应收账款管理是企业信用管理的关键环节之一。它是一个相对独立的管理系统,但又与整个信用管理系统有着紧密的联系。应收账款的管理可以分为产生、监控、催收三个阶段。企业应针对应收账款在赊销业务中的各个环节,健全应收账款的内部控制制度,形成一整套规范化的应收账款管理系统,即事前规范的信用政策,事中严格的监控措施和事后合理的催收制度和绩效考核机制,以期对交易风险可能出现的各环节加以控制,以期最大程度地发挥应收账款正向作用,而有效规避相关风险。

1. 制定规范的信用政策

制定规范的信用政策,是加强应收账款管理,提高应收账款投资效益的重要前提。信用政策是企业为对应收账款投资进行规划与控制而确立的基本原则与行为规范,主要包括信用标准、信用条件、信用额度、收账政策等内容。

通常的步骤是:当账款为客户拖欠或拒付时,企业应当首先分析现有的信用标准及信用审批制度是否存在纰漏;然后重新对违约客户的资信等级进行调查、评价。对于信用品质恶劣的客户应当从信用名单中排除,对其所拖欠的款项可先通过信函、电讯或者派员前往等方式进行催收,态度可以渐加强硬,并提出警告。

当这些措施无效时,可以通过法院裁决。为了提高诉讼效果,可以与其他经常被该客户拖欠或拒付账款的企业联合向法院起诉,以增强该客户信用品质不佳的证据力度。对于信用记录一向正常的客户,在去电、去函的基础上,不妨派人与客户直接进行协商,彼此沟通意见,达成谅解妥协,既可密切相互间的关系,又有助于较为理想地解决账款拖欠问题,并且一旦将来彼此关系置换时,也有一个缓冲的余地。当然,如果双方无法取得谅解,也只能付诸法律进行最后裁决。

除上述收账对策外,国外一些国家还兴起了一种新的收账代理业,即企业可以委托收账代理机构催收账款。但由于委托手续费往往较高,许多企业,尤其是资产较小、经济效益差的企业很难采用。

2. 采取严格的监控措施

(1) 赊销决策发生过程中进行监控。

赊销监控主要发生在顾客提出赊销申请阶段、批准赊销信用阶段、记录销售和收账流程。在客户提出赊销申请时,首先必须要对客户类别和信用等级进行评估,符合企业内部的授权标准并进行层层审核后,销售部门依照信用政策决定是否批准销售。在批准赊销阶段,信管人员在收到销售单后,要严格按照公司的合同管理制度和赊销审核制度进行审核,根据客户信用管理系统提供的客户信用状况及财务部门提供的财务报表分析等决定能否实施赊销政策,并签署赊销与否的意见。在销售记录和收账阶段,财务部门应向信用管理部门反馈销售订单数据和账款收回情况,以便及时更新客户动态资源管理系统。

(2) 财务部门应分析与监督应收账款的管理。

某些坏账的产生主要是对不上账,再加上原负责人的可能离职等原因造成的。企业应加强与客户的定期对账制度,定期与客户对账,并及时寄送对账单,保证双方在货款信息方面的一致性。财务部门还应实时跟踪赊销政策的变更及收账情况,定期对拖欠的应收账款进行账龄结构分析,信用部门据此进行应收账款分析,并将分析资料整理后交给公司负责人,得到管理者的高度重视才能保证应收账款的回收。分析逾期账款发生坏账的风险及其对财务状况的影响时应运用比率、趋势、结构等分析方法,及时计提坏账准备并调整赊销策略。

(3) 销售部门实时监控应收账款的服务工作。

从赊销发生开始到到期日结束之前,应对其实施连续的日常监督与管理,尽可能地降低逾期账款出现的可能性。充分利用应收账款动态资源管理服务,加强与客户沟通,排除货物质量、包装、运输、货运期以及结算上存在的隐患,维护好与客户的关系。及时提醒货款到期日,并提供优厚的现金折扣条件,为了保持长期的供销合作关系,客户也乐于选择对自己有利的折扣条件,及时付款,这样在一定程度上提高了应收账款的回收率。信用管理部门可以充分利用应收账款跟踪管理服务,快速识别逾期风险,选择有效的追讨手段进行追讨。

3. 完善应收账款催收机制

销售活动的终点不是销售合同的签订,而是货款的最终收回。应收账款发生后,我们要针对不同的应收账款类型采取不同的催收控制措施来保障账款按时收回。

(1) 信用期限内但尚未到期的应收账款。

管理未到合同付款期的应收账款,以提前提示、核对账目、及时协调与客户的纠纷,尽力培养客户正常付款习惯、跟踪客户企业的经营和产权状况发生的重大变化、防范应收账款变成逾期账款为主要目的:

① 确定客户签署"收货确认单"。

企业应备有"收货确认单",企业放货人员必须要求客户确认收货单内容,并在单据上签字和盖章。这种单据是一种物权凭证,代表客户已经初步验货,对未来的收账很重要。

② 在合同即将到期前提示客户付款。

对特定合同(如某个信用结算的项目合同)或特定客户(如曾经有过不良付款记录的客户),当应收账款进入到"预警期"内时,信用管理人员应在到期前的5个工作日,直接通知客户方的会计部门或业务部门,提醒对方注意核对账目并提前安排资金,以保证及时付款。

③ 培养客户正常付款的习惯。

信用管理部门最好能设计一个适合自身的工作程序,如定期向客户提前发送"对账单"的制度、进入"预警期"的客户名单提示制度等,有效地与客户沟通,使客户养成到期对账并及时付款的好习惯。如果能设计一定的奖励和惩罚机制与之相配合,则效果更佳。一般情况下,债务人总是优先将货款支付给管理严格的债权人,更何况优先支付还能得到奖励。

④ 及时与客户沟通。

通过发送"对账单"、提前通知客户货款到期,可以较早发现双方在往来账目或在应收账款的数额记录上的误差,了解双方对账款认定出现的纠纷和原因,还可了解客户对于合同条款的错误理解或发现合同的漏洞。信用管理部门及时与客户沟通,了解到客户的抱怨和要求,及时积极协调有关部门采取补救措施,就能够减少纠纷向拖欠货款方向发展。

⑤ 尽早发现客户经营或产权发生重大变化的征兆。

通过各种信息渠道,动态跟踪客户,可以及时了解客户企业经营状况和产权状况发生的变化。一旦发现种种风险迹象,如客户发生经济纠纷、重大社会性丑闻、经营失误、突然濒临倒闭、企业改制裁员、进入重组并购谈判等,信用管理人员应该及早采取风险转移对策。

⑥ 延期付款管理制度。

建立客户延期付款的延展期申请程序,力争在批准客户延期付款的同时,在赊销合同的补充条款中加入有利于回收货款、维护和保障企业债权的条款。

(2) 信用期外但尚未收到的应收账款。

当一笔应收账款到期时,直到该笔账款被定义为要被追收的逾期账款之前,信用管理部门通常视之为处在一个非常重要的"预警期"。在"预警期"内,信用管理人员要抓紧时间,集中处理,信用管理人员应该打电话给客户企业的会计部门,礼貌地核实对方是否已经付款,仔细询问尚未付款的原因,并根据客户的答复做出必要的反应。应该争取在10~20天内彻底解决问题。正常情况下,处理时间不应超过30天。

① 如对方答复已经付款,则要了解付款的具体日期、是付支票还是电汇、银行名称是什么、请对方将银行汇款底单传真过来,以便及时核收。

② 如对方回答尚未付款,应设法了解其原因,有何问题,询问何时付款,是否已经安排款项,具体负责的人是谁,并约定再次电话联系落实付款等。

③ 如对方答复告知因为货物数量、质量出现问题、型号出错、发货延迟等原因而未付款,信用管理人员应立即协调相关部门加以核实并做出补救处理,如确属企业内部疏忽所造成客户的不满和抱怨,信用管理人员应公平合理地接受给予客户适当延展付款期限的安排。

(3) 多次催收无效的应收账款。

企业应该综合客户的实际情况考虑运用账龄分析法考察此部分应收账款回收的可能性,进一步考虑采取哪种方式追讨如破产追讨或者自行追讨,最大限度降低坏账发生的可能性。

企业财务部门通过各业务员汇总拖欠的应收账款的情况,编制相应的应收账款分析表,召开相关部门会议,对此情况进行分析总结,对应收账款催收工作做得好的人员进行奖励;对逾期未收回的部门及人员进行适度惩罚。

(4) 建立坏账准备金制度。

即使企业有完善的、严格的信用政策,但只要存在着商业活动,发生赊销信用行为,坏账损失将很难避免。企业的坏账损失不仅加大了费用,而且减少了企业可运用的流动资产。鉴于谨慎性及可比性原则,企业应根据会计制度的规定,建立弥补损失的坏账准备金。在现代商品经济中,企业以赊销方式实现的商品交易大都建立在商业信用基础上。

4. 构建应收账款配套管理机制

配套管理的方式方法表面上看来是相互独立的,但它们都是为了实现应收账款体系的施行及高效率运转。

(1) 调整销售业绩考查指标。

就应收账款而言,它的回款情况及回款及时性处理应由负责该业务的业务人员或服务代表全权负责。上级领导或主管者在对销售业绩进行评定时,应将应收账款项目列入考核指标中去,将其融入到销售团队业绩当中。例如,每个销售事业部都会在年初时进行DSO预算计划的制定,以此确定销售指标,因此在销售事业部制定指标时把应收账款项目列入其中,作为指标的衡量内容之一。再者也可以将坏账发生比例列入销售业绩中,使其占据一定比例,从而成为衡量销售业绩的内容之一。

(2) 健全销售业务人员激励制度。

企业可以将佣金提取方式与回款及时与否进行挂钩,即只有在销售收入全部回款完成时,业务人员或服务代表才可以获取佣金。此措施使得业务人员或服务代表对回款的重视程度得以增加,在大多数情况下,即便商务分析人员未对销售款项进行催收,他们也会积极催促客户支付货款。对超过期限仍未付款客户,他们也会积极协助商务分析人员进行催收。

二、逾期应收账款管理

(一) 逾期应收账款预警管理

1. 预警期前的应收账款管理

信用期限内的应收账款是实际已经发生的债权。在信用期内,客户不付货款是合理的,信用管理人员不会对客户采取任何实质性的行动。但在企业内部,对在信用期限内的赊销,信用管理部门仍然要进行管理工作。信用管理人员要了解客户是否在意加速付款条款或争取获得现金折扣,要经常检查已经发生应收账款的客户的信用限额的变化,对于个别信用期限长且应收账款金额大的客户动向进行动态监督。

预警期前应收账款管理的主要目的是防范客户的经营和产权状况在信用期限以内发生重大变化,导致客户不能正常地偿付货款,加大信用风险。一旦客户信用状况发生重大变化,企业就需要争取时间,尽快使用信用管理手段处理赊销账款。另外,通过信用管理的监控和沟通,可以防范客户因人为或管理因素而产生拖欠货款。

2. 进入预警期内的应收账款管理

进入预警期内的应收账款是指即将到期的应收账款,不是逾期应收账款。信用管理部门应该对处于这个范围内的客户给予适当的提示,特别是那些新客户和大客户,以及那些曾经有过不良信用记录的客户等。

对于持有即将到期应收账款的客户,企业销售或者财会部门应该打电话给客户的财会部门,礼貌地询问未付原因,并根据客户的答复做出必要的反应。

对于信用管理功能健全的企业,它们对企业所持有的应收账款设置了预警程序,当一笔应收账款即将到期时,计算机系统就会自动提示,并将记录送入应收账款的分级的另一栏目下。系统的预警操作还可以将每一个级别栏目之下的所有应收账款汇总,自动显示该级别应收账款的总体水平。

(1) 逾期应收账款的监控阶段设置。

① 逾期30天内(预警级别设定:一般)。

逾期10天以内一般应给予及时提示,账款逾期20天就有可能拖过本月的付款日期,意味着要再等一个月才可能收款,故需给予关注。

② 逾期31～60天(预警级别设定:严重)。

不可轻易地使客户逾期到这个时期,应让客户逐渐感觉到商账管理部门的压力,使其了解超过这个时期的结果会严重影响与本公司的关系(面临停止或降低信用额度、终止项目合作或合同关系、改变结算方式或更加严厉的其他追讨方式等)。

③ 逾期61～90天(预警级别设定:呆账)。

这个时期应是商账管理工作的底线,终止项目合作或合同关系是必须的,且应该将客户作为重点予以严密监控,频繁地沟通和追讨,直接利用外勤了解情况和参与追讨在此时是非常必需的。

④ 逾期91天以上(预警级别设定:坏账)。

此时期一方面尽量设法留下客户承诺并承认欠款的证据,包括提交一份短期偿还欠款的值得信赖的还款计划书。与此同时,和律师沟通情况,做法律诉讼追欠的准备。诉讼是否展开以及其时机应由商账管理负责人与律师紧密配合,积极决断。

(2) 了解应收账款回收速度和回收率的关系。

应收账款回收率随着账龄的延长而降低。应收账款逾期时间越长,账款回收的概率越小。来自国外统计资料的数据表明,未逾期账款最终回收率为98.2%,逾期1个月账款平均回收率为93.8%,逾期2个月账款平均回收率为85.2%,逾期3个月账款平均回收率为73.6%,逾期6个月账款平均回收率为57.8%,逾期9个月账款平均回收率为42%,逾期12个月账款平均回收率为26.6%,逾期24个月账款平均回收率为13.6%。账款逾期时间越长,逾期应收账款各阶段的回收成功率不断降低,这说明随着时间的延长,客户的还款意愿在不断降低。当账款逾期半年后,已经有将近一半的客户不愿偿还欠款了。因此,为了保证账款回收的成功率和减少账款利息损失,信用管理人员必须尽快回收每一笔账款,尤其是针对逾期账款应该尽快采取有效的措施。

(二) 逾期应收账款的催账程序

正常状态的应收账款的收款过程包括发货确认、货款到期前提醒、到期付款通知、货款逾期通知和同意（拒绝）客户延期支付请求的回复等程序。对于经过此程序尚未能够收回的账款，企业应当考虑进入逾期应收账款催收阶段由专门人员收账或者委托收账公司收账。流程如图 3-16 所示。

应制定合理的收账程序，应收账款的催收程序一般为：邮寄信函通知、电话及传真催收、派人面谈沟通、采取法律手段。应根据本企业的具体情况，制定出适宜的收账操作流程。应慎重采取法律手段，诉诸法律之前应综合考虑各相关因素，遵循成本效益原则来做出是否起诉的决定。若诉讼费用大于债务求偿额或客户的债款额不大，起诉有害无益，或胜诉可能性较小等类似情况，则不应选择诉讼方式。催账流程如图 3-16 所示。

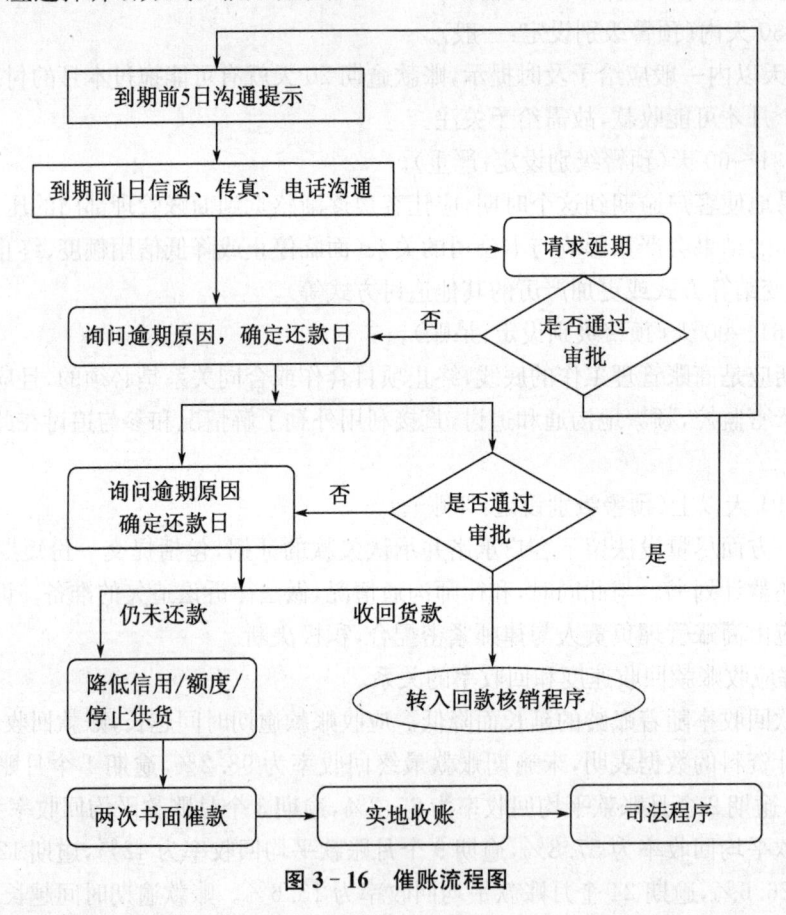

图 3-16 催账流程图

(三) 分析逾期账款产生的原因并进行科学诊断

了解客户拖欠货款的原因，是制定合适的追收欠款方案的基础。形成客户应付未付的原因主要来自两个方面：一是来自客户企业的原因；二是来自销货企业的原因。具体分析结果如表 3-33 所示。

表 3-33　逾期账款拖欠的原因分析

拖欠风险产生的原因		行为表现	分析诊断
源自客户方面的原因	管理混乱型拖欠	只要及时催款，客户付款就会非常迅速，如果稍有放松，客户的付款就会放慢	这类客户的欠款是最容易回收的。应在随后的工作中加强账款到期前的提醒工作
	习惯型拖欠	可能是由于行业普遍的支付惯例，也可能是由于客户内部的付款政策，客户总是按照自己的意愿在账款逾期一段时间后才支付	沟通和联络感情对收回欠款更为重要
	纠纷型拖欠	客户认为货物存在质量问题，要求退货或扣除部分货款，在遭到拒绝的情况下，客户拒付货款使账款逾期	如果确为企业本身的问题，信用管理人员就必须坦率地承认错误，承担相应的损失。如果经过核实是一个借口，应严格按照催收程序工作
	衰落型拖欠	有些夕阳行业的企业随着行业的衰落而衰落，有些企业的产品逐渐被其他更优质的产品替代，这时由于产品逐渐滞销，货款支付速度逐渐放慢	由于客户的衰落是缓慢和可预见的，因此，须定期分析客户的财务状况和付款能力，按照客户的付款能力逐渐调整信用额度
	发展型拖欠	一些客户由于发展速度过快，将企业的现金流投入到固定资产或其他投资领域中，造成企业现金流严重不足，使账款逾期	应该立刻对客户的财务状况和支付能力的变化进行详细分析
	粉饰型拖欠	粉饰和夸大企业的财务状况和付款能力，但由于客户实际财务状况不佳，支付能力不足，造成还款速度下降或还款停止	这是非常危险的拖欠，稍有拖延就会给企业造成永久的损失
	诈骗型拖欠	客户是骗子公司，其购买产品的意图完全是为了诈骗	这是最糟糕的欠款类型，如不迅速采取非常措施，很可能造成账款的全部损失
源自企业内部管理的原因	企业信用管理缺乏科学性	例如没有客户信息数据库，不能动态监控客户信息	及时更新客户信息，建立科学管理体系
	沟通存在障碍	财务部门与销售部门缺乏有效沟通；企业与客户之间没有及时就纠纷问题进行交流	各部门要加强交流合作；企业与客户保持信息通畅，共同努力维护良好关系
	缺少规范的赊销流程	赊销协议欠妥，赊销合同出现漏洞，客户找借口拖延付款	规范赊销合同条款，特别是其中的保护性条款内容

信用部门对逾期应收账款形成原因的分析，除了为制定追收方案提供依据之外，也是对企业信用审核原则及其效果的检验，它对于改进和提高企业信用管理质量起到了不可或缺的作用。

(四)分析账款回收的可能性及困难程度,制定催收策略

1. 根据债务分析结果制定追账策略

追账部门在对销售部门转交过来的逾期应收账款进行追讨之前,应对该项债务及债务人情况进行分析,通过了解拖欠背景,搜集相关信息,从不同角度判断账款回收的可能性和困难程度,以便确定和调整追收策略,提高收账成功率。对逾期应收账款的分析可以从债权特征、拖欠特征、债务人特征和催讨特征等四个方面进行,对其内容分别进行评价得出分析结论。专门收账期内的债务分析见表3-34。

表3-34 专门收账期内的债务分析表

债务人名称:×××股份有限公司

评估人:　　　　　　　　　　　　　　　　　　评估时间:　　年　月　日

评价内容		评估标准	评估值
债权特征	债权文件	合同、发票、提单和双方往来的函电等具有法律效力的债权文件越完备越有利于追讨	
	债务关联	密切注意客户对债权债务涉及的当事人、中间人的数量和关联程度,明确关联对象在债务中的地位和关系,关联程度越深,越不利于追收和裁决	
	债务认同	密切注意客户对债权债务的认识,如果双方在认识上有分歧,应该与客户进一步沟通。双方的合同纠纷及处理意见差异越大,追账难度越大	
	债务确认	尽可能要求债务人对债务情况给予书面确认,并对债务确认过程中发生的任何凭证做好采集和保管,将有助于追账工作的开展	
	评估值1		
拖欠特征	拖欠时间	信用管理人员对于拖欠时间需要格外关注,尽可能缩短时间跨度,保证追账行动在诉讼时效内。拖欠时间越长,追账成功率越低	
	拖欠地点	距离远的债务人,电话追讨会更加节约成本;距离近的债务人,则可以派人上门追讨。一般经济越不发达,法律意识淡薄,追收难度越大	
	交易内容	交易涉及的行业、产品和背景是分析的基础因素,不同行业和产品有着不同的特点,把握这些因素有助于正确预测该客户的未来发展趋势,并为调整追讨策略提供有益的帮助	
	拖欠性质	延期、贸易纠纷、财务困难、停业、破产和蓄意欺诈等情况依次追收难度加大	
	评估值2		

续 表

评价内容		评估标准	评估值
债务人特征	债务人背景	包括债务人的上级管理部门、历史发展状况、股权结构、高管人员背景等	
	信用状况	付款记录及信用良好,追收可能性大	
	偿债能力	债权人可以根据其银行存款、其他债务、固定资产、其他权益等分析判断其实际支付能力,然后决定债务处理的方式	
	偿还意愿	主要指客户意愿还款的真实态度	
	评估值3		
追讨特征	自行追讨	已经追收所采取的措施越强,现在的难度越大	
	司法追讨	经过判决的案件关键在于执行力度和资产情况	
	专业机构追讨	专业机构的追账力度	
	协商状况	是否达成还款协议	
	评估值4		
综合评估值			

注:评估值应根据行业特征和经验数据结合企业目前的经营目标而确定。

评估人员可根据表3-34的内容,对债方企业进行综合评价,并根据评估值的高低制定和实施不同的应收账款追收策略,不同评估值所对应的追收策略见表3-35。

表3-35 不同评估值所对应的追收策略

评价结论	应对措施或追收策略
综合评价值较高	综合评价值较高,说明债务回收的可能性较大,困难相对较小,对这样的债务,应把握"快"字,以最少的投入尽快解决问题
综合评价值较低	综合评价值较低,说明债务回收的可能性较小,困难重重。遇到这种情况,还应该具体分析四个方面的评估值哪个最低,有没有改进和解决的办法。在确认回收无望,或成本投入过大时,应果断放弃追收,避免进一步的损失
评估值1较低	表明债权特征不显著,不适合采用仲裁或诉讼的追讨方式,应尽量与债务人协商解决债务问题,促使债务人签署还款协议,必要时可以做较大幅度的让步
评估值2较低	表明该债务属于长期或恶性拖欠,应立即委托专业追账机构审核诉讼时效,核实债务人地址,通过多种途径向债务人施加压力
评估值3较低	表明债务人状况不佳,应尽快委托专业追账机构实地调查。如果债务人具备偿债能力却无理拒付时,应向其施加更大的压力,必要时建议诉讼追讨;如果确定债务人没有还债能力,可以考虑暂停追收或放弃追收
评估值4较低	分析哪一种追讨方式的评估值低,说明该种追讨方式不能收回欠款,应该加大追讨力度,或者改变追讨方式

2. 根据账龄分析制定催账策略

账龄分析表是对应收账款进行有效管理的重要技术手段,信用管理部门通过对应收账款账龄的跟踪分析,能有效监控每一个客户的每一笔账款的状态,并根据账龄长短采取相应处理措施。企业应当在每个月底打印每一客户的账龄记录详细清单,对逾期一定天数的客户发出警示信息,并将信息送给负责该客户的业务人员或追账人员,由其根据具体情况采取不同的针对性措施。应收账款不同账龄的处理方法如表3-36所示。

表3-36 应收账款不同账龄的处理方法

应收账款账龄	处理方法
赊账期内	关注客户信用额度是否超额,避免纠纷,定期与客户进行联系,及时解决客户提出的问题
逾期30天以内	可通过电话、电子邮件催付,了解客户迟付的原因,防止账款进一步滞后
逾期31~60天	不能懈怠,发出书面的催款函,了解迟付的原因
逾期61~90天	应发出严厉的催款函,同时停止赊销。若客户有新的需求,要求客户付清欠款并对新订单进行现款交易。期间若未能收到客户后续付款,立即发出最后通牒
逾期91天以上	立即采取行动,委托第三方追账公司或律师进行处理

需要说明的是,对于已经有逾期应收账款的客户,企业应当停止与其进行信用交易,锁定已经暴露的风险,并给客户以压力,在客户偿还欠款之前只和其采用现金方式进行交易。如果客户对本公司的产品比较依赖,或者其转换供应商的成本较高,则在其拖欠严重的情况下暂时停止对其供货和其他交易也是一种比较严厉而有效的升级行动,也可以维护公司的形象和基本原则。

3. 根据逾期应收账款不同阶段调整催账策略

不论采用哪种追账程序,一笔应收账款的追收过程一般分为以下五个阶段,根据不同的阶段采取不同的追账方式,不同阶段的追收策略如表3-37所示。

表3-37 不同阶段的追收策略

追账阶段	相应方式
早期阶段 (2~3个月)	企业可以通过电话、传真或信函提醒客户货款已逾期,并要求其遵守双方认可的付款条件及时付款。催款方式比较温和,操作人员一般是与客户熟悉的业务人员
特殊阶段 (3个月左右)	在此阶段,企业应通过书面形式向客户指出货款已严重逾期,并提醒他若再不付款,将采取必要措施,客户将因此多支付不必要的费用。操作人员一般是企业的信用管理人员
专业追账阶段 (3~6个月)	如果发生以下情形,可以将客户交给专业追账公司处理:认为专业收账公司可以收到账款——专业收账公司以信用记录进行协商,可使他们付出款项;为这笔账付出的时间与金钱,超过用来支付专业收账公司的费用;尚未付清的金额大到值得聘请收账公司
诉讼阶段	如果发生以下情形,可以将客户交给律师处理:债务人可能因律师出面感到害怕而付款;通过律师向法院起诉
坏账处理阶段 (1~2年)	如果信用经理判断收账的成本比可回收的金额要大,便应当取消此账户的催收

4. 综合运用多种催收方式，提高追账的成功率

不同的催讨方法有各自不同的长处，在实际的应收账款管理中，应该根据客户的不同特点，采取不同的催收方式。例如，针对长期、大客户，可采取追账经理或财务经理上门追账，优先解决争议问题、保障继续发货等措施；对于一般客户，可根据其信用限额，欠款超过一定天数停止发货；对于高风险客户，应立即停止供货，严密监控并追讨。总之，在选择催收方式时，必须考虑不同收账政策所产生的不同效果，即所设定的收账目标会导致客户关系发生怎样的变化。在维护合作关系的前提下收回欠款较为理想，但这并代表应该为维护合作关系而放弃正常的收款。

实践中，当客户出现拖欠之后，用什么手段进行追讨，往往是一个较难处理的问题，企业主要应从追账的有效性、时间、成本（费用）等方面进行权衡。典型追账途径的比较见表3-38。

表 3-38 典型追账途径的比较

	企业自行追账的效果	法律诉讼追账的效果	委托代理机构追账的效果
效率	中等。因为追账人员多是公司职员，追收成功与否对个人收入影响不大	较低。因为须按照法律规定的方法、程序进行，期限较长	较高。因为追账人员的收入与欠账的回收率呈正比，成功率越大，收入越多
与客户关系	最好。因为债权人熟悉债务人的需要。但是这也是造成欠款的原因之一	最差。最冲突性的方法，具有不可逆性	中等。较灵活，可因债权人的要求改变
追讨时间	不确定。若及时追讨，时间最短；但如果考虑与债务人的关系而拖延追讨，可能长期拖欠	最差。例如，在香港地区，通常都要一年半以上	最短。签订合同以后，马上处理
费用	如能马上收回，费用最少，但若计算机会成本、边际利润、商誉等，费用就很高	最差。法律费用很高，而且随着时间增加，没有确定数目	中等。双方事先已商定费用。追讨不成功，不用付佣金
保障	一般	最好	若委托正规的追债机构，保障性较强
其他	企业往往缺少有经验的追账人员	法律是根据文件及程序进行判决，结果未必胜诉。如败诉，则增加损失；如胜诉，则法庭不协助追账，只是确认了债权	专业追账机构非常熟悉当地的法律及商业习惯

三、商账追收

逾期应收账款催收又称商账追收。企业商账追收的方式主要有两种：内勤催收和外勤催收。内勤催收是指通过各种办公手段向客户催收逾期账款的过程和方法，一般用于早期逾期的情况。内勤催收可以最大限度地提高效率，节省催收成本。内勤催收阶段催收人员应不断地向客户施加压力，使客户明显地感觉到随着逾期时间的延长压力也在不断增大，必须尽快支

付才能摆脱压力。

外勤催收是指催收人员外出与债务人面对面催讨逾期账款的过程和方法。这是企业自行收账方式中最严厉的措施。因为面对面的交涉比其他形式的压力更大。当信函催收和电话催收都无效时,信用经理有必要对一些客户和账款做出最后努力,即外勤催收。

(一) 逾期应收账款的内勤催收

内勤催收逾期应收账款的手段主要有两种,即信函催收和电话催收,其他手段还有传真催收、电子邮件、QQ 和微信催收等,但是以信函催收和电话催收最为常用,效果最为显著。

1. 信函催收

在内勤催账方法中,信函催账方法是一种历史最悠久的传统催账手段。在诸多内勤催账方法之中,采用信函进行催账是最正式的方法,其正式程度好比是由经理带队上门催账。20世纪 90 年代以来,随着 IT 和通信技术的快速发展,电话、电子邮件、QQ 和微信催账方法在一定程度上替代了信函催账方法。但是,信函催账方法仍然是一种重要的催账手段。因此,信函催账是信用管理人员应该掌握的基本功之一。

(1) 信函催账方法的优点。

使用信函催账方法,其优点是很明显的。主要优点归纳如下:

① 满足法律对证据的要求,或者法律对催账方式方法的要求。

② 对于管理水平高的大型企业或外商企业,信函催账方法比较正规,允许使用精美的设计和讲究的信纸信封,提高赊销企业形象,显示出赊销企业信用管理工作的水平,有可能取得违约客户认真对待。

③ 比较电话催账方法,信函催账方法不太会出现措辞错误问题,引起客户的误会,或者被客户抓住口误产生问题。

④ 由于催账信函形式允许信用管理人员斟字酌句,所以可以达到逐级对违约客户施压的目的。

⑤ 使用挂号信、快递邮寄,可以取得客户收到发票和催账通知的证据。

⑥ 易于制作内容一致的信函,只要更改收信人和催账额度,就可以一次性发给众多的客户。

⑦ 催账成本低于电话催账。

⑧ 可以将电话催账方法用于大客户,对小客户使用信函催账方法,提高催账人员工作效率。

⑨ 信函催账方法具有更好的私密性。

(2) 信函催收的函件要求。

根据不同阶段力度的需要使用不同种类的信函,一般有提醒函、催款函、紧急催款函以及律师函四种。

各种函件的具体内容要求:

① 提醒函。逾期账款总额、订单/发票/合同号、签订日期、金额、逾期天数、该客户服务人员的姓名及联系方式。

② 催款函。除上述内容外还应加入企业对欠款行为的处理意见(如停止合作或取消、降低信用额度),并附上商账管理负责人的姓名和联系方式。

③ 紧急催款函。应重点注明还款日期,以及即将采取的严厉措施和客户方因此遭受的损失。该函应直接发给客户的总经理,由商账管理负责人签发并加盖公章,表明该信函是企业的意见和行为。

④ 律师函。以律师的名义发出,信函标题可注成红色以表示严重程度。

信函催款是一个持续影响客户的过程。一般而言,第一封催款信函以友好诚恳的态度让客户在某日期内还款;第二封逐步提高催款的紧迫性,使客户感到延迟付款的严重性;第三封,发出最后通牒,限定还款时间,否则将采取法律手段回款。这是利用信函成功催款的惯常步骤。

逾期账款提醒函、催款函的样本如下所示。

逾期账款提醒函

××××公司(客户)

财务部(头衔)

尊敬的_____先生或女生(全称):

　　×××公司信用管理部门向贵公司致意,并谨此提醒贵公司:目前贵公司在我公司的账户上有一笔逾期账款,总计金额为人民币:_____元。

　　具体明细为如下:

订单号	形式发票号	凭证日期	金额	超期天数
××××××	×××××××	××.××.××	×××.××	

如贵公司已经付款,请将付款底单传真给信用部,协助我们核收。
如贵公司尚未付款,且对上述账款亦无任何异议,请尽快将此笔款额汇往我公司的银行账户。
银行名称:　　　　银行地址:　　　　账户号码:
若贵公司对上述账款和明细持有任何异议,务请立即与我们联系。
感谢您的合作!

×××××公司(债权人)
信用管理部:×××
年　　月　　日

回执
(请收到回执后填好传回)

×××××公司(债权人):

□ 经查对,我公司已于_____年___月___日支付上述款项。
□ 我公司将在_____年___月___日支付上述账款。

×××××公司(客户)
签章:
日期:

催款函

××××公司(客户)

财务部(头衔)

尊敬的＿＿＿＿＿＿＿先生或女生(全称)：

  ××××公司信用管理部门向贵公司致意,并就贵公司对我公司逾期账款人民币：＿＿＿＿＿＿＿元一事再次提醒注意：

  继我公司信用部＿＿＿＿＿＿年＿＿月＿＿日发出致贵公司提醒(催款)函后,至今我公司仍未收到贵公司对此笔欠款的清账付款,也未接到贵公司对前函的任何回复。

  对贵公司的态度,我们非常不理解。在此,我们再一次善意地提醒贵公司予以重视,立即采取措施从速清偿此笔逾期账款,维护好贵公司商业信誉。

  同时,我们不无遗憾地通知贵公司,在收到贵公司的清账付款之前,或在贵公司对此次延迟付款向我们做出必要说明之前,我们公司从即日起,暂停接纳贵公司的新订单,并暂时停止向贵公司发货。

  上述希谅。期盼着贵公司的真诚合作！

××××公司(债权人)
信用管理部：×××
电话：
年 月 日

回执
(请收到回执后填好传回)

××××公司(债权人)：

  □经查对,我公司已于＿＿＿＿＿＿年＿＿月＿＿日支付上述款项。

  □我公司将在＿＿＿＿＿＿年＿＿月＿＿日支付上述账款。

××××公司(客户)
签章：
日期：

2. 电话催收

  电话催款是一项非常需要技巧的工作,它要求销售人员事先做好沟通的准备,将客户可能出的难题统统做出预判,并拟定好回应方式。例如,客户以没有收到发票为由拒绝付款等,销售人员应以具体事实有效地回应客户,让其无路可退。

  (1) 电话催收应遵循的原则。

  ① 任何情况下不使用过激语言,不掺杂个人因素或情感；

  ② 用积极和信任的方式对话而非责备与批评；

  ③ 用开场白和个人魅力吸引客户的注意,语言流畅、清晰、礼貌、文明；

  ④ 给客户留面子博得其好感,留有一定的回旋余地；

  ⑤ 尽可能取得客户的承诺(记录、备忘录、录音等)。

  (2) 电话催收前的准备工作。

  ① 详细了解每一笔客户项下的逾期账款逾期时间、金额、被授信额度和客户使用额度的

情况；

② 了解客户以往的付款情况；

③ 了解客户的承诺；

④ 确定自己的底线。

(3) 电话催收的步骤。

① 逾期 10 天，销售人员（或催收负责人，下同）向客户电话询问付款何时执行。

② 逾期 20 天，销售人员再次向客户电话询问，取得客户的付款承诺（未取得付款承诺不算完成任务）。

③ 上述承诺付款日销售人员再次给客户打电话，提醒其付款日期已到，如其确实有困难，则在更短的时间内使客户承诺下一个付款日。

④ 销售人员在下一个付款日再次给客户打电话，如仍然没有得到付款，需立即向商账管理负责人联系汇报以上经过，由商账管理负责人与客户的财务负责人直接电话沟通。

⑤ 没有得到付款且逾期已经达到 30 天的情况下，销售人员向直接上级汇报，由其立即与商账管理负责人联系，请商账管理负责人向客户的财务负责人再次实施电话催收，告知本企业即将采取的停止合作或削减信用额度的行动，并充分了解客户情况，找出最佳解决途径。

⑥ 逾期达到 60 天时，商账管理负责人给客户财务负责人打电话做最后一次努力。

⑦ 催收的结果使用《客户通话记录簿》进行记录，并作为《催收进展报告》的依据。

电话催收人员必须编制和使用客户通话记录簿。它能够使电话催收人员清晰明了地记起和每个客户联系的细节，客户的所有付款承诺，以及再次和他们联系的时间，系统地记录了每个客户的还款状况。

客户通话记录簿的内容包括：第一页记录客户的编号、名称、联系人和联系电话，随后可以按流水账的形式记录相关信息。流水账设置的项目包括电话联系日期、联系人、通话内容、付款承诺、承诺还款日期和收到款项的日期和金额等。

3. 电话催款的要领

为了更有效地运用电话向客户催款，销售人员应掌握以下技巧：

(1) 确认金额。

打电话催账之前，首先要核对最新的档案数据，看看对方积欠的账款明细和准确金额。

(2) 选对时间。

"机不可失，时不再来"，强调的就是时机的重要性。天时、地利、人和是成事的三要素，在占尽地利和人和的前提下，销售人员还要选择好时机，以保障货款的顺利回收。

要选择正确的收款时间，应先了解客户的工作规律和心理忌讳。通常情况下，可以根据以下几点建议，选择正确的收款时间：

① 客户通常不愿在周一或者月初付款，而且这段时间客户通常比较忙。

② 周二至周四打电话要好于周一和周五。周一客户通常要参加诸多会议而无暇回款工作，到了周五，客户会产生怠慢的情绪，往往会将付款时间推至下周一再处理。

③ 下午打电话较佳。因为客户在上午时间通常要忙于做生意，下午则是他们盘点一天经营状况的时候，好的营收状况会带来好的心情，销售人员此时去收款比较容易让客户接受。

面对不同的客户类型，销售人员可以选择不同的时机去收回账款。

① 面对还款爽快的客户，销售人员要提前约好时间，必须践约，并且一定要赶在客户之前

到达,否则会打击到客户回款的积极性。

② 面对还款拖拉的客户,销售人员必须事先打电话催促落实,提前到达客户处等候着,或者增加电话次数,给客户施加一定压力。

(3) 选择适宜的催款对象。

电话催款不建议打客户的私人电话。因此,每次打电话都要询问客户是否在公司。如果客户在,应先礼貌地询问对方:"现在讲话方便吗?"得到客户的认可后,再继续交流。否则,再择期电话联系;如果客户不在,一定要客气地让其秘书转告此次电话的目的。通常情况下,销售人员要找的人有以下两种情形:如果对方是大企业,就直接找指定付款的联系人或财务人员;如果对方是小企业,最好和负责人或老板直接联系。

(4) 注意说话的语气和态度。

为了避免客户产生抵触情绪,电话催款的"开场白"显得至关重要。一般情况下,销售人员可按照这样的程序进行开场白:礼貌招呼之后,就应开门见山,直接说明来意。先说明应收款的数额,让对方有心理准备,这样,可以表明销售人员对账款的关注和收回的决心,给债务人一种无形压力。在与客户电话催款时,沟通方面需要注意以下事项:

① 营造积极的沟通氛围,不要一开始就咄咄逼人,以免破坏交流气氛。

② 销售人员越人性化,收回账款的可能性越大。

③ 千万不要让客户说出任何想推迟付款或拒绝付款的理由,如果客户一旦有拖延的念头,销售人员要坚决拒绝,并无须多做解释。因为按照协议约定的内容,客户理应主动还款。

④ 销售人员要始终保持一种冷静的态度,所说的话不能自相矛盾、前后不一致,否则很容易让客户抓到把柄,要求延期付款。

⑤ 方式要"外柔内刚",对于客户的暂时付款困难,要积极地提供帮助意见,要从双方长期合作的角度考虑问题,为客户建议还款计划。同时,向客户传达不按时付款可能会遭受的惩罚。

⑥ 不管客户做出什么样的承诺,最好能落实到书面上,并用电话或传真的方式进一步确认,然后继续跟进,直到清账为止。

(5) 注重维护好双方的合作关系。

为了收账回款,伤害了双方的合作关系,可谓得不偿失,绝非明智之举。销售人员应报以"和气生财"的催款心态,以尊重和关心客户为基础,取得双赢为目的,开展电话催款行为。维护好双方的合作关系,不但可以化解先前的种种不愉快,还能为日后的收款工作打下良好的基础。

(6) 熟练反驳各种借口和托词。

催款过程中,客户总有千百个拖延付款的借口。销售人员应该仔细了解这些借口,并事先做好应对的准备。常见的借口有以下几种类型:

① "我的客户没有付款"。

客户把第三方包括进来,以此为挡箭牌,使其获得回旋余地。如果销售人员同意让客户收回货款以后再支付账款,那么客户拖延的目的就达到了。因此,销售人员一定要打消客户的这个念头。另外,客户也希望以此博得同情心,以达到拖延的目的。

回应:"有一点您必须清楚,您与任何其他人的债务都与我公司无关。这笔合同签字的双方是我公司和贵公司,从法律角度讲,贵公司应无条件承担付款责任。当然,您的处境我能理解,这需要您对您的债务人施加更大的压力,如起诉他。但是,即使您不能从您的客户那里拿到货款,您也必须立刻偿还我方的账款。"

② "我们还没有卖出产品"。

这与第一个理由很相似,客户都是在寻找挡箭牌。

回应:"首先我对于这种情况感到很遗憾,但对于市场的变化和风险,并不是我们的责任,我们也无能为力,因此这并不能成为贵公司拖延付款的原因,也不能将这个风险转嫁到我公司身上,你们必须按照协议付款。因为,我方在合同执行方面没有任何违约的行为。"

③ "你们的产品存在质量问题"。

这是客户经常提出的拒付理由。为了避免这类借口,签约时应规定客户提出质量争议的最后期限,且该期限必须在回款期限之前,并指定第三方检测机构。超过规定期限,客户仍以产品质量问题作为借口,将被视为无理取闹或无效行为。

回应:"在我们签订的合同中规定,您必须在15天内提出质量异议,并提供相应的商检证明。可是,您没有在规定期限内提出异议并拿出商检证明,而是在账款逾期后才提出,这已经失去法律效用,不能作为拖延付款的理由,如果您还坚持这种意见,我将保留起诉的权利。"

④ "老板不在,我们无法处理这件事"。

销售人员必须明白一个道理:任何一家公司的负责人不会让公司处于无人管理的状态下超过两天,尤其是在信息科技迅猛发展的今天。即使客户的负责人果真不在公司,他也会安排临时负责人,或让副总主管财务,并事先签好备用的支票。因此,如果客户连续几天内都这样回复的话,很可能是在说谎,销售人员应立刻采取措施。

回应:"那么,请您告诉我,现在谁是公司的总负责人?对外付款如何进行?谁签字有效?另外,请将贵公司的财务经理的电话告诉我,以便我们核实更多的情况。"

⑤ "支票已经寄出了"。

无论客户说的是真是假,销售人员都必须询问更详细的支票信息,强调每次寄支票都应该挂号。这不仅是一种负责任的工作态度,更能防范客户以信件遗失作为借口。

回应:"非常感谢您的支持!为了避免差错,您能否告诉我支票是哪天寄出的,数额是多少,支票号码是多少,寄到什么地方,是否挂号了,以便核查。"

⑥ "我公司快要破产了"。

客户说这样的话,一方面可博取销售人员的同情,另一方面可能是在向销售人员施加压力,其实往往客户的实际情况远不会如此糟糕。因此,销售人员在同情让步之前,必须把所有问题了解清楚,识破客户的真实目的。如果客户确实要破产了,应立即将此事汇报给公司上层,与客户签署一份欠款确认书,或启动法律程序,尽最大力量挽回损失。

回应:"您必须把真实的情况告诉我,以便我对公司领导汇报,如果情况属实,请您签署一份欠款确认书,我们将启动法律程序,这是个严肃的话题,希望您说的是真话……"

⑦ "我们这么多年的合作关系,你为什么不相信我们公司?"

销售人员首先要让客户感到:我们是信任他的;同时要让客户了解到:他所面对的是一家信用管理严密而完善的企业,违反制度必将受罚。

回应:"我们非常信任您,这么多年的友好合作关系就是最好的见证。但是,这是我们公司的信用管理政策,任何人都必须遵守。如果我违反了制度,必将受到处罚,相信您一定能够在期限内付清货款,不会为难我的工作。"

4. 不同催收方式的综合比较

电话催收：电话催收是最常用的手段，比较节约成本，工作量小，但是成效往往较低。对小额欠款客户、个人客户、优良客户的催款，往往仅靠电话催收就能解决问题；对于复杂的收款，电话也是经常使用的工具，因为大量的联络、谈判也是由电话沟通先铺垫的。

信函、传真、电子邮件商务函件催收：信函作为收账的工具使用的时间最长，是最古老的收账手段之一。传真催收传真作为一种开放式的通信手段，缺乏保密性，容易伤害债务人的自尊心，但相对正式的形式，有时也很容易给部分客户形成一定的压力。电子邮件、QQ、微信等催收随着电子商务的收账方法逐渐流行起来，普遍用于非正式或初级的催讨。

（二）逾期应收账款的外勤催收

1. 外勤追收的适用情况

尽管通过面访催账是催账方法中成本最高的一种。但对于欠款金额较高的债务人，采用面访进行催账是非常有价值的，面访催账应该只对重要债务人或在紧急情况下采用。通常，需要信用管理部门派外勤追收人员上门追讨的情况：一是违约客户是本地客户，但经过内勤催账不能奏效；二是经过内勤催账不能奏效，但欠款金额较高的违约客户；三是销售人员愿意共同上门追讨的客户；四是发现躲债客户踪迹，特别是违约客户的经理人员回到本地区的情况；五是出现违约客户账面有钱，或者可以拖回货物；六是预约到违约客户的高层经理人员，特别是有还款决定权的高层经理。

2. 外勤催收的步骤

（1）确定外勤催收的客户和账款。

账款逾期超过30天、拖欠金额远远高于外勤催收费用或者能够找到客户时可以适用外勤方式。

（2）全面了解客户的状况。

① 客户以往的交易和付款记录；

② 客户的信用调查记录；

③ 客户出现拖欠的原因和内勤催收的过程；

④ 内勤催收人员和商账管理经理、信用经理的建议。

（3）需要准备的资料。

① 身份证明类：身份证、律师证、单位介绍信、授权书等；

② 合约类：合同、订单及其他补充资料；

③ 凭证类：发票复印件等；

④ 客户信用申请表；

⑤ 客户承诺付款的书面承诺；

⑥ 客户通话记录簿和催收计划；

⑦ 安排出行时间、方式、工作授权或交接，以及催收计划。

（4）撰写相关报告。

实施外勤催收，并于访问客户后两个工作日内撰写《催收进展报告》。《催收进展报告》的撰写注意事项：

①《催收进展报告》中催收电话和催收信件的记录可以确保坏账注销时不会受到指责，明

确表明了各级催收人员曾对违约客户采取了哪些适当、积极的收款举措,对是否给予注销坏账的决策有很大影响。

②《催收进展报告》中清晰的记载,方便工作人员间的工组交接。

③《催收进展报告》作为失信记录可以成为法律承认形式的证据。

④ 必须使用企业统一制定的规范化表格,包括账目编号、客户名称、欠款金额、拖欠时间、催收方式、催收过程、催收结果和评论与建议等项。

⑤《催收进展报告》应注意记录的连续性、一贯性,明确各阶段中不同角色的责任,注意工作上的良好衔接。

⑥ 上年度发生的《催收进展报告》原件及所有证据应于每年度一月份交风险管理中心综合管理室保存,保存期为三年。

撰写方为商账管理负责人的,由商账管理部负责临时保管;撰写人为销售人员的,所属分支机构为临时保管的负责单位。

3. 外勤追账要领

(1) 必须按时或提前到达。

到了合同规定的收款日,上门的时间一定要早,这是收款的一个诀窍。否则客户可能会反击:"我等了你好久,你没来,回款的事下次再说!"如此一来,销售人员将无话可说,从而浪费回款机会。

(2) 时刻牢记面访的目的。

销售人员拜访客户的习惯就是一见到客户就急着谈生意,这个习惯不太好。拜访客户的目的是收回欠款,而不是推销商品,应该把收回欠款放在各种要解决的问题首位,等到应收账款结清之后再考虑自己的业绩,再与客户谈新的生意。

(3) 应收账款数目要准确。

销售人员一定要明确应收账款的数目,收款要正确,如果应收账款的数目与对方付款的数目不符,少收欠款,会给公司造成损失;多收欠款会影响自己在客户心目中的形象。所以,收款数目一定要准确。

(4) 表现要坚决。

销售人员在收款的过程中要表现出:不拿到欠款,誓不罢休的态度和气势。即使是朋友也要做到交情放两边,理智摆中间。如果你收款时表现很积极并一直坚持到底,客户为了避免麻烦,也不会再坚持。反之,客户自然就会使用各种手段来延期付款。

(5) 依照规定执行。

收款时一定要按照公司的规定执行,绝对不能私自给客户延长还款期限。

(6) 留心倾听。

收款人员在旁边等候的时候,还可以听听客户与其客人交谈的内容,并观察对方内部的情况,也可以找机会从对方员工口中了解对方现状到底如何,说不定会有收获。对于支付货款不干脆的客户,如果只是在合同规定的收款日期前往,一般情况下收不到货款,必须在事前就催收。

(7) 避免争辩。

销售人员必须牢记:永远不要跟客户吵架。因为每个人都爱面子,要给足客户面子。在收款的过程中,客户有时会因为一些小事抱怨,此时,销售人员应该洗耳恭听,不要跟客户争辩,否则客户可能会另外找出各种理由延期付款。

4. 逾期应收账款的催收技巧

在日常的催款过程中,催款人经常遇见的苦恼是什么?

债务人要么躲着不敢见面,要么总是承诺还款却始终扮演"千年认账、万年赖账"的无理角色……债务人往往不会使用单一的手法拖欠债款,而是综合使用各种方法,即用尽躲、拉、赖、拖、推、磨之能事,令催款人无计可施。

作为催款人,应掌握债务人的弱点,伺机而发,从而制胜难缠的债务人。

(1) 债务人常用的拖欠债款的六大"招式"。

① "躲":躲着不见面、不回复留言电话传呼、告诉别人"他不在"、变更经营场所等。

② "拉":以老朋友、老客户自居,要求相信他、帮助他,发誓赌咒一定还清债款(但遥遥无期)等。

③ "赖":以货物、合同规格、品质不符或价格太高为理由,拒绝付款或以此要求降价拖延时间。

④ "拖":以生意不好无利可图,货物难销,正出差在外、会计人员不在等理由要求下次再来对账收款,达到其拖延的目的。

⑤ "推":以未收到对账通知单、客户的汇款未到、前任没有交代等理由推托责任。

⑥ "磨":企业已更换等理由推托责任,不断提出不同的理由来拖延支付,使债权人疲于追讨;或多次承诺支付,但从未履行。

(2) 催款人应对债务人的五大对策。

① "缠":主要有两个层次,一是一定要找到对方决策人,对方下属对你的还款是起不到作用的;二是针对"磨"的客户要不断地提出问题,这方面需要比较大的耐心。

② "粘":不轻易答应客户的要求,对有松动的债务人要随时提出还款承诺的要求。

③ "勤":催款的频率一定要高;就像小格言"会哭的孩子有奶吃"说的那样,催得紧时更可能拿到债款。

④ "逼":对客户的弱点直接施压,这一点对催款人的要求更高;同时要注意适当提高施压等级。这里的客户弱点是指客户的失信成本因催款人的催款行动而放大,这时,债务人会考虑还款。

⑤ "快":对意外的事情反应要快。这一点要求催款人在头脑中要随时有应付意外事故的信号。

(3) 在催收过程中催收人应该注意以下事项:

① 不冒充公安、司法、银行等部门进行催收;

② 不能歪曲事实真相,故意夸大恐吓客户,如贴大字报、泼红油漆、堵子女上下学;

③ 不能随意扩散客户的相关信息,如不还钱就将客户的联系方式散布到网上;

④ 不能私自发送律师函,特别是公司以外的催收函;

⑤ 不能擅自出具还款证明等文件;

⑥ 不能为了追回贷款而擅自承诺未经公司、银行同意的事情;

⑦ 不能私自收欠款人的礼金,不能向客户索取财物等;

⑧ 上门催收不能辱骂、嘲笑、谩骂欠款人,殴打客户;

⑨ 不能引导欠款人通过非法渠道集资还款;

⑩ 不能制作虚假资料向银行谎称欠款人已还款。

四、应收账款融资

应收账款融资又称池融资，可分为应收账款质押融资和应收账款转让融资大类。应收账款质押融资是指企业与银行等金融机构签订合同，以应收账款作为质押品，在合同规定的期限和信贷限额条件下，采取随用随支的方式，向银行等金融机构取得短期借款的融资方式。应收账款转让融资是指企业与商业保理等机构签订合同，通过转让应收账款取得所需资金的融资方式。

2007年10月1日正式实施的《物权法》第223条扩大了可用于担保的财产范围，明确规定在应收账款上可以设立质权，用于担保融资，从而将应收账款纳入质押范围，这被看作是破解我国中小企业贷款坚冰的开始。2007年9月30日，为配合《物权法》的实施。央行公布了《应收账款质押登记办法》(以下简称《办法》)，央行征信中心建设的应收账款质押登记公示系统也于2007年10月8日正式上线运行。

2017年11月，中国人民银行、工业和信息化部、财政部、商务部、国资委、银监会、外汇局关于印发《小微企业应收账款融资专项行动工作方案(2017—2019年)》的通知，全面实施小微企业应收账款融资专项行动，中征应收账款融资服务平台等各类应收账款融资服务平台也应运而生。

中征应收账款融资服务平台(http://www.crcrfsp.com/index.do)(以下简称平台)是由中国人民银行征信中心(以下简称征信中心)牵头组织并由下属子公司中征(天津)动产融资登记服务有限责任公司(以下简称中征登记公司)建设运营的，旨在促进应收账款融资的信息服务平台。

(一) 平台业务模式及流程介绍

应收账款债权人、债务人及资金提供方注册为平台用户，通过平台在线开展应收账款融资业务，实现账款信息的上传和确认、融资需求和融资意向信息的传递、融资信息的反馈、质押/转让通知的发送与查看、动产融资登记信息的便捷查询、应收账款质押/转让的便捷登记等业务操作。操作流程如图3-17所示。

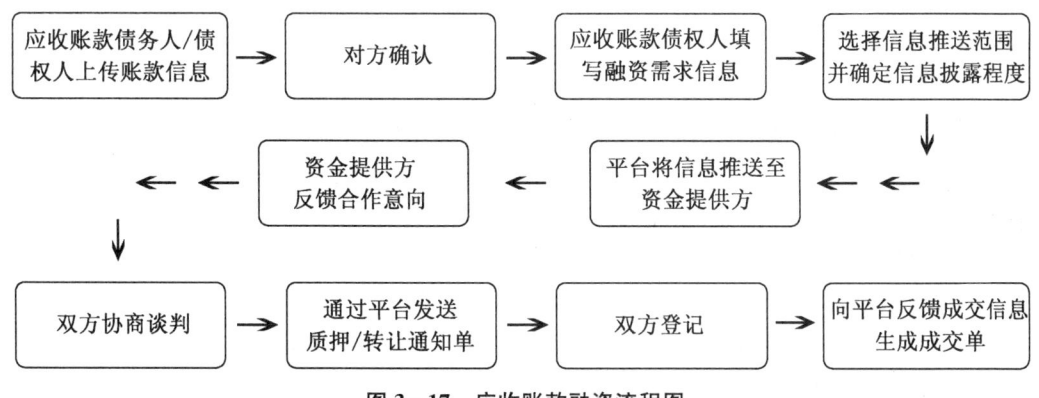

应收账款债务人/债权人上传账款信息 → 对方确认 → 应收账款债权人填写融资需求信息 → 选择信息推送范围并确定信息披露程度 → 平台将信息推送至资金提供方 → 资金提供方反馈合作意向 → 双方协商谈判 → 通过平台发送质押/转让通知单 → 双方登记 → 向平台反馈成交信息生成成交单

图3-17 应收账款融资流程图

1. 上传和确认应收账款信息

应收账款债权人可登录平台手工逐笔或批量上传应收账款信息,由平台推送至在平台注册的相应的应收账款债务人,对其账款的真实性进行逐笔或批量确认;应收账款债务人也可登录平台手工逐笔或批量上传应付账款信息,该上传即视为对其账款真实性的确认。

应收账款债权人和债务人可使用数字证书对上传和确认的应收、应付账款信息进行电子签名。

2. 推送融资需求

应收账款债权人可将经应收账款债务人确认真实存在的、有应收账款支持的融资需求,通过平台推送至所选平台上注册的资金提供方(可多选)。

对于如基础设施收费权等应收账款债务人为不特定多数人,或无法获得应收账债务人确认的应收账款,应收账款债权人可将有关融资需求通过平台直接推送给选定的资金提供方。

3. 反馈融资意向

资金提供方可通过平台对有意向予以融资的融资需求,将融资意向信息反馈给应收账款债权人。

4. 发送质押/转让通知

资金提供方可通过平台将债权质押或转让的情况,以质押/转让通知的形式,发送至相应债务人系统。应收账款债务人可使用数字证书对通知注明的回款路径进行确认。

5. 应收账款质押/转让登记

资金提供方可通过平台与动产融资统一登记系统的接口,实现对应收账款质押/转让的便捷登记。

6. 反馈成交信息

资金提供方与应收账款债权人达成融资交易后,以登录平台填写应收账款融资成交单的形式向平台反馈应收账款融资信息;同时,平台将成交单发送至相应的应收账款债权人、债务人。

7. 池融资账款

应收账款债权人与资金提供方在平台达成池融资成交后,经资金提供方审核通过,应收账款债权人可补充新的账款入池。

(二) 平台服务的意义

(1) 账款信息的在线确认,降低线下签字盖章等人工参与,提高操作效率;

(2) 确认账款、回款路径,添加电子签名,增强业务操作的法律效力、证据效力;

(3) 将融资需求定向或广泛推送给在平台注册的全国各省市区的商业银行、保理公司等资金提供方,拓宽融资渠道,提升融资效率;

(4) 在线发送应收账款质押/转让通知,自应收账款债务人系统收到质押/转让通知时,即视为进行了债权质押/转让的通知,有效解决通知难问题;

(5) 接口对接动产融资统一登记系统,可通过平台对应收账款融资实现便捷登记。

【制度参考1】

企业信用管理规范指引

第一章 总 则

第一条 为引导企业加强内部信用管理,增强信用观念,提高企业的风险防范能力和市场竞争水平,促进企业健康持续地发展,特制定本指引。

第二条 企业信用管理是企业采用过程控制的方式,强化营销、采购、财务、法务等各个业务环节的信用风险管理和协同管理,系统地解决企业发展和信用风险控制之间矛盾的管理活动。

第三条 建立企业信用管理体系应当遵照适应性原则、谨慎原则、实质重于形式原则和成本效益原则,以企业现有的管理架构和自身发展战略为基础,主动适应市场竞争状况和社会信用体系建设状况,并适时进行调整。

第四条 企业信用管理具体职能一般包括:客户信用档案管理、信用分析与客户授信、合同管理、应收账款管理与商账催收、外部信用产品运用等。

第二章 客户信用档案管理

第五条 企业应按照分类归档、突出重点、长期积累、动态管理的原则建立客户信用档案。

第六条 企业应视情况采集客户工商登记信息、财务情况、业内评价情况、与本企业的交易记录、与银行的往来信用记录等信息。

第七条 采集客户信用信息应当采取内外结合的方法,既要充分整合企业营销、采购、财务、法务等各个业务部门的相关信息,又要充分利用政府部门或民间组织、社会中介开办的企业信用信息平台获取信用信息。

第八条 企业应利用信息化技术开发建立客户电子档案,实施集中管理,并供各业务部门共享。

第三章 客户评价和授信管理

第九条 企业应当充分利用信用信息,从信用能力、信用意愿、交易环境等方面对客户的信用风险及合作潜力等进行科学分析,并根据分析结果实施客户分类管理。对于不同类别的客户,可以制定相应的信用政策,采取不同的结算方式或价格条件等。

第十条 企业应当从便于实际管理和业务操作的原则出发,按照经验判断与模型化分析相结合、定量与定性相结合、静态与动态相结合的方法对客户进行客观的信用风险分析、评价。

第十一条 企业应当根据宏观经济、行业发展、市场环境、自身交易需求及客户资信变化等情况,及时调整信用政策,不断完善以控制客户信用额度为核心的"授信管理制度"。

第十二条 客户信用政策应当与企业发展战略管理有机结合。

第四章 合同管理

第十三条 企业应实行规范化、制度化的合同管理,将合同管理作为客户信用管理的基础和保障,建立按合同交验货物、违约时按合同索赔的制度。

第十四条 企业可以按照法律法规要求,充分考虑本行业交易习惯和本企业交易需求,制定标准合同文本。

第十五条 企业应当明确合同管理部门和人员职责,建立由营销、采购、法务、信用等各部门参与的合同联合审查制度。

第十六条　企业要建立合同履行管理责任制,明确合同任务分解,并建立相应的检查监督机制,保障按约定交接货物。在合同履行过程中应建立台账机制,及时跟踪客户的履约动态,提高合同履约率,降低法律风险和信用风险。

第十七条　企业应定期做好合同的统计分析,并定期归档。

第五章　应收账款管理

第十八条　企业应当建立高效率的货款回收管理体系,通过控制应收账款总量和账龄,落实相关债权管理制度,对应收账款进行科学管理并实施有效的催收。

第十九条　企业应收账款管理应当与客户信用档案管理、客户授信管理、合同管理等工作有机融合,要积极通过事前风险防范和事中风险控制,降低事后账款回收的压力。

第二十条　企业应当建立应收账款管理的预算与报告制度,从总量上控制应收账款的各项指标。

第二十一条　企业应当建立逾期账款预警制度,完善账款催收程序,采用流程化管理的方式,合理地安排销售、财务、法务、信用管理等部门的账款回收职责,多部门协同控制应收账款的账龄和质量,提高货款回收的效率。

第二十二条　企业可以通过设置销售变现天数、逾期应收账款比率等指标对应收账款管理绩效进行评价或考核。

第六章　信用产品的运用

第二十三条　企业应当与信用服务机构、行业协会及同业企业建立联系,保障充分利用信用信息资源。

第二十四条　企业应当充分利用外部专业的信用服务提升信用管理水平,积极运用征信报告、信用评级、信用保险、信用保理等信用产品,降低或转移信用风险。

第七章　信用管理组织机构

第二十五条　企业信用管理部门可以根据企业规模、企业发展阶段及所处行业,科学、灵活地设置信用管理部门,但信用管理部门的管理目标必须超过任何一个部门局部的管理目标,必须立足于公司整体的经营目标和利益。

第二十六条　在企业组织结构中,信用管理部门应按照一个中层及以上级别的管理机构进行设置。企业可以设立专门的信用管理部门,也可由总经理、董事、信用经理、财务总监、销售总监等组成信用管理领导组织,作为企业信用决策的最高机构。

第二十七条　信用管理部门应当综合协调营销、采购、财务、法务等部门的关系,建立和落实信用管理制度,帮助各部门实现扩大销售、加速资金周转、降低坏账率、保障合同履行、合理控制企业库存水平等工作目标。

第二十八条　信用管理部门应当建立并落实产品质量信用管理制度、财务信用管理制度、劳动用工信用管理制度、环保信用管理制度等,确保企业依法经营,建立与客户、员工及社会公众之间的信任关系。

第二十九条　企业要重视和加强企业信用管理队伍的建设,配备信用管理师等专业人员,并定期对专职人员开展信用培训。

第八章　附　则

第三十条　本指引为非强制性规范,仅为企业提升和规范信用管理提供参考。

【制度参考2】

浙江省企业信用管理评估认定指标体系

（参考标准，2016年修订）

本体系是企业内部信用管理的基准性标准，由客户信用管理、自身信用管理两个指标项组成，设置了不合格类（<60分）、合格达标类（≥60<75分）、优良示范类（≥75分）三个等级。

一、客户信用管理（权重65%）

1. 信用管理组织（20%）

评价内容	满分	考量内容或考量公式以及测算结果的积分范围	积分标准 一般企业	积分标准 小微企业
信用政策与信用制度	5	正在建立信用政策体系/信用管理制度不完善/信用管理程序健全、信用政策运行及时	1分/3分/5分	2分/4分/5分
职能部门和人员	4	只有兼职人员/有兼管部门和专职人员/设立专职部门和专职人员，且专职人员已取得信用管理师资格	1分/2分/4分	2分/3分/4分
部门协作	3	部门之间的信用管理协作几乎没有/经常协作/协作良好且职责明确	0分/2分/3分	0分/2分/3分
信用管理信息系统	8	有客户档案管理，但没有数据库/有客户信用信息的档案管理和数据库，但没有信用管理信息化系统/有信用管理信息化系统，客户信用信息的档案管理数据库完整且更新及时	2分/5分/8分	3分/6分/8分

2. 信用管理执行（20%）

评价内容	满分	考量内容或考量公式以及测算结果的积分范围	积分标准 一般企业	积分标准 小微企业
客户调查与评价	4	没有调查和评价制度/调查和评价不完整/调查和评价持续完整	0分/2分/4分	0分/3分/4分
客户授信	4	客户授信率<20%/≥20%<50%/≥50%	0分/2分/4分	1分/3分/4分
合同管理	4	交易的书面合同签订率在60%以下/≥60%<90%/≥90%且有健全合同审查制度	1分/2分/4分	2分/3分/4分
应收账款分析管理	6	有制度、有不定期分析和催收/有制度、有定期分析和催收/有制度、有应收账款分析表和催收方案并执行	2分/4分/6分	4分/5分/6分
信用产品使用	2	不使用/少量使用/经常使用（征信报告、信用调查、信用诊断、信用评级等产品）	0分/1分/2分	0分/1分/2分

3. 信用管理效应(25%)

评价内容	满分	考量内容或考量公式以及测算结果的积分范围	积分标准 一般企业	积分标准 小微企业
销售变现天——DSO	6	(期末应收账款额/期间赊销额)×期间天数 ≥60天/<60 30天/≤30天	2分/4分/6分	2分/4分/6分
呆账率	7	一年及以上应收账款额/当年销售总额 ≥15%/<15>5%/≤5%	2分/4分/7分	2分/5分/7分
流动比率	8	流动资产/流动负债<1/≥1<2/≥2	2分/5分/8分	2分/6分/8分
交易额增长率	4	本年度交易增长额/上年度交易额 >0<10%/≥10<30%/≥30%	2分/3分/4分	2分/3分/4分

二、自身信用管理(权重35%)

1. 信用积累(15%)

评价内容	满分	考量内容或考量公式以及测算结果的积分范围	积分标准 一般企业	积分标准 小微企业
银行信用等级	3	A/AA/AAA	1分/2分/3分	1分/2分/3分
商标或商号知名度	3	县级/市级/省级及以上	1分/2分/3分	1分/2分/3分
守合同重信用等级	3	县级/市级/省级及以上	1分/2分/3分	1分/2分/3分
高新技术企业	3	省级/国家级	2分/3分	2分/3分
其他荣誉	3	县级/市级/省级及以上	1分/2分/3分	1分/2分/3分

2. 信用能力(20%)

评价内容	满分	考量内容或考量公式以及测算结果的积分范围	积分标准 一般企业	积分标准 小微企业
资本积累率	4	近三年所有者权益增长额/三年前所有者权益额×100% 0/>0<5/≥5	1分/3分/4分	1分/3分/4分
速动比率	4	流动资产－存货/流动负债<0.5/≥0.5<1/≥1	1分/3分/4分	1分/3分/4分
息税前利润保障率	6	(净利润＋利息支出＋税收支出)/流动负债 <1/≥1<2/≥2	1分/3分/6分	1分/4分/6分
资产负债率	6	负债/总资产≥0.8<0.9 或<0.2/≥0.7<0.8 或≥0.2<0.4/≥0.4<0.7	1分/3分/6分	1分/4分/6分

说明:
(1) 计分方法:评价过程中,根据考量内容或考量公式各档对应的积分,累计加总。
(2) 结果分类:根据累计总得分,确定企业信用管理规范的评价类别(不合格类<60分、合格达标类≥60<75分、良好示范类≥75分)。被列入严重违法企业名单或近三年内有严重违法违纪行为者或近三年内有2条以上失信记录,自动归为不合格类别。
(3) 本体系仅作为"浙江省信用管理企业"和"浙江省信用管理示范企业"认定的参考依据,具体认定将考虑行业、社会评价等其他因素。

一、本章重点概念

信用标准　信用额度　信用条件　紧缩型信用政策　适度型信用政策　宽松型信用政策　应收账款管理概念　机会成本　DSO指标　客户信用档案　商账追收

二、复习思考题

1. 简述"3+1"信用管理模式工作原理。
2. 如何设计企业信用管理部门?
3. 如何根据不同的产品生命周期来适当调整信用政策?
4. 如何根据不同的客户类型制定信用政策?
5. 如何设计赊销合同技术条款?
6. 简述赊销方案选择的计算方法。
7. 简述风险指数的应用。
8. 如何确定应收账款总体额度的合理水平?
9. 简述DSO指标的计算方法。
10. 如何制定逾期应收账款催收策略?
11. 简述逾期应收账款催收技巧。
12. 结合实际,谈谈应如何建立和完善企业信用管理制度。

三、练习题

1. 企业信用风险管理的核心是对(　　)的管理和控制。
   (A) 应收账款　　(B) 赊销　　(C) 成本　　(D) 资产
2. 企业的应收账款涉及成本问题,其中不包括的成本是(　　)。
   (A) 机会成本　　(B) 坏账成本　　(C) 管理成本　　(D) 存货成本
3. 采用最小成本法或(　　)来测算企业当前最佳的应收账款持有水平。
   (A) 账龄分析法　　　　　　(B) 列表分析法
   (C) 产生原因分析法　　　　(D) 最大净收益法
4. 现金折扣条件1/20的含义为(　　)。
   (A) 20天是信用期限　　　　(B) 20天内付款享受1%的折扣
   (C) 1是折扣期限,20是折扣率　(D) 以上都错误
5. 某公司预测某年赊销额600万元,应收账款DSO天数60天,变动成本率70%,资金成本率10%,则该公司维持赊销业务所需资金为(　　)。

(A) 70万元　　　　(B) 75万元　　　　(C) 40万元　　　　(D) 60万元

6. 营运资产法计算,不仅考虑客户当前的偿债能力而且还考虑客户的(　　)。
   (A) 总资产能力　　(B) 有效资产能力　(C) 流动资产能力　(D) 净资产能力

7. 下列(　　)不是应收账款到期前的提示方法。
   (A) 信函提示　　　(B) 电话提示　　　(C) 电子邮件提示　(D) 律师函

8. (　　)既是企业最大的财富来源,也是风险的最大来源。
   (A) 客户　　　　　(B) 信用　　　　　(C) 应收账款　　　(D) 销售收入

9. 信用销售的实质是客户占用了企业的资金,等效于对客户的(　　)。
   (A) 短期融资　　　(B) 长期融资　　　(C) 短期贷款　　　(D) 长期贷款

10. 制定现金折扣政策的目的在于(　　)。
    (A) 吸引顾客为享受优惠而按时付款　　(B) 增加在应收账款上占用的资金
    (C) 缩短企业平均收账期　　　　　　　(D) 减少企业的销售量

11. 计算DSO最常见的两种方法是(　　)。
    (A) 期间平均法　　(B) 分类法　　　　(C) 穷举法　　　　(D) 倒推法

12. 由于票据的伪造、不正确使用等欺诈行为而造成应收账款拖欠、损失的现象很多,也很复杂,大致可以分成(　　)等类型加以分析和预防。
    (A) 伪造票据　　　　　　　　　　　　(B) 填写错误
    (C) 签发空头票据　　　　　　　　　　(D) 利用节假日出票

13. "3+1"信用管理模式的"1"代表(　　)。
    (A) 一项信用政策　　　　　　　　　　(B) 一项信用管理体系
    (C) 一个独立的信用管理师　　　　　　(D) 一个独立的信用管理部门或人员

四、案例分析

案例1: 四川长虹从2001年起,为实现长虹的海外战略、提高销售额,一车车的长虹彩电便源源不断地发向美国,由APEX公司在美国直接提货。

2002年,长虹的出口额达7.6亿美元,其中APEX就占了近7亿美元;2003年长虹出口额达8亿美元左右,APEX占6亿美元。而从2000年长虹开始出口到2004年,其总的出口额也就24亿多美元。长虹内部为此专门成立了APEX项目组,分别由两位经理负责彩电和DVD业务。同时,长虹在美国设立了一个联络点,但这个联络点不负责APEX项目的监管,只负责接待。

一车车的彩电运出去却没能为长虹换回大把的美元,APEX公司总是以质量或货未收到为借口,拒付或拖欠货款。长虹一方面也提出对账的要求,一方面却继续发货,APEX方面总是故意搪塞或少量付款。

2003年年底,长虹曾专门派出高管去与APEX交涉,但季龙粉撇下这些到美国的高管,杀回长虹会晤高层,结果2004年年初长虹又发了3 000多万美元的货给季龙粉。这种情况让直接经办APEX项目的人员也感到其中的风险太大。2003年年底,两位分别负责彩电和DVD的APEX项目经理,在劳动合同期满时同时离开了长虹。

请运用所学的企业信用管理知识,分析长虹遭遇之劫原因及对我们有何启示。

案例 2：下表为某企业近年来赊销及应收款回收情况（单位：万元）。

	2014 年		2015 年		2016 年	
	赊销总额	应收账款余额	赊销总额	应收账款余额	赊销总额	应收账款余额
A 公司	2 800	2 300	4 000	3 400	5 200	4 500
B 公司	500	160	600	160	700	175

请根据已知数据，通过分析 DSO 的变化情况向公司提交对 A、B 两公司的信用政策建议及理由。

第四章 信用风险管控

第一节 商业银行信用风险管控

一、商业银行信用风险管控原理

信用风险是金融市场中最古老、最重要的风险形式之一,商业银行是对信用风险依赖最强的一个主体,商业银行本质就是经营风险,不同的风险偏好决定了商业银行的经营水平。随着宏观经济进入新常态,银行信用风险正在加速暴露,信用风险管控已成为我国商业银行面临的巨大挑战。

商业银行信用风险管理有两种方式,第一种方式是从大量申请人中找到合格的贷款客户,将贷款放给这些人;第二种方式是从申请人中识别出有潜在风险的贷款客户,不将贷款发给这些人。可以简单地认为是找到好种子和识别出坏种子。

(一) 如何寻找好种子

商业银行在找好种子时,一般会对好种子进行一些基本限定,从贷款人的学历、年龄、收入、职业、资产、负债、消费等几个方面进行打分,最后综合评级,依据评估分数进行贷款审批,可以简单地认为是风险定价(RBP)。

贷款销售人员主要的任务是找到好种子的用户,通过 KYC 和风险评估等方式找到潜在合格客户。这个阶段的风险控制可以认为是一个基线控制,经过风险评估之后,会得到客户的评估分数或风险评级。在控制基线之上的客户会被放进来,认为是潜在合格客户;风险管理部门进一步验证,如果审核通过之后,就会依据分数和级别发放贷款。

(二) 如何识别出潜在的坏种子

利用数学模型来识别风险客户,目的是找到欺诈客户和未来不会还款的用户。在识别坏种子时,数学模型和坏种子是关键,数学模型决定风控方式是否科学,数据纬度是否全面,结论是否科学。坏种子是用来修正风控模型参数,提升模型的鲁棒性,同时让模型可以不断完善自己。在预防欺诈用户时,行业共享的黑名单也起到了很大的作用。

坏种子对识别出欺诈用户和潜在违约用户十分关键,风控模型是否有效的一个前提就是是否有足够多的坏种子。商业银行建立风控模型的基本原理是,利用大量坏种子,寻找到共性信息,建立风控模型。如果坏种子数量不够,风控模型无法设定参数和修正模型,也无法优化已有的模型和提高风控模型的适用性。

二、商业银行信用风险新特点

(一) 系统性

宏观经济正处于"三期叠加"阶段,加之世界经济还处于深度调整中,这种经济运行中的周期性、结构性和政策性因素交互作用,消费不足、投资周期、货币因素等将对企业的经营风险、投资风险和筹资风险造成区域性、系统性的冲击,进而导致商业银行将面临区域性、系统性的信用风险。

(二) 突发性

随经济增速放缓,以及经历行业结构调整和产业转型升级阵痛,企业经营运行的难度增大,资金链面临紧张。加之前期高速扩张、盲目举债投资留下的后遗症,民间借贷危机的爆发,企业高管涉案、跑路失踪,企业"猝死"增多,信用风险突发性增强。在2014年爆发的一系列违约事件中,不乏一些大型集团企业,这些"光环"企业突发风险让商业银行防不胜防。

(三) 传染性

一方面体现在信贷风险的传染。部分领域、行业、客户的信用风险通过契约链、担保链、贸易链和产业链蔓延渗透。这些链条上任一环节出现问题,就会产生一系列的连锁反应。另一方面体现在非信贷风险的传染。民间借贷、互联网金融、表外业务等非信贷业务风险,有向信贷风险传染之势。

三、商业银行信用风险管控模式变革路径

(一) 以客户为中心强化表内外全面信用风险管理

目前,商业银行业务日益呈现出表内外联动、信贷和非信贷业务协同发展的新趋势。过往信用风险管理模式的关注焦点主要是表内贷款业务,对表外理财等金融产品以及在非信贷资产风险的防范上,还存在一些薄弱环节。刚性兑付的潜规则短期内还无法打破,决定了商业银行必须要为全部表内外资产的信用风险负责。因此,有必要建立以客户为中心、涵盖表内外全部资产、实施信用风险管理统一标准的信用风险管理模式,以应对不断增长的表内外资产质量管理压力。

金融产品创新设计应以把控实质风险为核心,按照"简单、透明、可控"的原则,控制杠杆比率,缩短交易链条,强化穿透管理。对于跨市场、多机构、跨行业的交叉金融产品应做到围绕融资客户,表内表外风险敞口全口径管理。

(二) 逆周期信用风险管理

在经济周期性波动的不同阶段,实施逆周期的信用风险管理,可以防止在经济景气阶段银行潜在信用风险被动聚集,控制经济不景气期间信用风险释放的规模,增加经济不景气期间信贷资源储备,熨平实际信用风险周期性波动。目前,符合商业银行个体利益的微观抽贷、断贷、逼债等行为,虽然可以一定程度减少或控制自身信用风险的暴露水平,但宏观上则加快了风险

在银行体系内的传染与扩散,使部分尚能正常经营的民营企业突然陷入绝境,导致银行体系的整体信用风险水平被动上升。而个别银行为降低表内贷款不良率,采取向表外转移不良资产的不当方式,实际上加速了影子银行风险的聚集。

这些情况表明,在信用风险防控上,不能完全照搬或简单沿用经济周期景气阶段的标准与手段。因此,在宏观经济景气下降和信用风险加快暴露情况下,可以考虑采取逆周期的信用风险防控标准,适度提高不良贷款风险的容忍度,禁止各种不合规转移不良资产的方式;在依法合规和严密防范道德风险的大前提下,充分尊重市场主体的意愿,不搞"拉郎配",通过政府"搭台"让"银企"唱戏,鼓励探索各种有效的风险处置方式和市场创新;建立并完善债权银行集体行动机制,不对民营企业搞突袭式的"抽贷""断贷",依靠市场力量完成"降杠杆"的重大历史性任务。

(三) 基于大数据的全过程信用风险管理

大数据是指无法在可承受的时间范围内用常规软件工具进行捕捉、管理和处理的数据集合。银行在长期经营过程中,已经积累了有关客户资金及交易行为的海量信息数据,为银行信用风险管理变革开启了一扇全新的大门。

1. 实现贷后风险监测与预警

对借款企业账户信息、资金流向、关联方信息、网络信息、政府部门公开信息的深度挖掘,可以接近还原企业经营风险状态,为前瞻性动态监测借款企业风险提供了可探索的路径。

2. 实现银行信贷前、中、后台信息有效贯通

大数据分析需要处理有关借款企业的海量信息数据,将原本分割的银行前、中、后台信息进行有效整合贯通,吸纳在信贷业务条件之外的其他碎片化信息,运用先进技术手段进行过滤与整合,进而分析预测借款企业的信用风险。

3. 为贷款前台营销和授信审批提供有效指导

经过大数据分析处理后的结果,可以为前台营销提供指导。基于数据之间的显著性分析,企业具备相同特征的信息,发生违约风险的可能性就越大。这样一来,前台营销可以对借款企业进行更为有效的筛选。也基于相同原理,在对借款企业授信过程中,可以更有效地把控企业风险总额,而非不切实际的授信。

4. 有效提升信贷经营与风险控制的效率

基于大数据分析,可以有效提升贷前调查的效率。原本对贷款风险评估具备重大影响的信息,可以部分通过对借款企业过去账户信息、征信信息、网络信息等而获得,从而减少了贷前调查的时间,促使客户经理有针对性地开展现场调查。通过机器和大数法则来替代人工经验判断,可以进一步精简从事贷款授信审批人员。而在贷后管理过程中,广泛采用模型进行数据分析,可以有效提升风险监测的效率和前瞻性,并为前台营销提供方向性指导。

(四) 变管理信用风险为经营信用风险

传统上认为,银行是从事期限转换和信用转换的中介机构。但随着互联网和大数据技术的发展和应用,由银行充当信用中介的必要性显著下降,拥有丰富数据信息的互联网电商平台已经在相当程度上替代了银行信用中介的职能。即便如此,传统银行依然掌握了巨大的企业和个人信用信息数据库,已经积累发展出相对成熟的信用风险技术,这无论是充当信用中介还

是信息中介服务于资金撮合交易,都不可或缺,为银行从信用中介向信息中介转变奠定了坚实的基础。

因此,银行需要适应银行职能转变,变管理信用风险为经营信用风险,确立银行信息化经营管理发展战略,提高基于信息中介服务收入的比重,加快建设互联网金融平台,适应客户信息深度整合与测度需求,对金融组织机构进行再造,对构成金融产品与服务的要素进行重新整合,主动提供基于银行信息优势的产品,包括 P2P 服务等。

第二节 小微客户的风险评估技术

一、小微客户评估原则与步骤

(一) 小微客户的特点

小微客户泛指经营正常、生产规模较小、对小微贷款的接受度和依赖度较高的小微企业客户、个体户、农户等。

和传统银行信贷客户相比,小微客户主要具有生产经营变化快、稳定性相对较差、信用数据缺失或不实情况严重以及专业信用服务投入薄弱等特点,决定了其在资料搜集、评估切入点、风险控制、操作流程、产品政策等方面和传统银行不同。

(二) 小微客户评估原则

1. 真实性原则

资信的评估一定要建立在真实的信息基础之上,为了保证小微客户信息的真实性,评估人员就必须采取一些合理的方式方法来获取小微客户的全面信息,可根据小微客户的实际情况,通过各种灵活的渠道来获得相关的信息。对小微客户负债的确认一定要全面,包括各种负债,如银行贷款、民间融资、应付账款及其他等,无论从哪种方式得到的关于债务的信息都要计入。

2. 谨慎性原则

(1) 对小微客户收入的确认要建立在可靠的依据或合理的推算的基础之上,不能无根据地扩大,对其可能发生的支出要全部计入,不能遗漏。

(2) 对小微客户资产的确认要根据与资产相关的产权证明资料或现场使用情况,在合理估价的基础上确认,对不能证明是小微客户所有的资产不能计入其评估资产内。

(3) 对小微客户资产的评估要以变现能力为基础,对变现能力差或无变现能力的资产不能确认其价值。

3. 保密性原则

在评估过程中获得的小微客户的信息,一定要予以保密,特别是涉及小微客户商业机密时。这样既能得到小微客户的配合,又能很好地维护与小微客户的关系。

(三) 小微客户评估步骤

(1) 评估前,要根据小微客户的经营特点制订出完整的评估方案。

(2) 见到小微客户后,应先介绍评估人员此行的目的,消除小微客户的顾虑。小微客户很多时候担心自己的商业秘密会被泄露,或怕被税务部门查税,在交流和提供资料时,不愿提供他们认为是敏感内容的信息,评估人员就要消除小微客户这方面的顾虑。

(3) 与小微客户交流。与小微客户进行交流时要注意交流的方式方法,语言恳切,要掌握节奏,问话要有逻辑性和连贯性。

(4) 查看经营资料。

(5) 查看经营现场。

(6) 查看仓库库存。

(7) 家访。家访是对小微客户主要负责人的家庭住址、家庭结构、家庭条件、婚姻状况、其他家庭成员是否支持等情况进行了解的重要步骤,是小额贷款评估的重要内容。

(8) 外围走访。

(9) 如果有担保人或共同债务人,则评估人要对担保人和共同债务人的经营情况、还款能力和家庭情况进行了解。

(10) 查看抵押物。如果有抵押物,还要核查抵押物的情况。

以上步骤没有固定的顺序,有些步骤可以同时进行。

二、小微客户资信评估方法

目前世界上针对小微客户评估最为成功和流行的微贷技术源于德国储蓄银行。我国贷款机构对小微客户的资信评估在引进德国的微贷技术的基础上,结合我国小微客户的实际,创新了一些独特的方法。

(一)"三无"客户评估方法

近年来,经济越发达的地方,异地流动创业者和外来务工者越多。而这些外来人多数"无当地户口,在当地无自有住房等房地产,经营店面无自主产权",是名副其实的"三无"人员,他们流动性极强,更没有符合要求的抵(质)押。在现行信贷政策下,他们很难获得银行的信贷支持,但这些人数量庞大,资金需求量大,发展潜力也巨大。对这类客户的调查评估,主要从以下几方面进行。

1. 看"根"是否发达

(1) 其家族成员和同乡在本地生活、工作人数是否多,客户和这些人的关系(离开家乡的原因、在本地若与家族成员和同乡相互帮助、团结紧密,则抗风险能力相对较强)如何等。

(2) 销售网络(渠道)是否稳固发达。可以从销售终端的多少或销售覆盖的区域、销售商与他的合作关系是否稳固、稳定的销售商数量多少和近几年销售额总体呈上升趋势来判断;

(3) 客户群是否稳定。

(4) 供货商有多少。

2. 看其经营资质

(1) 从事本行业的时间。

(2) 在本地经营时间。

(3) 是否有失败的经历。有失败经历比没有失败经历的佳,但失败不是越多越好。

(4) 此前是否频繁变换过多种生意或经营地点。

(5) 客户的适应能力——是否有本地朋友圈或生意合作伙伴、是否能较快地推出适合本地的产品和产供销模式等。

3. 看其经营能力和态度

(1) 客户对行业的分析理解能力。

(2) 创造现金流的能力。

(3) 对行业风险的识别和把控能力。

(4) 忠诚客户的培养能力。从近几年客户数量变化、销售额和经营收入变化上判断。

(5) 营销能力和创新能力。从渠道建设、产品、服务、销售额、经营收入等方面判断。

(6) 该项目是否只是其临时过渡项目。

4. 看其投入多少

(1) 项目净资产占其家庭总资产比例越高越稳定。通常低于40%或资不抵债则需谨慎。

项目总投入＝一次性投入的房租＋转让费(门面、专利等)＋装修费＋固定资产投入＋购买存货投入＋其他费用(广告、保证金、社交等)

(2) 本次自有资金投入占本次总投入比例≥40%。

(3) 调整后的资产负债率≤60%。

5. 个人信誉度

通过征信、邻居、员工、上下游、同乡、市场管理方、协会等走访了解。

6. 主要负责人的个人特征

通过问、看、访等方式了解其年龄、有无不良嗜好、生活作风、投资性格、婚姻、家庭情况等。

(二) 倒推评估法

倒推评估法主要由四个问题组成，要用好这个方法，要求客户经理必须做到以下三点：一是必须清楚各行业的净利率——本评估法最核心的数据；二是一定要将"四个问题"烂熟于心并在评估过程中一一解决；三是要求客户经理既要在现场评估时使用，更要在数据、资料搜集齐并填写好评估表后使用非现场评估的方法再评估一次。

1. 倒推评估法的主要内容

(1) 客户贷款或授信的原因。

判断资金真实用途和贷款或授信合理性：

① 这时进货(补充流动资金等)是否合理；

② 根据现有存货的多少并结合行业、季节、往年销售量等因素，判断其进货的合理性和风险；

③ 是否跨行业投资，风险如何；

④ 是否盲目扩张。

(2) 客户应该贷款的额度。

判断其还款能力：

① 本次总投入是多少、客户现有多少资金(自有资金数据是倒推评估法的核心数据之一)、资金是自有的还是借来的、这次投入还差多少等；

② 通过净利率测算出客户每年的净利润，确认这些年净利润，而这些资金目前在哪里，以什么形态存在等；

③ 根据净利润、资金流向(通过看现金流水或银行对账单和问客户交叉验证)、权益存在的形态(看实物、存款、单据)、现在自有资金(看存单、账户余额等),判断客户是否应该贷款、应贷额度、是否存在其他隐性负债(过度负债)、是否有其他隐性投资或项目等。

(3) 应如何发放这笔贷款。

结合客户的情况考虑怎么防范该笔贷款的风险——从额度、期限、还款方式等方面综合考虑,设计产品、防范风险。

(4) 总体感觉情况。

据评估过程中所见所闻所感来综合判断,综合财务信息和非财务信息深入分析,一定要注意客户的一些细小动作和不经意的言论,一定要注意别人不经意的一句话,要真诚地回答自己:"我的感觉好吗?""有没有可疑的地方?"经过认真评估且总体感觉好的,风险一般都较小。

2. 倒推评估法的作用

(1) 可以判断客户是否有过度负债或隐性负债;

(2) 可以判断客户是否有其他项目或其他投资;

(3) 可以判断客户是否是理性消费或理性投资的人,更可以验证客户是否是诚实的人。

(三)"五步"调查法

一违,即调查分析企业的违约成本。

重点考察企业经营场所的所属权性质,设备的购置情况,企业已经营的年限和历史,品牌价值和企业经营模式的价值(未来利润或现金流)。以此估算出企业价值,再减去企业负债,最后得出企业的违约成本,然后分析企业的违约成本对企业的影响。

二品,即企业主的人品和企业的产品及行业状况。

了解企业主品行是否端正,有无不良习惯以及犯罪记录,重视信用的程度等。同时做好企业产品及行业的分析判断和选择。首先对行业进行分析判断,根据行业前景做出选择或回避的决定;其次了解企业在行业中的地位,是否属于生产技术先进,是否自主研发、具有生产创新能力,是否拥有技术和产品专利、产品商标,销售情况方面是否努力塑造企业品牌等。

三表,指的是银行对账单(或者现金流水、海关报表)、水表、电表。

通过收集客户每月银行往来数据、水费与电费单据、进出口企业的海关报表并进行综合对比,各方面信息交叉检验,了解信息的真实性,以及其生产的连续性、稳定性、产销的景气度和趋势等。同时须提前跟客户声明,一旦发现对方提供的信息不真实,就会立刻停止调查。事实证明,这样做的效果非常好。

四问,指的是询问生产人员、仓库管员、销售人员、管理人员。

询问其各自岗位上的一些情况及员工真实人数、工资水平、工资发放(是否及时,是否有拖欠)以及订单回款、进出货趋势变化等,将相关情况进行交叉检验,得出贴近事实的结论。

五访,走访客户相关机构。

走访办公室、生产车间,访原料及成品仓,访邻居,访上下游企业,访行业协会。这种走访、实地调查要做到内部、外部同时进行,确保信息真实。

(四) 望闻问切法(中医四诊法)

1. 望,即就是用眼睛实地查看客户状况

(1) 看小微客户的经营、生产场地的环境状况。

如果是商品流通和服务企业,看其经营场地、门店或商铺是否位于较好的位置,客流量的多少;看现场客户的多少;看经营地周围环境情况。

如果是生产企业,则看生产场地周围的环境状况;交通运输条件是否便利;是否位于政府的规划区域内;相关配套设施如电力、排污等是否齐全。

(2) 看各项制度是否完善健全情况。

查看的内容包括是否有生产管理制度并被执行;是否有安全管理制度并被落实;是否有财务管理制度并被履行等。

(3) 看生产、经营的运行情况。

① 看工艺流程。

从原料上生产线、产出半成品到生产出成品的整个生产流程和步骤是怎样的;中间有哪几个关键的环节;需要添加哪些关键的原料和辅料;生产的半成品和产成品的合格率。

② 看设备运行。

在整个生产过程中,有哪些重要的设备,这些设备运转是否正常;设备的新旧程度、生产出厂时间;设备的耗能、功率情况;设备运行是否安全;是否有闲置设备及闲置原因等。

③ 看员工状态。

看员工的工作情绪、状态是否正常;相关的生产操作流程是否认真执行;是否在安全生产。

(4) 看库存情况。

查看库存原料、产品的储藏条件是否适当;有无过期、变质、腐烂等不能使用的原料或产品;清点或估算原料和产品、存货的数量。

2. 闻,即通过多方走访方式从外围了解客户状况

可以以面对面、电话或用邮件的形式对以下人员进行访问:

(1) 对近邻进行访问。

访问的主要内容包括:小微客户的生意情况;业主的人品、习惯、爱好,有无其他债务等相关信息。

(2) 对小微客户的客户和供货商进行访问。

访问的主要内容包括:对供货商的货款是否按时支付,有无恶意的拖欠行为;给客户的供货是否按时、按质,其产品的市场评价如何;小微客户负责人的人品、习惯、爱好等。

(3) 对相关职能管理部门进行访问。

访问的主要内容包括:小微客户的经营发展史,有无违法经营情况;小微客户的生产经营能力、资质情况、许可经营范围等;企业有无对税、费的欠缴情况;企业经营者的经验、能力情况。

3. 问,即通过询问的方式从内部了解客户状况

(1) 对其员工进行访问。

访问的主要内容包括:

① 企业的经营、生产情况;

② 小微客户内部的管理情况；
③ 企业业主的人品、习惯、爱好；
④ 有无拖欠工资及其他债务等相关信息。
(2) 要与小微客户本人及股东进行交流询问。
询问的主要内容：
① 小微客户的基本信息，如年龄、住址、学历、联系方式、婚姻家庭情况等；
② 小微客户的从业经历和发展历程、经营实体介绍等；
③ 股权结构状况、各股东情况、经营管理及分工情况等；
④ 小微客户对所从事行业的认识、分析等；
⑤ 现在的经营、生产、销售情况；
⑥ 资产、负债、应收应付款的情况；
⑦ 小微客户利润情况；
⑧ 小微客户的发展战略或发展投资计划；
⑨ 小微客户申请贷款的资金用途。
(3) 要与负责经营生产的相关人员进行交流询问。
询问的主要内容包括：
① 询问生产设备的运行情况是否正常；
② 询问生产员工的工作情绪及工作状态；
③ 询问生产经营的主要原料、辅料、能耗情况等；
④ 询问生产、工艺流程；
⑤ 询问安全生产情况；
⑥ 询问半成品情况及半成品数量；
⑦ 询问日常的生产量。
(4) 要与销售的相关人员进行交流询问。
询问的主要内容包括：
① 产品的市场竞争力及市场行情；
② 产品的销售情况及销售数量；
③ 产品销售渠道和销售网络情况；
④ 货款的回收情况及应收款数量；
⑤ 产品的存货情况等。
(5) 要与负责财务的相关人员进行交流询问。
询问的主要内容包括：
① 销售收入、各项费用支出情况；
② 利润收入情况；
③ 资产、负债情况；
④ 资金的计划使用、资产运转情况；
⑤ 现金流量情况；
⑥ 有否拖欠员工工资情况等。

4. 切,即通过查看小微客户的各种经营资料进行评估

(1) 查看小微客户相关经营证照和经营资质证明。

查看小微客户相关经营证照和经营资质证明包括小微客户经营项目的营业执照、税务登记证、组织机构代码证等;合伙协议或公司章程;生产、经营场地的租赁协议;生产经营的资质证书,如是特种行业的需查看相关部门出具的许可证书,如消防许可证、安全生产许可证、环评报告、排污证等。

(2) 查看小微客户相关的生产经营活动资料。

资料包括代理经销协议、供货合同、销售合同、销售记录、客户订单;生产过程中所缴纳的水、电、气等费用的发票;销售产品的销售发票;员工的工资单、生产流程单;各项费用开支单据;其他经营活动的资料。

(3) 查看小微客户相关的资产证明。

包括生产、经营场地的产权证件,如房产证、土地使用证,以及购置这些资产的付款票据;机器设备的购买合同、协议和付款单据等;运输工具的相关证件及付款票据;现库存原料、产品的进货合同或票据;应收账款的供货证明、客户欠款单据等;现金及货币资金的银行账单、银行汇票、本票等;其他资产证明资料。

(4) 通过媒体、网络查看小微客户的行业信息。

通过媒体、网络等渠道了解小微客户所从事行业的国家相关政策规定、行业标准、限制范围及限制措施等;了解该行业的发展现状及发展前景、行情、价格趋势等;了解该行业的特点、运作模式等知识。

(5) 查小微客户的信用信息。

利用征信网络系统查看小微客户在银行的贷款情况、现在的余额、以前的还款记录、有无不良信用或恶意拖欠等;通过应付款资料或供货合同查看小微客户有无长期恶意拖欠的应付款项;通过税票、水电费等票据查看小微客户有无恶意欠缴各种税费情况。

5. 综合分析,即通过对以上方式获得的信息进行分析

评估人员通过问、看、查、访的方式了解到小微客户大量的信息后,需要对这些信息进行加工、整理、分析。为了确保调查评估得到的信息的真实性,评估人员要对通过各种方式和渠道得到的信息进行比较、核对和审核。

(1) 横向的交叉核对。

对同一个问题,评估人员要组织人员对不同来源的信息进行交叉审核,看是否一致或接近,如一致或接近,评估人员就可采信;如不一致,评估人员则应采纳对降低贷款风险有利的信息。

(2) 纵向的交叉核对。

对相关的两个或两个以上相关联的问题,评估人员可通过不同方式和渠道对得到的信息进行交叉核对,以保证相关的问题具有合理性和逻辑性。纵向交叉核对一般包括以下内容:

① 小微客户的发展历程积累的资产实力与现在的实际资产状况是否相符;
② 小微客户消耗的原料、辅料、能源与其生产量是否相符;
③ 小微客户的销售情况与收入、利润情况是否相符;
④ 小微客户提供的银行账单是否与其实际经营情况相符;
⑤ 小微客户的应收账款是否与销售情况相符,应付账款是否与进货情况相符。

(3) 信息来源可靠性分析。

当通过不同方式和渠道得到的信息不一致时,评估人员可通过分析信息来源渠道的可靠性,决定采信哪些信息。一般情况下遵循以下原则:

① 通过"闻"得到的信息比通过"问"得到的信息可靠性高。因为评估人员问的是企业的内部人员,内部人员在交流时有可能会回避一些不利的信息,或夸大有利的方面,而访问外部人员得到的信息真实度较高。

② 通过"切"资料得到的信息比通过"闻"和"问"得到的信息可靠性要高。

③ 外部提供的资料比内部提供的资料可靠性高。

④ "望"到的信息,如果能有相关资料的佐证则可靠性较高。

三、小微客户资信评估内容

对小微客户一般从以下方面进行资信评估:非财务信息、生产经营、财务数据、借款或授信合理性分析。

(一) 非财务信息(问、访、看)

1. 基本素质方面

基本素质方面包括申请人的年龄、文化程度、从业经验、行业经验、性格特征、敬业精神等。一般而言,35岁以上相对来说性格比较稳定、持重,经营的稳定性也相对较好。

(1) 在从业经验方面,从业越久,经验也越丰富。对经营风险大的其把控能力也越强。需要注意两个方面:① 家族企业二代接管的申请人,若有上一代的指导和监督,相对来说经营会比较稳健;② 一个人从事的行业越多,且各个行业相关性不大的话,则此人的经营稳定性是很差的,这时候要提高警惕。

(2) 素质与经验方面。可从客户是否称职、合格,行业管理经验及熟悉程度,高层管理人员是否已各司其职,各尽其责,管理层的团结精神、合作能力、协调能力如何等方面判断。

(3) 客户的性格特征和敬业精神方面。客户的性格可以分为稳健型和进取型等。稳健型的小微客户给银行带来的风险较小,而进取型的小微客户可能就比较倾向于高风险的经营决策,进取精神成为经营成绩的关键。

2. 家庭婚姻状况

(1) 婚姻状况。

一般而言,已婚的比未婚的更稳定,责任心更强。

(2) 家庭成员。

子女、父母状况。有子女、父母的比没有子女、父母的责任心要强,但有可能家庭支出大。

(3) 核查谁掌握经济大权。

争取让掌管经济大权的人签字或担保,这对控制贷款风险非常重要。

(4) 家庭资产、负债及收支状况。

对于家庭婚姻状况,我们也要具体问题具体分析,一个人出现婚姻破裂,如离异、再婚等情况,并不表示这个人道德品质有问题,毕竟感情是双方的,也要根据实际情况分析。

3. 客户个人社交背景状况

客户个人社交背景状况包括个人的信用记录、人际关系、社交背景等,就是看其个人交往的朋友和口碑。"物以类聚,人以群分",朋友圈是好的,有实力的,这个人肯定也差不到哪里去,即使这个客户暂时遇到困难,朋友也会挺身而出,解囊相助的。

4. 客户嗜好

关注客户的不良嗜好,包括赌博、吸毒、非法集资等。

5. 生产经营管理能力

看企业的生产经营管理能力,除了前面人品环节中需要注意的企业主个人能力要素外,还要注意高层组织的稳定性和内部管理现状。

(二) 生产经营(问、看、查、测、访)

1. 看其经营能力和态度

(1) 客户对行业的分析理解能力,对行业风险的识别和把控能力;
(2) 创造现金流的能力,包括现金流是否稳定,流量如何;
(3) 忠诚客户的培养能力;
(4) 营销能力和创新能力;
(5) 该项目是否只是其临时过渡项目;
(6) 看项目数量,即小微客户同时经营的项目数量。一般而言,小微客户同时经营的项目不宜超过两个,尤其是不相关的项目越多则风险越大。

2. 看行业

(1) 行业发展趋势:客户现属行业是朝阳还是衰退行业,竞争激烈与否;
(2) 行业相关数据:毛利率、净利率、正常流动资金需求量、存货平均存量及周转次数、应收款(百万元应收款占比、平均账期)、每百万元销售收入需投入多少资产;
(3) 行业淡旺季及资金需求时间和资金闲散时间;
(4) 经营模式:生产加工型、流通(含厂带店、批发、零售)、贸易型(内、外)、其他;
(5) 行业风险点。不同行业的风险点不一样,如养殖行业的风险点是病害防治、养殖技术、政策变化和销路,可以从这几点评估养殖客户的风险。

3. 看产品

(1) 产品所处的整个行业宏观环境。

每个企业都处在某一特定行业,每一行业都有其特定的风险,在同一行业中的小微客户要面对共同的行业风险。在分析行业环境时,主要关注行业政策,这里的政策包括行业的法律政策、经济政策等。经济政策是调控宏观经济环境的重要因素,国家经济政策的变化对行业的发展会产生不同程度的影响。

(2) 经济周期是否影响销售。

一般来说,行业的发展具有一定的经济周期性。经济的周期性变动势必会或多或少地影响行业销售的周期性变动。销售不受经济周期影响的行业,其风险较低;销售只受经济周期轻度影响的行业,其风险较高;高度周期性或反周期性行业的贷款,属于高风险。

(3) 行业产品的替代性。

替代产品是指那些与某一行业的产品有基本相同功能或能满足相同需求的产品。产品的替代性与贷款风险有如下关系:

小微客户所在行业的产品有替代产品时,则意味着当该产品的价格发生变动时,产品购买者可能会转向其替代产品。衡量这种转向的指标是该产品与替代产品的价格差距——当价格差距过大时,购买者会转向替产品。因此,替代产品种类越多,贷款所面临的风险越高。分析顾客使用替代产品的转换成本,当替代产品的转换成本较高时,风险较低;当替代产品的转换成本较低时,风险较高。

如果一个行业的产品性能独特和自然垄断,如城市供水、供电行业,不存在替代产品,也就不存在行业产品被替代的风险,而如果一个行业的产品有许多替代品,而且转换成本较低,则该行业产品被替代的可能性很大,相应的行业风险也就比较大,如化纤制品作为服装面料可替代棉织品,火车、汽车和飞机作为交通工具可以相互替代。

4. 看产品质量

看产品就是看这个产品质量如何,是否有竞争力。一般而言,在调查生产型企业的时候,会从企业的生产流程入手,了解整个企业的生产环节,从中可以发现一些端倪。生产型企业的经营循环主要包括采购、生产和销售三个环节,只有这三个环节顺利进行时,才能完成企业的持续经营和资产转换周期,并保证贷款的及时偿还。

(1) 采购环节——看仓库。

看仓库,判断供应商数量及对供应商的依赖度、存货周转率。可以看库存原材料等状况,库存多不多,采购如何进行,等等。采购环节的主要风险在于原材料价格、购货渠道和采购量等方面的控制。一般来说,如果企业能够影响其供应商的价格,就能够很好地控制其生产成本,按计划完成经营周期,实现经营目标。同时,如果小微企业采购渠道较多,企业就会获得较好的采购价格和稳定的供应,从而保持较低的存货储存量,降低成本。

(2) 生产环节——看流水线。

看流水线,判断流程管理、部门配合、材料浪费、设备是否先进、质量控制、开工率、生产时间、工人工资及其工作状态等。

生产的连续进行,先进的生产技术和产品质量的管理是影响企业生产环节顺利完成的主要因素。

看客户的开工率状况,企业开工率能够直接反映客户的生产是否景气;产成品状况,产品制作工艺是否完善,质量是否过关,积压是不是很多;生产机器状况,机器的价值、精密度;有没有污染,是否符合国家相关规定。

在看企业的生产流水线时,还有两个细节需要我们注意:一个是双人调查时的私下沟通,主要是与员工聊天,了解工资的发放情况、日常开工情况等,从侧面了解企业生产经营;另一个是了解客户的相关质量管理认证,尤其是出口型企业,相关的认证等能反映客户的产品质量。

(3) 销售环节——看销售部。

看销售部,了解客户的产品销售情况,主要看四个方面:

① 产品卖给谁,就是客户的构成情况,包括客户数量、销售是不是集中、国内国外构成等;

② 谁在卖,就是销售人员状况,有多少销售人员,销售人员的考核方式是什么;

③ 怎么卖,也就是销售的渠道是怎么样的,这些都能反映产品在整个市场中的竞争力情况;

④ 销售信用政策,是先款后货还是先货后款,结账期是多久,应收款余额及账龄,应收款前五位份额等。

(三) 财务数据

通过问、看、查、测等方法与客户讲的数据交叉验证。

1. 费用支出评估

费用支出评估包括产品成本、工资、租金、水电气、税金、利息、按揭还款金额等。

2. 测算贷款或授信额度

利用倒推评估法评估,一是逻辑检验客户以下数据并初测贷款或授信额度:销售额、利润、毛(净)利率等;二是利用倒推评估法评估资产(权益)积累情况、资产负债等;三是交叉检验日常营运资金需求量与年销售收入,测算营运资金周转次数,测算贷款或授信需求量。

3. 现金流检验

(1) 检验公式。

$$初步设计产品 = 估算贷款额度 + 设计还款方式 + 借款期限 + 初定利率$$

$$现销比 = 销售中收到的现金 \div 销售收入$$

$$活期(月、季、年)日均存款余额 = \frac{当期活期利息}{日利率} \div 计息天数(客户回报、贷款额度、还款方式、利率定价)$$

(2) 应收、应付款项核实。

对金额较大或突然增加的大额款项须向关系人查证。

(四) 借款或授信合理性分析

1. 借款或授信原因

借款原因分合理和不合理两种情况。分清借款原因的合理性有利于把握贷款的安全性和合规性。

2. 合理的借款或授信原因

(1) 销售增长。分季节性销售增长和非季节性销售增长。销售增长还包括预期销售增长产生的购买行为。

(2) 业务的正常扩张。例如,正常条件下的产品供给不上,要求生产能力增强,资产规模扩大,设备再添置等。

(3) 营运能力降低。包括应收账款回收期拖长、存货周转率下降等。

(4) 在资产结构基本合理的前提下,因自有流动资金不足产生的短期周转资金不足。

(5) 因原料或产品行情上涨,为正常囤货。

(6) 兼并、收购等资本运作。

(7) 暂时性费用的增长。

3. 不合理的借款或授信原因

(1) 资产结构不合理。

不合理情况按其程度分为铺底流动资金匮乏、流动资金用于固定资产投资、固定资产投资规模过大造成自有流动资金严重不足等几种情况。

(2) 业务规模过度扩张。

表现为固定资产投资过多,新产品、新项目投资过大,对外投资过度,在某些环节严重滞后于整体业务发展。

(3) 财务状况恶化。

应付账款不能如期偿付,存货积压严重,销售难以实现,应收账款大量难以收回,财务费用和管理费用过高超过企业负担,需依赖借款支撑业务经营、弥补经营亏损。

(4) 经营管理状况恶化。

经营恶化导致经营管理者准备退股或散伙,借款用于弥补退股等补偿;经营管理能力已无法扭转亏损现状;贷款用于因非法经营导致的经济处罚;外部环境对其产生极不利的影响,如环保强制标准,等等。

(5) 非法用途。

一是股本性权益投资;二是贷款用于高风险投机;三是贷款用于借贷;四是贷款用途及经营项目非法。

4. 正常借款或授信用途

(1) 合理流动资金不足产生的短期流动资金贷款用途。表现为采购原材料,应收账款难以及时回笼产生的资金流转困难。

(2) 因资本运作产生兼并、收购等资本扩张。

(3) 因适度规模扩张产生的固定资产投资贷款。

(4) 因加强科技开发而产生的技改贷款。

(5) 以稳定收入作为还款保障的消费贷款。

(6) 因项目投资产生的以项目收益归还贷款的项目贷款用途。

5. 不正常的贷款或授信用途

借名贷款、挪用贷款、股本权益性投资贷款、非法经营。

6. 对借款用途的控制

(1) 对借款用途的事前控制。

对有关贷款用途,一般在贷后因小微客户进货渠道不同产生汇款等结算方式,能在贷后加以验证。对明确用款计划及付款对象的贷款可在合同中加以约定,并可借助账户加以事前控制。

(2) 对借款用途的事后控制。

借助单证、合同、可行性报告等加以控制。每一项经济活动,一般均有相应的凭据及合同。例如,购销合同、加工承揽合同、出口产品协议、建筑承包合同(招投标公告)、增值税发票、修建修造合同、项目可行性报告等,这些都有利于加强对借款用途的深入调查和事后控制。

7. 还款来源调查

小微客户的还款来源包括现金流量、资产转换、资产销售、抵押品清偿、重新筹资及担保人偿还六种。由于这几种还款来源的稳定性和可变现性不同,成本费用不同,风险程度也不同。经营现金流量是偿还债务最有保障的来源,即经营现金流越佳,还款越有保障,见表4-1。

表4-1 还款来源与风险

还款来源分类	还款来源细分	五级分类
第一还款来源	经营现金流量	正常
自身第二还款来源	资产转换、资产销售、抵押品清偿、重新筹资	关注
非自身第二还款来源	担保人偿还	次级

8. 还款来源和资产转换周期

资产转换周期是银行信贷资金由金融资本转化为实物资本,再由实物资本转化为金融资本的过程。首先,资产转换周期的长短,一般是银行确定贷款期限的主要依据。贷款期限过长或过短都容易导致小微客户贷款出现逾期违约。其次,资产转换周期的内容,能为贷款目的和还款来源提供有用的信息。

资产转换周期涵盖两个方面的内容:一是经营性循环,即一个经营周期为一个产供销过程,资金在一个经营周期内以销售形式或提供劳务转换成现金。二是资本性循环。小微客户投入资金用于固定资产等以扩大再生产,然后资本通过折旧方式在小微客户未来多个经营周期内收回。

银行贷款期限到期日一般和一个经营性循环周期相吻合,贷款期限过长或过短,都会导致客户可能因资金不能及时回笼而出现不能以现金流量还贷的情况。

存货持有天数增加、应收账款回收期增长都会导致经营性循环周期的增长,增加融资需求期,延期应付账款则会缩短小微客户的融资需求期。

9. 还款来源调查的其他注意事项

(1) 还款来源是一个比还款可能性更能直接衡量小微客户还款能力的重要调查项目。但不同行业客户的资产转换周期不同,由此产生的还款来源分析也各不相同。例如,房地产建筑企业、项目贷款、交通运输企业、餐饮娱乐业、季节性明显产业等,其还款来源分析具有各自不同的特点。

(2) 对自身第二还款来源中的重新筹资风险应有清醒认识,小微客户目前经营状况尚可,或权力显赫,筹资能力很强,但是这绝不能成为借款的主要理由,当小微客户经营状况恶化、权柄他落时,无疑是"屋漏偏逢连夜雨",重新筹资能力会迅速化为乌有。

(3) 有些小微客户的贷款明显缺乏还款来源,调查人应予质问,并要求借款申请人提供可行、可靠的还贷来源保障。

四、小微企业常见风险与控制

如何准确评估一个小微客户是一项复杂且具有挑战性的工作。小微客户评估要求高、环节多,具有"点多面广,面面俱到"的特点,一个点评估不到位都极有可能产生信贷风险。

(一) 小微客户本身风险

1. 品质及道德风险

借款人的品质及道德风险通常表现在以下六个方面:

(1) 借款人有不良的信用记录,以前贷款有拖欠或已有逾期的拖欠贷款。
(2) 借款人拖欠供货商的货款。
(3) 借款人拖欠税费、电费、水费等费用。
(4) 借款人拖欠其员工的工资。
(5) 借款人人品差,如有欺诈或欺骗行为、有不良嗜好、长期赖账不还、坑蒙拐骗、曾被司法机关判监坐牢等。
(6) 借款人不想让家人和其合伙人知道贷款。借款人不想让其父母、配偶、恋人、股东(合伙人)知道贷款,这笔贷款很有可能会形成风险。但在实践中有些小微客户因各种原因不想让配偶知情,对这种情况要区别对待。例如,若该笔借款真正用于小微客户的生产经营项目,可以考虑给予贷款。

对于有上述行为的人,如果是恶意的,则应拒绝为其提供贷款。如果是借款人虽有上述拖欠,但是非恶意行为,且时间都不长,只是其信用观念淡薄,没有意识到信用记录的重要性,同时借款人是有还款能力的,在这种情况下,可与借款人就信用意识进行交流和沟通,提高借款人的信用意识,增强其信用观念,让他认识到信用记录的重要性。如果借款人接受,则可先向其提供小金额的贷款,并要求提供担保。如果以后还款记录良好,可逐步增加贷款金额。

借款人的品质及道德风险是贷款风险中最严重的风险之一。如果是一个品质及道德好的人,即使在还款能力不足的情况下,虽有可能会拖欠,但也会很配合,积极还款。但如遇到品质及道德很差的人,就会想方设法地拒还贷款。所以只要确定借款人是品质、道德很差的人,则不应给予贷款。

2. 经验及能力不足风险

(1) 借款人经验不足。借款人行业经验和能力不足往往会导致其经营项目的失败,从而影响到其正常的还款能力。对于行业经验不足的借款人,一是要求其本项目经营时间必须达到六个月或以上,保证经营正常稳定后才给予贷款;二是看借款人有无其他收入来源,如有则在其他收入来源的基础上确定贷款额度;三是要求提供可靠的担保人。

(2) 借款人管理不足。由于借款人对企业的管理不足,其企业的资产就可能受到损害,企业的收入就会明显下降,如果情况严重,会危及企业的生存,甚至使其倒闭,最终会影响到偿还贷款,从而使贷款面临风险。贷款机构的评估人员发现管理不足的现象后,要与借款人沟通,让其尽快纠正;如果情况严重,足以影响到还款能力时,应要求借款人采取整改措施,有明显效果后才考虑给予贷款。

3. 还款能力不足风险

借款人还款能力不足通常表现在以下五个方面:

(1) 经营项目投资较小或固定资产少、很容易转移或出让。

(2) 经营项目利润少,收入不足。

(3) 调整后的资产负债比率过高。

(4) 流动比率和速动比率过低。一般情况下,流动比率为2,速动比率为1,则较合适。

(5) 现金流入量相比每期的还款额较低。

当借款人出现贷款申请额与其还款能力不足时,应降低贷款额度,在借款人的还款能力内发放贷款;也可要求提供抵押或保证担保。

4. 过度负债风险

(1) 借款人过度负债通常表现在金融机构贷款、应付货款、应付工资、各种应付税费等债务很大,超过了其资产的承受能力;有大量的民间借贷,特别是有高利贷;已经严重资不抵债。

(2) 借款人过度负债,导致其经营破产的情况在实际操作中经常发生,最终不能偿还贷款,这是目前小额贷款面临的最大风险之一。主要原因有:

① 目前发放小额贷款的金融机构、非金融机构众多,竞争激烈,使得借款人能很方便地在多个贷款机构贷款;

② 在一些地方,民间借贷活跃,利率较高,借款人也能很方便地借到资金;

③ 目前征信系统不完善,人民银行征信系统只包含了银行和少数非银行金融机构的债务

信息和信用记录,众多的类似于小额贷款公司、民间融资的债务信息和信用记录不在征信系统内,又无其他查询平台,这为贷款机构全面评估借款人的债务带来了难度。

(3) 为了能获得贷款,对于其拥有的资产,借款人会充分地展示,评估人员可通过提供的资料实地查看,进行分析和掌握;但对于其负债,借款人有可能会隐瞒。对借款人债务的评估是整个评估工作的重点,也是评估的难点。由于存在上述问题,借款人的负债往往不能被全面掌握。除了与借款人充分交流沟通和通过人民银行征信系统了解借款人债务信息外,还可通过以下方法进一步分析:

对借款人的员工、邻居、朋友等进行访问,了解其有无大额的应付工资、民间融资、高利贷债务等信息。

对借款人的供货商、客户等进行访问,了解其有无大额的应付货款、其他欠款信息。

将借款人的发展历史、收入来源与其现有的资产实力进行对比分析,如其历史收入大大小于其现有资产额,则有部分资产有可能是通过债务形成,借款人没有公开这部分债务,应进一步与其沟通确认;如果其历史收入大于其现有资产额,则有可能是借款人隐瞒了资产。

如怀疑借款人有其他大额负债,但又难以查实的,可要求借款人签署《债务声明书》,声明书中规定,借款人对其所有的债务必须全面向贷款机构公开,贷款机构以此声明书为依据之一为借款人提供贷款,如借款人隐瞒债务的,将构成合同欺诈,贷款机构有权对其追究法律责任。

对于负债较高的借款人(负债率已达50%,未到70%),一般不应再为其提供贷款,如要贷款,则应提供抵押或担保。对于负债很高(已达70%以上)甚至有高利贷的,应坚决不给予贷款。

5. 贷款用途风险

在评估贷款时,一定要对借款人的借款用途进行认真分析,因为有时在贷款用途上本身就存在风险。主要用途风险有:

(1) 贷款用途不明确。

对于贷款的用途,借款人不能明确地告知,或回答时遮遮掩掩,或告知的用途与实际情况不相符合。如借款人称将贷款用于进货,但借款人的存货已很多,没有再进货的必要,则借款人可能在说谎。

对于借款用途不明的,借款人很可能是为了掩盖真实的用途,还有可能隐瞒了其他的信息,这样风险较大,对这样的情况应拒绝发放贷款。

在借款人明确告诉经核实的真实用途后,可酌情考虑是否发放,仍存有疑虑的可要求提供担保。

(2) 用于高风险投资。

将贷款用于借款人没有经验的项目、高风险行业项目、不确定因素很多的项目投资上,且投资额度大,占借款人资产比重大的情况下,一旦失败,将会使借款人蒙受重大损失,丧失还款能力。在这样的情况下,可要求担保、抵押或质押;如借款人无其他负债,可在假设投资失败后的还款能力上发放相应额度的贷款。

(3) 用于没有资金保证的项目。

指对于投资一个新项目,借款人没有自有资金,一开始就借款投资,对于后续的资金投入没有明确的来源,或规划存在不足,这样的投资会造成资金断链,最终投资失败。对这种情况,一定要求借款人应有相当比例的自有资金,贷款只能是投资的一部分。如无法落实自筹资金,应拒绝发放贷款。如无其他负债,在现有经营项目运转良好的情况下,可发放抵押担保贷款。

(4) 用于效益差的项目。

对借款人将资金投入预计未来效益不好的项目,因还款能力会受影响,可要求借款人提供保证、抵押、质押担保。

(5) 用于弥补持续性经营亏损。

借款人经营项目持续严重亏损,现在连最少的流动资金都没有,完全靠贷款维持运转,且预计后续的一段时间内都不会有盈利,这样的贷款应不予以发放。

(6) 借新债还旧债。

借款人现已有很高的债务,但靠正常的经营无力偿还,只能靠贷款来归还已到期的债务,这说明借款人已过度负债,已无还款能力,应拒绝再给予发放贷款。

(7) 用于非正常经营活动支出。

借款人将贷款不是用于现有的经营项目,也不是用于投资,而是用于其他方面,如借给别人、用于自己的豪华消费等。对于将贷款用于非正常经营活动的,要分析贷款额度是否在其还款能力内,是否在其资产承受能力内,如后续无其他大额开支,可在还款能力和资产承受能力内掌握好贷款额度给予发放。如用于给自己治疗重大疾病,由于一旦借款人病故,债务可能会落空,应不给予发放贷款,如有足值的抵押或质押,且遗产继承人承诺还款,可在抵质押物价值内发放贷款。

(8) 用于非法经营活动。

将贷款用于违法经营、赌博、贩毒、行贿等违法活动的坚决不给予贷款。

6. 转移财产风险

借款人转移财产通常表现在以下两个方面:

(1) 所有或大部分财产不在自己名下,而是转移到别人名下;

(2) 夫妻之间办理假离婚,将财产转移登记在其中的一方,以另一方的名义来申请贷款。

对借款人蓄意转移资产的行为,其目的很可能就是为了逃避债务,所以面对这种情况时,最好不要给其贷款,或办理足值的抵押、质押贷款。

7. 资产结构与负债结构不对应风险

借款人过度负债通常表现在:流动资产占总资产的比例较低,固定资产所占比例较高,而短期负债占总负债的比例较高,长期负债所占比例较低。

由于短期负债是快要到期即将偿还的负债,它只能由变现快的流动资产偿还。如果流动资产与流动负债不对应,则短期负债的偿还可能要用固定资产,一方面会影响借款人的正常经营,另一方面也可能造成短期债务不能按时偿还。

8. 经营风险

借款人经营风险通常表现在以下十个方面:

(1) 借款人使用或经营的原料或产品质量低劣;

(2) 进货成本费用很高;

(3) 借款人生产技术条件落后,机器设备老化、陈旧,生产工艺差;

(4) 安全生产条件差,消防安全隐患严重,没达到国家规定的安全要求,事故风险高;

(5) 销售渠道单一,过分依赖少数客户;

(6) 应收账款收款期长、余额大,收款困难;

(7) 营业利润率低,费用大,经营杠杆高;
(8) 产品技术含量低,无竞争力;
(9) 经营业绩中,主营业务盈利较小,毛利润率和净利润率低,甚至处于亏损状态;
(10) 存货周转率低,且存货中有大量废品。

由于存在上述的经营风险,当某一情况严重后,可能会使得借款人的企业处于不稳定的经营状态。贷款机构的评估人员发现有上述的经营风险后,要与借款人沟通,让其尽快扭转这种不利的局面。如果借款人企业虽然有某些方面的经营风险,但并不严重,或短时间内无法改变,预计将来一段时间内也不会形成大问题,不会损害其还款能力,可考虑提供贷款,视情况可要求提供抵押或担保。如果情况严重,足以影响到还款能力时,应要求借款人企业消除或减轻这种风险后才考虑给予贷款。

9. 恶意举债风险

借款人恶意举债是指在贷款机构给借款人放款后,借款人仍继续向其他金融机构和个人融资,如果债务继续增大,超过其还款能力,造成过度负债,则对贷款构成很大风险。对于这种情况可从以下方面进行把控:

(1) 在放款前,对借款人的融资行为进行分析。如果在申请贷款之前或正在申请贷款时,借款人同时向多家贷款机构申请贷款,或向其他机构和个人借款后,仍会大量举债,很容易造成过度负债。对这种情况应不给予放贷,即使要放款也应在抵押或质押足值的情况下放款。

(2) 放款时,为了防止借款人在放款后继续融资,可在《借款合同》里规定,也可由借款人做出单独的书面承诺,限制借款人在贷款期间再进行融资的行为,或即使需再融资,也应在金额或融资比例上做出限制性规定,如违反视为违约,贷款机构可提前收回贷款。

(3) 放款后,要加强贷后监督管理。对发现有大量恶意举债行为的,要及时制止,如借款人不听的,可对同业的各贷款机构发出风险预警,告知各贷款机构借款人已负债情况和违约情况,导致借款人不能再融到资。

10. 借款人经营资质风险

通常表现为借款人不具备相应的法定的经营条件和经营许可,包括:

(1) 借款人经营项目需特种许可的,没有特许经营证明,如无安全生产许可证、环保证、消防证明等。

(2) 污染严重、消防安全不达标、安全生产隐患严重等其他情况。

前一种情况是没有得到政府主管部门的许可,属于无证经营,在这种情况下,借款人有可能随时被政府部门责令关闭;后一种情况虽有可能有相关许可证件,但实质的经营活动不能达到相关法律法规的要求,也有可能被关闭或停业整顿。因此,对上述情况最好不要给予贷款。

11. 股权风险

(1) 在合伙企业中股份占比少,借款人在企业中不占主导地位。

(2) 虚假股权风险。在企业中,借款人本来没有股权,但为了能贷款,制造虚假的公司章程和合伙协议。

对于前一种情况,由于借款人没有决策权,对收入和资产的分配不能自己做主,债务的偿还受到很大的限制,同时也意味着借款人只有较少的收入,还款能力有限,因此,放款金额不能超过其收入水平,同时,应要求具有决策权的合伙人作为担保人或共同债务人。为了防范第二种情况,一是要对提供的公司章程或合伙协议进行真实性调查;二是要对企业的员工进行走访,核实合伙行为是否真实;三是要求其他合伙人提供担保。一旦核实是借款人虚构股权,应拒绝贷款。

12. 借款人突然还款能力下降或丧失还款能力风险

(1) 借款人突然遭遇资产的重大损失,如遇洪水、泥石流、雷电、火灾、被盗、被抢等;

(2) 借款人严重疾病不能自理或死亡,丧失了还款能力。

为了防止借款人突然遭遇资产的重大损失风险,可要求借款人对其资产购买财产保险,并明确规定,在贷款期限内,保险的第一受益人是贷款机构。

为防止借款人严重疾病不能自理或死亡风险,在发放贷款时,可要求其财产继承人,或有可能对其财产进行实际控制的人作为共同债务人签字。

13. 婚姻、家庭和居住不稳定的风险

(1) 借款人婚姻及家庭不稳定。

如家庭不和、离异或有多次婚姻史,与父母、大部分的兄弟姐妹及亲戚等关系恶劣等。

婚姻、家庭不稳定的借款人往往会隐藏很大的风险。婚姻、家庭不好的人往往也经营不好事业,要么品德有缺陷,要么没有将主要精力用在经营事业上。同时,如果在夫妻之间关系不好时贷款,一旦双方离异,很多时候双方都会极力逃避债务,这样也会对贷款的回收造成很大麻烦。

(2) 借款人及家人的健康不稳定。

如借款人身体不健康或有严重疾病,借款人家人有重大疾病等。如果借款人或其家人有重大疾病等健康问题,借款人往往会花费巨资用在治疗上,从而会影响到还款能力,如果借款人死亡,则债务往往也会得不到落实,从而使贷款落空。对于借款人本人有重大疾病等健康问题的,最好不给予贷款;如果是其家人有重大疾病等健康问题的,可考虑增加担保。

(3) 借款人居住不稳定。

如借款人非本地常住人口,在本地无固定居住地或无住房。由于借款人居住不稳定,流动性很大,在贷款后如果借款人离开当地,则对贷款的回收造成很大麻烦。如果向居住不稳定的借款人发放贷款,一是要求其提供在本地居住稳定、有实力的人担保,或是在本地居住稳定、对借款人有控制力的人担保;二是如果借款人在本地的经营项目很稳定,投资很大,不宜轻易转让,居住的稳定性则不重要。

(二) 贷款机构操作风险

1. 信贷管理机构内部管理风险

(1) 信贷管理机构内部设置不合理或不健全。

信贷管理机构内部设置不合理或不健全,对贷款的调查、审查与审批、审计没有专门的部门和人员,或设置不合理,导致贷款风险把关不严。

(2) 没有合理的风险管理与控制方面的制度和政策。

没有合理的风险管理与控制方面的制度和政策,致使业务操作流程不合理、不规范,或风险管理与控制的方法或措施不合理,存在重大缺陷,这将使贷款管理混乱,贷款风险高。制定合理、全面的信贷风险管理制度是内部信贷管理非常重要的工作。主要的信贷风险管理制度应该包含贷款业务操作流程、风险管理办法、贷款调查评估办法、贷后管理制度、违规处罚制度等。

(3)信贷评估人员专业能力不强。

信贷评估人员专业能力不强,对贷款的分析、评估和风险控制能力差。应经常性地对信贷人员进行培训,提高他们的专业技能和专业水平。

(4)信贷从业人员道德素质差。

信贷从业人员道德素质差,索要回扣或收受贿赂,或内外串通骗取贷款。贷款机构用人一定要严格审查,道德素质差的坚决不能用,发现有索要回扣或收受贿赂等严重违规行为的一定要严厉处罚。

2. 评估信息不对称风险

贷款的调查评估是评估人员在有限的时间内对借款人进行了解,不能将借款人的信息全面掌握,如有借款人故意隐瞒不利信息的,则不能掌握的信息更多,这就造成了信息的不对称。即使经验丰富的调查评估人员都有可能因这种信息的不对称而不能做出正确的分析和评估。因此,除了提高评估人员的专业能力外,还可通过以下方法解决这一问题。

(1)多渠道交叉核实。

为了防止信息不真实风险,要对信息进行多方式、多渠道交叉核实。即对某一重要信息,可通过将多种方式得到的信息加以比对,核对是否相吻合,如除通过与借款人沟通外,还可要求提供证明资料,或访问其员工、供货商、客户加以证实,或可到现场亲自查看。也可对同一方式得到的信息从不同渠道来了解核实,核对是否相吻合,如为了核实营业收入信息,除可查看其账本外,还可看进货记录,或与之经营相关的银行对账单等,看这几方面的数据是否一致。再如为了核实借款人的品质,除访问员工外,还可访问其邻居、供货商或客户等,核对是否一致。

(2)提供共同债务人、担保人或抵押。

当对借款人的信息进行了核实,但仍存疑虑的,可要求借款人提供共同债务人或担保人。愿为借款人做担保人或共同债务人的人,一般情况下应该是对借款人比较了解的人。否则,不会轻易为其做共同债务人或担保人,这就从一定程度上弥补了信息的不对称性。

(3)资产的评估要准确全面。

一般情况下,借款人为了能贷到款,会尽量全面展示自己的资产。但有时借款人为了以后逃避债务,也会故意隐瞒自己的资产。因此,对借款人资产的评估一定要准确全面,既不要夸大,也不要遗漏,以防一旦借款人不能归还,可对资产采取相应的措施。

(4)业务人员本地化。

对于在多个地方开设机构的贷款机构,在人员配置上,应尽量选用对当地情况熟悉的或当地的业务人员。由于信息的不对称性,外地的业务人员在评估借款人时,对其资产实力特别是非财务信息的了解程度有限。如果是本地的业务人员,由于居住时间长,或许对借款人的情况有所了解,即使不了解,也可通过当地的人脉优势进行多方访问,这样得到的信息也比较真实。

(5)负责人承担无限还款责任。

按《公司法》的规定,"有限责任公司的债务以股东出资额为限对债务承担责任",偿还债务,除将企业的资产抵债外,股东不再承担偿还义务,而实际上,由于企业是负责人控制的,其个人家庭财产和企业财产往往很难划分。为防止借款人逃避债务,在以企业主的名义发放贷款时,让负责人承担无限还款责任。

3. 现金流分析不到位风险

由于小微客户财务制度不健全,在难以获得其经营记录的情况下,越来越多的贷款机构淡化了企业财务报表的调查分析,将调查分析的重点转移到借款人的现金流分析。

借款人银行账户的资金流动情况最能直接反映出借款人的经营情况和资金活动状况,借款人银行账户是借款人还款能力最直接的参考分析依据。评估人员对借款人的银行账户对账单分析时要注意以下情况:

(1) 必须确认银行账户是借款人自己的。

银行账户的户名一般情况下应是借款人自己的名字或借款人企业的名称,也可能是其家人的名字,也有的企业主将账户用其核心员工的名字。总之,无论以谁的名义开户,都应该是与借款人密切相关的人,且都能证实其关系。不能是与借款人无关联的人的银行账户,防止借别人的账户冒充。同时,银行对账单要有开户银行盖章确认。

(2) 与经营活动相关的银行账户。

如果借款人提供的银行账户不是经营活动中使用的账户,则不能反映出借款人的经营情况,根据这样的对账单来分析其经营状况就不准确。

(3) 在分析银行对账单时,要注意有无异常的、不正常的现象。

① 借款人账户以前现金流量很少,从近期某一时间开始现金流量突然增大,与正常的经营活动不相符,且没有合理的解释,资金来源也不明确。这种情况下要注意借款人为了贷款,有预谋地做了前期准备,制造了银行对账单现金流的假象。

② 借款人账户存取活动很频繁,但余额很少,或长期基本无余额。如是转账进入又立即取出的,表明借款人资金非常紧张;如是存现进账又立即取出的,也有可能借款人是在制造假象。

③ 借款人银行账户有大额的、来源和去向都不明的资金进出,要注意借款人是否在利用其账户进行洗钱活动。

第三节 信用风险法律管控

一、合同中常见风险

企业信用管理是"重合同,守信用"的基础,合同管理是企业信用风险法律管控的重要内容,也是企业信用管理制度的重要组成部分。面对复杂多变的市场环境,企业基于对安全运营的需求,由单纯重视诉讼管理,转为重视日常合同管理,这有利于提高企业信用风险法律管控能力和提高企业整体竞争力。

(一) 合同订立中的法律风险

(1) 未对合同对方资质(营业执照、业务许可文件)进行审查,未对合同对方信用进行审查。

(2) 未按内部程序履行签订手续。

(3) 合同先履行后签订,先签章后填写合同内容等,合同章加盖不符合规定,影响合同效力。

（4）合同上载明的当事人名称与实际签章不符。

（5）合同未载明签订日期。

（6）需办理备案、公证的合同未办理相关手续。

（7）对内容尚具有不确定性的合同盖章。

（8）擅自调整已审批合同的内容。

（9）合同文本不当。

（10）主要条款不完备。

（11）存在导致合同无效的或可撤销的条款，例如合同或部分条款违反法律、行政法规、社会公共利益；订立合同的主体不合格；代理人超越权限；意思表示不真实；显失公平。

（12）责任限制条款不合理。

（13）仲裁条款规定不符合要求。

（14）合同双方/各方责任等条款约定不清晰。

（15）知识产权归属不明确或不利于公司利益。

（16）代理范围/权限不明。

（17）未约定保密、违约责任、争议解决、知识产权、不可抗力等条款。

（18）特殊类型合同文本不当，如设备采购合同设备/器材/资料的归属不明、交易衍生费用分担不明、知识产权归属不明；担保合同的担保范围、期限和方式约定不清等。

（19）保证人、代理人不合格。

（20）不同合同之间的义务有冲突。

（二）合同履行和变更中的法律风险

（1）向合同载明的当事人以外的第三人履行义务。

（2）未签署合法有效的协议对合同进行变更。

（3）在合同履行中，对方发生违约时未及时提出异议并及时采取相关措施。

（4）在合同履行中，对对方的异议未及时依约做出回应。

（5）在合同争议处理中，未采取有效的法律措施、保留有效的法律文件。

（6）怠于行使合同中约定的权利，如提前终止合同的权利。

（7）怠于行使求偿权，在对方已经违约或履行期限届满前预期违约时，不及时追究对方的违约责任。

（8）怠于行使代位权，当公司债务人不积极行使其到期债权，对公司造成损害时，不及时向人民法院申请行使代位权。

（9）怠于行使解除权，对于依法可以随时解除的合同，未利用合同解除权保护我方利益；在可以解除合同的法定情形出现后，未及时行使合同解除权。

（10）怠于行使撤销权，对于存在重大误解、显失公平等可撤销的合同，未行使我方的撤销权；当债务人放弃其到期债权或者无偿转让财产，对公司造成损害时，未及时向人民法院申请行使撤销权。

（11）怠于行使合同履行中的抗辩权。

二、合同信用风险法律管控指引

(一) 签约前资信核查

(1) 在签约前应充分了解、调查并评估对方当事人资信状况;

(2) 遵循"货比三家"询价、保质的原则,择优确定相对人;

(3) 签约前必须要求对方当事人提供合格的主体资格文件,对签约人的授权委托授权书和身份进行严格审核,避免因无权代理产生法律风险。

(二) 使用合同示范文本,规范签约、履约行为

在合同签订时,应认真填写好合同示范文本中所列明的每个条款,尤其要注重填写好质量技术条款、违约责任条款、合同争议解决方法条款,使之完备、规范化,并具备较强的履行性。质量技术条款宜填写现行国家标准、行业标准、地方标准乃至企业标准及其代号,有特殊要求,另行明确约定,绝不能含糊不清。验收方法条款宜填明按何种标准、采取何种具体手段验收。违约责任条款宜写明"若发生违约行为,违约方则应按《合同法》等有关规定承担违约责任"。合同争议方法条款宜写明"若在履约中发生争议,双方应友好协商解决;协商不成,任何一方则可提请××市××区人民法院(标的金额在××万元以下),或××市中级人民法院(标的金额在××万元以上)诉讼处理。"通过管辖权约定以降低诉讼成本。

(三) 贯彻"先签约、后履行"原则

合同管理不是经营业务的附属程序,坚决杜绝事后补办合同行为,业务办理完毕又补办合同手续让整个合同管理制度形同虚设。虽然无纸质合同的实际履行,如符合《合同法》规定也是有效法律行为,但这种情况使企业承受巨大法律风险,对于合同中标的物数量、质量最终认定方式,以及履行时间、地点、方法等方面的约定容易出现争议,没有纸质合同作为认定和主张的依据,这些争议无从确认和查证。

(四) 尽量采取合理的担保方式,降低、化解、防范经营风险

对初次交易的相对人,或对方资信情况难以掌握的,适时要求对方提供担保。对保证人担保尽量要求其承担连带担保责任。对重要动产、权利质押和不动产抵押,除双方签订质押或抵押合同外,须到当地有关部门办理相关登记手续。只有办理相关登记手续,动产、权利质押和不动产抵押才具有优先受偿权。

(五) 建立和完善合同管理风险管控体系

合同管理部门及审查人员应注重从合同项目的计划性、内容合法性、条款完备性、用语规范性、履行可行性等"五性"审查,切实履行职守,认真、全面、细致审查各类合同,从严把握合同审查关。审查内容应包括:

(1) 合同项目是否符合企业年度计划和月度计划项目要求。

(2) 合同名称与其性质和内容是否相符。

(3) 合同标的物是否为国家禁止买卖或者限制经营。

(4) 合同各项条款约定是否违背国家法律、法规的规定。
(5) 重大合同、工程施工合同招投标、开标、评标、中标是否符合法定要求。
(6) 合同当事人意思表达是否真实;合同主要条款是否完备,用语是否规范。
(7) 合同签字人是否具有合法资格,代理人的代理行为是否合法有效。
(8) 合同双方或多方当事人责、权、利是否对等、明确。
(9) 合同是否履行法定审批、鉴证、公证程序。
(10) 合同履行是否可行,有无因合同签订而发生变更或解除的情形。

合同审查人员审查时,有权询问与合同谈判、签订的有关情况。若发现合同有不符合要求的,有权及时提出审查意见,并要求委托代理人或经办人员修改或纠正,以符合合同谈判、签订、审查的各项要求,从而杜绝合同隐患。若上述人员不予配合或拒不纠错的,审查人员有权不予盖章。

(六) 加强合同印章的使用和管理

合同印章的使用和管理是签署合同的关键,依照《合同法》规定:约定加盖印章生效的合同,自加盖印章并符合生效要件时生效。企业经营合同一般约定加盖行政章或合同专用章,除非特别约定,财务专用章或部门印章不能用于签订合同。合同印章由专门部门保管和使用,未经会签手续并经分管负责人同意,业务员不得随意使用公司印章。需要携带外出使用的,应当由相关负责人批准按流程使用并及时归还。

(七) 实行合同全方位的动态管理

要充分发挥合同管理的"事前预防、事中控制、事后监督、救济"的作用。法律事务部门(人员)有权介入重大合同签订前的资信调查、实质性谈判和正式签约、审查以及合同履行、争议解决的诸阶段、全过程的动态活动。应制订完善《合同管理制度》及《客户资信调查、评估管理细则》《合同审查管理细则》《合同档案管理细则》等配套制度,使企业合同管理的各个环节规范化、程序化。

(八) 合同档案在法律风险管控中的利用

1. 合同档案的整理利用

纸质合同档案属于法律风险管控的重要文件,监管部门审查合同履行全程并立卷存档。建立合同目录包括:
(1) 合同文本原件,包括补充协议、备忘录等资料;
(2) 资信档案,包括各类与合同有关的证件、质量、专利文件等资料;
(3) 部门会签单,包括经理批示、各部门会签、履行情况备注等文件;
(4) 财务单据,包括借款单据、赊销单据、银行单据等资料;
(5) 法律文书,包括授权委托书、履行情况备注等其他法律文件。

2. 合同业务的全程督办

依照合同档案进行全程督办,发现违规行为依照合同管理办法问责。对合同履行情况进行监控,顺利履行完毕的合同登记后存入档案;没有合适履行的合同注明原因并及时督办;出现争议的合同,将合同档案上报法律事务部门处理,避免出现超过诉讼时效的情况;进入诉讼程序的合同纠纷,委托法律专业人员或者律师进行维权,建立法律风险档案。通过系统化、全程化的合同管理制度,有效对企业法律风险进行管控。

三、合同各阶段风险法律管控

(一) 合同签订阶段风险管控

企业内部各部门联合会签制度是信用风险法律管控的核心制度,各部门依照管理职能紧密衔接、相互制约、独立决策,共同参与合同审批流程。联合会签制度应当科学高效、公开透明,防止出现商业贿赂或谋取非法利益等内部法律风险。结合实践,较为科学的联合会签流程一般涉及:

(1) 采购或销售部门发起签约申请,提交合同草本、会签单、审核上报相对人资信材料;

(2) 考核部门审阅价格、进行成本和利润分析,制作经营报表;

(3) 会签部门依次审批、分管经理批示,如技术研发、质量监督、仓库、交接车间等涉及履行部门;

(4) 财务部门核实应收账款,管理收放款业务,负责资产放行证件;

(5) 合同管理部门负责全程法律风险管控,办理用印、合同档案管理。

(二) 合同履行中信用风险法律管控

1. 财务风险监控

合同履行阶段的财务风险监控,包括对资金问题主动调查活动,不是出现经济损失后的消极反应。合同管理部门对财务部进行账目监控,经营业务中的赊销账款等资金使用进行例行核查。发现存在履行瑕疵及时处理,避免履行中出现抗辩权事由而导致法律风险。发现不能按期回款情况,行使抗辩权并及时沟通解决。发现相对人出现严重的资产或商业信誉问题,行使不安抗辩权,依据客户履行情况对客户进行信誉评级,依照信用等级分别评议赊销额度和赊销时限。

2. 资金动态核查

合同管理按照资金输出和资金输入两个环节核查动态账目。对合同履行发生的资金动态进行账目核查,当天核算、当天公布并记录在案,避免出现随意更改账目现象。由合同管理部门监督制度实施,代表公司实施资金动态监控,发现可疑往来账目尤其是极端账目,及时采取必要的法律措施维护企业利益。监管工作前移至履行阶段而不是在合同争议阶段,履行过程中的资金变化情况,直接反映出履行中的法律风险状况。企业应当立足于资金动态监控,建设安全、顺畅和高效的风险管控模式。

(三) 合同争议解决信用风险法律管控

1. 合同管理善意原则

维护企业利益是信用风险法律管控的核心目的,出现合同争议优先采用低成本纠纷解决办法。企业之间依照善意原则处理问题,主动沟通解决,不能直接追究责任或者依照合同法主张维权,使得原本可以协商解决的争议走向极端方式。企业出现经济损失,直接责任人和分管领导因此承担管理责任,应当避免出现损失,遵循善意原则把争议解决在履行过程中或者协商阶段,如果争议出现在责任追究或诉讼阶段将增加企业法律风险。解决争议以考虑经济利益为关键因素,同时考虑社会影响和企业长远利益。

2. 避免出现诉讼案件

合同争议的解决应当避免出现诉讼案件,这体现出日常合同管理的重要性,只有实行科学严谨的日常管理,才能有效实现企业信用风险法律管控。企业参与诉讼活动可能产生经济损失或不良社会影响,尤其国有企业参与诉讼,出现政治影响后企业负责人可能因此失去晋升机会、承担连带责任。即使私营企业也应当考虑企业社会形象,不能滥诉、缠诉。合同管理部门依照合法合理性原则开展信用风险法律管控工作,满足相对人合理要求,灵活处理争议,维护缔约双方长远合作关系。争取用缓和方式解决争议,出现合同冲突,当事人可能采取不合作态度,导致问题陷入尴尬局面。确实无法达成一致的合同争议,先发送律师函通知表示善意提醒。最终决定以诉讼方式处理的争议,委托专业律师提起诉讼主张合法权利。

四、赊销中常见风险法律管控

(一) 赊销合同风险的法律管控

所谓赊销合同风险,指的是订立经济合同的一方或多方,以欺诈对方为目的,用故意不履行或使对方不能履行合同的方式,使对方遭受经济损失可能性,从而使自己获取非法利润。

1. 合同欺诈的常见手法

(1) 不具备签订经济合同的资格,却与对方以平等主体签订经济合同。最常见的是不具备法人资格却以法人资格签约,发生经济纠纷后,订立合同者不出面,却以另一位所谓具有法人资格的单位出面周旋,装聋作哑,拖延敷衍。

(2) 不具备履行合同的能力,却与对方签订大额合同,套取资金和物资。

(3) "皮包公司"和"作坊企业"夸大字号,欺骗对方,如有的企业只是一个小作坊,却挂靠知名企业或行政机关,给人造成假象,引诱对方签订大额合同。

(4) 设置语言陷阱,让对方有口难言。在合同条款的语言表述上,有的故意留下歧义,在签约时做一种解释,在履行时又做另一种解释,让对方打不得官司告不得状。例如,"货到后付款",就没有付款的时间下限;"验收合格后付款",就没有限制验收的期限、程序、验收机关、验收标准,语义很含糊。再如,分期供货合同中的"货到全付款"是货到了才全付款,还是货一到就全部付款,还是多少货付多少款,就有不同解释。

(5) 故意设立优惠条款,引诱对方自投罗网。有的合同一方提出的条件很诱人,让对方觉得有大利可图,于是在其他方面放松戒备,上当受骗。

(6) 采取突然变更合同条款的方式,让对方措手不及;或订立明知对方不能履行的合同,以获取违约金或赔偿金。有的合同一方在立合同时,先设立可以变更的条款,然后在估计对方不能随之变更时突然提出变更关键条款,使对方进退两难。有的明知对方无法履行合同,便加大违约或赔偿责任。待对方签约后,索取大额的赔偿金和违约金。

2. 法律管控

经营过程中存在欺诈行为是客观存在的,但并不能因此就不进行经济活动,更不能因此也以欺诈手段对付欺诈行为,对此应当有一个正确的态度,才能预防欺诈行为。在发现经营风险之后,也能顺利地解决问题,最大限度地挽回损失。

（1）严格考查对方的主体资格，不轻信对方，不和来历不明或未加证实的一方订立经济合同，发生经济往来。

（2）严格论证对方的履行能力，不订立双方履行能力不相适应的合同。

（3）严格核算合同的获利情况，对一份具体的合同业务要放在普遍性的背景上核算获利情况，如某份合同的获利大大超过同类业务的一般获利率，就应该进一步论证其真实性，不能只考虑利润而忘记了风险。

（4）严格设立合同的补救条款，补救条款又称违约条款或保证条款，也就是假设合同不得履行，对方以什么绝对可能的方式补救已受到的损失。

（5）要不断提高业务水平，锻炼合同技巧。精湛的业务水平是经营成功的基础，也是保证合同成功率的基础，但合同技巧也是重要的方面。

（6）发生纠纷或发现风险可能存在后，要及时依靠法律解决问题，不能乱找渠道，贻误时机。一般不太紧急的，可通过正常的经济诉讼来解决；紧急的可申请法院先采取法定的强制措施，法院也可以急案急办、先行介入；十分急迫的可立即向当地公安机关先行报案，保留线索，为今后的处理打下基础。

3. 合同技巧主要应注意问题

（1）合同必须合法。即保证订立的合同是法律上的有效合同，因为只有有效合同才是纠纷发生时处理的依据。

（2）合同必须规范。即订立合同必须有规范的手续、规范的程序、规范的样式，除数额较小即时履行的业务外，一般都要以书面形式订立合同，不能草率从事。

（3）合同条款要完整，对合同约定的经营业务的全部过程和完全可能性要有充分的估计，经磋商后立为条款，避免发生问题后的事后商洽。

（4）合同语言要精确。表述的语言要简明扼要但又全面周到，不能有歧义解释，能用数据表达的不用文字叙述，特别是对时间、规格、数量等的限制要十分明确，不能笼统地用"前""后""以上""以下"等模糊语言。

（5）合同资料要严加保管。对订立、履行合同过程中与对方发生的一切往来资料要全部归档保管，尽量不与对方进行无书面记载的交流，如电话、口头协议等。另外，即使是合同全部履行后，资料也要保管一段相当的时间，防止对方引起事端，追寻责任。

（二）赊销票据风险法律管控

由于票据的伪造、不正确使用等欺诈行为而造成应收账款拖欠、损失的现象很多，也很复杂，大致可以分成如下几种类型加以分析和预防。

1. 伪造票据

伪造票据是最恶劣的一种利用票据欺诈的形式。一些不法分子将银行的结算凭证进行涂改、伪造，在骗取供货方的货物之后逃之夭夭。尽管供货方可以据此取得公安和法律上的支持，但仍不可避免造成货款的延误、部分损失甚至全部损失。因此，业务人员应当认真辨认和核对买方提供的票据以及持票人的身份证明，必要时可要求公证或担保。

2. 故意造成退票

企业间有些拖欠是由于票据填写错误而发生银行退票和拒付，导致不能按时兑现，致使购货方的付款延误。有些企业由于资金紧张，为了拖延付款，会故意利用票据填制上的错误，造成银行退票。甚至有些企业,由于与银行的关系很好,即使开出银行承兑汇票,也有可能以种种理由提走在银行的存款并取消银行承兑汇票,使供货方上当受骗。业务人员应结合工作中常见填写错误进行核对,常见的填写错误见表4-2。

表4-2 常见填写错误表

错误类型	表现方式
票据印鉴方面的错误	漏盖印鉴、印鉴不全、印鉴不清、印鉴不符
金额方面的错误	金额涂改、金额不符、金额不全、金额不清
"收款人"栏填写错误	非法定名称——应填写工商注册的标准名称,不可缩写 名称有误——错字或漏写
票据更改	大小写金额更改、收款人名称更改
票据的其他错误	票面污损、折叠、票面上各项目填写不全 非墨水笔、碳素笔填写支票

3. 签发空头票据

所谓空头票据是指存款人签发的票据超过其银行存款账户余额,不能兑付的票据,如空头支票。

签发空头支票可能是签发人疏忽所至,也可能是不法分子利用空头支票骗取货物,违法犯罪。

签发空头支票的情况有如下几种:

(1) 对于不应在当时、而应在以后某日支付给收款人的款项,付款人当时签发远期支票;

(2) 付款人为保留将来某日银行存款余额,而在现在签发的、在该日以后支付的支票;

(3) 付款人签发支票时,并无足够款项支付,要待日后某笔或某几笔款项入账后方能生效支付的支票。

防范空头票据可以有如下两种方法:

(1) 用支票支付时,供货方应要求买方在支票背面背书姓名、电话号码等,并要求对方用有效证件作抵押,待收款后再将证件归还。

(2) 将支票收妥后,先不付货,待财务部门确认已入本公司账户之后再发货。

4. 利用节假日出票

有些不法商人,专门赶在节假日之前出票,由于银行不办理业务,供货方无法及时入账,等到节假日之后,当供货方去银行兑现时却遭到退票,而此时购货方已人去楼空。因此,业务人员应尽量避免收取连续节假日之后才能兑现的支票。而且,聪明的业务人员对于不了解的客户,可要求其支付现金或者缩短支票兑现日期。

5. 签发远期支票

远期支票指存款人签发以后经过一段指定日期才开始生效的支票。虽然我国银行结算制度规定,严格禁止签发远期支票,然而在实际当中却经常有企业签发远期支票。由于这种支票不能立即兑现和核实,经常会造成货款迟付甚至给不法分子以可乘之机,防止"远期支票"变成"空头支票"。

6. 买方拒付

在委托收款方式当中,购货方经常会提出各种商业纠纷理由拒绝支付货款。此时银行将有关拒付理由书连同委托收款凭证退回收款人,银行并不承担任何支付责任。在商业承兑汇票中,购货方如有意拒付货款或拖延支付货款,也可能以其银行中存款不足为由造成无款支付。此时银行会将商业承兑汇票退给收款方。虽然银行将对承兑方(购货方)进行罚款,但并不能避免由于拖延付款或拒付货款给供货方造成的损失。在上述两种情况中,造成银行退票则完全是由于客户购货方的信用所致。因此,防范这一类风险最根本的办法就是在交易之前做好资信调查。

第四节　信用担保

一、信用风险转移工具

信用风险转移是指企业利用保险、担保和保理等方式将全部或部分风险转嫁与第三方的方法。在对企业风险进行财务预测之后,如果认为某项风险财务活动非进行不可,而企业又无足够财力来承担风险,或者企业承担风险所发生的风险成本大于风险收入,企业可以考虑将风险不同程度地转移给其他单位。在风险转移过程中,企业可能要支付一定的费用或丧失一定的利益,如保险费支出或担保费支出等,但从经济效益上看,还是合理的。

总的来说,风险转移方式主要有两种:一是利用客户提供的担保条件来实现授信方风险的转移,即信用担保;二是利用第三方的有偿服务来规避风险,主要形式有保理服务和信用保险。信用担保、信用保险和保理服务是目前信用风险转移的常用工具。

(一) 信用担保

信用担保是指专业信用担保机构利用自己的信用能力和信用品牌,为债务人向债权人融入资金、取得物资或服务提供保证担保的一种法律行为。在我国,信用担保一般特指中小企业融资担保,即担保机构为信用能力不足且缺乏标准抵质押品的中小企业提供融资信用担保服务的业务。信用担保通常分融资担保与非融资担保两大类。

融资担保是目前担保业务中最大量、最主要的业务品种。按照《融资性担保公司管理暂行办法》第二条规定:融资性担保是指担保人与银行业金融企业等债权人约定,当被担保人不履行对债权人负有的融资性债务时,由担保人依法承担合同约定的担保责任的行为。

广义上的非融资担保包含了除融资担保之外的所有信用担保业务,非融资担保在发达国家已经有非常成熟的品种模式,应用于经济生活的方方面面。在我国,目前比较成熟、适用较为广泛的主要有工程保函、投标担保、履约保证担保、诉讼财产保全担保等品种。

(二) 信用保险

信用保险是保险机构提供的,承保企业在信用交易中由于债务人违约而遭受损失的一种保险业务。信用保险是在信用担保和保险业务的基础上发展起来的。信用保险充分发挥了保险业务的特点,对企业因信用销售而产生的风险进行保险,通过转移或降低企业的信用风险。信用保险主要包括国内信用保险和出口信用保险两大类。

(三) 保理

保理(Factoring),全称为保付代理,是指卖方将现在或将来的基于其与买方(债务人)订立的货物销售/服务合同所产生的应收账款转让给保理商,由保理商为其提供贸易融资、销售分户账管理、应收账款催收、信用风险控制与坏账担保等内容的一揽子综合性服务。根据服务的贸易领域不同,保理可以分为国内保理与国际保理。根据保理商对保理业务项下融通的资金是否有追索权,保理业务可分为无追索权的保理和有追索权的保理。根据出口商是否需要将保理业务通知给进口商的情形来划分,可以分为公开型保理与隐蔽型保理。

二、信用担保功能与方式

(一) 信用担保功能

1. 信用增级

信用担保机构帮助市场交易中的义务履行者加工、整合有限的信用资源,使之成为专业化的、能够对冲部分交易风险的、虚拟的、或有的金融产品或半成品,运用信用品牌、资本实力以及个性化的担保产品,直接为其提供信用增级的担保服务,对冲其在今后交易义务履行中可能出现的各种风险,并且使交易对手完全相信,完成合同交易。

2. 保障债权

信用担保机构通过系统的、专业的、有效的风险管理技术方法,帮助市场交易中的权利拥有者控制其交易风险,同时信用保证人以自身拥有的资本实力和代偿能力,以保证金、不可撤销保函等法律合约形式,为市场交易中的权利拥有者提供能够对冲交易风险的担保,以增强其交易资产的流动性,保障其交易资产安全。

3. 杠杆效应

信用担保机构通过专业担保法定的杠杆放大作用,放大政府扶持中小企业专项资金的政策工具效用,引导数倍社会资金流向中小企业。目前中小企业信用担保的重点是为中小企业短期银行贷款提供担保。

(二) 信用担保方式

1. 保证

保证是指保证人和债权人约定,当债务人不履行债务时,保证人按照约定履行债务或者承担责任的行为。

作为《担保法》所规定的五种担保方式之一,保证担保是唯一的人的担保,分一般保证和连带责任保证方式。

一般保证是指当事人在保证合同中约定,债务人不能履行债务时,由保证人承担保证责任。一般保证的保证人在主合同纠纷未经审判或者仲裁,并就债务人财产依法强制执行仍不能履行债务前,对债权人可以拒绝承担保证责任。有下列情形之一的,保证人不得行使前款规定的权利:

(1) 债务人住所变更,致使债权人要求其履行债务发生重大困难的;

(2) 人民法院受理债务人破产案件,中止执行程序的;

(3) 保证人以书面形式放弃前款规定的权利的。

连带责任保证是指当事人在保证合同中约定保证人与债务人对债务承担连带责任的,为连带责任保证。连带责任保证的债务人在主合同规定的债务履行期届满没有履行债务的,债权人可以要求债务人履行债务,也可以要求保证人在其保证范围内承担保证责任。

依据《担保法》第19条:当事人对保证方式没有约定或者约定不明确的,按照连带责任保证承担保证责任。

2. 抵押

《担保法》第33条:抵押是指债务人或者第三人不转移对本法第三十四条所列财产的占有,将该财产作为债权的担保,债务人不履行债务时,债权人有权依照本法规定以该财产折价或者以拍卖、变卖该财产的价款优先受偿。

在抵押担保中,作为抵押担保的财产称为抵押物,提供抵押物的债务人或第三人为抵押人,接受抵押的人为抵押权人。

3. 质押

质押是指债务人或者第三人将其特定财产移交给债权人占有,作为对特定债权的担保。在债务人不能履行或不愿履行债务时,债权人依法将该财产折价或拍卖、变卖,用折价或者变卖、拍卖该特定财产的价款优先受偿的一种担保方式。

提供特定财产的债务人或第三人为出质人,占有财产的债权人为质权人,移交给债权人占有的财产为质押物。

4. 留置

留置是指依照《担保法》的规定,债权人按照合同约定占有债务人的动产,债务人不按照合同约定的期限履行债务的,债权人有权依照法律规定留置该财产,以该财产折价或者以拍卖、变卖该财产的款项优先受偿。留置担保仅适用于保管合同、运输合同、加工承揽合同发生的债权,债务人不履行债务的,债权人有留置权。所以,留置这种担保方式在信用销售中使用较少。

5. 定金

当事人可以约定一方向对方给付定金作为债权的担保。债务人履行债务后,定金应当抵作价款或者退回。给付定金的一方不履行约定的债务的,无权要求返还定金;收受定金的一方不履行约定的债务的,应当双倍返还定金。定金的数额由当事人约定,但不得超过主合同标的额的20%。可见,定金作为一种担保形式只能部分地转移信用风险。

三、担保项目操作流程

客户申请信用担保服务的基本步骤有:一是借款人与担保机构联系并向担保机构申请贷款担保;二是担保机构评估借款人的信用额度和反担保能力;三是担保机构决定向贷款人提供贷款担保,并签订相关合同;四是担保机构将相关担保资料发送到协作银行,并办理相关手续;五是贷款人向借款人发放贷款。

担保机构具体步骤如下。

(一) 项目咨询、受理

项目的咨询和受理是项目操作过程的最前端工序,其工作质量对后续的项目工作产生直接影响,必须予以高度重视。

1. 项目的咨询

项目咨询,是以收集来访企业的信息,同时让借款人对公司担保业务的流程、受理及担保条件有一个初步了解为目的。在咨询的同时应做好市场开拓的前期工作,不应简单地回答企业的提问,也不宜对企业做深入评价,而是在担保业务初期,从市场开拓及风险控制的角度对企业进行初步的接触与评价。

项目咨询的内容,一般包括以下方面:

(1) 企业的主营业务、收入规模、注册地点、技术含量、咨询者职务等是咨询关注的重点;
(2) 企业的资金需求情况:额度、用途、期限、品种、急缓程度等;
(3) 融资工作安排:确定推荐人、意向合作银行、融资工作进展、对担保机构的了解及配合程度等;
(4) 担保机构及业务品种的介绍;
(5) 担保流程及费用的介绍;
(6) 反担保措施的初步探讨;
(7) 初步合作意向的达成。

2. 项目咨询的步骤

(1) 问清来访者目的后,与其交换名片,并向来访者简单介绍担保机构的情况;
(2) 请来访者大致介绍企业情况,对于企业经营的核心情况应询问清楚;
(3) 介绍业务流程、受理及担保条件、合作机构等其他信息;
(4) 对有申请意向且初步符合受理条件的企业介绍详细的申请程序及资料清单。

3. 项目的受理

(1) 初步的受理条件。

① 一般应具有一定的稳定经营业绩,具备与申请额度相应的还款能力;
② 技术新、有市场、信誉好的企业;
③ 符合国家或地区产业政策、发展潜力大的各种所有制中小企业。

(2) 项目受理前的资料收集。

① 向企业收集的资料以公司规定的资料清单为基础。
② 由于在初审阶段,对企业具体情况尚不了解,一方面为了节省工作量,避免对不能受理的项目做大量收集工作,另一方面给企业一个循序渐进的过程,早期只要求提供清单上的部分关键项目,初审通过后,正式调研时,再要求企业提供其余的项目相关资料。
③ 实际工作中,初审受理与正式调研的界限已不明显。如果企业配合,也可让企业一次性提供资料清单上的全部项目,但总体上仍应把握循序渐进、逐步深入,同时又简单明了、容易操作的原则,为后期方案谈判做好准备。
④ 应注意既要尽可能地收集申请企业的相关资料,又要避免由于调研准备工作没做好,对企业情况摸不清而造成的多次、重复、零散地索要资料,给企业造成不专业、没条理的不良印象。

(二) 尽职调查

1. 尽职调查具体内容

进行现场考察:

(1) 了解企业是否正常经营和基本的经营模式;

(2)了解企业的基本的生产流程；
(3)了解企业的采购、销售模式，了解其主要的供应商和销售客户；
(4)了解项目经理认为有必要知晓的其他信息。

2. 核实财务数据

(1)资产核实。

①核查应收账款的金额、结构、质量、周转速度，发现有虚增的或是超过一定年限的应予以剔除。

②核查存货的数额、结构、质量、周转速度，尽量做到实物盘点，察看企业的出入库记录。

③核查其他应收账款，核查股东或其他关联方有无侵占公司资源。

④核查固定资产，对大额固定资产进行实物盘点，查看发票及付款情况，通过对固定资产的分析判断其生产能力；自建厂房的需了解其工程进度及付款情况；自有的办公场所或是厂房需提供权属证明。

⑤核查其他项目经理认为有必要核实的经济事项。

(2)负债及所有者权益核实。

①核查应付账款、应付票据，警惕拖欠供应商货款的行为。

②查询企业贷款卡信息，核实企业的借款情况。

③查询企业的诉讼信息，了解企业对外担保信息和各类赔款、罚款信息，对企业的或有负债进行核实。

④核查其他项目经理认为有必要核实的经济事项。

(3)销售收入、利润核实。

①进行销售明细账、总账以及对应时点报表的核查，抽查凭证。

②通过银行存款日记账、银行对账单、现金日记账、应收账款等科目核实销售回款，抽查凭证。

③查看企业的纳税申报表、完税凭证。

④查看企业每月固定支出的情况，包括工资、社保的发放情况、水电费的支出情况、租金支出的情况、采购原材料等的支出情况等。

⑤查看其他资料。

3. 非财务因素的尽职调查

为保证全面准确核实企业的基本情况、企业管理水平、产品及技术状况、行业及市场情况、产品制造及生产管理能力、企业资信状况等企业非财务因素，应进行非财务尽职调查。

(1)调查的主要内容。

①企业基本概况，如经营范围、营业期限、主营产品、注册资本、股东构成、关联企业、分支机构等情况。

②企业历史沿革，其中重点关注近三年主营业务、股权、注册资本等企业基本情况的变动及变动原因；近三年主要业绩及大事记。

③企业发展方向、发展战略。

④核证企业经营资质的真实性、有效性和合法性，企业提供的资料应为最新的，关注借款主体是否年检、是否被注销、经营期限等信息；企业实际开展的业务是否与营业执照上一致。

⑤管理层素质和经验，管理层的关系及稳定性，包括成员是否有股权关系、家族关系等；

管理现状,包括了解内部组织架构、决策程序、人事管理、财务管理、对关键人员的激励机制、管理薄弱环节等。

⑥ 企业人员情况,包括员工总数、学历结构、社保、工资发放情况。

(2) 产品及技术状况。

① 企业产品结构,包括产品种类、产品介绍、按主要产品划分的销售利润结构表、按主要产品划分的内外销结构表等。

② 企业技术状况,包括产品技术来源、产品技术先进性、生产工艺先进性、生产设备先进性等。

③ 企业对技术的重视程度,包括人员配备、研发机构设置、资金投入等。

④ 企业研究与开发成果、专利及获奖情况。

⑤ 企业技术发展前景,如新产品开发情况及其与未来技术发展趋势是否一致等。

(3) 行业及市场情况。

① 行业情况,包括行业发展历史及趋势,哪些行业的变化对本行业销售、盈利等影响较大,进入该行业的壁垒、政策限制等,行业市场前景分析与预测等。

② 竞争对手、竞争优劣势、行业地位等。

③ 营销模式,包括品牌、市场定位、销售渠道建设、售后服务等。

④ 客户情况,调查今年或去年对主要客户的销售量,占总销售额的比例,客户基本情况及近期的变化情况。

⑤ 销售变化趋势,本年度销售计划和未来两年销售预测,为完成本年度销售计划该企业将采取的措施。

(4) 产品制造。

① 生产场地,包括厂房面积、租赁期限或使用年限、年租金或厂房价值等。

② 产品生产制造方式,如是公司自建厂生产产品,还是委托生产,或其他方式;自动化、机械化程度;产能等。

③ 生产管理,包括是否有章可循、是否规范、现场管理印象等。

④ 进货渠道,包括如何保证主要原材料、元器件、配件以及关键零部件等生产必需品的质量,进货渠道的稳定性、可靠性,了解进货周期及主要供应商情况。

⑤ 质量保证体系,如正常生产状态下,成品率、返修率、废品率控制在怎样的范围内,描述生产过程中产品的质量保证体系以及关键质量检测设备。

⑥ 安全生产,如是否有完整的安全规范,安全防范措施是否齐备,是否存在安全隐患。

⑦ 环保问题,是否符合国家的相关环保政策,并获得相关环保批文。

(5) 企业资信状况。

① 开户行及主要结算行情况,包括账号、近期月均存款余额、银行评价等。

② 近三年历史贷款记录,应含借款、承兑汇票、信用证等所有融资,不良记录重点关注。

③ 对外担保记录,不良记录重点关注。

④ 诉讼记录。

⑤ 纳税记录,核证企业近三年度的纳税申报表、完税凭证,并可抽查纳税账户的扣款凭证。

⑥ 查询企业信用网信用记录,不良记录重点关注。

⑦ 人民银行公布黑名单记录,不良记录重点关注。
⑧ 国税网和地税网记录,不良记录重点关注。

(三) 报告尽职调查结果

(1) 尽职调查完成后,项目经理应及时报告调查的结果。
(2) 如需上会报批的,项目经理应及时撰写评审报告,在报告中如实反映调查结果。
(3) 严禁项目经理在评审报告中进行虚假记载、误导性陈述、故意隐瞒真实情况,提供虚假信息等。

(四) 撰写评审报告

完成尽职调研后,综合分析,形成最终的评价和判断,撰写评审报告。评审报告撰写的数据必须经过项目经理的核实,并根据担保申请人提供的和项目经理收集的材料,经项目经理调查、核实和分析后完成。项目经理对评审报告所涉及的数据和资料的真实性、完整性和准确性负责。

根据受理业务品种不同评审报告内容需要体现的方面也有不同。常用的评审报告包括以下两种。

1. 贷款类评审报告
贷款类评审报告包括以下的内容:
(1) 项目基本情况;
(2) 企业管理分析;
(3) 产品及技术状况分析;
(4) 行业及市场情况;
(5) 产品制造;
(6) 企业资信状况;
(7) 财务分析;
(8) 风险性分析;
(9) 安全保证措施分析;
(10) 项目评审结论;
(11) 项目调查工作底稿。

2. 工程保函评审报告
(1) 企业基本情况;
(2) 企业资信状况;
(3) 财务分析;
(4) 申请履约担保的项目情况;
(5) 履约能力分析;
(6) 分包人的履约记录;
(7) 风险性分析;
(8) 安全保证措施;
(9) 评审结论。

(五）项目评审决策

1. 项目决策管理

过程管理的重点之一是项目评审决策,对决策方案的严格实施是达到管理目标的必要途径。因此,担保机构应设立对项目决策的评审委员会,并组织好对决策有效实施的法务操作人员。评审委员会最主要功能是对项目进行评价及实行决策,但其同时亦对评审企业所处行业的发展进行评判,对于行业发展趋势、银行信贷政策等,在项目评议过程中,给予项目经理指导意见,加强其对项目宏观判断的把握能力。通过项目决策管理,能有效地防范和控制风险,使公司的评审决策程序科学化、民主化、制度化。

2. 评审委员会组成

担保机构实行评审委员会制度的,应建立由高级管理层、资深业务人员、外聘企业高级管理人员、外聘高级技术专家组成的常规项目评审委员会,定期举行会议对项目评审,人员将定期轮换。

对于技术专业较强的项目,应实施专家评审制度,组织行业专家对技术状况、技术前景及技术风险进行论证,为评审决策提供支持。

3. 评审委员会议事规则

由于股东背景、公司管理结构、人员素质不同,各担保机构评审议事规则会有差异。

一般情况下,项目评审会议评审委员(下简称"评委")有效人数不得少于三至七人(单数),设置评审委员会主任或首席委员,评审委员会主任或首席委员负责召集评审委员会的召开,主持或授权评审委员主持会议。

评委应充分、独立、慎重地发表自己意见,有不同意见时可以进行讨论;可以在听取其他评委意见后调整自己的意见,也可以保留意见。评委并非简单的投票表决,做出评定均需说明理由,评委会意见及评审理由最终由首席委员统一阐述给项目经理。

对某一评审项目,评审会实行少数服从多数原则,评审委员会主任或首席委员一票否决则该项目暂缓。

4. 评审委员管理制度

(1) 评委应遵守下列工作纪律：
① 坚持原则、公正廉洁、勤勉尽责；
② 保守客户的商业秘密；
③ 不得泄露决策会议的任何信息；
④ 不得利用工作便利,为本人或者他人牟取不正当利益；
⑤ 正确行使职权,独立发表意见,不得干扰其他评委发表相关意见。

(2) 实行评委报告和回避制度。有以下情形的,评委应主动声明：
① 评委与客户的主要负责人、融资负责人存在亲戚、朋友、同学或其他较密切关系,可能影响公正评审的；
② 评委曾在客户单位工作过的；
③ 评委及其亲属与客户存在业务往来、资金融通等经济利益关系的；
④ 客户及其他有关人员向评委打招呼要求关照,吃请或馈赠礼物的；
⑤ 存在可能影响评委客观、公正决策项目的其他情形的。

有上述情形的,评委应在项目决策前向评审决策委员会报告或申请回避,或参会不行使表决权。

(六) 签约和反担保手续的办理

1. 合同制作

(1) 确定合同版本。按照评审决策意见确定相应的合同版本。

(2) 确定合同编号、份数和日期。合同序号在制作合同时由人工编排或系统自动生成,合同编号按照反担保措施的种类依次排序。合同份数按照当事人及办理抵质押等需要确定。合同生效日期一般以实际签署的为准,一般情况下,担保合同与反担保合同等在贷款合同等主合同生效日之后,当然,实操中也往往是同一天。

(3) 填写合同内容。包括贷款金额、期限、担保费、等额还款事项、期限等。抵质押物的信息要严格按照权利凭证记载填写,做到准确无误。

2. 合同审核

合同审核的范围既包括担保机构和借款人及反担保人所签订的合同,也包括贷款人(银行)与借款人所签订的主合同。审核合同时,基本要素必须核对:贷款金额、期限、借款人名称、银行名称等,并确保各合同之间的关联性。

3. 签约前准备工作

(1) 和相关合同当事人约好时间、地点并提醒其需要携带的身份证、结婚证、公章、授权书等资料。

(2) 备齐合同、《签约后需办理事项》及相应抵质押资料清单。

4. 签约中注意事项

(1) 面签。所有合同、协议、承诺、声明等须当面签字、盖章。签字和按指纹均不能脱离项目经理视野。

(2) 验证。请签字人出示证件(身份证、婚姻证明或户口本),平视观察签字人,核对证件像片是否与本人相符。注意鉴别证件、公章真伪。

(3) 签字。所有合同一律用黑色、蓝色墨水笔或签字笔签字,应留心注意签字人的书写字体和书写风格,如有违一般书写习惯,刻意书写为正楷或狂草的,须特别谨慎对待。

(4) 盖章。印章应当清晰完整。合同为两张纸以上的,需从第一张至最后一张正面完整地盖上骑缝章。

5. 签约后须办事项

(1) 公证。房产设置预授权处置的,告知产权人至公证处办理"委托书"公证。保证人和抵押人不能亲自签署合同或办理抵押的,授权书也须办理公证。

(2) 抵押资料准备。将抵质押需要担保申请人准备的资料向担保申请人介绍清楚。

(3) 抵质押物的投保。保险的金额、期限、险种、受益人等要求向担保申请人介绍清楚,向签约后需办理事项中列示的大保险公司投保。

(4) 告知放款条件。合同等材料齐备、无误;评审会要求的反担保手续全部落实完毕;交纳相关费用。

6. 反担保办理

(1) 抵/质押登记的种类。

抵押登记类主要包括房地产抵押,机器设备抵押,车辆抵押,船舶抵押,正在建造的建筑物、船舶、航空器抵押,动产浮动抵押(现有的以及将有的生产设备、原材料、半成品、产品)等。

质押登记类主要包括股权质押,基金份额质押,应收账款质押,知识产权中的财产权质押等。

(2) 抵/质押登记办理原则。

由担保机构人员全程参与办理。合同文件及公司开具的抵/质押授权资料是核心资料,必须由担保机构办理登记手续的人员保管,严禁将上述资料转交借款企业人员。

(3) 抵/质押登记资料的准备。

一般来说,需要担保机构、企业和贷款银行三方的资料,具体而言包括一套合同和各方的授权资料。为提高登记工作的效率,应在签约时告知抵(质)押所需准备的资料。

(4) 抵/质押登记的办理方法。

抵/质押需要根据登记种类的不同到相关部门办理。非常规抵/质押登记的办理需要借款企业和项目经理先行到相关部门进行详细咨询后,取得相关办理指引或指南,再按章办理。

(5) 抵/质押登记取件。

抵/质押登记向相关部门递件后,可以取得收件回执等证明文件。取件时应由办理登记时的担保机构人员办理取件手续,不可由借款企业代为办理。

(6) 抵/质押登记权属文件或证明文件的保管。

取件后,即可取得登记的权属文件或其他证明证件,这些文件是保障担保机构抵押权、质押权的重要文件,也是项目放款、出函的审核依据。在取得上述文件后,应及时移交给负责该项目的风控或法务经理,由风控或法务经理将权属文件交由保管员专司保管。

(七) 在保项目的管理

自担保项目放款之后,担保机构将开始承担担保责任。在解除担保责任之前,项目经理必须对在保项目定期检查跟踪和管理,以便及时发现问题、有效控制风险。保后跟踪是担保业务的继续,是程序化、规范化的业务行为,是防范与控制企业贷款担保业务风险的必备手段。

1. 在保项目日常管理

在保项目的日常管理是指对未到期在保项目和逾期但未进行代偿的项目的管理。具体内容包括:

(1) 贷款用途是否改变,是否与项目调查阶段核实的用途存在较大差异;

(2) 检查企业每月财务报表,关注数据变化情况;

(3) 检查资金使用效果和财务状况;

(4) 企业生产经营情况,员工人数变化,生产设备闲置情况;

(5) 企业管理层人事变动、股权关系变动情况;

(6) 抵质押物的完好情况,是否存在遭受司法机关查封等情况;

(7) 是否存在欠税、欠薪,重大债权债务纠纷;

(8) 其他可能影响企业偿还能力的新情况。

已代偿项目的管理参照风险管理与债务追偿管理的相关要求执行。

2. 在保项目实行分类

在保项目分为正常、关注、预警和风险四类,由项目经理在系统中做好登记,风险部负责检查。

(1) 正常类：企业经营持续良好、等额还款正常、反担保措施充足项目。

(2) 关注类：企业经营正常，但出现关键人物离职，行业发生较大变化的项目，或反担保措施较弱，风险敞口较大的项目。

(3) 预警类：企业经营出现大幅下滑，等额还款出现逾期，或风险管理部认为有风险隐患的项目。

(4) 风险类：发生逾期，但未进行代偿的项目。

3. 在保项目实行分类管理

正常类和关注类由原经办项目经理A角负责管理；预警类和风险类主要由风险管理部门负责管理，项目经理配合。

4. 在保项目实行分类转变管理

项目由前两类向后两类转变时，由项目经理提出，经风险管理部确认后，风险管理部指派专人介入项目。由风险管理部发出风险提示，需对项目进行风险调级的，由风险管理部提出、项目经理在系统里做好登记。

5. 保后跟踪规范参照保后跟踪的相关规定

项目经理进行保后跟踪后，完成保后跟踪报告，并在系统中注明项目的风险评级。若因项目经理未在系统中做好分级，导致项目风险管理未到位的，项目经理要承担相应责任。

(八) 保证责任解除

(1) 对被保证人按时履约、按合同约定履行完毕的担保（委托贷款）项目，要及时终止担保，以银行出具的《保证责任终止通知书》（或《委托贷款委托合同》履行完结通知书）和还款凭证为准。

(2) 项目经理需核对相应保证责任终止通知书的版本、银行印章、企业名称、合同号是否准确并及时上报，同时制作项目终止报告。

(3) 审批人员在完成审核项目终止报告后，相关人员办理抵、质押登记的涂销手续，对于无须登记的抵质押物，则进行归还。

四、反担保措施的设计

反担保是指第三人为债务人向债权人提供担保时，债务人应第三人的要求为第三人提供的担保。如借款人欲向银行贷款，银行要求借款人提供第三人保证，保证人因要承担风险，故要求借款人为自己再提供担保。

《担保法》第4条规定："第三人为债务人向债权人提供担保时，可以要求债务人提供反担保。反担保适用本法担保的规定。"

《物权法》第17条规定："债权人在借贷、买卖等民事活动中，为保障实现其债权，需要担保的，可以依照本法和其他法律的规定设立担保物权。第三人为债务人向债权人提供担保的，可以要求债务人提供反担保。反担保适用本法和其他法律的规定。"反担保实际上是担保人转移或避免担保所发生的损失风险的一项措施，旨在保障担保人追偿权的实现。有权要求债务人提供反担保的第三人，既可以是保证人，也可以是质押人，还可以是出质人。债务人为第三人提供的担保形式，既可以是保证，也可以是抵押、质押、留置等，因此，债务人为第三人提供担保的内容和程序均适用担保法关于担保的规定。

（一）反担保措施的作用

1. 反担保措施是约束客户还款意愿最有效的手段

对于绝大多数的担保贷款申请人，担保公司都应该设置相应的反担保措施，以达到控制申请人的核心资产或资源的目的。这样，在贷款到期时，即使申请人出现还款的困难，仍可以迫使借款人不敢走上违约的道路。因为如果其违约，则被担保公司控制的反担保核心资产或资源，将会被担保公司依法处置，而更要承担处置中的其他额外相关费用、违约金等，使借款人得不偿失。

因此，通过设置反担保措施，控制贷款申请人核心的重要资产或资源，就会迫使其在不能按时、足额履行还款责任时，主动积极地寻求解决的办法，千方百计偿还贷款本息。即使其最终不能完全履约还款，担保公司也可以对相关反担保措施进行处理，从而获得补偿。

2. 反担保措施是衡量客户资产实力与人脉资源的标尺

担保公司在分析贷款申请人的相关能力与拥有的社会资源时，应结合其可提供的反担保条件的力度来进行。如果在经过反复的解释并消除其顾虑之后，客户仍不提供起码的反担保条件，则可能有以下几个含义：

（1）该申请人的商业资历不深，未完成基本的原始积累，或完成的原始积累只是非有效和非可控的资产（如租用土地自建厂房、无产权住房等）。这反映申请人的经营资历较短或不太成功，历年的盈利很少，资本实力小。对这一类申请人，担保公司应该谨慎对其提供担保或从严控制担保的规模。

（2）该申请人缺乏相关的人脉资源帮助，特别是缺乏亲友愿意为其贷款提供相应的反担保。其主要原因可能是：出于对贷款申请人信誉或还款能力的担心，即使是其亲戚朋友也不愿意为其提供反担保。这往往是由于贷款申请人以往曾失信于人，从而造成他人怀疑其诚信；或他人对其经营能力与所拥有的资源的信心不足。

3. 反担保措施能够侧面测试客户的担保贷款动机

在实际操作中，贷款申请人以诈骗的手法向银行和担保公司申请融资的案件时有发生，但毕竟是极个别的，大多数情况下，贷款申请人寻求担保贷款主要有以下两个方面的原因：

（1）贷款申请人的生产经营出现资金短缺的问题，须担保融资补充现金；

（2）贷款申请人发现较好的投资或扩大生产的机会，且信心十足，但自有资金不够，需要申请融资来补充。

在绝大多数情况下，对于这样的担保贷款需求，申请人最终都愿意提供相应的反担保措施，并配合办理相关手续的。而如果是诈骗，申请人是不愿意提供有力的反担保措施的，或在办理手续的过程中百般设置障碍。

4. 反担保措施是控制客户继续融资的有效措施

由于贷款申请人的核心资产与资源被用于担保贷款的反担保，这样就能最大程度地限制贷款申请人在担保贷款期间，向其他途径寻求再融资，避免其随意增加债务负担，从而影响担保公司的担保债务的偿还能力。

限制贷款申请人的再融资活动，除了设置反担保措施外，还可以要求贷款申请人向担保公司出具《不再融资的承诺函》，承诺在担保贷款期间，未经担保公司书面同意不得对外再融资，否则构成一项违约。

(二) 反担保措施的局限性

不能因为客户提供了较充分的反担保抵质押物，就认为该笔担保业务基本无风险了，从而忽视对客户的信用记录、经营管理水平、财务状态以及外部经济环境的调查分析。实际上，即使是很充分的反担保措施，也会存在其保障程度的局限性。下面从抵押权的主要局限性方面进行阐述。

1. 因抵押物上已有的优先权或法定的优先权而导致的局限性

由于一些抵押物上存在其他优先权，使得这类抵押物在被执行的过程中，对担保公司行使抵押权的实现带来了限制，尤其当抵押物存在某些法定优先权的情形时，更是如此。

抵押物上的优先权主要包括：
(1) 国家税收的优先权；
(2) 划拨土地使用权的出让金补偿权；
(3) 司法费用的优先权；
(4) 被执行人的基本生存权；
(5) 建筑工程承包人的优先权；
(6) 担保物上承租人的优先购买权；
(7) 其他法律法规规定的优先权。

下面主要对国家税收优先权、被执行人的基本生存权、建筑工程承包人的优先权等进行阐述。

(1) 国家税收的法定优先权。

对于抵押人欠税在前，抵押在后的，税款是优先于抵押权受偿的。

目前实际环境下，不少的中小企业客户存在财务造假的现象，一些还存在较严重的偷逃税款的情况，如果此类客户以企业名下的资产作为其担保业务的反担保，期间一旦涉及税务问题，担保公司就难免会出现重大风险。

担保公司在贷前调查时，要充分关注担保申请人是否存在严重偷漏税的情况，虽然基于客观现实的角度，无法完全回避此类中小企业客户，但根据其税务风险的大小，适当提高反担保的保障程度是很有必要的。

(2) 被执行人的基本生存权。

我国法律对债务人的基本生存权做出了一些保护性规定，如《最高人民法院关于人民法院执行设定抵押的房屋的规定》中就有以下规定：人民法院对已经依法设定抵押的被执行人及其所抚养家属居住的房屋，在裁定拍卖、变卖或者抵债后，应当给予被执行人六个月的宽限期。在此期限内，被执行人应当主动腾空房屋，人民法院不得强制被执行人及其所抚养家属迁出该房屋；被执行人属于低保对象且无法自行解决居住问题的，人民法院不应强制迁出。

从该规定可以看出，法院在执行抵押物上会有一定的考虑，这种考虑主要表现在：给予被执行人六个月的宽限期，而对于被执行人属于低保对象且无法解决居住问题的，不得强制令其迁出。担保公司如果选择了此类抵押物作为反担保，则即使其以房屋提供了抵押，也很可能会导致担保公司难以处置变现以弥补担保代偿，从而发生损失。

因此，担保公司在调查阶段应注意房屋所有者的实际情况，尽量避免选择抵押人唯一居住的房屋、老人或家庭经济环境不好的个人名下的房屋作为反担保物。

(3) 建筑工程承包人的优先权。

《合同法》第 286 条规定:发包人未按照约定付价款的,承包人可以催告发包人在合理期限内支付价款。发包人逾期不支付的,除按照建设工程的性质不宜折价、拍卖的以外,承包人可以与发包人协议将该工程折价,也可以申请人民法院将该工程依法拍卖。建设工程的价款就该工程折价或者拍卖的价款优先受偿。

从该条规定可以看出,担保公司在办理在建工程抵押时,应当对建筑工程承包人拥有的法定优先受偿权予以特别注意,对于工程款的支付情况必须进行认真核查。

2. 抵押物的司法执行可能耗时长、难度高

一个完整的诉讼执行过程是:从担保公司向法院申请诉前保全借款人、反担保人的相关财产到提起诉讼,最后到终审提出执行申请,进入执行程序后,还要面临法院摇珠确定评估机构、委托评估、摇珠确定拍卖机构、进行拍卖、其他利害关系人提出执行异议等问题。因此,从申请财产保全到执行终了,往往需要 2 年以上的时间,甚至更长。

3. 租赁权的存在使得抵押物处置的难度加大

除了上述承租人对抵押物具有优先购买权外,如抵押物出租的,实际上还可能对抵押权的实现存在其他不利影响,表现为处置的难度和不确定性增加。

《合同法》第 229 条:租赁物在租赁期间发生所有权变动的,不影响租赁合同的效力;《最高人民法院关于适用〈中华人民共和国担保法〉若干问题的解释》第 65 条:抵押人将已出租的财产抵押的,抵押权实现后,租赁合同在有效期内对抵押物的受让人继续有效。

上述法条实际上规定的原则是:对于在抵押前已经出租的,抵押物的所有权变动不影响租赁权。在现实中,个别抵押人会出于不良动机与第三人串通,采用虚假手段伪造相关租赁合同来对抗抵押权的实现。例如,某借款人经营不善,难以偿还担保贷款,抵押反担保人出于非法保护其被抵押财产的动机,就与第三人伪造该抵押物在抵押登记前被租赁出去的虚假情况,这就是通过伪造租赁合同使抵押物很难被处置与变现的行为(因为在现实中,通常是有租赁权的抵押物比没有租赁权的抵押物更难处置)。

在上述情况下,如果该抵押人是与第三人签署了较长租赁期限的租赁合同,且约定较长租赁期限的租金已一次性支付给抵押人的,则更会增加处置的难度。

因此,担保公司在做保前调查时,应该关注抵押物的租赁状态,特别要关注租赁期限与租金支付的方式等问题,必要时要求抵押人对抵押物的使用状态做出书面声明或承诺。在保后检查中,也必须对抵押物的使用情况进行跟踪。

对于已出租的抵押物,担保公司应考虑对该抵押物租赁合同的租金予以监控或质押。

4. 抵押人与相关利益方串通以致抵押权的实现受到限制

对于担保申请人以动产作为反担保抵押(如机器设备)的,担保公司应关注抵押人是否存在与设备供应商签署有关秘密合同的情况。所谓秘密合同主要指,通过设备购销合同的补充合同,约定在抵押人采购机器设备的款项没有支付完毕前,抵押人并不拥有对该机器设备的完全所有权。

担保申请人与设备供应商如果通过该种相互串通的方式,将使得担保公司的抵押权难以实现。当担保公司申请对该抵押的动产依法进行相应的拍卖处置时,将很可能面临设备供应商提出的执行异议,从而造成执行难,甚至不能执行的情况。

因此,担保公司在办理相关动产抵押时,事前必须认真核查相关购买合同以及补充合同、相关发票、收据、支付机器设备价款的原始凭证、机器设备调试验收等证明资料,甚至可以要求设备供应商出具相关的书面证明。

(三) 选择反担保措施的原则

如果担保公司在判断某个担保贷款业务是否可做时,仍然拘泥于有无标准的和足额的资产进行抵(质)押反担保,则担保公司必然会丧失很多有潜力、有发展的贷款客户。这对担保公司拓展业务是不利的,现实中也极少这样的担保业务机会。

由于担保公司服务于中小企业群体,承担向商业银行传递和放大中小企业信用的职能。在反担保措施的开发上应以企业的核心资产为重点,方法上勇于、善于创新,根据企业的具体情况量体裁衣、度身定做,设计灵活多样、组合打包方案,结合企业的偿还能力确定信用比例。

因此,在深入调查贷款申请人的第一还款能力与还款信誉的同时,发掘贷款申请人相关的实物资产或拥有的社会资源,设计新颖的又能够控制其核心资产与资源的反担保措施,是担保公司保前调查的一项重要工作。

担保公司设计反担保措施要根据每个贷款申请人的实际情况进行,并应遵循以下原则。

1. 控制核心资产原则

担保公司工作人员在设计反担保措施时,要始终以控制借款人的核心资产为原则。只有这样才能确保在其不能按时足额偿债时,因其核心资产将面临被担保公司处置,从而对其造成较大的心理压力,为了避免因资产被处置,而对生产经营或生活带来重大不便,借款人一般都会积极配合,想方设法去筹措资金来偿还担保贷款的本息。

而如果担保公司抓住的只是些无关痛痒的资产(如比较破旧或闲置的房产和设备)来做反担保,则很难达到较好的效果,反而由于担保公司常规是放大反担保资产来操作,给了对方将一般资产进行套现的良好机会。因此,在要求贷款申请人提供反担保措施时,应该要在充分了解其资产状况的基础上进行,要抓住核心资产做反担保措施。

为了能够识别核心资产,担保公司工作人员应该在保前调查时,分析贷款申请人资金的主要占用形式。贷款申请人的资金占用形式主要有应收账款、其他应收款、存货、固定资产、无形资产、个人资产等。担保公司在设计反担保措施的方案时,都应该注意该资金占用体现的资产,是否为其核心资产。

2. 控制核心资源或利益原则

为了控制贷款申请人的核心资源或核心利益,原则上都应要求贷款申请人的直系亲属(特别是参与日常经营活动人亲属)提供连带责任保证反担保;也可以尝试要求其他亲朋提供连带责任保证反担保。

愿意给贷款申请人提供保证反担保的,一般都与其关系密切或与其存在特殊的关系。如果这些人承担了保证责任,则将可能极大地影响借款人的情感或者利益,从而促使其积极筹措资金来偿还担保贷款本息。在实务工作中,担保公司可以根据实际情况,考虑要求以下几个利益方提供保证反担保:

(1) 主要股东(实际控制人)、法定代表人等提供连带责任保证反担保。

《公司法》第3条:公司是企业法人,有独立的法人财产,享有法人财产权。公司以其全部财产对公司的债务承担责任。有限责任公司的股东以其认缴的出资额为限对公司承担责任;

股份有限公司的股东以其认购的股份为限对公司承担责任。

从该条款可知,有限责任公司以其全部财产对公司债务承担责任,股东以其认缴的出资额为限对公司承担责任。但要知道的是,无论是公司还是股东,其实际承担的都是有限责任,在公司不能偿还债务时,债权人不得对股东要求其对公司承担超过其出资额以外的责任。

因此,担保公司为了控制借款人股东的道德风险,原则上都应当要求其主要股东对担保贷款提供连带责任保证反担保;而当股东为自然人时,要求股东的配偶同时提供保证反担保也是必须的。

另外,如果贷款申请人的经营形势较好,且具有较好的品牌效应,则还可考虑将其部分股权作为质押反担保,增加贷款申请人的违约成本。

(2) 贷款申请人的关联方提供连带责任保证反担保。

因为贷款申请人与关联方往往存在密切的业务关系,相互之间几乎都存在互相占用对方资金的情况。为了防范贷款申请人通过关联方交易等方式逃废债务,防范道德与信用风险,担保公司应当要求其重要甚至全部关联方提供保证反担保。

3. 可操作性原则

担保公司接受的反担保物应是那些结构较简单、通用性强、价格易于确认评定的物品,一些专业性强、价格难以确定的,如专利、商标等反担保物,可能增加客户估价成本;还要具有较好的可操作性并且便于处置变现。只要能确保反担保措施既具有严密性又具有可操作性,便于形成第二还款来源的,则都是可行的。

但对于某些特殊的贷款申请人,担保公司也可以考虑一些合法,虽不能有效对抗第三人,但通过事先的特殊安排仍可以保障债权安全的反担保措施。

4. 有效组合原则

针对中小企业资产规模小、反担保措施较弱的特点,可以采取量体裁衣、度身定做、灵活多样、组合打包的策略,捆绑企业资产和个人资产、企业信用和个人信用,只有这样才能确保贷款申请人提供的第二还款来源完整有效,这就是组合式的反担保措施。组合形式包括:

(1) 人保加人保;

(2) 人保加物保;

(3) 贷款申请人提供物保加第三方提供物保。

5. 侧重第一还款来源分析的原则

反担保措施的设计应以分析客户履约能力和履约意愿为前提,担保公司应立足于充分评估客户的偿债能力、赢利能力及成长性,对其第一还款来源或履约能力充分把握,而不将重点停留在关注抵、质押等反担保措施方面。宁愿给好的企业提供无反担保的担保,也不给反担保较为足值的差企业提供担保。担保公司必须充分认识到:反担保措施仅仅是一种补充保障,但绝对不是主要的还款来源,要把握好第一还款来源与补充还款来源的辩证关系。

(四) 主要反担保措施的种类

1. 典型反担保方式

所谓典型反担保方式,是指按《担保法》的规定,有明确登记机关,符合法定的登记、公示要件,具备对抗第三人效力的反担保方式。典型反担保方式具有优先受偿权,对担保公司具有较大保障。例如,房产、土地等不动产抵押;机器设备、车辆等动产抵押;存单、仓单、提单、商业汇票、保证金等质押。

2. 非典型反担保方式

非典型的反担保方式,是担保公司与客户双方的一种民事行为,就被担保财产的控制、处置达成一致意见,这种反担保方式不是《担保法》及有关司法解释所列明的法定的担保方式,不具备严格的登记、公示要件,不具备对抗第三人的效力。但对债务人的利益触动较大,具有较强的控制力。

第五节 信用保险与保理

一、国内信用保险

国内信用保险是指在商业活动中,作为权利人的一方当事人要求保险人将另一方当事人作为被保证人,并承担由于被保证人的信用风险而使权利人遭受商业利益损失的保险。其保险金额根据当事人之间的商业合同的标的价值来确定。

目前,国内信用保险一般承保批发业务,不承保零售业务;承保3~6个月的短期商业信用保险,不承保长期商业信用风险。其险种主要有赊销信用保险、贷款信用保险和个人贷款信用保险。

(一) 赊销信用保险

赊销信用保险是为国内贸易的延期付款或分期付款行为提供信用保险的一种信用保险业务。在这种业务中,投保人是制造商或供应商,保险人承保的是买方(即义务人)的信用风险,目的在于保证被保险人(即权利人)能按期收回赊销货款,保障贸易的顺利进行。

(二) 贷款信用保险

贷款信用保险是保险人对银行或其他金融机构与企业之间的借贷合同进行担保并承保其信用风险的保险。在贷款信用保险中,贷款方既是投保人,又是被保险人。贷款方投保贷款信用保险后,当借款人无力归还贷款时,可从保险人那里获得补偿。贷款信用保险是保证银行信贷资金正常周转的重要手段之一。

(三) 个人贷款信用保险

个人贷款信用保险是指在金融机构对自然人进行贷款时,由于债务人不履行贷款合同致使金融机构遭受经济损失时由保险人承担赔偿责任的信用保险。由于个人的情况千差万别,且居住分散,风险不一,保险人要开办这项业务,必须对借款人借款的用途、经营情况、商业信誉、私有财产等进行全面的调查了解,必要时还要求借款人提供反担保。否则,不能轻率承保。

二、出口信用保险

出口信用保险是承保出口商在经营出口业务的过程中,因进口商的商业风险或进口国的政治风险而遭受损失的一种信用保险。根据出口信用保险合同,投保人向保险人缴纳保险费,保险人赔偿保险合同项下因买方信用及政治风险因素引起的经济损失。常见的出口信用保险业务主要有短期出口信用保险和中长期出口信用保险。

从目前来看,出口信用保险已成为国际贸易国家支持出口的一个重要手段。2001年,在中国加入WTO的大背景下,国务院批准成立专门的国家信用保险机构——中国出口信用保险公司(以下简称"中国信保"),由中国人民保险公司和中国进出口银行各自代办的信用保险业务合并而成。立足于我国的对外经贸发展,中国信保已经成为全球最大的官方出口信用保险机构,通过提供政策性保险服务,在支持我国外经贸发展、实施"走出去"战略等方面发挥了重要作用。

从全球来看,出口信用保险机构可以分为政策性出口信用保险机构和商业性出口信用保险机构两大类,其中商业险是以盈利为目的的,所以不能简单地把出口信用保险均视为政策性保险。目前出口信用保险是一国政府鼓励发展出口贸易的重要工具,几乎所有加入了WTO后的发达国家都设立由政府支持的不以营利为目的的出口信用保险机构,即政策性的出口信用保险机构,在这一出口信用保险中,国家财政是承保风险的最终承担人。

出口信用保险与贸易融资结合在一起,成为出口信贷融资的组成部分,已成为出口商获得信贷资金的一个重要手段。通过保险项下的融资,为出口企业提供了新的融资渠道,能够帮助企业在规避风险的前提下获得贸易融资,从而有利于扩大企业的出口,提高企业在国际市场上的竞争能力。

(一) 短期出口信用保险

一般情况下保障信用期限在一年以内的出口信用保险适用于出口企业从事以信用证(L/C)、付款交单(D/P)、承兑交单(D/A)、赊销(OA)结算方式自中国出口或转口的贸易,以及银行在出口贸易项下受让的应收账款或未到期债权。短期出口信用保险是目前各国出口信用保险机构使用最广泛、承保量最大、比较规范的出口信用保险种类。

1. 主要产品

短期出口信用保险的产品主要有综合保险、统保保险、信用证保险、买方违约保险、特定合同保险等。

2. 承保内容

短期出口信用保险的承保内容可分为保单承保和买方承保两部分内容。

(1) 保单承保。

保单承保是指先由承保人在承接投保后,向投保人签发保单以建立保险责任关系。业务程序主要经过投保、拟订保险方案、签发保单等过程。

① 企业投保出口信用保险,首先要向保险人提出投保申请并填写投保单,这是保险人了解投保企业情况的主要方式。投保单内容主要为投保企业的基本情况,企业在填写投保单时必须做到属实和准确。

② 保险人根据投保单有关投保条件拟订保险单承保方案,主要包括适保范围、赔偿比例、信用限额等内容。当然,在实际操作中,基于出口企业需要逐渐熟悉和信任信用保险的客观情况,保险人也可以接受企业选择性投保,即选择一部分业务先行投保,后续再逐渐增加投保范围,在选择性投保情况下,基于风险和对价挂钩原则,因此保险费率会相对较高,以实现对保险人利益的平衡。

③ 赔偿比例。一般情况下,承保的大部分的损失是由保险人所承担,赔偿比例最高可达买方违约所致损失的90%,企业自己也要承担一部分损失。这种风险共担有利于增强被保险人的风险意识和提高被保险人的风险管理能力,在一定程度上也可避免商业欺诈行为。

根据承保买方或所在国的风险状况以及企业的风险控制水平,在保单最高赔偿限额内,保险人一般与企业可约定一个赔付比例。保单最高赔偿限额是保险人承诺对保险单项下信用风险承担赔偿责任的最高额度,即保单年度内,保险人对被保险人赔付的最高上限,通常为出口企业保单投保金额的30%~50%,也可以按照最低保费的倍数进行设置,以此避免发生系统性风险时对保险人造成的重大损失。

(2) 买方承保。

买方承保是指保险人针对每个买方为企业确定承保条件,通过批复信用限额而建立保险责任关系。企业在得到保险人签发的保险单后,应根据保险单适保范围向保险人申请信用限额。如果保险人批复的信用限额不能满足企业正常的发货需要,企业可在一个付款周期结束后向保险人提出追加信用限额的申请。如果企业在贸易合同中的付款条件出现变动,或者买方情况发生重大变化时,应该向保险人重新申请信用限额。

企业通常被授权可自行掌握信用限额,当单一海外客户的一个付款周期内发货的金额不超过企业自行掌握信用限额时,企业不必事先申请信用限额就可发货,只要在申报期内向保险人申报即可。

3. 索赔与追偿

企业投保信用保险后,一旦获悉损失已经发生,作为被保险人,应在保险单规定的时间内向保险人填报可能损失通知书,将已发生并且可能引起损失的情况以及在损失发生后已采取哪些措施等告知保险人。将获悉的风险信息及时通知保险人,有利于双方信息的沟通,便于共同采取措施来控制风险,避免损失的进一步扩大。

企业向保险人报损后,在确定损失发生不可挽回的情况下即可向保险人提出索赔的要求。企业必须在保险单规定的期限内填报索赔申请书,并提供相应的证明文件和单证,这是保险人定损核赔的基础资料。企业在提出索赔后,保险人通常就要进行海外调查,在确定损失原因和保险责任情况下支付赔款。企业在出具出口保险赔款收据及权益转让书后,保险人即获得代位追偿权,继续向债务人追偿欠款。

4. 注意事项

企业在运用信用保险这一债权保障的工具时,应该关注这些信用保险产品的特点,特别是关于信用保险的承保范围。对于因汇率变动引起出口企业的损失,被保险人违约、欺诈以及其他违法行为所引起的损失,被保险人未获得有效信用额度而向买方出口所发生的损失,因货物质量等问题导致买方拒付所带来的损失,信用证支付方式下虚假或无效信用证造成的损失,被保险人明知有风险而出运产品所造成的损失,非信用证方式下货物出口前发生的损失等情况,企业特别要注意,因上述情形非买家信用风险所致,不属于保险责任范围,短期出口信用保险是不承担赔偿责任的。

(二) 中长期出口信用保险

中长期出口信用保险,是指出口信用机构(Export Credit Agency,ECA)为鼓励本国资本货物出口和对外工程承包,向金融机构或出口商提供的、承担因政治风险和商业风险导致的贷款协议或商务合同项下应收账款损失的保险产品。信用期在1~15年。

与短期出口信用保险一样,中长期出口信用保险是一国支持和鼓励本国企业出口的一项政策性保险业务,以国家信用为支持,以政府财政为后盾,重点支持高科技、高附加值的机电产品和成套设备等资本性货物的出口以及对外工程承包项目,主要作用在于支持本国企业开拓海外市场,实现便利融资,获得损失补偿,完善风险管理,还能够起到信用增级、优化财务报表的作用。

目前,银行主要以出口买方信贷和出口卖方信贷两种形式为上述项目提供融资支持。出口卖方信贷是指出口国为了支持本国机电产品、成套设备等资本性货物和服务的出口、对外工程承包项目,由出口国银行为出商提供中长期的融资便利。出口买方信贷是指出口国为支持本国资本性货物和服务的出口、对外工程承包项目,鼓励本国金融机构向进口国政府、银行或进口商提供贷款,该笔贷款定向用于购买出口产品。出口卖方信贷与出口买方信贷的主要区别在于借款主体不同,出口卖方信贷业务的借款人是卖方,即国内出口商;出口买方信贷业务的借款人是买方,即国外进口商。

中国信保针对上述两种融资方式,提供出口卖方信贷保险和出口买方信贷保险。

1. 出口卖方信贷保险

出口卖方信贷保险,又称延付合同保险,是在出口商以延期付款的方式向境外出口商品和服务时,出口信用机构(ECA)向出口商提供收汇风险保障的政策性信用保险。出口卖方信贷保险承保的风险包括政治风险和商业风险,赔付比率不超过90%。出口商可以将卖方信贷保险的赔款权益转让给银行,以获得出口卖方信贷。

出口卖方信贷保险承保的是境外进口商和担保人不付款的风险,保险责任是基于商务合同项下的买家支付货款的义务,因此,出口卖方信贷保险标的是出口商务合同而不是出口卖方信贷协议。从理论上讲,出口卖方信贷保险并不一定和出口卖方信贷必然相联系,其逻辑是出口商通过投保出口卖方信贷保险有效地提升了自身的信用等级,符合了银行的信贷要求,从而能够顺利获得贷款。在实践中,出口商投保出口卖方信贷保险往往缘于贷款银行的要求。

出口卖方信贷保险的主要特点:

(1) 申请投保出口卖方信贷保险的项目应符合相关国家法律和法规,符合我国外交、对外经贸、产业、财政及金融政策。

(2) 出口货物和服务属于资本性货物(如机电产品、成套设备、船舶等),或者对外工程承包项目。出口商应在中国境内(不含香港、澳门、台湾地区)注册,是具有外经贸经营权和相应资质的法人。

(3) 为降低出口商风险,根据产品性质的不同,进口商一般应支付不低于商务合同金额15%的预付款,故延付金额或融资金额不超过商务合同的85%。

(4) 出口商品或服务应符合中国成分要求:机电产品、成套设备的中国成分一般不低于60%,船舶类产品一般不低于40%,海外工程承包项目一般不低于15%。

(5) 延付期在1年以上,一般不超过10年。

(6) 出口卖方信贷保险的投保人和被保险人都是出口商,保单货币与商务合同一致,通常是美元,也可以为中国信保可接受的其他货币。

(7) 保险范围为出口方在商务合同项下支付的成本和应收的延付款项(可含利息),不包括逾期利息和罚息。

出口商与进口商有合作意向时,可向出口信用机构提出保险意向申请,同时提供项目内容、可行性分析、出口商、进口商和担保方基本情况等与项目有关的资料。如果出口信用机构在初步审核后受理出口商的投保,将出具承保意向,这意味着出口信用机构与出口商将共同控制项目风险,出口信用机构可参与项目的考察和商务谈判。出口商与进口商签订商务合同后,出口商必须提出正式投保申请。出口信用机构在审查批准后,向被保险人即出口商出具保险单。在出口信用机构收到出口商缴付的保费后,保险协议正式生效。

2. 出口买方信贷保险

出口买方信贷保险是在出口买方信贷融资方式下,出口信用机构(ECA)向金融机构提供的、用于保障金融机构资金安全的保险产品,其信贷期限在一年以上。出口买方信贷保险承保的风险包括政治风险和商业风险,赔付比率不超过95%。

出口买方信贷保险主要特点:

(1) 申请项目应符合相关国家法律和法规,符合我国外交、对外经贸、产业、财政及金融政策。

(2) 出口货物属于资本性货物(如机电产品、成套设备、船舶等)或者对外工程承包项目。出口商应在中国境内(不含香港、澳门、台湾地区)注册、具有外经贸经营权和相应资质的法人。

(3) 为降低出口商风险,根据产品性质的不同,进口商一般应支付不低于商务合同金额15%的预付款,故延付金额或融资金额不超过商务合同的85%。

(4) 出口商品或服务应符合中国成分要求:机电产品、成套设备一般不低于60%,船舶类产品一般不低于40%,海外工程承包项目一般不低于15%。

(5) 出口项目的信用期在1年以上,大型项目不超过10年。按国际惯例,进口商的还款分为宽限期和还款期。在宽限期,进口商通常只付利息不还本金,进入还款期,则每隔半年还一次等额本金或等额本息方式还本付息。

(6) 在出口买方信贷保险中,贷款银行是被保险人。保险申请人可以是在中国境内(不含港、澳、台地区)注册的法人、中国金融机构或符合条件的外资银行。其中外资银行作为保险人,应满足两个条件:总资产不低于100亿美元,且在过去两年执行过出口信贷项目并与出口信用机构的合作无不良记录。

(7) 出口买方信贷利率按国际上通用的关于成套设备出口的利率标准。为鼓励银行对本国产品出口提供出口买方信贷,出口信用机构将全额承保贷款银行的本息。

出口商与进口商有合作意向时,可向出口信用机构提出申请,投保申请的内容包括出口项目的概况、项目采用的信贷方式、出口商资信状况、还款担保人资信等。如果出口信用机构在对出口项目经初审后决定受理时,则出具承保意向书。承保意向书对项目信贷种类、预付款比例、借款人和还款担保人的资格、抵押担保条件等都有具体的规定。之后,出口信用机构对受理项目进行全面调查和评估,并参与项目的商务合同贷款协议、保险费条件等有关内容的谈判。出口商与进口商签订商务合同、主要贷款条件基本确定后,由贷款银行提出正式投保申请。出口信用机构在审查批准后,向被保险人即贷款银行出具保险单,贷款银行与进口商签署贷款协议,落实贷款生效条件。在出口信用机构收到出口商缴付的保费后,保险协议正式生效。

表 4-3 卖方信贷保险和买方信贷保险比较

项 目	出口卖方信贷保险	出口买方信贷保险
被保险人	出口商	贷款银行
贷款币种	人民币专项贷款	外币专项贷款
贷款方向	我国出口商	进口方或国外银行
保险标的物	商务合同项下出口商收汇风险	贷款协议下贷款项行还款风险
对出口企业影响	出口商利用银行出口信贷给进口方提供延付合同便利。既有债权,也有债务	出口商可以做到即期收汇,不承担未来汇率波动风险

(三) 海外投资保险

海外投资保险是一种政府提供的保证保险,实质上是一种对海外投资者的"国家保证"。海外投资保险不仅由国家特设机构或委托特设机构执行,国家充当经济后盾,而且针对的是源于国家权力的政治风险,这种政治风险通常是商业保险机构所不给予承保的。因此,跟中长期信用保险一样,海外投资保险也是非盈利性的政策性险种。该保险是鼓励企业对外投资,保证海外投资企业规避各种由于政治风险、主权信用风险所产生的不确定性损失。本国企业的境外绿地投资项目、收购投资项目等各类投资形式都可以投保海外投资保险,以获得风险保障。

1. 海外投资保险保障的权益

根据投资形式的不同,海外投资保险保障的权益也有所差异,分别是:

(1) 在股权投资的形式下,保障股本投入及收益。

(2) 在债权投资的形式下,保障贷款(包括股东贷款和金融机构贷款)的本金和利息。

2. 海外投资保险的承保风险范围

一般而言,海外投资保险承保的风险包括征收、汇兑限制、战争及政治暴乱、违约。具体为:

(1) 征收。

指东道国政府以国有化、没收、征用等方式全部或部分剥夺本国投资方或项目企业对境外投资项目的所有权或经营权,对投资项目资金或资产的使用权或控制权,且没有给予及时、有效的补偿。征收除包括传统意义的直接征收外,还包括隐性征收,即东道国政府通过采取渐进的一系列措施迫使项目企业放弃经营。

(2) 汇兑限制。

指东道国政府或代表东道国政府从事外汇交易的机构禁止、限制本国投资方或项目企业将当地货币兑换成美元及任何可自由兑换货币,汇出东道国;或者向本国投资方或项目企业实行歧视性汇率。

(3) 战争及政治暴乱。

指东道国参与的任何战争(无论是否宣战)或东道国国内发生的革命、骚乱、政变、内战、叛乱、恐怖活动等。

(4) 违约。

指东道国政府或经出口信用机构事先认可的其他主体违反或不履行与本国投资方或项目企业就投资项目签署的具有法律约束力的协议和合同。

一般而言，征收、战争、汇兑限制与国家风险关联度较高，而违约风险在个别行业（如电力行业、油气行业）、项目适用度较高，与国家风险和项目自身都存在关联性。根据近年中国企业海外投资项目的情况来看，征收、政府违约风险发生概率相对较高，协调和追偿可减少风险导致的损失，政府在其中发挥主要作用，政策性保险作用突出。战争破坏风险相对发生概率小，但一旦发生，投资企业往往损失严重，缺乏追偿性。

3. 海外投资保险的分类

根据投资形式的不同，海外投资保险可以分为海外投资（股权）保险、海外投资（债权）保险。

（1）海外投资（股权）保险。

海外投资（股权）保险是出口信用机构为鼓励中国企业的对外投资而提供的、承担投资项下股东权益损失的保险产品。适用于海外股权投资类投资项目，股权类投资包括货币、实物、技术或知识产权等出资方式的股本投资。

（2）海外投资（债权）保险。

海外投资（债权）保险是出口信用机构为鼓励中国企业为其海外投资项目提供股东贷款、金融机构为中国企业海外投资项目提供贷款等情况下，向企业或金融机构提供的承担其债权损失的保险产品。适用于海外债权投资类投资项目，债权类投资指本国企业或境内外金融机构为本国企业的海投投资项目提供的各种形式的投资和融资，包括股东债权、金融机构债权等形式。

4. 海外投资保险的保险金额

海外投资保险有两个保险金额，即最高保险金额和当期保险金额。

（1）最高保险金额。

最高保险金额是指出口信用机构在承诺保险期内所承担的责任总限额，在初始保险期开始时，由被保险人根据项目投资计划进行申请并经出口信用机构同意确定。被保险人在续保时，可以跟进项目投资进展要求调整最高保险金额。最高保险金额将在赔款发生后自动相应减少。对于股权保险来说，最高保险金额通常不少于承诺保险期限内某一保险期限中，被保险人有可能遭受损失的最大值。

（2）当期保险金额。

当期保险金额是指每个保险责任期内，出口信用机构所承担的责任限额。当期保险金额须每年确定，但不能超过最高保险金额。当期保险金额将在当期赔款发生后自动相应减少。对于股权保险来说，当期保险金额通常不少于当期保险期限内的投资额和预期收益之和。对于债权保险来说，当期保险金额应为当期保险期限开始时尚未偿还的贷款本金与当期利息之和。

5. 保险费率及保险费的计算

投资保险费率的高低取决于投资所在国（或地区）的国别分类、投资主体实力、投保风险范围、承诺保险期限、投资形式、投资涉及的产业部门等。海外投资保险实行年费率，按年收取当前保险费。当期保险费计算公式为：

$$当期保险费 = 当期保险金额 \times 保险费率$$

6. 中国企业投保海外投资保险的操作流程

（1）海外投资保险的申请人。

申请人应是与项目利益有相关利益的法人,包括:
① 在中国境内(不含香港、澳门及台湾地区)注册的法人;
② 在中国境外(含香港、澳门及台湾地区)注册的法人,但其实际控制权由中国境内(不含香港、澳门及台湾地区)注册的法人掌握;
③ 境内外金融机构。
(2) 操作流程。
申请人向中国信保申请出具意向书或申请承保后,中国信保对项目进行现场或非现场的保前调查,调查项目基本情况、项目结构情况、承保风险情况和风险保障措施等。在投资所需中国和东道国政府的批准和许可、相关项目协议、项目投融资结构和融资条件已基本确定后,中国信保进行意向评审,并通过出具意向书的方式明确对该项目的承保意向。在相关项目协议签署或融资协议草本基本确定后,项目正式进入承保阶段,在中国信保完成审批后,将通过出具承保方案、保险单的方式明确其对项目的保险范围、保险期限、保险费率等承保条件。投资企业在缴纳当期保险费后,保单正式生效。

(四) 出口信用担保

出口信用机构提供的担保业务分为融资担保和非融资担保两类。融资担保用以支持出口商或工程承包商从国内外银行融入出口业务或海外项目所需资金,主要包括贸易融资担保、流动资金贷款担保、专项融资担保等。非融资担保是为出口商或工程承包商履行基础合同所必需的保函,该类担保项下的基础交易合同不以融资为目的,主要包括投标保函、履约保函、预付款保函、质量/维修保函、留置金保函、完工保函等。

1. 贸易融资担保

贸易融资担保是指担保人为被担保人向受益人(债权人)申请的国际贸易项下国际结算或短期融资而出具的还款担保。具体包括为订单融资、打包贷款、出口押汇、出口保理、远期信用证项下汇票贴现、福费廷、出口托收贷款等出具的担保。

2. 流动资金贷款担保

流动资金贷款担保是指担保人为被担保人因生产经营活动中周转性或临时性营运资金需求而向受益人(债权人)申请的短期贷款出具的还款担保。凡是不对应项目和无特定合同的融资类担保均归为流动资金贷款担保。

3. 专项融资担保

专项融资担保是指担保人为被担保人因特定项目向受益人(债权人)申请的贷款而出具的还款担保。特定项目包括成套机电设备出口、战略资源交易、对外工程承包、境外投资等。常见的担保形式为内保外贷、海外发债担保、海外债权担保等。内保外贷是指担保人为境外被担保人向受益人(境外银行,含中外资银行的海外子行和分行)申请的贷款提供的担保,通常由国内企业或银行向担保人提供反担保。海外发债担保是指担保人为被担保人向受益人在海外发行的债券提供的担保。海外债权担保是指担保人为受益人(金融机构或企业)通过各种资本输出形成的海外债权提供的担保。

4. 投标保函

担保人应投标人的申请,向招标人出具的保证投标人不得撤销投标文件、中标后不得无正当理由不与招标人订立合同的书面担保。在国际贸易和工程承包业务中,大型机械设备的买卖和工程项目的承建招标一般需要投标人提供标价金额的1%~5%的投标保函,保证投标人在其投标的有效期内不撤标、不改标、不更改原报价条件,并在其一旦中标后,将按照标书的规定在一定时间内与招标方签订合同并提供履约保函,否则,招标方或业主将凭投标保函索赔。

5. 履约保函

担保人应出口商或工程承包商(即中标方)的申请,向进口商或业主(即招标方)出具的保证中标方履行合同项下的责任与义务。除了美国习惯要求履约保函的担保金额为合同金额的100%以外,按国际通行做法,履约保函的担保金额一般为合同金额的10%~20%。如果招标方要求的履约保函金额超出通行比例越高,对出口商的风险就越大,招标方可能以巨额保函在国际资本市场融资后,最终毁弃合同,给出口商或工程承包商、担保人造成无法弥补的损失。

6. 预付款保函

担保人保证出口商或工程承包商履行合同项下的责任与义务,否则退还进口商或业主预付的定金。预付款保函一般以进口商的预付款到达出口商账户后生效,否则,容易造成敞口保函,万一进口商无理索赔并未预付的定金,出口商或担保人只能以自有资金赔付。

7. 质量/维修保函

担保人为被担保人(卖方或承包方)向受益人(买方或业主)就基础交易合同标的物的质量所出具的书面保证,保证被担保人所提供的货物或承建的工程项目在约定时间(即保修期或维修期)内符合基础交易合同所规定的规格和质量标准。如果在约定时间内发现货物或工程的质量与合同规定不符,而被担保人不予修理、更换或维修,则受益人有权向担保人索偿,使其所受的损失得到补偿。

8. 留置金保函

留置金保函(或称尾款保函)是指担保人为被担保人(卖方或承包方)向受益人(买方或业主)出具的书面保证,保证被担保人在提前收回留置金(尾款)后,如果其提供货物或承包工程达不到合同规定的质量标准,被担保人将把这部分留置款项退回受益人,否则担保人将给予赔偿。

9. 完工保函

完工保函常见于工程承包项目,与履约保函相似,但完工保函主要目的是保证工程完工或项目履约,赔偿责任最高可与基础交易合同额相等。

三、保理服务

(一) 国内服务

我国合同法也明确规定,销售商在有应收账款转让时,必须在购销合同中约定,且必须通知购货商。因此,我国的保理业务属于公开型保理。

1. 国内保理业务的核心

国内保理业务的核心即为应收账款的转让与受让。应收账款是指以卖方和买方的贸易合同为基础,卖方对买方所享有的应收账款债权。国内保理业务的流程一般是:

(1) 卖方向保理商申请保理服务;

(2) 保理商通过内部程序审核前述基础合同,对应收账款真实性进行确认;

(3) 经审批后,保理商受让卖方提供的应收账款债权,并为卖方提供贸易融资、销售分户管理、客户资信调查与评估、应收账款管理与催收及信用风险担保等服务中的一项或多项综合性金融服务。

2. 国内保理业务中的法律风险

（1）欺诈风险。

欺诈风险也即贸易背景造假。卖方为达到融资目的，在并无真实贸易背景的情况下以伪造变造发票、构建虚假合同或其他方式，单独或与买方串通，虚构应收账款的存在，从而骗取保理商提供的融资款。该情形下，由于应收账款是虚构的，致使保理商基本无法收回已支付给卖方的融资款，将会对保理商造成重大损失。

保理商应当在审核基础合同的过程中：

① 全面进行尽职调查，着重关注买卖双方的基本情况，通过调查买卖双方的信用记录和保理方案的选择是否合理，以评估基础合同虚假的可能性；

② 加强对贸易的真实性审查，建议保理商对买卖双方进行实地走访与调查，检查用章用印、内部管理制度是否存在漏洞，对该次保理业务的风险进行把控，并核查买卖双方是否履行基础合同义务；

③ 保理纠纷中由于数额一般较大，卖方一旦涉嫌欺诈则可能涉及刑事犯罪，因此建议保理商慎重选择合适的卖方以提供保理服务。

（2）信用风险。

信用风险与欺诈风险不同，信用风险来源于真实的应收账款出现呆账、坏账的情形。买卖双方的信用状况在一定程度上反映出偿债意愿及能力，但由于国家征信体系尚未完善，债务延期或无法偿还的风险仍然存在。国内保理信用风险主要包括买方和卖方两大方面。

买方的信用风险表现为买方无法或拒绝根据基础合同按时并足额向受让应收账款的保理商还款。由于在保理业务中，卖方申请了保理服务，将应收账款债权转让与保理商，保理商向卖方提供了保理服务，最终由买方向保理商支付费用。这种类型的保理合同关系易出现买方的信用风险，也即买方无法或拒绝向已经为卖方提供了服务的保理商支付费用。

卖方的信用风险表现为卖方无法或拒绝按保理合同的约定回购应收账款。国内商业保理可分为有追索权的保理和无追索权的保理，区分点在于：当买方无法按时足额向保理商支付应收账款或其他约定情形发生时，保理合同是否赋予了保理商在前述情形下要求卖方回购相应应收账款的权利。在有追索权的保理业务中，当保理商要求卖方回购应收账款，卖方拒绝或无法回购时，也就出现了卖方信用风险。卖方信用状况的优劣，经营实力的强弱都会对保理商能否收回融资款产生重要影响。

【案例研讨 4-1】

案例：上海上体产业发展有限公司诉交通银行股份有限公司上海市分行金融借款合同纠纷案

案号：（2016）沪01民终1759号

审理法院：上海市第一中级人民法院

裁判日期：2016年5月30日

法院已查明的事实：2014年2月14日，原告向被告发放保理融资款2 000万元，利率为5.656%，融资到期日为2014年8月12日。2014年8月2日，上体产业公司（其为涉案"应收账款"的实际债务人)未按期支付应收账款。2014年8月12日保理融资到期前,上海约宁公司向交通银行支付了97 250元,保理余额19 902 750元至今未支付,上体产业公司也未支付应收账款。

法院认为: 交通银行受让34 545 000元应收账款债权后,上体产业公司作为债务人,当然负有首先向交通银行支付该笔债务的义务……故债务人不履行到期债务的,保理商交通银行有权向债务人上体产业公司追偿,在收款不能的情况下,交通银行可按合同约定向上海约宁公司行使追索权。故上体产业公司应向交通银行承担支付欠款的法律义务,上体产业公司若未能足额履行该付款义务,交通银行有权要求上海约宁公司在剩余的保理融资本金范围内承担偿还义务。

启示与应对措施: 基础合同具有真实贸易背景的情形下,保理商仍应当仔细审核基础合同、调查买卖双方主体资信情况,避免信用风险的发生。并且应更加侧重审核如下要点:

① 认真梳理基础合同要素的内在逻辑性,将基础合同的生效时间、标的物价格、付款方式、违约责任等关键内容进行重点核查,以确保能够在基础合同出现违约情形下将保理商损失的风险降至最低;

② 采取有追索权的保理约定以保障保理商的债权得以实现,而若选择无追索权的保理约定,保理商的债权能否实现将取决于买方的信用风险;

③ 做好应收账款的对账管理工作,注意对账的技巧和方法,关注出现的差额及信息的一致性,并警惕财务异常状况;

④ 保理商应选取买卖双方主体均资信良好、经营状况稳定的项目提供保理服务。

(3) 其他法律风险。

除了前述信用风险和欺诈风险,其他法律风险还存在于应收账款的合法性存疑、基础合同履约瑕疵、应收账款转让无效等。

应收账款的合法性,即债权是否合法有效。若保理商受让了法律明文规定不得转让的应收账款(如《合同法》第79条规定的"根据合同性质不得转让;按照当事人约定不得转让;依照法律规定不得转让"等情形),就将面临应收账款转让无效的法律风险。

合同履约瑕疵风险:若买卖双方在履约过程中出现了瑕疵,很可能出现合同纠纷,致使保理商面对难以安全回收保理融资款的法律风险。

转让风险:《合同法》第80条规定:"债权人转让权利的,应当通知债务人。未经通知,该转让对债务人不发生效力。"若保理商未要求卖方履行通知义务或自身也未向买方发出通知,则买方有权就此向保理商提出抗辩,造成债务人抗辩的法律风险。

应对措施:相较于欺诈风险和信用风险主要来源于买卖双方主体本身的资信情况,其他类法律风险更易产生于基础合同中。

① 与信用风险一样,对基础合同的仔细审核是必不可缺的,保理商应高度关注合同、发票的真实性,同时规避买卖双方的虚构贸易或虚假做账。保理商应当明确买卖双方的权利义务,并取得基于《保理合同》所指向的基础合同中的权利。

② 建议保理商与买卖双方一同当场签署应收账款转让通知书,并在转让通知书上附上保理商和买方的联系方式,以便保理商能够直接和买方进行沟通。

③ 建议保理商组建法务团队或聘请外部律师,对法律法规进行持续性关注与研究,时刻注意法院对保理纠纷相关案件的裁判规则是否有了变化。

④ 建议保理商强化日常监控与风险预警,要定期开展客户检查回访,并且在风险发生时主动启动催收程序要求买方尽快还款、提供担保等。

(二) 国际保理服务

1. 保理服务流程

国内的保理服务基本是参照国际保理服务的原则与思路来操作的,为了使信用管理人员对保理服务有全面的了解,这里以国际双保理服务中的出口保理服务机制为例进行说明,具体如图 4-1 所示。

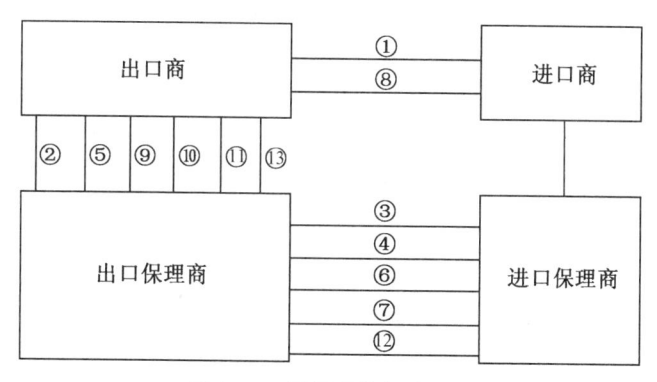

图 4-1 双保理业务流程图

① 贸易双方达成贸易合同或意向;
② 出口商向出口保理商申请保理额度;
③ 出口商向出口保理商申请保理额度;
④ 出口保理商通过电子数据交换系统向进口保理商申请保理额度;
⑤ 进口保理商回复初步评估结果;
⑥ 出口保理商与出口商签订保理服务协议;
⑦ 申请正式保理额度;
⑧ 批准正式保理额度;
⑨ 出口商发货;
⑩ 出口商转让发票(应收账款);
⑪ 融资(如有),付款(正常);
⑫ 进口保理商将款项划拨出口保理商;
⑬ 出口保理商将款项进行处理后结转出口商。

上述业务流程是一笔在正常服务项下的保理基本服务流程,在业务流程中通常按以下流程操作。

(1) 准备工作。

在合同签署之前,在实际操作中,信用管理人员应着重以下工作:
① 确定交易结算方式及是否限制债权转让。

保理服务仅可在赊销方式下操作[少部分保理商接受承兑交单(D/A)方式],D/A 方式需要对原有作业规则和流程进行修改,而且该交易在信用风险水平没有减少的情况下产生大量的费用。

　　保理服务的核心就是应收账款债权的转让。如果在交易中禁止对债权进行转让,保理服务就不能进行,也就不存在后面的工作了。所以出口企业和进口企业必须首先就结算方式和是否限制债权转让进行沟通。

　　② 判断出口产品的特性。

　　原则上,保理服务适用于日常消费类产品,这些产品大多具有单笔金额小、单位时间内批次多、付款时间短(大多不超过90天)等特点。通常保理商称这些特点为"可保理性"。在办理保理服务之前,信用管理人员首先要判断本企业的产品是否符合上述要求,适用保理服务。

　　③ 了解进口企业所在国家和地区保理服务的发展情况。

　　如果拟采用保理服务,信用管理人员要了解进口企业所在地有没有保理商。目前可办理保理服务的地区主要分布在欧洲、北美地区、东亚(我国内地及港澳台地区、日本、韩国)、东南亚(新加坡、马来西亚、泰国)、南美(阿根廷、巴西)。这些国家和地区保理服务发展情况良好,可供选择的保理商众多。但是,在中东和南亚地区,虽然有保理商的存在但服务基本处于停滞状态,在非洲地区只有南非有保理商存在,且服务量较小。

　　④ 了解进口企业所在地保理服务的普遍收费水平。

　　保理商收取的费用的性质是保理商承担风险的费用。相对于单纯赊销代销交易形式所产生的银行汇款费用来说,使用国际保理服务的费用是较高的。因此,在办理服务申请前,信用管理人员应该向保理商了解进口企业所在地保理服务的费用水平。

　　(2) 申请保理额度。

　　保理额度的申请是分为两个阶段的:

　　第一阶段是初步申请阶段,初步申请的正式称谓是"预先评估申请与回复",保理商根据企业提供的基本信息等资料进行评估。

　　第二阶段是正式申请,只有在保理商对企业做出了肯定的审批意见和评估结论时,才可以再次由企业提出正式申请。获得批复后,保理额度才正式生效。

　　在申请保理额度时,应该提交证明企业合法经营的文件和必要的资料,同时还应注意以下问题:

　　① 企业基本信息要完整有效。企业提供的包括交易双方的基本信息应尽可能详尽准确,协助保理商了解企业需要的服务内容,这是核定保理额度的重要基础。对于格式化的必不可少的信息,信用管理人员一定要认真填写,如企业的注册名称和商品名称。

　　② 往来历史交易信息要尽可能翔实。保理商在确定额度前会考虑交易双方的历史交易情况,特别是关注双方是否存在有关产品、运输等未解决的问题或争议,以及双方有无尾款没有清偿。

　　③ 额度申请金额的确定要合理。这里所说的额度指的是进口保理商为进口企业核定的认为该企业可以承担的债务水平,是根据合同金额、付款期限、宽限期、折扣等条件和政策确定的一个合理的信用额度水平。具体额度的确定需要与出口保理商进行沟通,并在其协助下进行确定。

　　(3) 签订保理服务协议。

　　如果企业申请或进口保理商初步核准,出口保理商会草拟"出口保理服务协议"。通常协议会包括以下几个重点问题:

① 保理商的责任问题。保理商的服务范围要远远大于传统银行服务范围,很多服务与企业具有密切的联系并需要企业的密切配合,保理服务协议中要详细划分保理商与企业权利义务的界限。

② 争议问题。在协议中应该明确保理商和企业在产生争议的情况下分别应承担的责任和义务。如果产生了争议,解决问题的主角是交易双方,保理商只起协调的作用。保理商只承担财务风险,而非全部风险,所以企业对于进口企业的考核是非常重要的。

③ 明确合格应收账款的定义和范围。确定应收账款的范围是保理服务协议的重要组成部分。应特别注意的是,即使只有部分账款被核准,应收账款应全部转让给保理商。

(4) 申请正式保理额度。

在协议签署后,企业应该按照进口保理商的回复情况向同一进口保理商申请正式额度。如果企业对初步评估结果不满意,企业应与出口保理商进行协商,在正式申请时应尽量和进口保理商的最终回复保持一致。

在正式申请额度的同时,需要做另一项重要的准备工作,即向出口保理商索要"转让条款"和"介绍信"。这两个文本对保理服务来讲非常重要,尤其是转让条款。转让条款是由进口保理商提供的符合当地法律的一份文件,其核心是通知进口企业有关债权已经转让的事实并指示进口企业将款项付给进口保理商。

(5) 应收账款的转让。

① 单据的寄送问题。单据的寄送虽然是小事,但一旦出疏漏便有可能影响到整个交易的顺利进行,企业要配合出口保理商,共同处理好单据问题。

有两条途径可以完成发票的传递工作。一是附有转让条款的正本发票随其他单据直接寄送进口企业;二是通过保理商之间的服务系统进行转让,出口保理商将特定的文件通过保理系统通知进口保理商。保理商之间的转让工作通过系统完成,企业不需过多考虑。

② 单据的审核问题。保理商对单据没有审核义务,但为了保证服务的顺利进行,出口保理商会对企业提交的单据做适当的、简单的审核。保证保理额度有效以下前提条件:一是发票的债务人与核定额度的进口企业必须一致;二是各类期限与申请必须一致;三是发票对应的货物与额度确定的货物也必须一致。

(6) 融资。

贸易融资无论对于保理商还是企业,都是保理业务中非常重要的一项内容,很多企业选择保理服务的原因就是能在赊销项下得到资金支持。作为保理商,如果仅收取有限的佣金是不足以支持服务持续发展的,提供融资服务获得的收入是保理商收入的主要来源。信用管理人员可以根据与出口保理商签署的协议内容,在出单后将应收账款提交出口保理商,申请办理贸易融资。

(7) 收款。

企业通常会收到经出口保理商转来的两个报文,付款报文和汇款报文,很多时候两者存在时间差。汇款报文是指进口企业将付款的工具提交给进口保理商,这个付款工具指汇票、支票等票据。保理商在收到这些工具后将其交给自己的开户银行进行清算,同时通过报文形式通知企业有关进口企业的付款情况。在保理商的开户银行确认该票据有效且已经将款项入账的前提下,保理商才会将款项从账户中汇出。企业只有在收到保理商的汇款报文时,才证明买方确实付款且很快到账。

2. 保理服务风险分析及特殊情况处理

(1) 保理服务风险分析。

出口商获得了进口保理商对进口商的信用额度,但不意味着消除了全部风险。因为进口保理商的信用担保只包括因进口商资信原因导致的不付款,以及因国家风险、不可抗力和自然灾害造成的付款风险。因此,出口商在国际双保理机制下还可能面临因买方信用风险而引致的贸易纠纷导致进口保理商免责的风险,以及进口保理商的信用风险。因此在保理服务中,出口商要对来自进口企业和进口保理商的风险进行控制。

① 对进口企业进行分析。

出口企业以商业信用方式销售商品,应该建立在对进口商经营作风和诚信的充分了解基础上。在取得进口保理商核准的买方信用额度后,卖方还应该通过其他途径,进一步对交易对象的信用状况严格把关,在履约环节要掌握好出货节奏,把发运在途货物控制在核准信用额度内。

② 进口保理商的选择。

企业在选择一个经验丰富的出口保理商为自己服务的同时,应和出口保理商配合,选择进口保理商时做必要的调查研究,通过相关组织或信息渠道了解该保理商的资质、规模、历史、信誉、业务记录和在当地同行业中的位置等情况。如果盲目地选择了不合适的保理商,对企业将十分不利。

(2) 保理服务特殊问题的处理。

企业和保理商都不希望在交易过程中出现问题,如果出现问题赊销企业也不必过于担心,经各方的共同努力,很多问题都可以圆满解决。以下介绍几种特殊问题的解决方法:

① 争议。争议指在基础交易过程中产生的纠纷,指在货量数量、质量、装运等环节出现的问题。问题产生的原因是多样的,根据争议所隐含的内涵可将争议分为善意争议和恶意争议。对待这两种不同性质的问题处理方法不同。争议往往是进口企业提出的,以报文形式体现,较难区分争议的性质。出现争议后,企业可以与保理商的协作,收集进出口企业之间的交易往来函电和相关信息来区分争议的性质。

② 贷项清单。贷项清单的作用主要有两个方面:一是在发票所列明的产品因为各种原因出现了毁损或其他减额情况,造成了进口企业实际支付金额少于发票金额时使用,属于企业对发票的一种"主动更正"行为。另一种情况则是当进口企业付款与发票金额出现差额(合理范围内,通常经企业同意),保理商为了调整应收账款账户时出具贷项清单。

③ 间接付款。间接付款是指进口企业没有按照转让条款的要求将款项直接支付给进口保理商,而是将款项直接付到出口企业的账户中。在保理服务中,间接付款对进口企业和进口保理商的关系及进口保理商和出口保理商的关系影响很大。间接付款造成进口保理商受让债权无法有效控制或无法及时得到清偿,而且进口保理商不知进口企业已经付款还进行着必要的追索作业,影响保理商和进口企业的关系。所以,一旦收到进口企业的付款,出口企业一定要将出现间接付款的情况及时通知出口保理商。

④ 其他问题。保理服务中还会出现全额转让、反转让等问题,这些情况发生较少,只要按照《国际保理通则》的要求及时处理就会得到圆满解决。

一、本章重点概念

信用担保　信用保险　保理　一般保证　连带责任保证　反担保

二、复习思考题

1. 简述商业银行信用风险管控原理。
2. 简述小微客户资信评估方法。
3. 简述小微客户资信评估内容。
4. 请对借款或授信进行合理性分析。
5. 如何防范客户过度负债风险?
6. 简述合同争议解决信用风险法律管控原则与方法。
7. 简述合同欺诈的常见手法与管控技巧。
8. 简述赊销票据风险种类与防范措施。
9. 如何设计反担保措施?
10. 简述国内保理业务中欺诈风险防范措施。

三、练习题

1. 商业银行建立风控模型基本原理是,利用大量(　　),寻找到共性信息,建立风控模型。
    (A)坏种子　　(B)好种子　　(C)数据　　(D)客户
2. 下列有关倒推评估法的作用,错误的是(　　)。
    (A)可以判断客户是否是理性投资的人　(B)可以判断客户是否有过度负债
    (C)可以判断客户是否有其他投资　　　(D)可以判断客户违约的可能性
3. 选择反担保措施的原则一是控制核心资产的原则,二是控制核心资源或利益的原则,三是(　　)的原则,四是有效组合的原则,五是侧重第一还款来源分析的原则。
    (A)可操作性　(B)强化抵押　(C)增大违约成本　(D)公平合理
4. 抵押物上的优先权主要包括(　　)。
    (A)国家税收的优先权　　　　(B)划拨土地使用权的出让金补偿权
    (C)司法费用的优先权　　　　(D)被执行人的基本生存权
5. 由于票据的伪造、不正确使用等欺诈行为而造成应收账款拖欠、损失的现象很多,也很复杂,大致可以分成(　　)等类型加以分析和预防。
    (A)伪造票据　(B)填写错误　(C)签发空头票据　(D)利用节假日出票
6. 一般保证的保证人在主合同纠纷未经审判或者仲裁,并就债务人财产依法强制执行仍不能履行债务前,有下列(　　)情形之一的,保证人不得对债权人拒绝承担保证责任。
    (A)债务人住所变更,致使债权人要求其履行债务发生重大困难的
    (B)人民法院受理债务人破产案件,中止执行程序的
    (C)债权人公司名称变更的
    (D)保证人放弃前款规定的权利的
7. 下列(　　)不属于国内信用保险的保险赔偿责任。

(A) 战争、军事行动、核爆炸、核辐射或放射性污染
(B) 买方违法犯罪行为及经济纠纷致使其车辆及其他财产被查封、扣押抵债
(C) 买方无理由拖欠货款
(D) 客户因破产、资金短缺、故意赖账等企业信用方面的原因造成的损失

8. 合同争议的解决应当避免出现(　　),这体现出日常合同管理的重要性,只有实行科学严谨的日常管理,才能有效实现企业信用风险法律管控。
   (A) 诉讼案件　　　(B) 经济纠纷　　　(C) 失信　　　(D) 经济损失

9. 下面关于信息来源可靠性分析,正确的是(　　)。
   (A) 通过"闻"得到的信息比通过"问"得到的信息可靠性高
   (B) 通过"切"资料得到的信息比通过"闻"和"问"得到的信息可靠性要高
   (C) 外部提供的资料比内部提供的资料可靠性高
   (D) "望"到的信息如果能有相关资料的佐证则可靠性较高

第五章 征信评估

第一节 个人征信与评分

一、个人征信内容

(一) 个人信用信息采集的基本内容

1. 个人辨识信息

个人辨识信息包括报告编号、姓名、别名、新旧地址、身份证号码(或社会保障号码)、出生年月日、配偶姓名、现职机构名称与前职机构名称等几项资料。

2. 个人信用交易信息

个人信用交易信息包括消费者向金融机构、信用卡发卡单位、零售商等授信者申请信用或贷款的科目、账号、开户日期、贷款金额或额度、最近余额、还款人姓名(如配偶或共同借款人)、期数、每期偿还额、逾期金额、逾期次数等重要信用资料。

3. 公共记录信息

公共记录信息主要是政府登记在案的破产宣告、积欠税款、法院债务判决等案件记录项目。

4. 查询记录

凡向个人征信机构查询该消费者信用报告者,其名称、查询日期、金额等都按顺序列在查询记录项目内,供后续查询者参考。查询记录一般分两种:一是外部查询,即因消费者主动提出申请信用额度或贷款,使得授信人向个人征信机构查询消费者信用报告;二是内部查询,即授信人为扩展业务,寻找潜在优良客户,自行向个人征信机构查询消费者信用信息。

(二) 个人信用信息采集渠道

个人信用信息的采集主要来自以下四个方面:官方信息、银行信息、公共媒介信息、第三方调查信息。

1. 官方信息

官方信息主要是指来自于法院、公安等公共管理部门的信息,如图 5-1 所示。这些信息对个人信用的评价有重要的参考价值,但不是主要的信息。

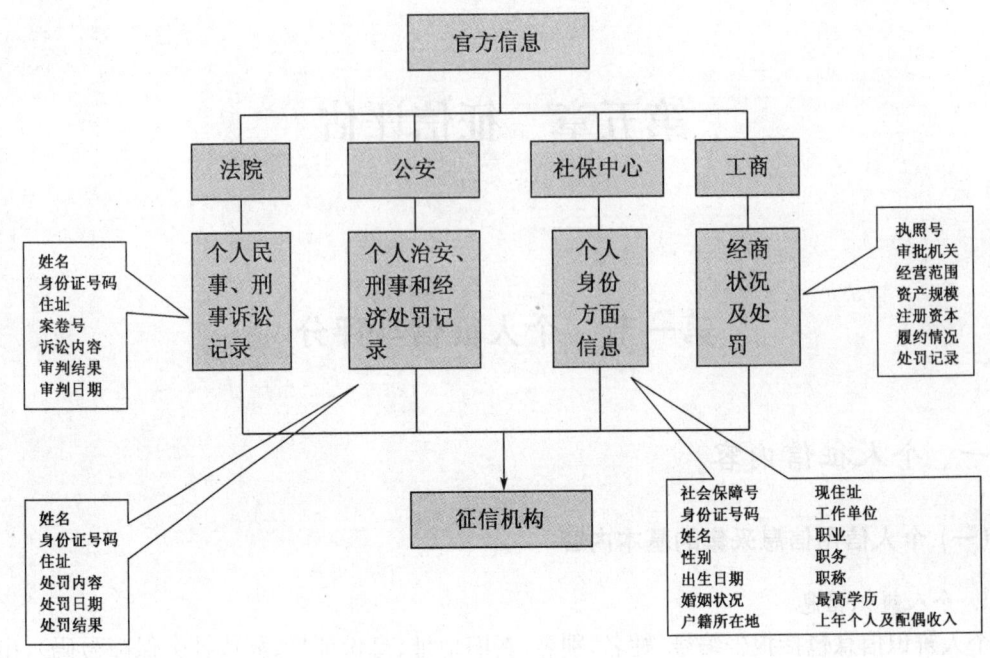

图 5-1 官方信息来源

2. 银行信息

银行信息既是消费者信用评级的主要信息，也是最好的客户资信或背景调查信息，因为商业银行有其个人消费信贷和信用卡客户较详细的信用记录，还有储户的一些动态付款记录信息和对一些大储户的调查报告。但是商业银行信息的覆盖面窄，一般不是全动态的，而且可能还是收费的。银行信息来源如图 5-2 所示。

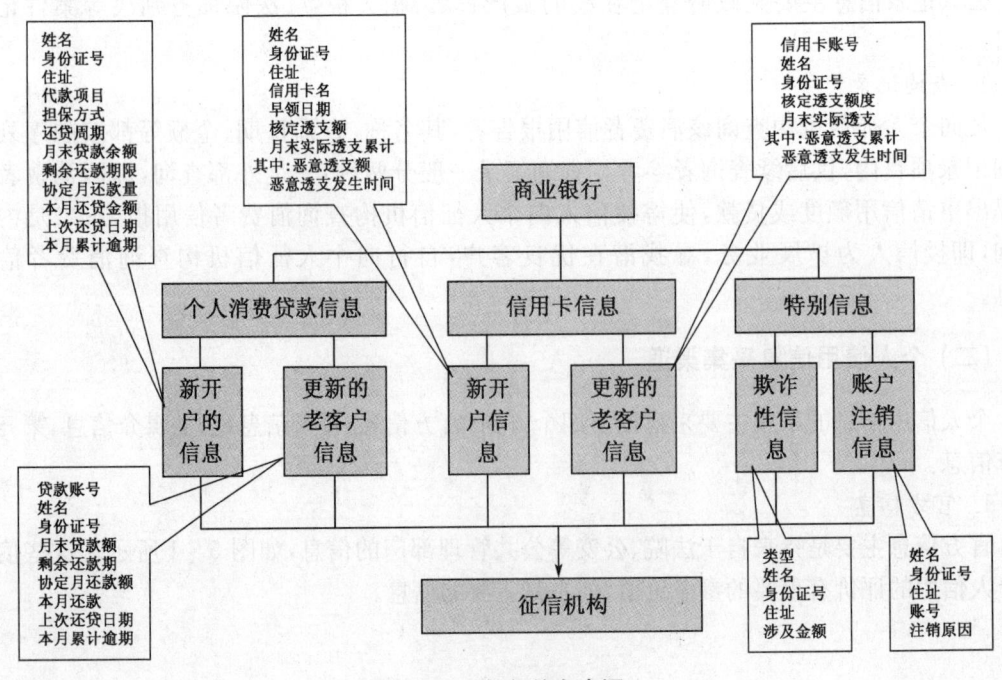

图 5-2 银行信息来源

3. 公共媒介信息和第三方调查信息

从公共媒介得到的客户信息是有一定偏见的信息。如果经过过滤处理,则公共媒介提供的很多信息,特别是有些个人的正面信息,是很有价值的。但是,这些信息不是完整的信息,也不是动态信息,并且有一定的成本。如果委托第三方调查,得到的信息有可能很有价值,但缺点是费用太高。

(三) 个人信用信息的核实

1. 联系信用见证人

根据个人信用申请表上提供的信用见证人的联系方式,通过电话或电子邮件等方式,从信用见证人的角度核实消费者信息的真实性。例如,证实申请者的工作情况并采集与收入、工作年限等方面相关的信息。

2. 实地走访

根据个人提供的单位地址、家庭住址以及其他动产或不动产信息,进行实地走访,可以核实申请者提供的信息是否真实,以及真实的程度。

3. 购买个人信用报告

某些信息可以从个人征信公司购买。贷款或信用提供者常常必须与征信公司联系,并为其提供的信息付费。商业化信用报告机构采集、保存并出售有关个人的信用信息资料。

4. 归入档案的信息资料

归入档案的记录载明了企业给消费者贷款的经历。信用管理人员可以从中了解消费者的付款习惯、登记过的意见和回收贷款时需要做的任何努力。在决定接受还是拒绝已有信用消费者增加信用额申请时,这是最重要的资料来源之一。在许多情况下,这些资料就足够了。

5. 用签名来证明身份

证明身份的方法是让消费者在售货单上签名。如果消费者谎称没有进行这次购物,售货单上的签字将会证明事实恰恰相反。在债权人不得不诉诸于法律行动时,签字的售货单将是一个很好的证据。

6. 消费者信用信息的互换

一些消费信用企业可以签订互利合作协议,就消费者信用信息进行互换,实现信息共享机制。

二、个人征信规范

对保护个人信用信息主体的权益,2013年3月15日,我国首部信用领域的法规《征信业管理条例》(简称"条例")主要做了以下规定。

(一) 严格规范个人征信业务规则

严格规范个人征信业务规则,包括:除依法公开的个人信息外,采集个人信息应当经信息主体本人同意,未经同意不得采集;向征信机构提供个人不良信息的,应当事先告知信息主体本人;征信机构对个人不良信息的保存期限不得超过5年,超过的应予删除;除法律另有规定外,他人向征信机构查询个人信息的,应当取得信息主体本人的书面同意并约定用途,征信机构不得违反规定提供个人信息。

(二) 明确规定禁止和限制征信机构采集的个人信息

明确规定禁止和限制征信机构采集的个人信息,包括禁止采集个人的宗教信仰、基因、指纹、血型、疾病和病史信息以及法律、行政法规规定禁止采集的其他个人信息;征信机构不得采集个人的收入、存款、有价证券、不动产的信息和纳税数额信息,但征信机构明确告知信息主体提供该信息可能产生的不利后果,并取得其书面同意采集的除外。企业的董事、监事、高级管理人员与其履行职务相关的信息,视为企业信息,采集和使用时也不需要取得信息主体的同意。

(三) 明确规定个人对本人信息享有查询、异议和投诉等权利

明确规定个人对本人信息享有查询、异议和投诉等权利,包括个人可以每年免费2次向征信机构查询自己的信用报告;个人认为信息错误、遗漏的,可以向征信机构或信息提供者提出异议,异议受理部门应当在规定时限内处理;个人认为合法权益受到侵害的,可以向征信业监督管理部门投诉,征信业监督管理部门应当及时核查处理并限期答复。个人对违反"条例"规定,侵犯自己合法权利的行为,还可以依法直接向人民法院提起诉讼。

(四) 严格法律责任

对征信机构或信息提供者、信息使用者违反"条例"规定,侵犯个人权益的,由监管部门依照"条例"的规定给予行政处罚;造成损失的,依法承担民事责任;构成犯罪的,依法追究刑事责任。

三、个人信用评分模型与应用

个人信用评分机制通过建立针对不同客户类别的信用评级模型,运用科学合理的评估方法,在建立个人信用档案的基础上,对每一位客户的授信内容进行科学、准确的信用风险评级。

从概念上说,信用评分是利用消费者过去的信用表现来预测其未来的信用行为,如图5-3所示。

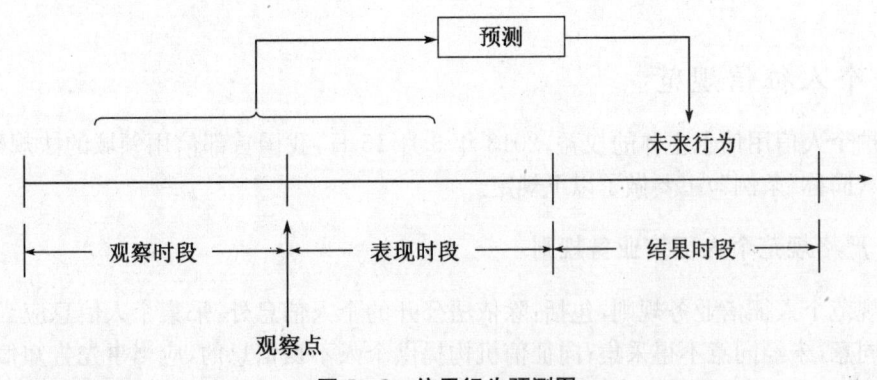

图5-3 信用行为预测图

基于标准数理统计理论的信用评分模型是对大量的个人消费贷款的历史信用数据进行科学的归纳、总结、计算而得到的量化分析公式。美国征信体系中,信用评分模型的类型较多,以信用卡产品为例,在信用卡的生命周期中的各个阶段,建立相应信用评分模型进行风险管理:在客户获取期,建立信用风险评分模型,预测客户带来违约风险的概率大小;在客户申请处理期,建立申请风险评分模型,预测客户开户后一定时期内违约拖欠的风险概率,有效排除了信用不良客户和非目标客户的申请;在账户管理期,建立行为评分模型,通过对持卡人交易行为的监控,对其风险、收益、流失倾向做出预测,据此采取相应的风险控制策略。

(一) FICO 信用分

目前在美国众多信用分的计算方法中,FICO 信用分的正确性使用范围最广。FICO 信用分是美国 Fair Isaac Corporation 的专用产品。它是 20 世纪 50 年代由工程师 Bill Fair 和数学家 Earl Isaac 发明的一个信用分统计模型。FICO 信用计算的基本思路是把借款人过去的信用历史资料(最近 10 年内)与数据库中的全体借款人的信用习惯相比较,检查借款人的发展趋势与经常违约、随意透支甚至申请破产等各种陷入困境的借款人的发展趋势是否相似。2014 年 FICO 的中位数分数为 713,约有 37% 的评估对象得分在 750～850 分。FICO 信用分的计算方法至今未向社会完全公开。为了平息人们对它的疑问,Fair Isaac 公布了一小部分 FICO 信用分的打分方法,如表 5-1 所示。

FICO 评分方法的实质,是应用数学模型对个人信用报告包含的信息进行量化分析。该模型主要的评估内容是客户以往发生的信用行为,其对近期行为的衡量权重要高于远期行为,该模型包含以下五个方面的因素。

1. 以往支付历史

以往支付历史包括各种账户(信用卡、零售商账户、分期付款、财务公司账户及抵押贷款)的支付信息;负面公共记录以及诸如破产、抵押、诉讼、留置等报告事项,账户及应付款的违约情况以及公共记录的细节;支付账户未出现延期的天数。

2. 信贷欠款数额

信贷欠款数额包括各种不同类型账户的欠款数额;特定类型账户的信贷余额、有信贷余额的账户的数目;信用额度使用比例、分期付款余额与原始贷款数额比例。

3. 立信时间长短

立信时间长短包括信用账户开立的最早时间、平均时间;特定信用账户开立的时间;该客户使用某个账户的时间。

4. 新开信用账户

新开信用账户包括该客户拥有的新开立账户的数目、开立时间;最近贷款人向信用报告机构查询该客户信用状况的次数、间隔时间;该客户以往出现支付问题后的情况,最近的信用记录是否良好。

5. 信用组合类型

信用组合类型包括该客户拥有的信用账户类型、数目,各种类型的账户中新开立账户的数目及比例;不同信用机构的信用查询次数、间隔时间;各种类型账户开立的时间;以往出现支付问题后的信用重建状况。

表 5-1 FICO 信用分计算表

住 房	自有	租赁	其他	无信息			
	25	15	10	17			
现住址居住时间	<0.5	0.52~2.49	2.5~6.49	6.5~10.49	>10.49	无信息	
	12	10	15	19	23	13	
职务	专业人员	半专业	管理人员	办公室	蓝领	退休	其他	无信息
	50	44	31	28	25	31	22	27
工龄	<0.5	0.52~1.49	1.5~-2.49	2.5~5.49	5.5~12.49	>12.5	退休	无信息
	2	8	19	25	30	39	43	20
信用卡	无	非银行信用卡	主要贷记卡	两者都有	无回答	无信息	
	0	11	16	27	10	12	
银行开户情况	个人支票	储蓄账户	两者都有	其他	无信息		
	5	10	20	11	9		
债务收入比例	<15%	15%~25%	26%~35%	36%~49%	>50%	无信息	
	22	15	12	5	0	13	
一年以内查询次数	0	1	2	3	4	5~9	无记录
	3	11	3	-7	-7	-20	0
信用档案年限	<0.5	1~2	3~4	5~7	>7		
	0	5	15	30	40		
循环透支账户个数	0	1~2	3~5	>5			
	5	12	8	-4			
信用额度利用率	0~15%	16%~30%	30%~40%	41%~50%	>50%		
	15	5	-3	-10	-18		
毁誉记录	无记录	有记录	轻微毁誉	第一满意线	第二满意线	第三满意线	
	1	-29	-14	17	24	29	

资料来源:张中秀,个人信用指南,2002。

(二) 个人信用风险评分模型

目前,美国的个人信用评分机构普遍应用"个人信用风险评分模型"对个人信用进行评分。该模型的理论基础是 5C 原则:品德、能力、资本、担保品和客观环境。基于个人经济偿还能力和道德信用两大方面因素的考虑,基本指标体系,如图 5-4 所示。

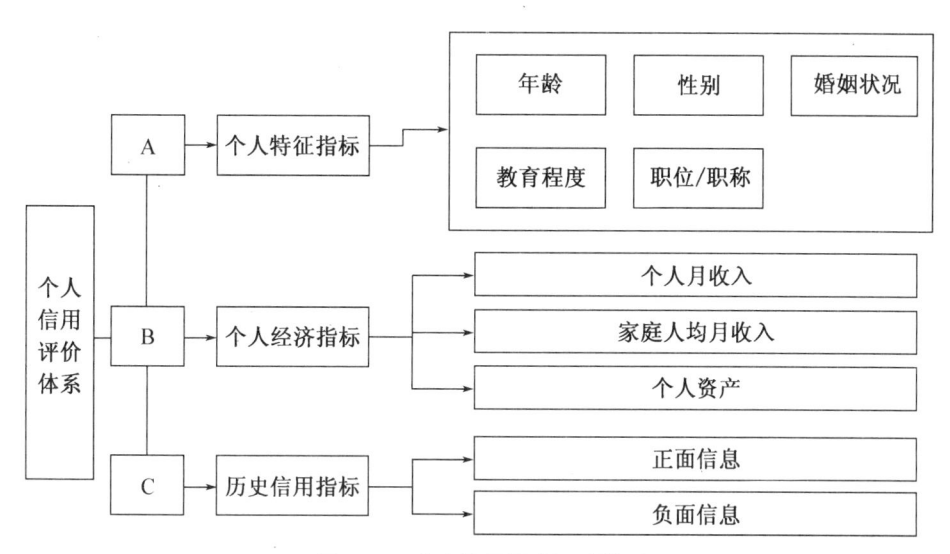

```
                            ┌─────────┐  ┌─────────┐  ┌─────────┐
                            │  年龄   │  │  性别   │  │婚姻状况 │
            ┌───┐  ┌──────────┐  └─────────┘  └─────────┘  └─────────┘
            │ A │──│个人特征指标│
            └───┘  └──────────┘  ┌─────────┐  ┌─────────┐
                            │教育程度 │  │职位/职称│
                            └─────────┘  └─────────┘

  个人                        ┌──────────────┐
  信用                        │  个人月收入  │
  评价  ┌───┐  ┌──────────┐  ├──────────────┤
  体系  │ B │──│个人经济指标│──│家庭人均月收入│
        └───┘  └──────────┘  ├──────────────┤
                            │  个人资产    │
                            └──────────────┘

            ┌───┐  ┌──────────┐  ┌─────────┐
            │ C │──│历史信用指标│──│正面信息 │
            └───┘  └──────────┘  ├─────────┤
                            │负面信息 │
                            └─────────┘
```

图 5-4 个人信用风险评分模型

经济偿还能力主要包括个人的年龄、工龄等基本信息和个人资产、负债及收入情况,能够直接反映贷款申请人的还款能力。主要包括:

(1) 年龄。年龄越小,工作年限越短,获利能力也往往没有达到最佳状态。年龄越大,则迫近退休年龄,且身体素质渐差,在支付各种费用方面的开支会有所增加,从而用于还款的纯收入的水平则会降低。分析年龄在于从年龄直接判断借款人潜在的工作年限,以便确定在他退休或收入减少之前能否偿还贷款。

(2) 工作单位与职务。单位类型和行业情况能体现收入稳定性和收入水平,贷款的违约风险比较容易估计。职务体现收入水平和社会地位,能从侧面反映个人的还款能力和还款意愿。

(3) 文化程度。按常规,受教育程度与收入水平呈正比,受教育程度越高谋生手段越多,可工作的领域越广,则借款人便能利用所具有的技能获取足够的收入,违约失信的声誉损失更大,因此有较强的履约能力。

(4) 婚姻状况。用于考察个人生活的稳定性。一般认为结婚的人生活更稳定,工作更勤奋,大部分情况下,一个家庭有双份收入。

(5) 收入水平。包括个人收入和家庭收入,是反映借款人还款能力最直接的,也是最有效的指标。收入水平越高,违约的风险越小。

道德信用主要包括个人的行政职务、社会公益性职务、行政奖罚、社会声誉、偿还贷款及纳税记录等方面,反映个人信用的好与坏的倾向。

(三) 我国现行主要个人信用评分模型

1. 我国商业银行传统的个人信用评分体系

根据我国商业银行现行对个人的信用评估指标情况进行归纳,其大致情况如表 5-2 所示。

表 5-2 我国商业银行个人信用评分指标体系

项　目	分值	信用评分标准			
一、自然情况	44				
1. 年龄	10	18～22岁	23～34岁	35～40岁	41～60岁
		2	3～8	10	8～5
		61岁以上			
		3			
2. 性别	2	男	女		
		1	2		
3. 婚姻状况	8	已婚有子女	已婚无子女	未婚	离婚
		8	5	3	4
		再婚			
		5			
4. 文化程度	9	研究生以上	本科	大专	中专、高中
		9	8	6	4
		其他			
		1			
5. 户口性质	5	本地城镇户口	本地农村户口	外地城镇户口	外地农村户口
		5	4	2	1
6. 驾龄	5	5年以上	3～5年	1～3年	1年以下
		5	4	3	2
		0年			
		0			
7. 健康状况	5	良好	一般	差	
		5	3	0	
二、职业情况	57				
1. 现单位性质	15	国家机关、事业单位、社会团体	三资企业	股份制企业	民营企业
		15	13	10	6
		个体工商户	退休领退休金	其他	
		5	8	1	

续 表

项 目	分 值	评分标准			
2. 行业类别	10	公务员	科研教育医疗	金融电信电力	注册事务所
		10	9	8	6
		邮政交通公用	媒体文艺体育	工业商业贸易	其他
		5	5	4	2
3. 在现单位工作年限	5	5年以上	3～5年	1～3年	1年以内
		5	3	2	1
4. 在现单位岗位性质	10	机关事业团体	厅局以上	处级	科级	一般干部	其他
			10	8	6	4	2
		团体企业单位	正副总	部门经理	职员	其他
			10	8	5	2
		一般企业单位	正副总	部门经理	职员	其他
			10	5	2	1
		其他	1
5. 技术职称	5	高级	中级	初级	无
		5	4	2	1
6. 个人月收入	12	10 000元以上	8 000～10 000元	5 000～8 000元	4 000～5 000元
		12	10	9	8
		3 000～4 000元	2 000～3 000元	1 000～2 000元	1 000元以下
		6	4	2	1
三、家庭情况	25				
家庭人均月收入	6	5 000元以上	3 000～5 000元	2 000～3 000元	1 000～2 000元
		6	5	4	3
		500～1 000元	500元以下		
		2	1		
家庭人均月固定支出	4	500元以下	500～1 000元	1 000～3 000元	3 000元以上
		2	3	4	2
债务收入比	10	0	0～15	16～25%	26～35%	36～50%	>50%
		10	8	6	5	2	0
供养人数	5	无	1人	2人	3人	3人以上
		5	4	3	2	0

续 表

项 目	分值	评分标准			
四、财产保障	22				
住房情况	11	完全产权房 9~11	按揭购房 6~9	经济适用房 6~8	租房 3
存款及投资	6	30万以上 6	10~30万 4	10万以下 2	无 0
车辆情况	5	完全产权营运车 3~5	按揭营运车 1~2	完全产权轿车 3~5	按揭轿车 1~2	无 0
五、修正项	36				
1. 是否我司员工	3	是 3	否 1		
2. 是否我司老客户	4	优质老客户 4	有逾期老客户 2	未结清老客户 3	否 0
3. 信用记录	4	无逾期 4	1次逾期 2	2次以上逾期 -1	无记录 0
4. 社会信誉(注2)	5	优 5	良 3	无 0	差 -3
5. 公共记录	10	无 10 行政处罚记录 -10	拖欠记录 -3	不良诉讼记录 -5	治安处罚记录 -7
6. 面谈主观印象(注3)	10				

评分依据说明：

(1) 婚姻状况。已婚且夫妻关系好的客户,会比单身者更具有稳定性。

(2) 技术职称。它是客户工作能力的见证。相对来说,有各等级工程师、经济师、会计师、优秀教师等职称的借款人,往往信用较好。

(3) 工作状况。稳定性较高的行业从业人员也可以获得加分。例如,公务员、教师、医生以及一些效益好的企业员工,时尚行业和媒体人士由于具有较强的消费能力,评级也会偏上。"餐饮娱乐业的从业人员,获得高评级的可能性较小。"

(4) 经济能力。个人收入证明提供详细、收入稳定、收入增长有长远性展望的人士,都会得到比较高的评级。

(5) 个人住房。拥有个人住房亦可表明个人有一定的经济基础,在自然情况各要素中,此项最能反映个人偿还能力的高低。可以获得加分。

(6) 信用记录。如果借款人过去在银行开有账户,且经常有资金进出,其存折上就会反映出过去存款的积数。对过去信用良好,没有严重逾期情况发生的客户,也会酌情考虑给予加分。

(7) 学历高低。学历高反映客户的素质方面较强,对信用的认知相对较好。受教育程度高,教育环境好,能培养更全面的信用意识和公民道德意识,高中文化程度和大学本科文化程度两者的信用评级没有变化,但研究生以上的评级会高一点。

(8) 年龄。此项对个人信用情况影响较大。根据不同年龄段人口收入、职业稳定性等因素划分为不同区间。

18~22岁,分值2分。这一区间的申请人,年龄小,无固定职业或职业不稳定,收入偏低,风险度较高。

23~34岁,分值3~8分。这一区间的申请人,收入逐步稳定,风险度减低,分值提高。在评分时,年龄增加,得分相应增加。

35~40岁,分值10分。相对而言,这一区间的申请人获得高收入的可能性最大,分值取最高。

41~60岁,分值8~5分。这一区间的申请人,职业、收入相对稳定,但收入绝对值低于前一区间。随年龄增加,收入呈减少趋势。在评分时,年龄增加,得分相应减少。

61岁以上,分值3分。这一区间的申请人,收入下降,银行盈利率低,分值下降。

(9) 性别。男性风险度高于女性,女性分值取高为2分,男性为1分。

(10) 婚姻状况。此项对个人信用情况影响较大。类别分为已婚有子女、已婚无子女和未婚,其风险度依次升高。已婚有子女为8分,已婚无子女为5分,未婚为3分,离婚4分,再婚5分。

(11) 职业情况。按所从事行业的稳定性,分值依次下降,此处职业类型未能穷尽,对于未列出的职业类型,在评分时可参考以上各职业的分值确定其得分。

(12) 在现单位年限。它是反映申请人职业、收入稳定性的重要指标。按不同时间段设定分值。

1年(含)以下,稳定性最差,收入一般不高。

1~3年(含),稳定性逐步加强,收入逐步提高,得分每年递增。

3~5年(含),职业稳定性最强,收入稳定,分值最高。

5年以上,职业稳定性强,观察收入增长情况,分值调整。

(13) 职务。按事业单位(含机关团体)、国有企业单位中职务的高低设定分值。民营企业具体得分参考企业规模、性质等而定。

2. 芝麻信用分

芝麻信用是蚂蚁金服旗下独立的第三方征信机构,通过云计算、机器学习等技术客观呈现个人的信用状况,已经在信用卡、消费金融、融资租赁、酒店、租房、出行、婚恋、分类信息、学生服务、公共事业服务等上百个场景为用户、商户提供信用服务。

芝麻信用分与美国的FICO信用评分类似,采用了国际上通行的信用分直观表现信用水平高低。芝麻分的范围在350分到950分之间,分数越高代表信用程度越好。

(1) 芝麻分的等级。芝麻分分为五个等级:

一等级:700~950分,信用极好;

二等级:650~700分,信用优秀;

三等级:600~650分,信用良好;

四等级:550~600分,信用中等;

五等级：350～550分，信用较差。
(2) 芝麻信用分建模维度。

芝麻信用分是芝麻信用对海量信息数据的综合处理和评估，主要包含了用户信用历史(35%)、行为偏好(25%)、履约能力(20%)、身份特质(15%)、人脉关系(5%)五个维度采集了数据，并建立了权重模型，如图5-5所示。

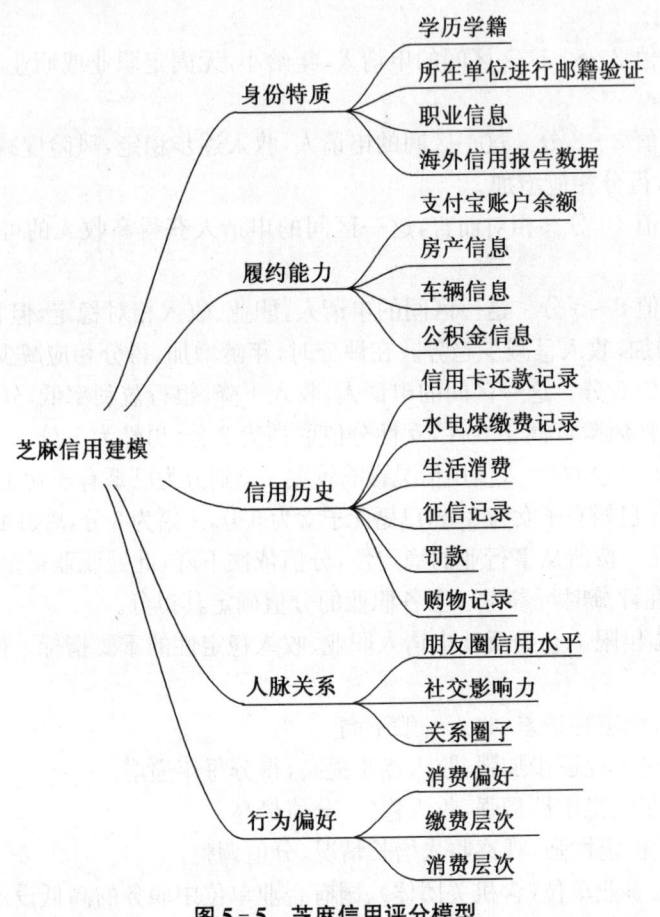

```
                            ┌─ 学历学籍
                身份特质 ────┼─ 所在单位进行邮籍验证
                            ├─ 职业信息
                            └─ 海外信用报告数据

                            ┌─ 支付宝账户余额
                            ├─ 房产信息
                履约能力 ────┼─ 车辆信息
                            └─ 公积金信息

                            ┌─ 信用卡还款记录
                            ├─ 水电煤缴费记录
    芝麻信用建模 ─── 信用历史 ─┼─ 生活消费
                            ├─ 征信记录
                            ├─ 罚款
                            └─ 购物记录

                            ┌─ 朋友圈信用水平
                人脉关系 ────┼─ 社交影响力
                            └─ 关系圈子

                            ┌─ 消费偏好
                行为偏好 ────┼─ 缴费层次
                            └─ 消费层次
```

图5-5 芝麻信用评分模型

(3) 芝麻信用分的作用。

① 提高花呗额度。芝麻信用分在600以上的用户可以申请花呗额度，芝麻信用分越高，花呗额度也就越高。

② 申请消费贷款。芝麻分达到600分的用户有机会申领"借呗"。芝麻信用用户可以凭借芝麻分申请相应额度的个人消费贷款，申请到的额度可以提现到支付宝余额。"好期贷"是招联金融旗下产品，门槛比"借呗"高一些，目前需要芝麻分700及以上才行。

此外，芝麻信用也已开始与其他金融机构合作，把芝麻分作为放贷的依据。例如，引入芝麻信用分的"玖富"表示芝麻分高，可以享受的借款额度就会更高，利率也会更低。

③ 办理签证。目前通过"阿里旅行去啊"签证中心就可申请办签证。芝麻信用超过700分，可以办理新加坡签证，超过750分就可以办理卢森堡的签证。

满足条件的用户，可少交的材料：在职证明、收入证明、户口本、身份证复印件、机票酒店的付款凭证等。

④ 租房福利。很多租房平台都会参考芝麻分,甚至还有信用地方租活动,这对刚毕业的大学生来说,缓解了不少经济压力。

⑤ 租车福利。芝麻分达到 600 分,可享受车纷享智能租车,无须押金,还能先用车后付款。芝麻分达到 650 分用户,无须交押金或刷预授权,就可以在全国 700 多家神州租车直营门店,预订押金在 5 000 元以下的短租自驾产品。

⑥ 酒店住宿零押金。"阿里去啊"推出了基于芝麻信用的"信用住"酒店服务计划,600 分以上的用户预订酒店可以享受"零押金"入住等服务。"小猪短租"也联合芝麻信用推出 600 分以上免押金入住服务。

⑦ 影响信用记录。芝麻信用分和央行征信系统联合以后,就会影响信用记录,芝麻信用分现在多了一个负面信用记录,还有可能上黑名单,如果芝麻信用分过低,信用记录不好,就会影响到信用卡的申请和贷款。

3. 大数据信用评分

由于传统的基于 FICO 评分的信用评估模型覆盖人群窄、信息维度单一、时间上滞后,所以,在互联网时代,需要探索信用评估的新思路——利用大数据技术来完善传统信用评估体系。

大数据信用评估基本理念是认为一切数据都是和信用有关,在能够获取的数据中尽可能地挖掘信用信息,从大数据采集和大数据分析两个层面为缺乏信贷记录的人挖掘出信用。

大数据多阶段建模。首先考虑过成千上万种原始数据变量;然后理清变量关系,转换为有用的格式;将被转换变量合并到元变量中,形成用户画像;将元变量输入到不同模块中,每种模块代表一种"技能";每一个模块贡献一定分数比例,合成最终的信用评分,如图 5-6 所示。

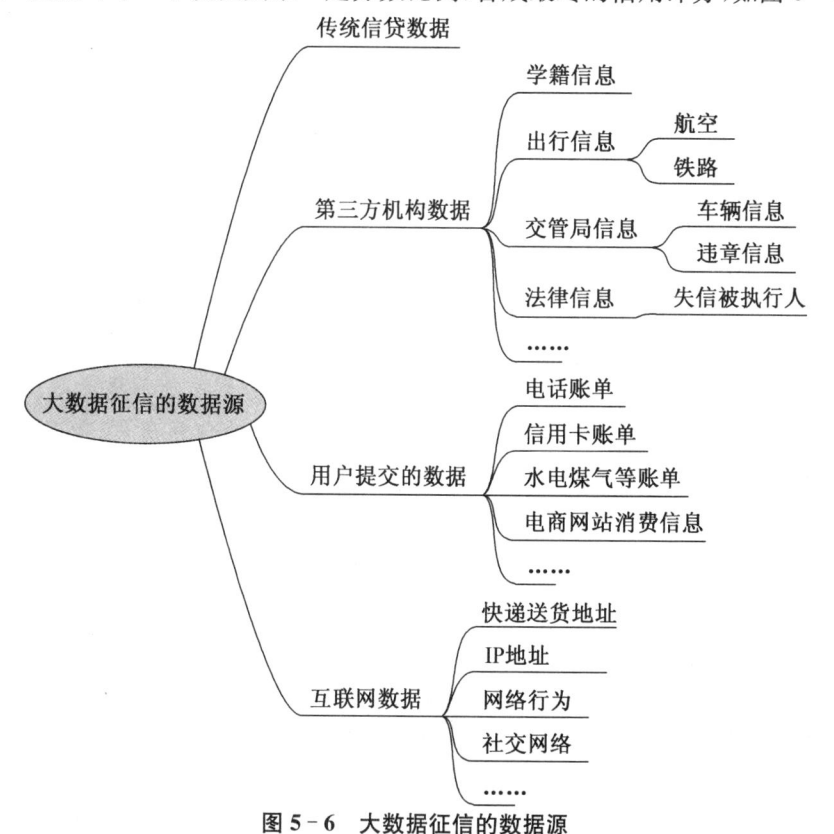

图 5-6 大数据征信的数据源

这种基于大数据的信用评估体系和传统信用评估体系相比，主要有以下几个方面的区别（见表5-3）：

表5-3 传统信用评估体系与大数据模型信用评估体系的区别

...	传统信用评估体系（FICO）	大数据模型信用评估体系（ZestFinance）
服务人群	有丰富信贷记录者（占85%）	缺乏或无信贷记录者（占15%）
数据格式	结构化数据	结构化数据+大量非结构化数据
数据类型	信贷数据	信贷数据（<40%）、网络数据、社交数据……
理论基础	逻辑回归	机器学习
变量特征	还款记录、余额、贷款类别	传统数据，IP/邮箱，网络行为……
数据来源	银行信贷数据	+第三方数据，+用户提交数据，+互联网数据
变量个数	10~30（变量库400~1 000）	1 000~10 000+

【案例研讨5-1】

以历史上的两个典型人物司马懿和诸葛亮作为代表，将他们历史上的典故事例来模拟化举例：假设两人活在现代并且正在申请借贷，我们来分别评估其信用情况。

信用评估模型1.0

假设我们搭建一个传统信用评估模型1.0版，在此模型中，我们会采集如下一些数据指标。

序 号	数据指标	司马懿	诸葛亮
1	工资	5 000	3 000
2	过去24个月的违约记录	0	1
3	负债/收入比率（DTI）	20%	40%
4	信用历史	20年	7年
5	贷款记录	房贷、车贷、学生贷	车贷

基于上述两人的基础数据指标而形成的信用报告，可能分别有如下描述：

司马懿：跟曹操混了那么多年，日子过得不错，拥有20年的信用历史，而且这个官级从养马开始一点点升上来，他可能盖房子借过钱、买马车借过钱，所以信用值也不错，最近没有新的贷款。

诸葛亮：日子过得没那么好，帮刘备打下蜀国了，但是毕竟蜀国财政没那么好。收入可能只有3 000块钱，过去24个月还违约过一次，只有7年的信用历史，最近还老是借钱，借过3次，贷款类型也不丰富，借过钱买过马车。

将这二者进行比较，毫无疑问，大家都会选择把钱借给司马懿，而不借给诸葛亮。这就是个典型的传统风控模型，看重债务历史，而不看重现在。

信用评估模型 2.0

倘若以互联网思维来分析并建立起信用评估模型 2.0 版,或许会获得截然不同的结果。在 1.0 版的基础数据指标之外,我们还增加了如下许多额外的数据指标项。

序 号	数据指标	司马懿	诸葛亮
6	出国记录	无	1
7	IP 地址	魏国图书馆,蔡文姬茶楼	丞相府
8	新申请贷款	两个发薪日贷款	无
9	获奖情况	无	司马徽、庞德公奖学金
10	医疗记录	无	被马车撞后负伤住院
11	贷款扣除方式	单位扣除	自己还

所以在 2.0 版中,司马懿和诸葛亮的信用报告,则可能是这样来描述:

司马懿:其上网 IP 地址来自于魏国国家图书馆、蔡文姬茶楼等,他不从工作的地方来、也不从家里来,可以证明他没有稳定的收入。而他刚刚申请了两个发薪日贷款,这证明他以前有钱,现在没钱。而他的学生贷款是从公司里扣除的,说明他的钱不归他控制,而由魏国国家政府控制着,意味着信用记录并不好。而从地址来看,他最近一会在许昌,一会在洛阳,一会在长安,频繁搬家,从整体情况来分析,很可能最近他混得比较惨。

诸葛亮:其借钱的原因是他去年被马车撞了,蜀国的医疗保障不健全,他只好自己付了医疗费,这意味着 40% 的 DIT 来自于他借款还医疗费,而之所以历史信用记录不长,是因为他刚刚搬到四川,当丞相的时间不长,信用体系仍然没有建立完全,但最近五年他一直住在丞相府,地址相对稳定,而且在学生时代曾从司马徽、庞德公那里拿过奖学金。如果把所有的因素放在一起,信用评估的结果就会发生变化。

在这个大数据场景当中,如果有一个合适的建模的方式,能够产生一个二维决策,那么就可以看到,最终借款的人应该是借给诸葛亮,而不应该是借给司马懿。

启示:

真正的信用评估应该是传统数据占一部分,但是可替代的网络数据也占据一部分,包括用户在网上体现出来的网络行为、社交信息和来自用户自己的回答,要把所有这些信息全部给综合起来才可以。

在传统数据当中,我们只看到了深度没看到广度;在大数据场景下,更多地注重广度,因此当下网络上的数据也很重要。

(四)我国个人信用评分模型应用中的问题及发展趋势

1. 信用样本有效性及完整性问题

样本有效性是评分模型在我国信用数据中应用时面对的首要问题。由于我国消费信用贷款业务发展较晚,信用体系尚未完善,评估内容不完整。现有的信用数据相当有限,且由于信用信息的提交仍不规范,灰色收入等纰漏的存在,造成信用样本数据的权威性和有效性面临挑战。

在信用样本的完整性上,已有的个人信用评分模型都面对着一个不可忽视的数据问题——样本偏差。样本偏差来自于非随机性的样本获取过程,表现为样本和总体分布的非一致性,其本质是一种样本选择问题。在个人信用评分上,样本偏差表现为拒绝推论。拒绝推论就是指在个人信用评分的过程中,评估模型是建立在已接受的信用样本之上的,而缺少那些申请被拒绝的样本(拒绝样本)的相应数据。这就导致了信用评分模型所用数据不是随机样本,不能代表整个申请者的"入门总体",从而导致评估的偏差。

样本有效性和完整性对个人评分精度有重要影响,因此个人信用样本及样本结构的优化是未来发展的重要方向。一方面,需要在现有的样本下对结构进行优化;另一方面,要考虑如何扩大样本的规模,使样本更接近总体。这事实上对评分模型的处理能力提出了新的要求,既要保证模型具有对大样本数据的处理能力,同时又要保证模型的运算速度。

2. 信用指标体系合理性问题

信用评分指标体系的确定是个人信用评分的第一步,对整个信用评分的精确性及信用风险的有效识别至关重要。但我国尚未建立有效的、权威的指标体系,评估标准不统一。而我国的文化习惯和道德标准与国外相差较大,国内不同地区间经济发展水平、人口结构和生活方式,各民族间文化及道德标准也有着较大差异,这就导致同一指标在不同的实际应用中显著性有着较大的变化,因此针对不同的数据样本,对指标体系中的特征变量及变量的权重有所调整,充分适应实际业务需求十分必要。

从目前来看,信用指标体系中的人口统计变量较多,而信用记录的变量较少,因此解决这一问题的关键是增加信用记录的相关变量。显然,由于商业银行的信用记录就是单纯的个人信贷还款记录,因此需要从商业银行系统以外寻求信用记录的来源。一方面,随着互联网的不断发展和人们基于网络的经济、社会行为的不断丰富,相关信用记录种类的数据也在不断丰富。

比如各类交易软件的广泛使用,由此形成的契约关系下当事双方行为构成的履约和违约,是非常重要的信用记录。与此同时,在社交网络中的个体行为也是对个人信用很重要的衡量尺度。另一方面,随着公共信息的不断完善和政府相关部门间的信息融合,包括个人婚姻、生育、交通、纳税和社保等表征个人信用的信息不断完善,这为从社会信用记录角度去充实相关变量和指标提供了重要支持。

与此同时,上述来源的信息还可以用来充实和补充个人统计变量。因此,个人信用指标体系包括了三个组成部分,即个人统计变量、包括银行信贷和网络交易行为的信用记录、社会信用信息,三个方面的指标使信用评价内容更具完整性,而且可以相互印证,进一步提高信用数据的质量。

3. 模型选择及适用性问题

目前,无论是学术研究还是商业银行的实践都致力于提高个人信用评分模型的精确性、稳定性及解释性,以便有效地进行风险识别并降低信用风险。但已有的模型各具优缺点。

结合互联网和社会信用体系建设的发展,面对大数据下的评分模型的选择既是对原有方法的继承,同时又面临新的突破,尤其是随着算法的不断完善和处理数据能力的提高,各种模型的集成和融合将成为未来发展方向。

(1) 由于信用样本的增加,与待评分样本相近样本的数量增加,这就为寻找与之更为匹配的样本集提供了条件,由此可以解决过去一直困扰信用评分的人口漂移问题。例如,可以考虑运用案例推理的方法,通过聚类建立与待评分样本相近的样本集,通过对这一特定的样本集的训练获得更为精准的模型用来进行预测。

(2) 由于人工智能方法的发展,可以充分运用机器学习的优势将不同的模型进行集成,通过集成算法来选择评分精度更高的模型并规避单一模型的缺陷。

(3) 当个人信用评分的范围扩大到商业银行以外的网络信用、社会信用之后,评分的目的也就不仅仅限于对违约概率的预测。例如,网络评分除对违约进行预测外,更侧重于个体的商业价值尤其是潜在价值,而社会信用评分则会侧重考虑个体行为对社会积极或消极的影响。而社会信用评分的发展会衍生出不同的评分使用者,他们各自的诉求也有所不同。例如,招聘单位会看重评分中的个人素质和品德等因素,甚至会关注其社会资源和人脉,网络监管部门则更重视其在上网过程中的不良行为;各类金融产品的提供者则在判断违约概率的同时关注其偿还能力。

(4) 随着人们社会生活方式的日益多样化,除金融业务以外的各类经济行为也带来了新的信用问题,这就使个人信用逐渐向社会信用发展,社会信用评分的重要性日渐凸显。因此,个人信用评分方法的科学性、可操作性及其评分结果在社会治理中的运用日益广泛。

(五) 个人信用评估应注意的几个问题

1. 决定还款意愿的因素

(1) 人品。

具体到借贷项目中,人品是指借款人的商誉和诚信度。以小贷公司为例,小贷公司在考察借款人人品时通常参考以下因素:

① 客户在当地社区的声誉;
② 他人评价;
③ 生活习惯;
④ 对贷款流程的态度;
⑤ 家庭情况;
⑥ 不良信用记录;
⑦ 还款意愿表示;
⑧ 工作与收入;
⑨ 对小额贷款公司的印象或态度;
⑩ 固定的商业伙伴等。

还可以通过在与借款人交谈过程中的直观感觉来判断借款人的人品,如通过借款人的表情、眼神、言谈举止以及对待家人、员工、业务伙伴的态度等无意间流露出的信息,可以对其人品的判断提供参考依据。

(2) 违约成本。

所谓的违约成本,是指借款人需要为其违约行为付出的代价。借款人的违约行为可能为其带来的影响有:

① 经营受到影响;
② 家庭生活受到影响;
③ 小额信贷机构和其他债权人拒绝授信;
④ 额外的负担(逾期利息、违约金、律师费、诉讼费等);

⑤ 社会声誉和评价受到重大;
⑥ 负面的征信记录等。

通过调查了解并结合实践经验,一般认为,影响违约成本的因素通常包括两个方面:一是家庭因素,如婚姻状况、子女状况、住房及资产状况、是否本地人、申请人的社会声誉及评价、配偶、父母的社会地位等。二是生意因素,如经营年限(行业年限、经营地年限)、回头客的重要性、变更经营场所难易、变更经营场所对生意的负面影响大小、盈利状况等。

2. 评估还款意愿应注意挖掘客户基本信息背后蕴藏的信息

(1) 客户年龄。

通常情况下客户的年龄与客户的社会经验、工作经验是呈正比的,而客户的经验会对客户的经营能力产生帮助(尤其对一些复杂程度较高的行业)。客户的年龄与客户的精力、健康程度是呈反比的,这些会直接影响到年龄较大客户的还款能力和还款意愿。较为普遍的情况是年龄大的客户观念保守,容易与年轻信贷员在沟通上产生障碍,需要信贷员工作更加耐心、细致,同时年龄过大,身体体质差增加了借款人死亡的风险。

(2) 客户的教育水平及社会地位。

客户的教育水平高,对自己的社会定位会较高,更为重视自己的信誉,也会理解在整个社会征信体制中个人信誉的重要性,因此还款意愿会高一些;客户的教育水平高,发现、把握商机以及对生意的掌控能力也较强,而且其社会关系可能更广泛一些,这些对提高客户的还款能力、还款意愿都有一定的帮助。在当地有一定知名度、社会地位的客户会更珍惜自己的声誉,通常他们的还款意愿要好一些。

(3) 其他人对客户的评价。

"其他人"主要包括客户的雇员、亲属、同行、合作伙伴或周围商户(在调查其他人对客户的评价时要注意两点:为客户保密,并注意判断信息的真实性和客观性)。在要求客户组建联保小组(寻找担保人)时,通过组建小组(寻找担保人)的难易程度可以间接了解到他人对客户的看法,但对于一些外地人或社会关系较少的客户要做特殊考虑。客户对待他们的态度以及自信程度也能反映客户的信誉状况。

(4) 婚姻状况。

通常已婚客户处于对家庭的责任感、家庭声誉及对子女的影响,会更为用心地经营自己的企业,还款意愿也更为主动一些。

对于已婚的客户通过观察其对家人的态度可以看出其是否具有较强的责任感,如客户对其妻子又打又骂,客户妻子反映其挣的钱都不用在家里,都是没有责任感的表现。对于有离婚史的客户要尽量了解到离婚的原因,尤其是两次以上离婚史的客户,要特别注意观察客户目前家庭的稳定性。对于个体工商户和私营企业来说,家庭的稳定性会对生意的经营有较大影响。信贷员可以结合客户的年龄考虑其婚姻状况,以了解客户的性格特征。

(5) 客户的性格特征。

客户与信贷员的关系应该是一种"朋友式的合作关系",脾气暴躁或态度傲慢的客户使这一关系的建立很困难,并且其个性因素还会给信贷员的调查、分析及贷后维护过程产生障碍作用,甚至会对贷款发生违约时信贷员处理增加很大的难度。

(6) 客户是否有不良嗜好、不良信用记录和犯罪记录。

要注意观察、了解客户是否有如酗酒、赌博等一些不良嗜好,其行为是否严重损害到客户的健康状况,是否对客户的家庭及生意的稳定性产生不利影响,对客户将来还款能力是否产生一定的风险。

查询客户的信用记录是了解客户信用情况的一个重要手段,对于有不良信用记录的客户要了解其违约的真实原因,除非有特殊的原因,否则要将其视为客户还款意愿较差的一个重要证据。

对于有犯罪记录的客户,要重点了解其犯罪的类型(如是刑事犯罪还是经济犯罪)和严重程度,该记录对客户家庭和生意是否还有某种影响,可以通过观察,试探性地询问了解客户目前对其犯罪行为的认识,要综合考虑客户犯罪时的年龄、犯罪时间距离现在的长短,努力为能够改过自新的客户提供发展事业的机会。

3. 评估借款人的还款意愿应结合还款能力进行综合分析

借款人的违约取决于还款能力和还款意愿综合作用的结果。传统的信用风险评估方法将还款能力与还款意愿当成两个独立的对象来处理,分别对二者进行评估后再做出风险决策。这种做法忽视了二者之间的内在联系,从而影响了信用风险决策的科学性与合理性。需要对借款人信息进行交叉检查和逻辑检验。

四、个人信用评分方法的发展对社会治理的作用

(一) 提高社会治理的针对性

随着个人信用评分方法的不断优化,更多的商业银行个人信用评分模型被应用到社会信用评分中,这些成熟的方法结合社会信用相关数据资源的不断丰富,能够更加有效地识别影响社会信用的主要因素,从而有利于推进社会信用体系建设,提高我国社会信用水平。

如何有效地识别影响我国社会信用的主要因素,建立具有我国特色的社会信用评分指标体系,是我国在开展社会信用体系建设中存在的主要问题。

随着个人信用评分方法的发展,包括统计方法、人工智能方法等越来越多有效的数据挖掘方法应用到信用评分领域并得到完善,如模糊集算法、粒子群优化算法、粗糙集算法等。能够有效地挖掘影响信用的主要因素,从而更好地指导我国开展有针对性的社会信用体系建设,同时也能够输出社会信用建设中的薄弱因素,使社会治理的目标更加明确,更具有针对性。

(二) 提高社会治理的有效性

个人信用评分精度不断提高,可以以违约概率作为输出变量用以区分信用度的高低,也可以表示为一个评分值。这就使评分方法在社会信用评分中具有很好的适用性。可以依据社会信用评分的特点和要求,将各类被证明有效的方法进行筛选、修正、组合和优化,应用于个人的社会信用评分,并可以向政府信用、行业信用、企业信用进行扩展,从而使评分更加科学准确,同时提高评分方法对不同类别人群的适用性和针对性,这将极大地加强社会治理的有效性。

优化的个人信用评分方法可以通过制定统一的评价标准,对个人的信用状况进行准确评价,从而通过采取有效的社会治理措施并形成社会氛围,提高对个人行为的约束力,并对失信者进行有效治理,从而构建"鼓励守信、惩戒失信"的社会治理机制,进而有效地提升社会治理效率。

一方面,在诸如市场准入、资质认定、行政审批、政策扶持等领域,通过实行信用分类管理,

并在依法行政的前提下采取优先办理、简化程序等激励措施,在社会治理领域强化正向激励机制。另一方面,使对失信行为的治理能够有据可依,例如建立黑名单制度和警告制度,同时通过信用评分的比较使不同个体在面对金融、就业、社保等业务和社会资源分配过程中,享受到守信带来的利益。

(三) 推动社会治理的发展与创新

大数据不仅是一场技术变革,在本质上也是一场社会变革,这种社会变革伴随并呼唤着社会治理体制和社会治理方式的创新。个人信用评分方法在发展的过程中与大数据技术不断地融合发展,多种数据挖掘算法被应用到个人信用评分中。

通过各地围绕智慧城市的信用信息管理平台建设,可以实现个人信用数据和信用评分等与数字城市"一级平台"的互联互通,同时通过数据挖掘和深度分析达到各系统之间的功能协同和联动,对防范来自特定个体的安全隐患、开展实时监督预警和社会治理提供支持。

个人信用评分方法的发展,还能够促进社会治理的信息体系建设,为社会治理模式提供科学技术手段支撑,极大地丰富社会治理模式的内涵和外延,有利于促进新兴的生产力和生产关系的和谐。个人信用评分中的识别技术、智能信息技术、云计算技术等都将应用于社会治理,以更加精细和主动的方式实现社会治理,使得社会治理的各个子系统之间更加融合,有利于社会的长期和谐发展,有利于社会治理体系的不断完善,有利于推动社会治理的发展与创新。

五、个人信用报告

(一) 个人信用报告的内容

1. 个人识别信息

个人识别信息是用来描述个人的基本信息,主要包括个人的身份证信息、以前和现在的住址、需要抚养的人数、住所是个人拥有的还是租赁的、婚姻状况、联系方式等。各国对个人的唯一标识码做出不同规定,美国对应的是社会保险号码和驾驶证号码,在没有户籍制的英国则对应选民登记号码,另外一些国家则使用身份证号码。

2. 信用交易信息

信用交易信息是指消费者使用金融机构信用工具的付款记录,通常包括付款人、交易的类型、交易日期、账户的开户日期、最高信贷额度、最后一次支付的日期、账户类型(开放式信用、循环式信用、分期付款信贷等)。

3. 就业信息

就业信息包括雇主的姓名、任职、收入、开始工作的日期以及雇佣合同期限。大多数消费者的主要经济收入来源于其工作收入,这往往是消费者个人的唯一现金流入项。另外,个人征信还包括个人的教育程度、所学专业、以前的工作经历及薪资水平等信息。

4. 公共记录

公共记录反映了个人在社会上遵纪守法的情况,以及经济纠纷的法院裁决结果。信息的来源主要是公检法机关,包括民事和刑事处分的记录、经法院裁决的民事纠纷案件终审结论、刑事判决记录等。最常见的信息还有个人破产申请、经济纠纷、夫妻离异和收养等记录。

5. 查询记录

查询记录是指个人信用记录被外部查询的记录,由个人征信机构自行生成,这些记录通常反映了个人寻求信贷和雇佣机会的频率。

(二) 我国央行提供的个人信用报告

1. 个人信用报告的信息栏目

个人信用报告的信息包括以下栏目:

(1) 个人基本信息,包括个人姓名、地址、工作单位、居住地址、职业状况等,即个人在银行办理信用卡等业务时向银行提供的个人基本信息;

(2) 信用交易信息,如个人的贷款、信用卡、为他人贷款担保等信息;

(3) 个人结算账户信息;

(4) 个人非银行信息,包括个人住房公积金信息、个人养老保险金信息、个人电信缴费信息等;

(5) 特殊交易信息;

(6) 特别记录;

(7) 查询记录等。

需要说明的是,目前人民银行个人信用数据库与住房公积金中心、社保部门等的信息共享工作正在逐步开展,这部分信息的采集尚不完整。因此,有部分地区人员的个人信用报告中包含有个人住房公积金信息、个人养老保险金信息或个人电信缴费信息等非银行信息,而有部分地区人员的个人信用报告中则没有此类信息。

2. 个人信用报告的内容

个人信用报告是个人征信系统提供的基本产品。个人信用报告包括以下内容:

(1) 个人身份信息。个人身份信息包括姓名、性别、出生年月、身份证号、户籍所在地住址、居所、婚姻状况、家庭成员状况、收入状况、工作单位、职业、学历等。

(2) 商业信用记录。商业信用记录包括在各商业银行的个人贷款及偿还记录,个人信用卡使用等有关记录,在商业银行发生的其他信用行为记录,以及个人与其他商业机构发生的信用交易记录。

(3) 社会公共信息记录。社会公共信息记录包括个人纳税、参加社会保险以及个人财产状况及变动等的记录。

(4) 特别记录。特别记录包括有可能影响个人信用状况的涉及民事、刑事、行政诉讼和行政处罚的记录。

3. 不同版本的个人信用报告

目前中国人民银行征信中心提供两种版本的个人信用报告,两种版本的共同点是全面反映了个人信用数据库采集的关于个人的信用信息,主要区别如下。

(1) 个人版:供消费者了解自己信用状况,主要展示了信息主体的信贷信息和公共信息等。包括个人版和个人明细版。

(2) 银行版:主要供商业银行查询,在信用交易信息中,该报告不展示除查询机构外的其他贷款银行或授信机构的名称,目的是保护商业秘密,维护公平竞争。

2011年中国人民银行征信中心改进了银行版个人信用报告,2012年改进了面向个人的信

用报告,在2019年上线功能更加完善的新版征信。新版征信上线后六大变化:

(1) 还款记录和保存记录统一拉长到5年。旧版征信系统不良信用的保存记录是5年,还款记录是2年;但是新版征信将还款记录和保存记录统一到5年,这样销户也能看到还款记录和最新还款信息。

(2) 在新版个人征信上,不但能看到学历、职业、居住等个人基本信息,还能看到其配偶信息;此外查询途径除了用身份证查询外,还能通过护照、军官证等有效证件信息查询。

(3) 新版征信除了显示正常还款、逾期程度外,还新增了一款还款金额,逾期或透支额都能显示出来,并且账户的销户还款情况也能看到。

(4) 为了防止个人信息被盗用,方便授信机构掌控个人的动态真实征信情况,新版征信还新增了防欺诈警示,有助于规避风险。

(5) 新版征信报告还对关键内容分类,被征信人的信用卡、贷款业务以及为他人担保的情况都会详细体现出来。

(6) 新版征信上线后,电信业务、自来水业务等非信贷交易明细都会体现在征信报告上,也就是届时这些业务逾期也会影响征信。

第二节 企业征信与评估

一、企业征信内容

企业征信俗称客户资信调查。广义是指企业自己或通过第三方搜集客户的信用信息;狭义是直接接受某一客户委托的专业机构,对客户指定有业务关系的企业资信状况进行深入调查和评估,以证明被调查企业资信状况的业务经营活动。企业征信在形式上表现为对履约能力及其可信程度所进行的一种综合分析和测定,是市场经济体系不可缺少的中介服务。

客户资信调查与尽职调查内容基本一致,但目的不同,尽职调查又称审慎性调查,是指投资人在与目标企业达成初步合作意向后,经协商一致,对企业的历史数据、管理人员的背景、市场风险、管理风险、技术风险和资金风险做全面深入的审核。目的是价值发现、风险发现和投资可行性分析。

客户资信调查是企业信用管理工作最常使用的技术手段,其目的是要解决企业赊销或其他授信工作决策的依据问题。

在生产企业征信报告时,企业征信机构一般遵循接受委托、采集数据、核实数据、财务分析、量化指标、现地现认、组装报告、质量检验、产品出库等十大环节的操作流程。

(一) 企业征信的基本内容

1. 企业背景与历史

考察企业的发展史,分析其中每一个转折变迁,有助于了解该企业的企业性格和经营作风,进而为观察其未来发展提供有力的依据。考察内容包括成立时间、经营范围和业务变迁、经营方针、注册资本与变迁、企业性质、名称及商标、股东构成。

2. 经营者情况

一个企业兴衰成败,经营者往往起到决定性作用。考察企业管理者,可通过直接面谈、经历调查、同行评价、社会评价等多方面综合评估而判定经营者的个人经历、信用和财力。

一个优秀的企业经营者,应具备以下综合素质。① 品格方面:有勇气、有魄力、有远见、有抱负、有责任心;② 态度方面:公正、谦和、热忱、勤劳、机敏、宽容、敬业;③ 能力方面:具有组织能力、领导能力、计划能力、判断能力、表达能力;④ 知识方面:除掌握和了解经济学、管理学、社会学、心理学、法律等方面的知识外,也必须对本专业的知识有深度的见解;⑤ 体质方面:身体健康、精力充沛。

对经营者来讲,其出身、经历、家庭背景、学历、文凭、嗜好、健康等,都会在一定范围内影响其性格、活动能力和气质。而不断丰富的经历又足以养成其独特的处世原则和应变方式,所以对经营者的评估应从先天、后天、环境等方面综合考虑。只有如此,才能做到不失偏颇、公正评价。

3. 劳务状况

劳务状况是指企业人员的结构、薪金水平、出勤状况和工作态度等方面情况。企业管理者与员工之间的关系协调与否,会对企业发展造成很大影响。

4. 经营条件

经营条件包括自然条件、社会条件、厂房条件、设备条件、技术条件等。自然条件包括气候因素、地质因素、地形因素、水利因素、资源因素等;社会条件包括能源供应、交通、原料、市场、国家政策等;厂房条件包括建筑物的结构、新旧、大小、配置以及机器设备摆放是否合理,原料、半成品、产成品的运送方法及放置是否合适等;设备条件包括机器设备的种类、性能、精密程度、使用年数、修理保养状态、合理利用、闲置设备比例等;技术条件包括技术人才、技术专长、技术开发等方面。

5. 关系企业

凡是人员、物质、资金上有密切关系的企业,统称为关系企业。调查关系企业的状况,首先要从亲疏程度上分析。应先分析与该企业交往密切或直接控股的关系企业,再分析一般关系的企业。要调查关系企业在资本、人员、销售、资金等各个环节的关系,判断企业关系存在的理由。再判断关系的存续,最后分析关系企业对该企业有何种益处或累赘。

6. 经营管理

经营管理是将所有与经营有关的活动,如进货、生产、销售等,进行计划、组织、统计的管理方法。经营管理的调查,是一项范围极广、涉及经营活动方方面面的调查,包括经营组织、计划安排、内部制度。

7. 银行往来

稍具规模的企业,其经营活动都与银行和金融企业密切相关。与银行交往的疏密程度,很大程度上反映了该企业的经营状况好坏。银行往来包括存款情况、借款情况等。

8. 行业情况

行业情况调查是企业或金融企业在投资和长期授信时必须要做的工作,是市场调查的重要组成部分。行业情况包括行业生产、行业原材料、行业销售、行业存货、行业价格、行业设备、企业在同业所占的地位和特色。

9. 营业状况

营业状况包括生产状况和销售状况，是企业扩大再生产、获取利润的最重要环节，企业其他一切行为，最终都是为营销服务。因此，营业状况的分析是资信调查中的关键因素。其中生产状况包括生产业绩、原材料状况、生产能力三类；销售状况包括销售量趋势、销售价格、销售对象、账款回收状况、推销能力等。

(二) 企业征信内容要点

为了提高工作效率，现代企业征信采用大型征信数据库工作方式进行。所以，采集征信数据工作是企业征信的基础。征信机构需要大范围、大量和常规地采集信用信息，而且是主动采集。

1. 宏观经济发展环境

(1) 国内经济状况。对国内经济形势的判断和预测是经济决策的基础。在发达的市场经济国家，景气分析是研发宏观经济走势的常用工具。景气分析又称为商业周期分析，主要利用月度或季度经济统计序列数据，分析和判断经济发展处于周期性波动的阶段；找出景气状态发生变动的原因；预测未来经济景气走向和下一个波峰或波谷出现的时期，验证和评价政策实施的效果等。进而用数学方法把各种经济要素变动计量汇总变成指数，即景气指数，以反映一种状况或宏观经济的行情，它成为政府和社会各经济主体进行经济决策的基本依据。

(2) 国际经济环境。市场经济是一个开放的体系，当今任何国家不可能脱离国际分工和依存关系，而保持封闭的自给自足的经济。正是由于全球经济的相互依存、合作、竞争和发展，使得各国之间的关系越来越密切，相互影响也越来越深。因此对一个企业征信，不仅要分析国内经济情势，而且要分析国际经济环境。

(3) 行业状况。行业状况调查的重点是市场，主要包括行业的市场需求状况、行业的市场供应状况、行业的价格状况、行业利润等。

(4) 公共政策。公共政策主要由地区政策和行业政策两个方面构成。这都是指国家的总体经济政策。另外，地方政府根据辖区内的实际情况也会制定自己区域发展政策，如城乡发展政策、旧城改造政策等。同样，政府主管部门根据经济发展情况也会制定相应的政策，如外贸主管部门的进出口政策、金融主管部门的证券市场融资政策、房地产信贷政策等等。

公共政策从意图和效果看，无外乎有两个方面：限制发展或鼓励发展。因此，分析一个企业或一个行业的状况，应该了解和掌握政府的政策。

2. 企业信用信息

从征信数据的采集范围看，企业信用信息采集的内容要点有十个方面。

(1) 基本信息，包括机构名称、统一社会信用代码、机构性质、注册地址、营业地址、注册资本、历史沿革记录等；

(2) 资质信息，包括注册商标、产品准产证登记、质量认证记录等；

(3) 所有者和经营者信息，包括法人代表、主要股东与管理者记录等；

(4) 银行信用信息，包括贷款、还款记录等；

(5) 关联信用信息，包括担保、质押、抵押记录等；

(6) 商业信用信息，包括赊销信用额、商账还款、合同履约记录等；

(7) 财务信息，包括资产负债表、利润分配、现金流量、财务警示、财务审计记录等；

（8）公众信用信息，包括涉案、处罚、不良社会信用记录等；
（9）媒体披露信息，包括披露来源、披露时间、披露内容描述等；
（10）自愿披露信息，包括披露时间、披露内容、发布人、披露内容公正记录等。

（三）实地调查的内容

现场实地调查是调查人员的基本功。实地调查除核对客户住所地、相关证照以及客户提交的相关材料外，重点对下以几个方面进行考察。

1. 对购货情况的考察

调查人员可以通过走访客户的合同部门或采购部门获得客户的购货信息。对于一个平稳发展的企业，业务已经定型，每年的购货渠道比较稳定。通过对客户购货渠道和购货合同的了解，能大致计算出该客户全年或一个时期的购买量、销售成本等数据。如果客户没有固定的购销渠道，业务随机性大，存货不能满足生产需要，虽然这个客户的发展潜力可能很大，也会给授信方带来较大的信用风险，在信用评估和决策时应十分慎重。

2. 对存货情况的考察

调查人员应走访客户的仓储部门，了解原材料和产成品的库存金额、每月或每日耗用量、进货量及库存周转时间，同时也可顺便了解原材料的进货价格等信息。原材料是企业生产环节中的重要环节，若原材料不足则生产受到严重影响，甚至难以为继；反之，原材料过多，不仅积压大量现金，而且会大大增加企业的管理费用，甚至影响存货的品质。产成品也是如此，过多的产成品积压说明企业的销售环节出现了问题。因此，企业的原材料存货和产成品存货必须适当。

3. 对销售情况的考察

调查人员应走访客户的合同部门或销售部门，获得客户的销售信息。销售活动是企业经营活动最重要的组成部分，无论企业的生产能力有多强，如果产品不能销售出去，企业经营创造利润的最终目标就无法实现。因此，销售能力的调查十分重要。销售能力的调查包括以下几个方面：客户近三年销售业绩、销售价格、销售渠道、主要销售对象和客户数量、收款情况等。

4. 对生产状况的考察

调查人员应走访客户的生产部门，获得客户的生产状况信息。如果客户是一个生产型企业，就有必要对客户的生产能力进行调查。生产能力包括生产设备能力和运转能力，设备能力是机械的设计能力，运转能力是加入原材料、人工、时间等生产要素的总和能力。调查客户的生产能力，首先应了解生产能力的计算基准。计算基准要素包括每月工作天数、每日工作小时数、每日几班制、机器保养期间、适当运转基准和计算单位等。了解计算基准后，再调查现有职工人数是否与生产能力相适应。通过这些调查，大致可以测量出客户的生产量，验证其他数据中有关客户购销存数字的准确性。

5. 对生产经营场所、办公场所和人员的考察

客户的生产经营场所、办公场所能够从一个侧面反映企业的资金实力和规模。生产、经营和办公场所与客户的资金实力、经营规模、销售收入、利润状况密切相关。如果客户提交的资料显示客户的资金实力和规模很大，但是场所的规模、环境却不相称，客户提交的资料就值得怀疑。如果客户的场所过于豪华气派，与客户的资金实力和规模不符，也需要对客户的真实状况进行核实。企业员工的工作态度、积极性、对企业的看法和忠诚度、薪金水平和福利待遇、员

工流动情况等信息也能够从一个侧面反映企业的经营管理状况。其中,员工对企业的看法和忠诚度最需要调查了解。

通过实地调查,调查人员可以获取企业基本情况,如企业的注册资料,企业规模、经营范围、经营性质、行业归属、主要股东、主营业务、往来客户、主要财务报表、在银行的往来账款、融资情况,通过调查得到的数据被记录到征信工作底稿上。

在实践的基础上,调查人员总结出5W和1H调查事项,具体的业务操作内容包括:

What:被调查企业属于什么行业,是否从事经营与执照规定相符合的业务。

Where:办公场所或生产场地在什么地方,是否有物业的产权,是否有研发中心。

Who:法人代表是否就是经营者,法人代表与经营者之间有什么关系,是否是家族企业,企业有什么特殊背景。

When:被调查企业是什么时间成立的,从事现在的业务多久了,所在行业发展的展望如何。

Why:经营者的专业背景情况,为什么进入这个行业,动机是什么。

How:被调查企业的经营状况,该企业是怎么经营的,经营业绩怎样,员工人数多少,上下游是什么样的企业,与银行是怎样往来的。

二、企业征信渠道

企业信用信息的采集渠道主要分为,宏观信用信息来源和微观信用信息来源,如图5-7所示。

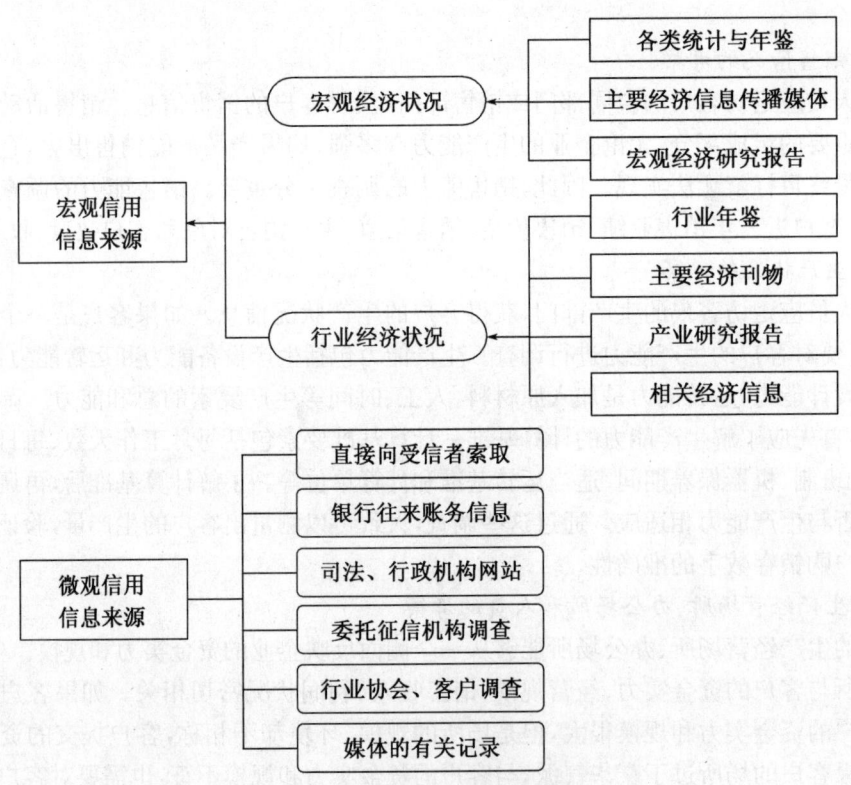

图5-7 企业信用信息采集渠道

(一) 宏观信息采集渠道

宏观信用信息来源主要包括宏观经济状况和行业经济状况。海关和统计局定期形成研究报告、产业研究报告等,对于掌握宏观经济和行业情况是很好的信息来源。同时,一些国内外的电视、报纸、杂志、网站等知名媒体也会披露财经信息或者设立财经新闻板块,公布宏观经济信息或行业内的动态信息。

(二) 微观信息采集渠道

1. 直接向受信企业索取资料

当一个销售商被要求赊销时,作为对等条件,其可以要求购买商提供必要的资信证明,如营业执照、股东名单、主要负责人名单及最近三年资产负债表、损益表、产销量表等。

2. 向银行查询

在国际贸易中,受信者往来银行账号能通过对方开户银行查知,但是,各个国家的银行管理法规不尽相同,很多银行本着为存户保密的态度,不愿提供客户的信息。我国银行基本不提供查询服务。

3. 向政府有关信用信息网站查询

(1) 全国企业信用信息公示系统(http://gsxt.saic.gov.cn)。该网站在2014年3月1日正式运行,目前已经能查询全国范围内的公司、农民专业合作社、个体工商户等市场主体的工商登记基本信息。

(2) 信用中国(http://www.creditchina.gov.cn);

(3) 全国组织机构代码管理中心(http://www.nacao.org.cn);

(4) 法院被执行人信息查询(http://zhixing.court.gov.cn/search);

(5) 法院失信被执行人名单信息查询(http://shixin.court.gov.cn);

(6) 中国裁判文书网(限于裁判文书)(www.court.gov.cn/zgcpwsw);

(7) 中国法院网"公告查询"(http://www.live.chinacourt.org/fygg);

(8) 国家食品药品监督管理总局(http://www.sda.gov.cn);

(9) 纳税人查询(http://hd.chinatax.gov.cn/fagui/action/InitCredit.do)。

4. 委托专业征信机构调查

由于调查者在调查过程中会受到各种条件的限制,有时单靠自身的力量无法胜任。在社会分工如此细化的今天,这项复杂工作就应该交给专业资信调查机构。成熟的专业调查机构内部建立各种通畅的调查渠道,一旦接受调查委托,调查机构就会同时开通这些渠道,在最短时间内将资料收集齐全,同时又节省了大量的费用。

5. 向行业协会、贸促会等机构索取资料

进出口企业可通过各国驻华使馆商务处、我国驻外使馆商务处、驻华外国商会、贸易协会或贸易代办处查询。这些单位大多拥有工商名录、电话簿等,而且大多允许或欢迎企业前往查阅。从这类名录中,通常可以查到交易对象的营业项目、正确的名称地址、成立年月、负责人姓名、资本额、组成形态、规模大小甚至信用等级。

6. 向相关客户查询

向与受信者有密切关系或业务往来的客户(包括进货及销售商)查阅其信用口碑、付款情况和负责人品格等情况。但应注意分析被调查人的立场,以防止偏袒或诋毁受信者的情况发生,造成受信者决策的偏差。

对于海外客户的资信调查,可通过以下途径快速了解客户信誉和实力:

(1) 标准普尔 SP:https://www.standardandpoors.com/en_US/web/guest/home,可以查银行的(如国外客户开证时,可以查下开证行的信用情况)、企业的、保险金融机构等;

(2) 穆迪 MOODYS:https://www.moodys.com/;

(3) 惠誉国际 Fitch Rating;https://www.fitchratings.com/jsp/general/login/Login.faces;jsessionid=7AF8F87FCFA1814B99DFBE9170C5A34E? code=20161101021140262836;

(4) 查看 whois 官站注册时间。

三、企业征信技巧

(一) 接触技巧

1. 选定出发点,把握立场

征信机构是服务性的企业,征信工作人员与客户之间的地位是平等的。在与客户接触前,应选定出发点。在接触过程中,保持友善,但又不是一味地妥协,无原则地谦让。要表现出诚意,提问简单明了,对于征信对象经营中专业性较强或技术性较强的问题,要虚心请教,不断与客户沟通。

2. 把握主动权,采用最适当的方式调查

征信工作人员要有所准备,掌握好与客户接触的节奏和重点,询问时要由浅入深地引导客户协作征信。关注客户的回答,并引导其提供较多的相关信息。

(二) 查账技巧

查账是征信人员了解企业财务数据的真实性和财务状况的风险度的必要手段。一般来讲,限于征信人员的身份和地位,征信调查时对企业所采取的查账方法通常是抽查法。为了提高抽查的质量和效率,征信人员还需要掌握以下查账技巧。

1. 逆查法

逆查法又称倒查法,其基本思路是从会计报表的分析入手,找出重点,然后以此为线索,有针对性地检查相关的账目和原始凭证,提高了查账效率。与逆查法对应的是顺查法。顺查法亦称正查法,是按照经济业务账务处理的时间顺序查账的方法。顺查法工作量大且不利于突出检查重点,一般不太适合征信人员的查账。因此,逆查法是征信人员查账过程中最常用的方法之一。

2. 审阅法

审阅法是以当时的政策法规为准绳,仔细阅读审查各种书面资料,从中发现疑点或问题,确定进一步查账线索的一种方法。审阅的书面资料包括会计凭证、会计账簿、会计报告及其他相关资料。审阅的内容一般包括三个方面:一是外表形式的审阅,如资料是否完整,格式是否合规,项目填写是否齐全,手续是否完备;二是实质性的审阅,如相关资料口径是否一致,相关数据是否衔接,内容是否真实;三是合理合法性的审阅。

3. 核对法

核对法是指对账簿记录(包括相关资料)两处或两处以上的同一数值或有关数据进行互相对照,旨在查明账账、账证、账实是否相符,以便核实账簿记录是否正确,有无错账、漏账、重账等行为。会计资料之间的核对方法有以下几种:原始凭证之间的核对;原始凭证与记账凭证之间的核对;凭证与账簿的核对;账账核对;账表核对;表表核对。

4. 异常分析法

异常分析法是通过审阅有关账户、数据、金额、往来关系等,从其异常现象、异常变化、异常关系中发现问题的查账方法。具体关注以下异常情况:账户名称异常,项目摘要异常,数据增加异常,金额精确异常,往来关系异常等。

(三)观察技巧

观察法是实地调查的重要内容。如果说访谈还可以选择不同的地点进行,那么观察则只能在特定的场所(如客户的办公地点和经营地点)进行。

(1)从观察的内容来看,主要观察客户的经营场所、经营设施和经营活动三个方面。

(2)从观察的结果来看,主要目的有两个:一是感受客户的经营氛围;二是核实客户的经营情况。

(3)从观察的方式来看,主要有三个类型:一是参与性观察,即征信人员参与到客户的经营活动之中,从内部收集有关第一手资料。参与性观察又可分为公开参与性与暗地参与性观察,前者如参与客户的经营工作会议、参与客户的商务谈判会议或促销会议等,后者如在客户不知情的情况下以顾客身份参与商场的交易活动,或以购房者身份参与房地产开发商的售楼活动等。二是随意性观察,即征信人员走马观花式地随意观察客户的经营活动,以简单收集有关第一手资料。三是结构性观察,即征信人员根据既定的调查目的拟定调查提纲,借助感官或辅助工具对客户的经营活动进行连续性观察,以收集有关第一手资料。

四、企业评估方法

企业信用评估分析的方法有很多,不同方法和模型有着不同的优点和缺点。企业在选择信用分析方法和模型时要考虑"四个结合",即定性分析与定量分析相结合、静态分析与动态分析相结合、历史分析与前景预测相结合、专家分析与专业评估技术人员分析相结合,建立科学合理、符合本地经济特点和客户所处的行业特点的评估标准体系。

(一)5C 要素法

国际上对形成信用的要素有很多种说法,可以从多个方面进行评估,如 5C 要素、4F 要素、5P 要素等。在企业信用评估过程中,要注意把行业特殊性与市场普遍性相结合,充分考虑行业的特点,同时把纵向比较与横向比较相结合,提高分析结果的准确性和可比性。

5C 要素法是最常用的资信评估方法之一,最初是金融机构对客户作信用风险分析时所采用的专家分析法之一,它主要集中在借款人的道德品质(Character)、还款能力(Capacity)、资本实力(Capital)、担保(Collateral)和环境状况(Condition)5 个方面进行全面的定性分析以判别借款人的还款意愿和还款能力。5C 要素法是指重点分析影响信用的 5 个方面的一种方法。由于这 5 个方面的英文单词开头第一个字母都是 C,故称 5C 要素法。

1. 品质

品质(Character)是指客户的信誉度,客户履行偿债义务的可能性,即我们所说的"还款意愿"。客户是否愿意尽最大努力来按照承诺还贷款,将直接影响到应收账款的回收速度、额度和催收成本。客户品质包括客户承诺如期履行责任的态度及以往的诚实、正直、公平等素质特征和行为,目前我们主要是从银行、中介机构,同行、供应商那里获取客户品质方面的资料;同时我们也可根据客户的一些个人属性(如户籍信息、婚姻状况、收入水平、教育水平、社保、单位性质、工作年限等)来对其进行分析,使得对客户的评判更为可靠。

2. 能力

能力(Capacity)是指客户的履约付款能力,包括支付货款或劳务费用等,即我们通常说的"还款能力"。书中提及的评判客户支付能力的方法主要是分析客户的财务资料,包括收益表和财务状况表。了解客户的流动资产状况及其变现能力,即其流动资产的数量和质量以及与流动负债的比例。同时,还应注意客户流动资产的质量,看是否存在因存货过多而使流动资产质量下降及影响其变现能力和支付能力的其他情况。就目前工作中,针对有限资料与有限的时间,我们对客户的"还款能力"的评判主要体现在该客户的利润、收入与负债情况的对比上。

3. 资本

资本(Capital)是指客户的资本实力或者说是客户可支配的资产,包括净资产和无形资产。客户的资本实力可以通过客户财务审计报告分析计算得到,也可以通过征信公司或信用评级中介机构获得客户的资本信息。在我们工作中,这里所说的资本更多的是指客户的固定资产情况,这也是我们判断客户稳定性与收入的一个重要依据。

4. 担保品

担保品(Collateral)主要是指客户用资产对其履约付款进行担保。事实上,担保品虽然可以减少商业银行的潜在风险,但就客户本身的信用状况是不会因此而改变。商业银行也都希望通过正常途径收回债务,而不是处理担保品。因此,担保品也只能是起到降低银行风险的作用,而不是授信的必要条件。就我们目前从事的无抵押、无担保的纯信用贷款而言,已经没有了商业银行中担保品这个概念。我们的"担保品"就是前面所说的三个要素,所以我们对客户的还款意愿、还款能力、稳定性需要特别的关注。

5. 环境状况

环境状况(Condition)是指可能对客户的履约偿付能力产生影响的所有因素,包含政治的、经济的、文化的因素,以及客户所从事的行业、所处的经济发展区域和地理位置、经营软环境等。需要注意的是,环境状况要素与其他四个要素不一样,它是由外部引起客户履约偿付能力变化的因素,是客户自身能力无法控制和操纵的。在我们的日常工作与生活中需要善于去收集与了解市场变化、季节更替对相关行业的影响,了解目前相关行业的竞争情况。

(二) 单项指标分析法

单项指标又可以分为定性指标和定量指标,在分析时有所差别。在单项指标分析中,财务指标分析占有重要的位置,需要揭示财务指标和企业信用等级之间的关系,同时需要关注非财务指标。

1. 定性分析

定性分析主要是对企业的内部及外部的经营环境进行分析,评估人员根据其自身的知识、经验和综合分析判断能力,在对评估对象进行深入调查、了解的基础上对照评估参考标准,对各项评估指标的内容进行分析判断,形成定性评价结论。

定性指标的考核内容是描述性的,只能够做性质上的判断,比如,对于管理者的学历水平,只能从中学、大学和研究生以上等几个层次来判断,对于评价人员的质量,要设立一定的判断标准。

2. 定量分析

定量分析是以企业经营活动数据为基础,分析企业的经营和现金流量状况,对企业未来信用状况做出评估。定量指标包括财务指标和非财务指标。由于财务指标能够较好地反映企业的经营状况,因而在分析时以财务指标为主,以非财务指标为辅。常用单项指标分析法有分段定分法、比例定分法、功效系数法等。

(1) 分段定分法。分段定分法是指规定该类指标的最高值和最低值,比如分别为10分和0分,中间按照一定间隔计分。

(2) 比例定分法。对于该类指标,一般把行业平均值作为标准值,按照偏离标准值距离的百分比来计算分值。比如存货周转次数,高于行业平均值50%以上,为满分(10分);低于行业平均值50%以上,不给分(0分);在标准值上下50%的范围内,按照一定比例计分。

(3) 功效系数法。根据多目标规划原理,对每一个指标确定满意值和不允许值。不允许值为最低分(如0分),指标的打分值根据线性插值方法进行计算。满意值是各项指标在被评对象中可能达到的最高水平,不允许值是指标不应该出现的最低水平。功效系数法的好处是能够反映企业某一时点在同行业中的地位。

指标打分值=(指标实际值-指标不允许值)×指标规定分值÷(指标满意值-指标不允许值)

(三) 信用综合评分法

信用综合评分法,又称打分法,是指信用评估人员选取一定量的指标,通过专家判断或者其他方法设定每一个指标的权重,由评估人员根据事先确定的打分表对每一个指标打分,然后根据权重对所有指标的打分加总,得到总信用得分,根据总信用得分,确定信用级别。

信用综合评分法运用得好坏取决于指标选择是否恰当和指标权重的设定是否合理,这需要评估人员具有丰富的评估经验和较强的分析能力。

权重的设置可以根据企业的情况来确定,按照企业的市场环境及战略的不同,可以选择不同的权数设置方法。

1. 经验设置方法

经验设置方法又称专家定权法,由财务部门、销售部门、信用部门等方面的专业人才召开定期的授信委员会会议,讨论权重修订方案。企业可以根据经验对每个特征项目设置一个权数,对于认为重要的指标,可以设定比较高的权重。

该方法的优点是:融合了各个相关方的意见,容易为所有部门所接受,权重更加贴近实际;缺点是:各个部门对于同一问题的认识会有差异,讨论时争论较多,效率较低。

2. 使用同行业或者同类型企业作为参考值

使用行业定期统计数据,或者使用同行业或者同类型企业采用的权威数据为参考值。缺点是:行业数据更新较慢,缺乏权威数值。

3. 利用数学模型方法确定指标权重

利用数学模型方法确定指标权重是一种客观赋权法,常用的方法有单变量模型、判别分析模型、决策树模型、数据挖掘技术、主成分分析法、聚类分析法、逻辑函数法、模糊数学模型法等。这种赋权是以数学、统计和经济学原理为指导准则,并可以根据样本数据的变化自动调整权重,便于企业操作,减少了工作量。缺点是:需要大量数据,工作量大,创建模型需要较高的专业知识。

(四) 信用评估模型法

由于企业的信用评级目的不同,在实际的信用评级过程中所使用的分析模型会存在差异。用于商业信用授信管理的分析模型有 Z 计分模型、巴萨利模型、营运资产分析模型和特征分析模型等,用于银行授信的分析模型有 KMV 模型、Credit Metrics 模型和 Credit Risk＋模型等。

(五) 财务指标分析法

对企业财务状况的分析是信用评级的重点,企业会计信息质量的高低是分析和判断被评对象财务状况的基础,良好的财务信息,不仅显示着被评对象财务管理的规范与否,而且也在一定程度上反映着被评对象的财务风险程度。

1. 财务分析重点

(1) 资产质量。

对企业资产质量的考察一般从结构和质量两个方面着手。结构主要是分析各项资产在总资产中的比例,质量主要是分析各项资产的流动性、安全性、盈利性,并对资产的真实价值进行分析。重点要对资产中的存货、应收账款、其他应收账款、在建工程无形资产及摊销等科目进行调查和分析,对于资产比重较大的资产应更加关注。

(2) 存货。

存货一般包括原材料、在产品、产成品等,存货品种的构成可以反映企业生产、销售等环节的某些问题,如原材料的比重过高,可能会面临超强贬值的可能;如产成品过多,则企业的存货周转率就低,销售环节可能出现问题。在分析中应考察企业是否有提取存货跌价准备,提取的依据。

存货分析还应注意,同以前年度相比,存货的增加是否与产量的增加相适应。一些私营企业往往在把已销售的收入记作存货,以逃避税收。

存货可能出现的主要问题有三个方面。

① 隐匿收入,产品出库不结转成本,出现盘亏做损失处理。

② 存货数字较大,有利的一面是生产准备充足,比例合理、正常,不会出现资金周转断档;不利的一面是盈利能力会受影响,存货资金大,获利性小,不会产生新的价值,有潜在损失风险。

③ 存货数字较小:要结合损益表看,有利润说明资金充分调动,盈利能力增强,需要注意存货过小可能存在停工待料、市场断销,可能会影响企业抓住有利时间占领市场。

(3) 应收账款。

应收账款是企业偿还债务的重要资金来源。对应收账款的分析,一是要分析其账龄结构,账龄越长,风险就越大。一般来说,账龄超过一年就存在一定的坏账风险。二是要分析应收账款的客户分布结构,关注是否存在应收关联方款项,以及应收客户的集中度,对于重点客户,必要时应具体分析其经营状况,以确定其实际风险。三是分析应收账款的增长变化及在流动资产中的占比情况,并与前述的销售管理分析相结合。四是调查应收账款是否已被借款抵押等。五是分析应收账款的坏账准备提取情况,提取准备的依据。六是分析应收账款的周转天数。

应收账款可能出现的问题主要有:

① 为完成某些指标虚增收入;

② 信用问题、管理问题;

③ 权责发生制的影响——大量的应收账款的存在使企业有利润没现金。

(4) 其他应收款。

其他应收款主要核算的是与销售无关的应收款项,包括给职工代垫的款,备用金,应收取的赔款,罚款,存出的保证金,采用售后回购方式融出的资金等。其他应收款是评级分析的重要科目,是分析其他应收款时分析关联方资金占用情况的重要依据,重点分析其他应收款的金额,偿还方的经营情况等,确定流动性和安全性。

其他应收款可能出现的问题有:

① 该做费用不做费用,在此挂账;

② 对外投资不做投资,在此挂账;

③ 关联方资金占用。

(5) 在建工程。

对在建工程的分析,应当关注在建工程的规模、建设进度、建设资金的到位情况,以及今后的发展趋势等。此外一种情况需要特别注意,个别企业目前仍将生产报表与基建报表分别编制,在进行评级时,企业往往提供的生产报表其中反映的企业财务构成、债务负担均较理想,这是因为未将在建工程考虑在内,而借款大多因基建发生,生产报表不能全面反映企业的长期借款情况。

(6) 短期投资和长期投资。

短期投资往往是债券投资或股票投资,如果所占比例较大,应当具体分析企业的投资目的、投资风险和风险控制制度。长期投资在合并报表的前提下应该不大。如果占到较大比例,就应要求提供参股企业的经营情况和财务报表。如果提供的不是合并报表,则应对投资较大的企业进行适当深入的调查,以确定风险和收益。

(7) 无形资产。

对于无形资产占比较高的企业应分析,无形资产的性质,如一些高新技术企业,应注意技术专利使用情况及受保护程度,以及企业每年提取的摊销情况。此外除对各项资产在某个时间点上的分析外,还应对各项资产在年度间的变化情况进行分析,以更准确地把握企业资产的质量和经营变化情况。

2. 盈利水平与发展能力

对被评主体盈利能力的考察,是信用分析的重要环节,良好的盈利能力不仅是企业生存与发展的基础,更是支撑企业信用能力的关键所在。一般而言,企业盈利能力越强,其短期支付能力和长短期债务的偿还能力也相应较强,所反映出的信用能力也相应较强;反之,其信用能力相应较弱。这里所指的盈利能力是指企业通过持续经营活动,获取现金收益的能力,并不单纯指企业财务报表所反映的损益状况,因为不同的交易条件,不同的收入确认原则,都会对企业财务报表的损益状况产生较大影响。因此,在分析企业的盈利能力过程中,不仅需要认真分析财务报表,更要关注收入的实现质量,以及其经营管理活动产生自由现金的能力与状况。

(1) 主要科目的调查与分析。

对企业收入和盈利的分析,一方面要关注收入和利润的增长变动情况,另一方面要考察收入和利润的形成来源。评级人员应对销售收入的总量、构成、稳定性及变化趋势进行考察和分析。企业的销售收入一般由主营业务收入和其他业务收入构成,分析销售收入的水平、变动及构成,尤其是主营业务收入的水平、比重及变动情况,对分析判断企业收入的稳定性、增长性,以及收入的异常变化有很大帮助;主营业务收入的稳定增长,可以反映出企业经营的主业有稳定的市场基础和较好的发展趋势;而一个企业的其他业务收入占比过高,则显示出企业主业不突出,市场竞争力可能不强,收入的稳定性需给予高度重视。

对企业营业外收入,应考察其受偶然性因素影响的程度,这项收入的稳定性一般不会太高。企业投资收益的来源和稳定性如何,反映出企业投资决策水平的高低,投资项目获利能力的强弱。现实中,一些企业因各种各样的原因,对其真实的收入情况可能不愿披露,这便需要评级人员付出相应的努力,搞清企业的真实收入情况。

在各项收入状况明了的情况下,评级人员应对各项业务的成本、费用支出情况加以细致的考察和分析,其重点是考察收入与成本、费用是否匹配,成本、费用变动趋势及支出的原则,并由此分析和判断企业盈利水平的可靠性和盈利结构的合理性。例如,一些上市企业有时会隐瞒成本费用的实际支出情况,虚增盈利,以支撑其股票的市场表现,因而其盈利水平的可靠性应当特别关注;而更多的企业则是尽可能地人为加大成本和费用,以求降低应税所得。较强的盈利能力,显示出企业决策管理层能够有效地运用其资产和相关资源,为投资人获得丰厚的回报,也在很大程度上反映出企业资金具有较高的流动性,有利于企业融资能力的提高。

(2) 盈利能力分析指标。

① 销售利润率。

$$销售利润率 = 利润总额 \div 销售收入净额 \times 100\%$$

该指标反映了企业每一单位销售收入可带来的纯收益。

② 总资产利润率。

$$总资产利润率 = 利润总额 \div 资产总额 \times 100\%$$

该指标反映企业资产综合利用效果,比率越高,表明企业对资产的利用效果越好,整个企业的获利能力越强,经营管理水平越高。

③ 成本费用利润率。

$$成本费用利润率 = 利润总额 \div 成本费用总额 \times 100\%$$

该指标反映企业全部成本费用与利润的关系,体现了企业的投入与产出水平,以及所得与所费的关系。

(3) 经营能力分析指标。

① 存货周转率。

$$存货周转率(次) = 销货成本 \div 平均存货$$

该指标表示企业存货周转和变现的速度,衡量企业的销售能力和存货库存状况。一般来说,存货周转速度越快,偿债能力越强。但在不同行业之间也有较大差别,分析时要参考对比行业平均值,一般中小企业应大于 5 次。在实际分析中,也可利用存货周转天数(360÷存货周转率)加以补充分析,所需天数越多,说明存货周转情况越差,滞留时间越长。

② 应收账款周转率。

$$应收账款周转率(次)=赊销收入净额÷应收账款平均余额$$

该指标表示企业赊销产品收回现金的速度,反映应收账款的管理效率,一般企业应大于 6 次。在分析中,也可利用应收账款周转天数(360÷应收账款周转率)表示,时间越短,说明应收账款的回收工作做得越好。

(4) 发展能力分析指标。

① 利润增长率。

$$利润增长率=当年利润增长额÷上年利润总额×100\%$$

其中　　　　　　　当年利润增长额=当年利润总额-上年利润总额

该指标表示企业当年利润增长额与上年利润总额的比率,反映企业营业利润的增减变动情况。

② 营业收入增长率。

$$营业收入增长率=当年营业收入增长额÷上年营业收入总额×100\%$$

其中　　　　　　当年营业收入增长额=当年营业收入总额-上年营业收入总额

该指标反映企业营业收入的增减变动情况。营业收入增长率大于零,表明企业当年营业收入有所增长。该指标值越高,表明企业营业收入的增长速度越快,企业市场前景越好。

③ 资本积累率。

$$资本积累率=当年所有者权益增长额÷年初所有者权益×100\%$$

该指标反映企业当年资本的积累能力。资本积累率越高,表明企业的资本积累越多,应对风险、持续发展的能力越强。

④ 净资产增长率。

$$净资产增长率=当年净资产增长额÷年初净资产总额×100\%$$

其中　　　　　　　当年净资产增长额=年末净资产总额-年初净资产总额

该指标反映企业本期净资产规模的增长情况。净利润增幅较大,表明公司经营业绩突出,市场竞争能力强;反之,净利润增幅小甚至出现负增长也就谈不上具有成长性。

3. 负债水平与偿债能力

企业的资金来源主要由股东的投入和各种负债组成。对负债水平的考察,主要是考察被评主体的资产负债结构是否匹配,负债结构及性质,有息债务的利率期限结构状况,财务弹性强弱,财务结构的稳健与否。

对于不同行业的企业往往负债结构有较大的不同,如批发和零售类企业负债主要以流动负债为主,而基础设施建设行业的负债则大多以长期负债为主,评级人员应根据行业特点及企业的具体情况,对企业的负债水平进行具体分析。

(1) 主要科目的调查与分析。

在评级过程中,评级人员应对企业的短期借款、应付票据、应付账款、其他应付款、长期借款、长期债券等科目着重考察。

对企业短期借款的考察,应根据企业所处的行业及业务特点,关注其资金成本的高低、偿还期限的分布,以及与主要借款人的关系等,这在很大程度上关系到企业短期支付能力的强弱,如企业不能如期偿还借款本息,则可能致使企业支付更多的财务费用,甚至使企业破产。

对应付账款应关注其付款期限、金额、付款方式、是否有宽限期等,因为一个企业在一个特定时期,其运营资金是有限的,如在资金较为紧张或偿还银行借款较多的情况下,能得到供应商的宽限,则对企业的短期偿债能力会有所帮助。

对企业长期借款应关注借款性质偿还期限的集中度、高峰时的偿还金额等,如一些政府控制的基础设施建设企业、投资企业,其长期借款中可能有政府财政借款,这类借款由于是政府建设项目引起的,在企业面临较大的债务偿还压力时,政府往往会做出宽限。

此外,或有负债虽然不在资产负债表中反映,但有些或有负债实际上与资产负债表中的负债是等价的。因此评级人员需要对企业或有负债情况予以必要的分析,尤其需要关注企业对外提供的借款担保等,分析的重点是担保额的多少、担保的性质、期限以及是否取得反担保条件等,如有可能还应了解被担保人的经营情况。从现实情况来看,企业的或有负债过高,是存在一定风险的,被担保人一旦不能按期偿还到期债务,受连带偿还责任的影响,企业的偿债压力增大。

重大诉讼有可能产生重大的支付,同时对企业的声誉会产生不良的影响,对企业的融资便利和弹性会产生负面影响。

(2) 偿债能力分析。

偿债能力的强弱,反映着企业在未来一个时期的信用风险的大小。企业的负债包括银行借款、发行的企业债券等借入性负债,也包括应付账款、预收账款等经营性负债,由于负债的性质不同,一般来说,借入性负债比经营性负债对企业的约束力更强,对于同作为债务人的企业来说,有息债务往往对于企业造成的偿还压力更大。对企业偿债能力的分析,核心是在特定期限内,企业拥有的自有现金对有息债务偿还的保障程度,侧重于企业偿还到期有息债务的能力,通常根据企业以往的债务偿还能力及状况,预测未来一个时期企业现金流入量是否充足和稳定的程度,从而判别企业在未来的特定时刻能否按期偿还到期债务的可能性及可信程度。

偿债能力分析指标主要为:

① 产权比率。

$$产权比率=(负债总额÷股东权益)×100\%$$

该指标反映企业所有者权益对债权人权益的保障程度,一般情况下,产权比率越低,说明企业长期偿债能力越强。产权比率与资产负债率对评价偿债能力的作用基本相同,两者的主要区别是:资产负债率侧重于分析债务偿付安全性的物质保障程度;产权比率则侧重于揭示财务结构的稳健程度以及自有资金对偿债风险的承受能力。

② 流动比率。

$$流动比率=流动资产÷流动负债×100\%$$

该指标衡量短期债务到期前可以用流动资产变现偿债能力,一般要求流动比率在150%~200%之间,但是不同行业表现出较大的差异性。

③ 利息保障倍数。

$$利息保障倍数(倍)=(利润总额+利息费用)÷利息费用$$

该指标表示企业用生产经营获得的利润和利息能偿付利息费用多少倍。倍数越多,说明支付利息费用的能力越强,债权越安全。通常要求大于4。

(六) 影响企业评估的其他因素

除了前面的指标体系以外,对企业进行评估时还需要关注以下因素。

1. 领导方面

领导方面应分析:领导的历史背景、在处理问题方面的果断性、身体的健康状况,经营方针是否明确,是否有倔强、易变的性格,机密事件有所增加,听不进别人的忠告,沉迷于阿谀奉承之中,遇事不冷静、易被人调唆,穿戴忽然变得很奢华,有家庭不和的传闻,经常不接电话等内容。

2. 经营方面

经营方面应分析:企业是否有赤字状况、赊账或贷款增加、在付款之日交易条件发生变化、支票兑取期限发生变化、企业主管来回周旋于各银行之间、拖延税金和员工的保险金、现金与支票回收率发生变化、长期有业务往来的银行发生变化、有高息贷款等内容。

3. 组织方面

组织方面应分析:股东的家庭状况,员工态度是否恶劣,是否总是见不到财务主管、员工间交流时的表情黯淡、员工对企业不满、企业的人事制度不明确、股东说不清目前企业的经营状况,以及办公室里脏、乱、差等内容。

4. 产品方面

产品方面应分析:不良品的状况以及被要求索赔的事件、主业以外所经营的商品状况、在库商品与企业的经营方针相矛盾、市场上类似的商品有所增加、产品与市场需求不一致、主要的进货商发生变化等内容。

5. 客户异常征兆

调查人员要随时关注发生在主要经营管理者、企业管理制度、生产、经营、财务、市场表现、宏观环境等方面的异常征兆。在发生异常征兆时,应该及时做出反应并体现在具体的信用管理措施上。

(1) 关注出现在主要经营管理者身上的异常征兆。

① 主要经营管理者道德观念出现问题,发生有违商业道德或社会责任方面的问题;
② 主要股东、董事、监事、经营决策者发生变动或更换高级经理人员;
③ 主要股东不愿以私人名义做借款保证,而无正当理由;
④ 经营管理者过分热衷于公司以外的事务,而忽略本职工作的情况;
⑤ 经营管理者经常不在公司,在财务或其他业务上是否有不可告人的困难、隐情;
⑥ 经营者长期滞留国外,或已取得国外居留权,并在海外置产;
⑦ 企业所有者或大股东健康欠佳或有家庭纠纷、重大变故;
⑧ 企业所有者或主要经营管理者交棒,后辈家庭成员接棒;
⑨ 经营管理者沉醉于不良的嗜好与恶习中;
⑩ 经营管理者过着过分奢侈的生活。

(2) 关注在企业管理制度方面发生的异常征兆。

① 缺乏健全的管理制度;
② 员工出勤情况不佳,人员离职率高,团队士气低落;
③ 裁员、减薪或延迟发放薪资;

④ 中层以上职务的经理人员兼营副业,业务人员收取回扣;
⑤ 企业及其负责人官司缠身,有长时间不结案的诉讼官司;
⑥ 企业及负责人有欺骗行为或明显的欺骗企图;
⑦ 企业有购买发票或欠税的行为或前科;
⑧ 工商企业登记明显虚假的企业;
⑨ 外销厂商因交货延迟对企业可能造成不良后果的。

如果发现客户企业发生上述征兆,信用管理人员可以果断采取信用控制措施,调低对客户的授信,并降低对客户信用价值的评价。值得注意的是,上述征兆只是常见的情况,每个行业还有自己的特点,信用管理人员要总结出对应自己行业和客户群体的危险征兆,不要受到上面所列征兆的限制。

(3) 关注生产方面发生的异常征兆。
① 高价购进原材料;
② 主要原料价格巨幅上扬;
③ 发出订单或接收订单超过企业正常营运所需要的量;
④ 企业临时急于交货,取现应急,又缺少正当理由;
⑤ 催货紧急,交货地点与平常不同;
⑥ 产品不合格率偏高;
⑦ 存货积压情况过于严重;
⑧ 企业的研发能力严重不足。

(4) 关注经营方面发生的异常征兆。
① 库存临时剧增或剧减;
② 企业设备投资巨大,其营运效率并未相对提高;
③ 企业扩充过快或扩充时机不当;
④ 重大投资计划失败或延误;
⑤ 海外投资亏损;
⑥ 贸然介入毫无经验的行业;
⑦ 经营风险过于集中;
⑧ 企业主要的客户企业财务状况恶化或发生倒闭,会遭到连锁性牵连;
⑨ 企业营运不佳也无正常理由,另行筹建其他公司意图不明;
⑩ 企业成立很久,但一直没有正常营业。

(5) 关注财务方面发生的异常征兆。
① 债务方面:举债过巨,财务结构不良,使用了高于市场利率的贷款,向民间或地下钱庄借款,保证或负债额异常上升;
② 资金使用方面:擅自改变贷款的用途,自有资金比例偏低,长期资金规划不当,流动资金严重不足,以短支长,应收账款的额度大幅变动,收账期过长,预收、预付、暂收、暂付款科目大额异常增加;
③ 收支方面:营运出现严重亏损,非营业比重增加,企业及经营者出售住宅或不动产;
④ 结算与支付方面:企业向银行贴现票据,经常要求调票展期,经常赶在票据交换截止时间,才在户里存入款项,付款拖延或变更付款方式;

⑤ 银行账户方面:临时变更主要授信往来银行,企业规模不大,但往来的银行特别多。

(6) 关注市场表现方面发生的异常征兆。

① 市场上出现强有力竞争对手;

② 市场出现不利于企业的传言;

③ 同业恶性竞争,特别出现彼此削价竞争情况;

④ 企业产品在市场上发现超乎常理廉价销售或遭退货;

⑤ 外销市场急骤恶化;

⑥ 贸易对手国有进出口新规定或限制;

⑦ 进出口商遭遇重大汇率波动;

⑧ 大订单突然被取消;

⑨ 主要市场所在地区发生重大灾害。

(7) 关注宏观环境方面发生的异常征兆。

① 所属产业景气势微;

② 出现比较严重的劳资纠纷;

③ 环保要求提高;

④ 消费者保护意识提高;

⑤ 政府出台新的产业政策;

⑥ 银行紧缩银根和信用。

五、企业征信报告

征信机构一般以信用报告的形式提供信用数据。能够提供各类企业征信报告的征信机构很多,世界各国征信产品相关标准化情况各不相同。我国已出台对企业资信调查报告和个人信用报告进行规范的国家标准《企业信用调查报告格式规范(GB/T 26817-2011)》和《个人信用调查报告格式规范基本信息报告(GB/T 26818-2011)》。《企业信用调查报告格式规范》按照报告深度,将企业资信调查报告分为四类:基本信息报告、普通调查报告、深度调查报告和专项报告,并对前三种报告的构成和正文主要内容进行规定。

不同种类的企业征信报告提供的信用信息取向和深度不同,用于解决不同的信用决策问题。常见的征信报告有如下几种。

(一) 基本信息报告

基本信息报告是一种最简洁形式的企业征信报告。这种报告提供企业的背景信息,以工商注册信息为主,不包含对被报告主体经营状况的分析和所处行业的综合评述。客户订购企业基本信息,主要目的在于核实客户的真实性或与被调查对象取得联系。价格因素也是客户首要考虑的因素之一,由于企业基本信息的简洁特征,征信机构可以通过网上提供。

(二) 普通版征信报告

普通版征信报告是企业信用管理最常用的一种征信产品,有的企业信用管理部门甚至用这种报告作为客户档案管理的主件。这种报告的主要内容包括企业发展史、业务范围、员工人数、付款记录、公共记录、财务状况、进出口信息、主要经营者履历等信用记录,以及征信公司对被调查企业给出的资信级别和风险指数。

(三) 后续报告

后续报告是普通版企业征信报告的后续服务,也称客户信用跟踪报告。后续报告服务的有效期为一年。凡订购普通版企业征信报告的客户,在此后的一年内,只要被调查对象的信息有变化,征信机构将免费提供给客户更新的调查报告,使得客户继续掌握被调查对象的变化情况。

(四) 深度调查报告

深度调查报告是相比普通版征信报告而言的,它更深入地对被征信对象进行调查,主要在资产、土地使用权、经济纠纷、重大变动、财务分析、供应商等方面进行详细调查。这种调查注重的是事实,不增加许多数学方法的数据处理。深度调查报告主要用于企业并购、法律诉讼、企业拍卖、重大项目合作等。

(五) 专项调查报告

专项调查报告主要是针对客户特别感兴趣的一项或几项情况进行调查。例如,企业家谱,是指被征信公司的母公司和子公司、母公司和分公司、公司的投资机构或参股的其他公司之间的关系。再如,实行"零库存"管理的企业可使用国际供应商评价报告,以确保供应商能满足其及时准确的供货要求。

(六) 风险指数报告

尽管各征信机构都制作风险指数,但邓白氏机构的风险指数是专门针对中国市场开发的产品,并作为单独一种报告产品推向市场。基于对中国企业进行大样本分析,邓白氏机构于1999年推出这种产品。该产品可以帮助企业对中国企业进行排序,帮助企业识别那些信用值较低的机构,风险指数显示在六个风险等级下,每个风险等级反映企业业务失败的概率。风险指数报告帮助企业迅速评估被调查企业相对于其他企业的风险,并预测企业的技术性破产。

(七) 行业状况调查报告

又称行业信息分析报告,这种报告根据对本行业典型企业群的比较分析,提供被调查行业的一些平均值。这种报告可以提供给企业的计划部门、信用管理部门、市场销售部门和高层经理作参考。对于企业制订发展计划和改进企业管理非常有帮助。通常报告的种类分国际同行分析、国内同行分析、综合分析等几种。

(八) 国家风险调查报告

这种报告提供大量的商业数据和被调查国家的经济指标。这种报告可以用作海外投资、国际贸易的决策参考。

第三节　征信中的侵权救济

一、征信侵权行为及救济方式

（一）常见的征信侵权行为

在征信活动中，可能会发生征信机构或者信息提供者、信息使用者侵害信息主体合法权益的行为。常见的侵权行为主要有：

（1）未征得信息主体同意进行信息的收集、处理；

（2）因故意和过失导致信息错误；

（3）在信息主体行使知情权、异议权过程中，征信机构或信息提供者不履行或不恰当履行相应义务；

（4）对超过法定保存期限的信息记录未做永久删除的行为；

（5）在采集、处理、使用过程中泄露商业秘密、个人隐私的行为；

（6）超出使用范围使用个人信息的行为以及其他侵害信息主体权益的行为。

（二）征信侵权救济方式

《征信业管理条例》第26条规定：信息主体认为征信机构或者信息提供者、信息使用者侵害其合法权益的，可以向所在地的国务院征信业监督管理部门派出机构投诉。受理投诉的机构应当及时进行核查和处理，自受理之日起30日内书面答复投诉人。信息主体认为征信机构或者信息提供者、信息使用者侵害其合法权益的，可以直接向人民法院起诉。可见，我国对征信侵权行为有行政救济和司法救济两种方式。

1. 对信息主体提供行政救济的规定

信息主体对异议处理结果不满或认为其合法权益受到侵害的，可以通过行政救济的方式，向所在地的中国人民银行分支机构投诉。人民银行分支行作为征信业监督管理部门的派出机构，依法对侵害信息主体合法权益的行为进行调查。经调查发现确实存在侵权行为或危险因素的，应当立即采取相关措施纠正违法行为。

2. 对信息主体提供司法救济的规定

信息主体的权利需要完善的法律救济制度作为保障。除行政救济以外，当信息主体的合法权益受到侵害时，也可以直接向人民法院起诉。行政救济并非司法救济的前提条件，但对于已采取行政救济措施，且对行政救济的处理结果不满的信息主体，也可通过司法救济的方式，向人民法院起诉。司法救济的方式也可以使信息主体的权利得到实现或者使不当行为造成的伤害、危害以及损失得到补救。

二、征信异议处理

(一) 企业征信异议处理

1. 申请资料

企业认为企业信用报告中的信息存在错误、遗漏的,可由企业法定代表人或委托代理人向所在地的中国人民银行分支机构或直接向征信中心提出异议申请。企业法定代表人提出异议申请的,应提供本人有效身份证件原件、企业的其他证件(机构信用代码证、企业贷款卡或组织机构代码证)原件供查验,同时填写"企业信用报告异议申请表",并留有效身份证件复印件、其他证件复印件备查。委托经办人代理提出异议申请的,应提供经办人身份证件、企业的其他证件原件及企业法定代表人授权委托证明书原件供查验,同时填写"企业信用报告异议申请表",并留有效身份证件复印件、其他证件复印件、企业法定代表人授权委托证明书原件备查。

2. 资料审核

中国人民银行分支机构或征信中心对接收的异议申请相关材料进行齐备性审查。企业法定代表人或经办人无法提供有效身份证件或相关申请材料不全的,将不予接收,并告知不予接收的原因。

3. 异议处理

中国人民银行分支机构或征信中心受理异议申请后,会向企业法定代表人或代理人说明异议处理的程序、时限、对处理结果有争议时可以采取的救济手段。

4. 异议标注

中国人民银行分支机构或征信中心接收异议申请后,将在企业征信异议处理子系统中登记和确认异议信息。异议信息确实存在的,中国人民银行分支机构或征信中心应在企业信用报告中对异议信息添加标注,同时启动征信中心核查程序。异议信息不存在的,中国人民银行分支机构或征信中心将回复企业法定代表人或经办人。

5. 异议受理

中国人民银行分支机构或征信中心在企业法定代表人或经办人提出异议申请2日内完成异议登记和确认。中国人民银行分支机构或征信中心设专人负责异议处理业务及相关活动,不得无故拒绝企业提交异议申请。

6. 信息核查

(1) 征信中心核查。经征信中心核查后确认异议信息由金融信用信息基础数据库的数据处理过程造成的,征信中心应负责予以更正。征信中心核查未发现问题的,应通过企业征信异议处理子系统向报送异议信息的金融企业发送核查通知,启动金融企业核查。征信中心应在异议登记和确认后6日内完成征信中心核查。

(2) 金融企业核查。金融企业接到异议信息核查通知后应立即启动核查程序。金融企业应将核查结果通过企业征信异议处理子系统发送至征信中心。经金融企业核查后确认异议信息存在错误、遗漏的,应在回复核查结果的同时向征信中心报送更正信息。

7. 异议信息更正

异议信息得到更正的,中国人民银行分支机构或征信中心应告知企业法定代表人或经办人更正结果。异议信息确实有误但因技术原因暂时无法更正的,中国人民银行分支机构或征信中心应在异议核查结果中予以说明。异议信息核查及更正处理结束后,中国人民银行分支机构或征信中心应取消对异议信息的标注。

8. 处理结果反馈

中国人民银行分支机构或征信中心应当在自接收异议信息之日起 20 日内,向企业法定代表人或经办人提供"企业征信异议回复函"。

9. 信息主体声明

异议处理结束后,企业仍需要对异议信息进行说明的,可以向中国人民银行分支机构或征信中心提出添加信息主体声明的申请。企业法定代表人申请添加信息主体声明,应填写"信息主体声明申请表",并提供企业法定代表人身份证件原件、其他证件原件、"企业征信异议回复函"供查验,并留企业法定代表人身份证件复印件、其他证件复印件和"企业征信异议回复函"复印件备查。企业法定代表人委托经办人提出信息主体声明的,应提供经办人身份证件原件、"企业法定代表人授权委托证明书"原件、其他证件原件、"企业征信异议回复函"供查验,并留经办人身份证件复印件、"企业法定代表人授权委托证明书"原件、其他证件复印件和"企业征信异议回复函"复印件备查。

中国人民银行分支机构或征信中心对接收的信息主体声明申请相关材料进行齐备性审查。企业法定代表人或经办人无法提供有效身份证件或相关申请材料不全的,不予接收,并告知不予接收的原因。接收信息主体声明申请的中国人民银行分支机构或征信中心在收到申请材料的 5 日内通过企业征信异议处理子系统登记信息主体声明内容。征信中心应在接到信息主体声明申请之日起 5 日内核实信息主体声明。对于符合要求的,予以添加;对于不符合要求的,予以退回。

(二) 个人征信异议处理

1. 申请资料

个人认为信用报告中的信息存在错误、遗漏的,可以亲自或委托代理人向所在地的中国人民银行分支行机构或直接向中国人民银行征信中心提出异议申请。个人提出异议申请时应提供以下材料:本人有效身份证件的原件及复印件,并留存有效身份证件复印件备查。同时如实填写"个人信用报告异议申请表",并留存"个人信用报告本人查询申请表"原件备查。

委托他人代理提出异议申请的,代理人应提供委托人和代理人的有效身份证件原件、授权委托公证证明原件、"授权委托书"原件供查验,同时填写"个人信用报告异议申请表",并留委托人和代理人的有效身份证件复印件、授权委托公证证明原件、"授权委托书"原件备查。

2. 资料审查

中国人民银行分支机构或征信中心将对接收的异议申请相关材料进行齐备性审查。如个人或代理人无法提供有效身份证件或相关申请材料不全的,将不予接收,需提交完整材料。所在地的中国人民银行分支机构或征信中心接收异议申请后,会向个人或代理人说明异议处理的程序、时限、对处理结果有争议时可以采取的救济手段。

金融企业受理涉及本行的异议申请后,认为需要征信中心核查的,应及时在个人征信查询及异议处理子系统登记异议内容,发送至征信中心。

3. 受理及核查

中国人民银行分支行机构在收到个人异议申请的 2 个工作日内将异议申请转交征信服务

中心。征信服务中心在接到异议申请的2个工作日内进行内部核查。

征信服务中心如发现异议信息是由于个人信用数据库信息处理过程造成的，将立即进行更正，并检查数据库处理程序和操作规程存在的问题。

征信服务中心内部核查未发现个人信用数据库处理过程存在问题的，将立即书面通知提供相关信息的商业银行进行核查。商业银行应当在接到核查通知的10个工作日内向征信服务中心做出核查情况的书面答复。异议信息确实有误的，商业银行应当采取以下措施：

（1）应当向征信服务中心报送更正信息；

（2）检查个人信用信息报送的程序；

（3）对后续报送的其他个人信用信息进行检查，发现错误的，应当重新报送。

征信服务中心收到商业银行重新报送的更正信息后，应在2个工作日内对异议信息进行更正。异议信息确实有误，但因技术原因暂时无法更正的，征信服务中心应当对该异议信息做特殊标注，以有别于其他异议信息。经过核查，无法确认异议信息存在错误的，征信服务中心不得按照异议申请人要求更改相关个人信息。

4. 异议答复

征信服务中心应当在接受异议申请后15个工作日内向异议申请人或转交异议申请的中国人民银行分支机构提供书面答复。异议信息得到更正的，征信服务中心同时提供更正后的信用报告。异议信息确实有误，但因技术原因暂时无法更正异议信息的，征信服务中心应当在书面答复中予以说明，待异议信息更正后，提供更正后的信用报告。

转交异议申请的中国人民银行分支机构应当自接到征信服务中心书面答复和更正后的信用报告之日起2个工作日内，向异议申请人转交。对于无法核实的异议信息，征信服务中心应当允许异议申请人对有关异议信息辅助个人声明。征信服务中心将妥善保存个人声明原始档案，并将个人声明载入异议人信用报告。

三、征信投诉处理

（一）投诉受理

1. 所需资料

人民银行分支机构接到投诉后，如实填写"征信投诉受理单"，记载投诉人或代理人基本情况、投诉事项、投诉要求，以及投诉人或代理人提交的证据材料名称、内容等信息，并请投诉人或代理人在"征信投诉受理单"上签字确认。

投诉人为自然人的，人民银行分支机构应当登记其有效身份证件；投诉人为法人或其他组织的，登记有效的机构设立文件、经办人身份证件，留存介绍信。

投诉人委托代理人进行投诉的，人民银行分支机构还应当登记代理人的有效身份证件（或有效机构设立文件），留存授权委托书。

2. 投诉方式

投诉人可携带材料到国务院征信业监督管理部门派出机构（即中国人民银行分支机构）进行现场投诉；如投诉人因客观原因无法到现场提交材料并签字确认的，也可以通过传真、书信、电子邮件等形式提出投诉并提交附带本人签名的相关材料。

3. 受理情况

人民银行分支机构收到投诉后,应当采取有效方式确认投诉人身份,认为投诉人或代理人提交的投诉材料不完整的,应当一次性告知投诉人或代理人补正。

人民银行分支机构接到投诉后,能够当场答复是否予以受理的,应当当场答复;不能当场答复的,应当于接到投诉之日起5日内,做出是否受理的决定,并告知投诉人或代理人。

4. 不予受理情形

对于决定不予受理的投诉申请,还应当明确告知不予受理的理由。投诉有以下情形之一的,人民银行分支机构不予受理:

(1) 无明确的投诉对象;
(2) 无具体的投诉事项和理由;
(3) 人民银行相关分支机构已就投诉事项进行过核实处理,无新情况、新理由;
(4) 投诉事项已通过司法等途径受理或处理。

投诉人所在地与被投诉机构所在地不一致的处理。投诉人所在地与被投诉机构所在地不一致的,投诉人可以向任一人民银行分支机构投诉。接到投诉的人民银行分支机构应当与相关人民银行分支机构协商处理该投诉。

(二) 投诉的取证与核查

人民银行分支机构应当在做出投诉受理决定之日起5日内,将"征信投诉受理单"及相关材料副本转送被投诉机构。

被投诉机构应当在收到"征信投诉受理单"之日起10日内就投诉事项的实际情况和发生原因向人民银行分支机构做出书面说明,并提供相关证明材料。

人民银行分支机构认为被投诉机构提交的相关材料不能充分证明投诉事项是否存在以及理由、原因不清的,可以要求被投诉机构在3日内补充材料。被投诉机构拒不提供相关材料或提供虚假材料的,人民银行分支机构可以依法进入被投诉机构进行调查。

人民银行分支机构认为投诉人和被投诉机构双方提交的证据材料不一致、需要进一步查明具体情况的,可以组织人员向投诉人、被投诉机构调查情况,听取意见。调查情况时,调查人员不少于两人,并向投诉人、被投诉机构出示工作证件,制作调查笔录。

(三) 投诉的处理

1. 处理结果

人民银行分支机构应当在投诉受理之日起30日内做出处理决定,并及时送达投诉人和被投诉机构。处理决定应当载明投诉人信息、投诉事项、投诉要求和处理意见等内容。被投诉机构对投诉处理结果无异议的,应当在收到处理决定之日起10日内按照处理意见进行整改,并将整改情况向人民银行分支机构报告。被投诉机构未按照要求整改的,人民银行分支机构可以依据《征信业管理条例》给予处罚。

2. 复议情形

投诉人、被投诉机构对投诉处理结果持有异议的,可以向做出投诉处理决定的人民银行分支机构上一级机构申请复议。

3. 和解情形

被投诉机构与投诉人达成和解协议,投诉人撤销投诉的,人民银行分支机构可以终止投诉处理。

人民银行分支机构在投诉处理过程中发现被投诉机构有违反有关法律、法规和规章等情形的,应当依法予以处理。

第四节 信用评级

一、评级相关概念辨析

信用评级的概念有广义与狭义之分,狭义的信用评级也称资信评估、资信评级、信用评价、信用评估等,是指专业信用服务机构对影响经济主体或者债务融资工具的信用风险因素进行分析,就其偿债能力和偿债意愿做出综合评价,并通过预先定义的信用等级符号进行表示。通常适用于资本市场和信贷市场对融资主体和债项信用评级。

广义的信用评级还包括客户信用评级、社会信用评价、企业综合信用等级评价。客户信用评级可作客户信用评估,简单而言是指企业对其自身的客户进行的评级,是企业通过对客户的信用记录、经营水平、财务状况、所处外部环境等诸多因素进行分析和研究之后,就其信用能力做出综合评价,并用简单明了的符号表达出来,作为企业进行决策的参考。企业自身对客户信用状况的评估,区别于信用中介评估机构的评估,具有时效性、简洁性和综合性等特点。

社会信用评价是指基于公共信用信息服务平台归集的公共信用信息,根据信用主体的不同特征,对信用主体的信用状况做出的综合评价,该结果主要应用于政府的社会治理。

企业综合信用等级评价,是指专业信用服务机构依据企业综合信用等级评价标准和业务规范,全面、准确、客观地采集、调查、核实企业的信用信息,多维度综合分析评定企业信用等级的活动。

企业综合信用等级评价不适用于以预判企业(或项目)偿债能力和风险为主要目的的资本市场和信贷市场对融资主体和债项信用评级,也不适用于各行业主管部门依据本部门掌握的行业信用信息开展的行业内部信用评价。

企业综合信用等级评价与企业信用评级主要区别如下。

(一) 评价目的不同

企业综合信用等级评价是企业整体信用状况的综合反映,是各级政府部门建立信用奖惩联动机制、实施信用联合监管和优化公共资源配置的重要参考。企业信用评级是对企业偿债能力和偿债意愿做出综合评价,并通过预先定义的信用等级符号进行表示。

(二) 结果不同

企业综合信用等级评价出具的是企业信用报告,而企业信用评级出具的是企业信用评级报告。

(三) 评估方式不同

企业信用报告又称企业征信报告、企业信用调查报告,是征信产品的一种。报告内容以列举能够判断企业履行合约、偿还债务的能力和意愿的信用信息为主,报告撰写者对信息进行明确的分析,并给出一定的商业交易参考建议。企业信用评估报告在对评估对象信用信息穷尽性收集的基础上,由信用分析师对其信用等级进行判断并给出对应的信用等级(如 AAA、AA、A、BBB 等),在一定周期内判断评估对象的综合风险水平。

二、评级业务流程

(一)前期准备阶段

1. 提出申请

受评客户向评级公司提出信用评级申请,双方签订《信用评级协议书》。协议书内容主要包括签约双方名称、评估对象、评估目的、双方权利和义务、出具评级报告时间、评估收费、签约时间等。

2. 成立评级小组

评级公司指派项目评级小组,并制定项目评级方案。评估小组一般由3~6人组成,其成员应是熟悉受评客户所属行业情况及评级对象业务的专家组成,小组负责人由具有项目经理以上职务的高级职员担任。项目评级方案应对评级工作内容、工作进度安排和评级人员分工等做出规定。

3. 索取评级资料

评级小组应向受评客户发出"评级调查资料清单",要求受评客户在较短时间内把评估调查所需资料准备齐全。评级调查资料主要包括评级客户章程、协议、营业执照、近三年财务报表及审计报告、近三年工作总结、远景规划、近三年统计报表、董事会记录、其他评级有关资料等。同时,评级小组要做好客户情况的前期研究。

(二)信息搜集与处理阶段

1. 信息搜集

评估小组去现场调查研究,先要对评估客户提供的资料进行阅读分析,围绕信用评级指标体系的要求,哪些已经齐备,还缺哪些资料和情况,需要进一步调查了解。就主要问题同评估客户有关职能部门领导进行交谈,或者召开座谈会,倾听大家意见,务必把评估内容有关情况搞清楚。

2. 信息处理

对收集的资料按照保密与非保密进行分类,并编号建档保管,保密资料由专人管理,不得任意传阅。根据信用评级标准,对评估资料进行分析、归纳和整理,并按规定格式填写信用评级工作底稿。对定量分析资料要关注是否经过注册会计师事务所审计,然后上机进行数据处理。

(三)评级阶段

1. 初步评定

评级小组根据信用评级标准的要求,对定性分析资料和定量分析资料结合起来,加以综合评价和判断,形成小组统一意见,提出评级初步结果。评级小组撰写《信用评级分析报告》,并向有关专家咨询。

2. 确定等级

评级小组向公司评级委员会提交《信用评级分析报告》,评级委员会开会审定。评级委员会在审查时,要听取评估小组详细汇报情况并审阅评估分析依据,最后以投票方式进行表决,确定资信等级,并形成《信用评级报告》。

3. 结果反馈

评级公司向受评客户发出《信用评级报告》和《信用评级分析报告》,征求意见,评估客户在接到报告后应于5日内提出意见。如无意见,评估结果以此为准。评估客户如有意见,提出复评要求,提供复评理由,并附上必要资料。公司评级委员会审核后给予复评,复评以一次为限,复评结果即为最终结果。

4. 公布等级

受评客户要求在报刊上公布资信等级,可与评级公司签订《委托协议》,由评级公司以《资信等级公告》形式在报刊上刊登。受评客户如不要求在报刊上公布资信等级,评级公司不予公布。但如果评级公司自己办有信用评级报刊,则不论评级客户同意与否,均应如实报道。

(四) 跟踪评级阶段

在资信等级有限期内(企业评级一般为2年,债券评级按债券期限),评级公司要负责对其资信状况跟踪监测,受评客户应按要求提供有关资料。如果受评客户资信状况超出一定范围(资信等级提高或降级),评级公司将按跟踪评级程序更改受评客户的资信等级,并在有关报刊上披露,原资信等级自动失效。跟踪评级结果包括"升级等级""正面""稳定""不确定""负面""降级等级""取消评级""列入评级观察"。

三、指标及权重的确定

(一) 评级的指标

评级的指标即体现信用评级要素的具体项目,一般以指标表示。指标的选择,必须以能充分体现评级的内容为条件。通过几项主要指标的衡量,就能把企业资信的某一方面情况充分揭示出来。例如,企业的盈利能力,可以通过销售利润率、资本金利润率和成本费用利润率等指标加以体现;企业的营运能力可以通过存货周转率、应收账款周转率和营业资产周转率等指标加以体现。

(二) 指标权重的确定

指标的权重是指该指标在评级指标体系中各项指标的相对的重要程度,是被评价对象的不同侧面的重要程度的定量分配,即确定权重系数。信用评级的各项指标在信用评级指标体系中不可能等同看待,有些指标占有重要地位,对企业信用等级起到决定性作用,其权重系数就应大一些;有些指标的作用可能小一些,其权重系数就相对要小。

权重系数是对目标值起权衡作用的数值。权重系数可分为主观权重系数和客观权重系数。主观权重系数(又称经验权数)是指人们对分析对象的各个因素,按其重要程度,依照经验,主观确定的系数,如专家调查法(Delphi)、层次分析法(AHP)和专家评分法。客观权重系数是指经过对实际发生的资料进行整理、计算和分析,从而得出的权重系数,如熵值法、标准离差法和多目标规划法等。其中,熵值法是一种利用熵技术根据指标反映信息可靠程度来确定权重的方法。在客观权重系数确定方法中,熵值法用得较多。

四、评级的分析框架

信用评级是一个系统性工程。一方面注重自上而下,即从宏观到行业再到企业,考虑宏观影响下的行业,以及行业影响下的企业。另一方面,也通过企业的微观主体变动归纳演绎行业走势,并通过各行业综合动态的分析,判断宏观经济走势。一般自上而上是分析的过程,自下而上更多的起到验证作用,如图5-8所示。

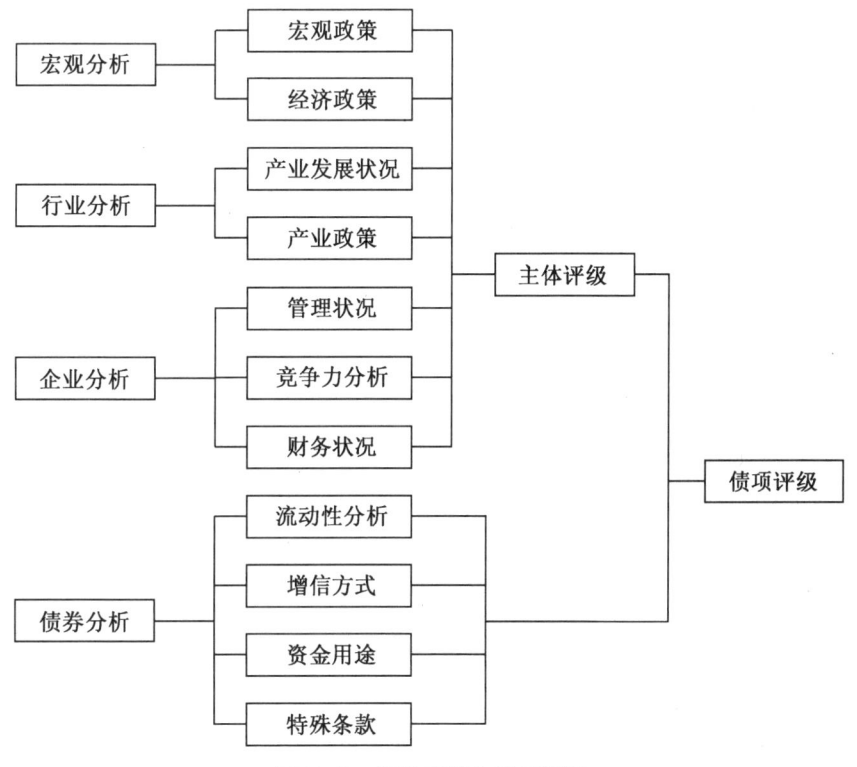

图5-8 信用评级分析框架图

(一) 在宏观影响下分析行业的运行状况和变动趋势

在宏观影响下分析行业的运行状况和变动趋势。一般业内比较推崇使用波特五力模型的分析框架,即供应方的议价能力、买方的议价能力、替代品的威胁、新进入者的威胁和内部竞争,通过数据验证分析的结论,同时考虑行业政策等外部因素的影响。在分析时一定要深入下去,并考虑不同行业之间的逻辑关系。比如,以分析水泥需求为例,水泥需求主要以房地产和基建为主。房地产方面,需要判断在经历了2013年调控、2014年放松、2015年回暖之后,房地产投资未来的趋势如何。基建与政府行为密切相关,需关注政府增加基建投资以期对宏观的拉动,铁道总公司对铁道投资风向的变动,高速公路和水利建设的步伐等。还应进一步深入下去,分析中国房地产市场的真实需求、中西部基础设施的投资缺口、铁路和公路运力结构,以判断房地产和基建的长期走势,进而预测水泥需求。经验表明,关注中观更有助于识别信用风险。一些行业在风险尚未暴露时期,多数企业的财务报表仍表现得差强人意,并无明显纰漏之处,但通过中观分析,其行业产能过剩十分严重,外围需求又十分薄弱,下游依靠补贴难以持续,就应将其归入高度关注类行业,谨慎对待从业企业。

(二)在行业的背景下分析企业

1. 影响企业最重要的因素就是规模

一般而言,规模大则具有较强的抗风险能力,在行业竞争中更易于居于主导地位,议价能力更强;通过规模优势能够降低成本,且更有实力去改进生产线和投入研发。虽然不能说"太大而不能倒闭",规模确实能够在一定程度上增加信用安全性。

2. 关注业务、产品、区域的多元化

一般具有多产品线,有助于增加抗风险能力。比如我们认为食品饮料或医药企业有丰富的产品线及多地生产的工厂,好过只在一地生产一种拳头产品。但也不是一概而论,若一个原本从事高附加值业务的公司,新进入一个不熟悉的低附加值的领域,将起到负面而不是正面作用。例如,盐湖钾肥开始投资盐化工和氯碱化工,纺织企业的离心多元化,各类企业搞"互联网+",一般而言均较为谨慎。

3. 综合竞争能力

综合竞争能力即该公司强于竞争对手的关键点,包括技术、管理、资源等多个方面,这些核心竞争力是否是可持续的,是否是别的企业学不走的。这是一个很大的课题,需要综合考虑很多方面,仔细比较同类公司,需要从供给、需求、生产、政策等多方面进行权衡。同时也要考虑附加因素,如融资能力、财务弹性、股东支持等,作为综合考虑企业综合竞争能力的因素。

4. 财务状况分析

财务状况分析是了解企业经营状况的最直接有效的手段。通过较为细致的财务分析,可以找到大量有关企业基本经营的数据和信息,这有助于我们更加深入地了解企业的经营状况,包括企业的经营范围、提供产品的多样化程度、企业客户的多样化程度等,从而判断企业的资信水平。

例如,通过分析企业销售收入中产品的类型分布以及各种产品在销售收入中所占的比例,可以判断出企业经营对某种产品的依赖程度;通过分析销售收入中客户的分布情况以及所占比例,可以了解企业客户的地域集中度及数量集中度;通过分析企业应收账款和原材料的变动情况,可以了解企业在经营中与客户及供货商的讨价还价能力。

由于信用评级本身是一个排序的结果,如果没有比较,就很难给受评对象一个恰当的级别,所以在进行财务分析时一定要与其他的数据相对比。比较的时候,应该同时运用横向和纵向的方法,对企业偿债能力、盈利能力、经营能力、发展能力做出相应的评价。

5. 增级方式

在主体信用级别确定之后,要考虑该债券品种所设计的增级条款的效果。增级共分为几种,保证人担保、不动产抵押、有价证券质押、股权质押等。分析增级条款的效果,一要确定该项担保是在法律上无瑕疵的担保,即一般所说的对债权的"无条件不可撤销连带责任保证担保",需要有规范的担保合同;二要确定用来抵押、质押物的价值的合理性、可操作性。

五、债项评级

债项评级是指评级机构对发行人发行的债务工具或其他金融产品的评级,评定的是该债务工具或金融产品违约的可能性及违约损失的严重性。债项评级是评级机构传统业务,对于评级机构的经营有着重要的影响,它包括对债券、融资券、商业票据、保险单等信用工具的评级。

目前债券市场上主要有三类债券,政府债券、可转债和信用债。信用债是指政府之外的主体发行的、约定了确定的本息偿付现金流的债券,包括企业债、公司债、短期融资券、中期票据、分离交易可转债、资产支持证券、次级债等品种。本节所述的债项评级仅是针对信用债的评级。

(一) 债券信用分析框架

债项评级是对发行人所发行的债券的违约可能性及违约损失的严重性进行评估,而债券的偿还主要由两个方面来进行保障:一是发债主体,二是债权保护措施。因此,评级的分析框架一般也从这两个方面入手。

1. 发债主体的偿债能力评价

发债主体的偿债能力评价类似于主体评级,主要取决于它在未来是否能够获得足够的现金流量以偿还到期的债务。当然,这种能力和发债主体所处行业、在行业中的地位、竞争实力、经营管理水平、未来发展等许多方面的情况有关。发债主体产生偿还债务现金流量的数量可以从发债主体未来的现金流入和现金支出两个方面来加以分析。

2. 债权保护

所谓债权保护,主要是指针对本期债券的偿还所采取的专门保障措施,一般有第三方担保(其他企业的担保、政府的担保、集团的担保)、资产抵押与质押、有效监督下建立专门的偿债基金、限制企业投资与分红的专门规定等。一般来说,债权的保护措施越充分,则债券到期偿还的保障程度越高,风险越小。

由此可见,债项评级主要依赖发债主体自身的主体信用状况和针对该债项的具体保护措施,而发债主体本身的信用状况受很多因素的影响,其重点是发债主体的净现金流量,债项保护措施主要取决于保护措施对该笔债券的具体保障程度。

(二) 债券信用分析内容

1. 短期债券信用分析内容

总体来讲,短期债券的信用分析建立在发债主体信用分析的基础之上,侧重分析发债主体的短期信用状况,同时结合本期限债券的特有情况进行评价,以判断债券短期的信用级别。短期债券信用分析内容包括:

(1) 发债主体的信用状况。

短期债券的级别在一定程度上取决于发债主体的信用状况,因此,评级机构要对发债主体的长期信用状况进行全面、深入的分析。同时还要特别关注发债主体的短期信用状况及其变化的可能性。

由于短期债券需要发债主体在未来一年之内支付,对发债主体短期资金状况要求很高,所

以分析发债主体短期信用状况是短期债券分析的重点,一般包括以下几个方面的评价:

① 资产的流动性。

对发债主体的资产流动性分析,主要是考察发债主体将资产迅速变现成现金的能力。首先要分析发债主体的流动资产占总资产的比重及发展趋势;其次,重点分析发债主体近三年现金类资产(货币资金+应收票据+短期投资)、应收账款、存货、其他应收款等科目,可以从总量、构成、增长率、质量(准备提取等)及流动性(特征或期限分布、周转等)等方面进行比较与分析。一般来说,发债主体流动资产占比越高,现金类资产数量越大,应收科目款周转越快,客户信用质量越好,发债主体的资产流动性就越好。

② 现金流。

对发债主体的现金流分析主要是分析发债主体在过去几年内的现金流动状况及其稳定性,从而判断在短期债券存续期内企业现金流。对发债主体过去现金流的分析主要分析发债主体近三年经营活动、投资活动、筹资活动产生的现金流,包括流入与流出、净额及其构成、稳定性和变化趋势,并对相关原因进行探讨。分析时要透过财务数字,重点研究引起这种变化的内在原因,判断这些内在原因是否会在未来一段时间内持续存在,进而为判断发债主体未来现金流的预测提供依据。

③ 企业短期偿债能力综合判断。

在分析完发债主体资产流动性和现金流状况之后,结合一些基础指标的分析,可以对企业的短期偿债能力进行综合判断。首先,结合发债主体近三年公司流动负债、短期债务变化趋势,流动比率、速动比率的变化趋势,判断发债主体靠自身流动资产中可变现资产支付短期债务的能力的强弱。其次,依据前面现金流分析和预测,分析发债主体近三年经营现金流负债比率及其稳定性与变化趋势,判断发债主体依靠未来一年的经营活动产生的现金流支付短期债务能力的强弱。

(2) 债券发行概况及资金用途分析。

评级人员主要是研究本期债券的基本情况,一般包括本期债券的发行方案、本期债券募集的资金用途、短期债券发行历史及其兑付情况。该部分分析的重点是发债主体发行短期债券的真实目的。

一般来说,企业如果短期内有较大的项目投资计划,企业将短期融资券融入的资金用于长期投资的可能性会比较大,这个时候分析资金用途时要特别谨慎;另外,很多发债主体存在利用一个主体发债,然后通过内部资金调用将资金转移使用的情况,这个时候也要谨慎。

(3) 本期短期债券的偿债情况分析。

① 本期短期债券发行后对企业现有债务的影响。

一是分析本期短期债券发行额占现有短期债务的比例,判断发债主体发行该笔短期债券对现有债务结构可能产生的冲击;二是分析短期债券发行后,公司的负债水平(资产负债率、全部债务资本化比率等)的变化情况,判断该笔债券发行后对企业债务负担的影响程度;三是分析该笔债券的发行对公司再融资空间的影响。

② 发债主体目前财务实力对本期短期债券的保障能力。

发债主体自身主要依靠当前的流动资产变现或者未来一年内经营性现金净流来偿还短期债务,所以应研究发债主体目前财务实力对短期债券的保障能力。一是分析发债主体现金类资产对短期债券的保障程度,一般来说企业现金类资产越多,对短期债券的保障倍数越高,短期债券偿还的可靠性越高;二是分析发债主体未来经营活动现金流对短期债券的保障能力,主要分析短期债券偿还期内经营活动现金流入偿债倍数、短期债券偿还期内经营活动现金流量净额偿债倍数、短期债券偿还期内筹资活动前现金流量净额偿债倍数等;三是分析发债主体未来债务期限分布及对短期债券偿还安排的影响;四是分析季节性现金流变动对短期债券偿还安排的影响等。

③ 备用潜力支持对短期债券偿还能力的影响。

发债主体一般处于一定的运营环境之中,本身也处于不断发展变化之中,发债主体可以获得的信用支持,也对企业债券的偿还能力有着重大影响,因此,对发债主体备用信用支持的分析也是判断短期债券偿还能力的重要组成部分。对于备用信用的支持重点要分析以下几个方面:一是分析发债主体资本市场再融资便利程度,包括资本市场融资(如短期债券、长期债券等债券融资;上市、增发、配股、增资、扩股等股权融资)的历史、计划及其可能性。二是分析银行备用信用支持的强弱,包括银行授信情况(授信银行合同使用情况、剩余授信额度及使用条件、可用作短期债券备用信用支持的剩余授信额度等)和银行对本期债券所出的特别信用支持等。三是分析突发事件承受能力,包括规模实力、管理层素质能力、事件的可预测性和股东、行业或政府支持等。

2. 长期债券信用分析内容

长期债券信用分析是在发债主体长期信用分析的基础上进行,此外还包括债券概况、债券筹资项目分析、企业债券发行后可能对主体信用等级带来的影响及债券保护条款分析等方面。

(1) 发债主体长期信用评价。

发债主体的长期信用分析类似于发债主体的主体评级,主要涉及产业分析、行业的发展状况分析、发债主体的基础素质分析、竞争能力分析、经营状况分析、管理状况分析、财务分析与未来发展等相关内容。

① 产业分析主要研究发债主体所在的产业在经济中具有的地位,对国民经济的重要性如何,是国家鼓励或支持发展的行业、一般性行业,还是限制发展的行业,借以评价国家可能采取的产业政策。

② 行业的发展状况分析主要考察该行业进入门槛的高低、难易程度与主要障碍,行业内企业的数量是处于稳定发展的,还是波动很大,行业内的竞争程度如何,其他有关的行业特征如何。

③ 发债主体基础素质分析包括被评对象的法律地位、企业规模、人员素质、技术装备水平与经济地理环境等方面的内容。

④ 财务分析主要研究发债主体的盈利能力、偿债能力(包括资本结构或财务结构、财务弹性)、营运能力与清算价值等。

⑤ 财务弹性是反映发债主体偿还债务弹性程度的指标。一般来说,发债主体偿还债务有三大资金来源:一是用经营所得的资金偿还,二是出售可变现的资产,三是通过筹措外部资金偿还。最为基本的应该是发债主体通过经营活动获得的资金偿还债务。因此,评级人员重点评价的也是这一能力,如果该能力越强,表示财务弹性越好。通常可以用一些财务指标来反映财务弹性,如现金流量比率、流动比率、资本周转率、销售债权周转率等。

(2) 债券项目研究。

评级人员要对债券的概况有所了解,主要包括被评债券的名称、发债规模、债券期限和利率、债券偿还方式、债券发行目的等内容，通过对这些方面的分析可以大体上掌握本期债券的基本状况。

当然，评级人员还应深入研究本期债券筹资的项目，分析的内容包括项目的合法性、可行性、总投资概算及投资概算的调整情况、资金来源及到位情况（包括自有资金、银行贷款及其他资金等）、资金的落实计划及实际已落实情况、最新的项目进展、资金缺口及后续资金的解决途径等，还包括项目的经济效益分析、项目的风险分析、项目建成投产后对企业经营的影响。

债券发行后可能会影响发债主体的信用等级，这是因为项目建成之后会有产能的变化，从而对发债主体竞争能力、市场地位、盈利能力等带来影响。评级人员在分析时还要关注发债主体债券发行后对发债主体现有债务结构、负债水平、偿债承受能力及再融资空间的影响。

(3) 债权保护条款。

发债主体在发行债券时，为了维护债权人的利益，一般会在债券合同上制订一些特别的保护措施，被称为"债权保护条款"，如进行财务限制、债权的优先次序、"强制赎回"条款债券、建立偿债基金、废止契约、银行等提供融资便利和授信等等。

债券保护条款可以在一定程度上提升债券的信用等级，评级人员要结合具体的债券保护措施进行具体分析。

① 财务限制条款（保证条款）。

保证条款主要有以下几类：

额外借款限制。这是财务限制条款中最常见的做法，即设立负债检验条款，要求发债主体将增加的额外债务部分反映在资产负债表上并加以限制。

红利限制。这是规定对发债主体的红利支付和证券回购加以限制，以便在利润减少时，通过降低对股票持有人的分红来保护债券人的利益。

抵押限制。这类条款主要是限制发债主体把无抵押的资产办理留置或抵押但却不按债券契约条款的规定向债券持有人提供比较可靠保护的情况。

售后回租限制。售后回租是指发债主体把资产先出售给他人，然后再把出售的资产租回使用，定期交付租金。售后回租限制条款的目的是要防止发债主体这种资产出售行为，限制发债主体资产的空心化。

合并限制。一些债券的契约中还会包含有限制发债公司与其他公司合并的条款。这类保证条款一般规定，发债主体不能大量出售其拥有的财产、合并任何一家公司或与其联合，以避免合并其他公司后原债券持有人的索偿权落后于其他公司中其他债权人。

② 债权的优先次序。

债券的优先次序是指一旦发债主体无法履行债务偿还义务时，对债权人财产分配的优先顺序。不同类别的债权人，如银行贷款人、企业信用债权人和债券持有人，其索偿优先权是有差异的。因此，对于这类条款的分析也可评价债权人得到的保护程度。

③ "强制赎回"条款。

这一条款规定，一旦发债主体出现某些特殊事件或其他影响到发债主体资信等级的事件时，债券持有人可在债券到期前将债券卖还给发债主体，而发债主体不能违背契约中规定的赎回的义务。多数债券契约中规定的"强制赎回"条款的触发事件是发债主体出现的两种情况：特定事件和发债主体资信等级的逐步下降。

特定事件。在"强制赎回"条款中一般会详细规定四到五个特定的事件，如第三方收购公司普通股、董事变更、合并与联合、资产收购和股票回购和红利分配等。

资信等级的下降。"强制赎回"条款生效的另一重要条件是发债主体的资信等级被调低。由于一些市场冲击或特定事件的发生,评级机构可能会下调发债主体的信用等级,这使得债务人的偿债风险大大增强,为保护债权人的利益,该条款要求发行人赎回。

④ 债券契约废止条款。

有时发债主体想在债务到期前进行偿付,但由于债券契约对提前偿还存有限制或有惩罚条款,使得发债主体无法在到期前偿付,为此一个可行的选择是废止已发行的债券,一般可以通过建立一个具有高度流动性的金融资产所组成的信托基金来实现。

六、信用评级报告

企业信用评级报告涵盖的信息量相当丰富,一般应当至少包括概述、声明、信用评级报告正文、跟踪评级安排和附录等内容。主要从以下几个方面来阅读。

(一) 概述

信用评级报告概述部分应包括评级对象(发行人)的名称、评级对象(发行人)主要财务数据、信用等级、评级小组成员及主要负责人、联系方式和出具报告的时间。

对债券评级还应当包括被评债券的名称、发债规模、债券期限和利率、债券偿还方式、债券发行目的等内容。

主体评级如存在担保,应当说明担保情况;债券评级如存在担保,应说明担保人的信用等级及增强后的债券信用等级。

通过概述可以很直观清晰地了解企业信用等级和信用评级报告的概况。

(二) 信用评级报告正文

正文分为"评级结论"和"评级结论分析"两个部分。

评级结论一般包括评级结果及等级含义、评级观点、评级结论的主要依据、风险揭示等内容。其中评级观点是评估报告中最精要的部分,包括企业性质、主导业务及已取得的市场地位、企业在经营及财务方面的表现、企业的优势和弱势、企业所处行业概况及对企业发展前景的展望,最后得出对债券还本付息能力的评价。

评级结论分析是评级报告正文的核心内容,说明本次评级过程及评级中对各种因素的分析,主要分为企业概况、所处经济环境的评价、所处行业的分析、评级对象(发行人)公司治理结构分析、企业财务及经营状况分析、债券条款和项目分析、偿债保障能力分析、抗风险能力分析、担保和外部支持状况等几个方面。看评级报告时侧重于分析各组成部分之间的相互影响,以及对最终形成评级结论的决定能力。

(三) 评级报告附件

附件主要包括受评企业的 3 年比较资产负债表、比较利润表和比较补充财务报表、评级机构的声明、跟踪评级安排以及其他需要说明的事项。

ICS 03.080.99
A 20

中华人民共和国国家标准

GB/T 23794—2015
代替 GB/T 23794—2009

企业信用评价指标

Index of enterprise credit evaluation

2015-09-21 发布　　　　2016-01-01 实施

中华人民共和国国家质量监督检验检疫总局
中国国家标准化管理委员会　发布

企业信用评价指标

1 范围

本标准规定了企业信用评价指标体系建立的基本原则和指标内容。

本标准适用于企业开展自我信用评价,可作为第三方机构信用评价依据,其他相关评价活动也可参照使用。

2 规范性引用文件

下列文件对于本文件的应用是必不可少的。凡是注日期的引用文件,仅注日期的版本适用于本文件。凡是不注日期的引用文件,其最新版本(包括所有的修改单)适用于本文件。

GB/T 22117 信用 基本术语

3 术语和定义

GB/T 22117 界定的以及下列术语和定义适用于本文件。

3.1

企业信用评价 Enterprise Credit Evaluation

对企业履行社会承诺的意愿、能力和表现的评价活动。

4 基本原则

4.1 科学性

指标内容包括影响企业信用的主要因素,能够反映企业诚信状况。

4.2 合理性

指标之间有机配合,结构合理,避免重复和矛盾。

4.3 适用性

各项指标便于理解、采集和使用。

5 评价指标

5.1 总则

企业信用评价指标分为基本指标和专项指标。

指标选取时,可根据被评对象特征以及所掌握资源情况,在符合本标准基本原则的前提下,合理设置、调整成细化指标项。

5.2 基本指标

基本指标是开展企业信用评价的共性指标,可分为:

(1) 价值观指标:企业决策者的价值取向,是企业在经营过程中推崇的基本信念和追求的目标。

(2) 履约能力指标:企业履行承诺、实现自身价值的综合性能力。

(3) 社会责任指标:企业承担利益相关方责任和承诺兑现情况。

基本指标项名称及说明见附件 A。

5.3 专项指标

专项指标是根据企业所在行业或专业领域特点制定的个性指标。

附件 A
（规范性附件）
企业信用评价基本指标项名称及说明

企业信用评价基本指标项名称及说明见表 A.1。

表 A.1 企业信用评价基本指标项名称及说明

一级指标名称	二级指标名称	三级指标名称	指标项说明
价值观	价值理念	发展战略	一定时期内对企业发展方向、发展速度和质量、发展点及发展能力的重大选择、规划和策略（包括企业的愿景、战略目标、业务战略、职能战略等）
		领导层品质	企业领导层人员的市场行为、历史业绩和信用记录等（包括企业董事长、法定代表人、主要负责人等）
	制度规范	法人治理	股东会、董事会、监事会、经营团队职能建设情况，职责履行记录情况，股权结构情况、组织结构设置情况等
		规章制度	企业财务管理、风险管理、信用管理、危机管理、重大事项信息披露制度等规章制度建设情况
	品牌形象	品牌建设	企业在品牌建设方面的主导意愿、追求的目标和发展思路等，包括企业对品牌培育、建设、发展的规划等（可借助品牌价值等衡量）
履约能力	管理能力	诚信管理	企业建立和运行诚信管理体系情况
		人力资源管理	企业人力资源规划、招聘、培训、薪酬、绩效、员工关系等管理制度建设与实施情况
		安全管理	企业质量安全风险管理、职业健康安全管理体系建设和运行、安全生产制度建设、安全生产事故处理等情况
		质量管理	企业在标准管理、计量管理、认证管理、检验检测管理等方面的质量管理基础建设情况 企业质量管理体系建设和运行、承担产品质量责任等质量管理情况
	财务能力	偿债能力	企业用其资产偿还长期债务与短期债务的能力。短期偿债包括流动比率、速动比率和现金比率，长期偿债包括资产负债率
		盈利能力	企业资本增值能力，包括净资产效益率、主营业务利润率、总资产报酬率等
		营运能力	企业运用各项资产以赚取利润的能力。包括应收账款周转率（次）、存货周转率（次）、总资产周转率（次）
		发展能力	企业发展壮大的潜在能力，包括资本保值增值率、主营业务收入增长率、三年营业利润平均增长率等
	市场能力	技术水平	企业新工艺、新技术、新产品研发能力，专利及专有技术、科研获奖、参编国家、行业、地方技术标准情况
		市场占有率	企业的销售量（或销售额）在市场网类产品中所占的市场份额。三年市场销售平均增长率、售后服务管理

续　表

一级指标名称	二级指标名称	三级指标名称	指标项说明
社会责任	公共管理	纳税信用	企业在税务方面纳税情况
		质量检验	企业在质量监督抽查方面的检验情况
		环境保护	企业在环境、资源保护方面的情况
		安全检查	企业在安全监督部门的监管记录
		海关检查	企业进出口物资的关税缴纳记录
		案件执行	企业对司法机构或解释部门结案执行情况
	相关方履约	融资信用	企业在银行、保险、担保等各类机构融资过程中的信用记录情况
		合同履约	企业对供应商、分包商等各种经济合同条款的遵守情况
		质量承诺履约	企业在产品质量、售后服务等方面对顾客的质量承诺履约情况（可以从顾客通过企业客服、质检部门、消费者协会等渠道反馈的情况获知）
		工资及支付	企业员工工资水平及拖欠情况
		福利与社保	企业与劳动者签订劳动合同和为劳动者实施劳动保护等情况
	公益支持	公益慈善活动	企业参与社会公益活动计划、活动记录、捐助证明、社会服务投入等记录
		技术支持	企业放弃专利权，对全行业公开专利技术

ICS 03.080.99
A 20

中华人民共和国国家标准

GB/T 31870—2015

企业信用评估报告编制指南

Drafting guide for enterprise credit evaluation report

2015-09-21 发布　　　　　　　　2016-01-01 实施

中华人民共和国国家质量监督检验检疫总局
中国国家标准化管理委员会　发布

企业信用评估报告编制指南

1 范围

本标准规定了编制企业信用评估报告的基本原则和主要内容。

本标准适用于企业诚信管理状况的评价活动,其他相关评价活动也可参照使用。

2 规范性引用文件

下列文件对于本文件的应用是必不可少的。凡是注日期的引用文件,仅注日期的版本适用于本文件。凡是不注日期的引用文件,其最新版本(包括所有的修改单)适用于本文件。

GB/T 22117 信用 基本术语

3 术语和定义

GB/T 22117 界定的以及下列术语和定义适用于本文件。

3.1

企业信用评估报告 Enterprise Credit Evaluation Report

基于企业的信用信息,分析企业信用状况,判断企业信用等级,在一段时期内评估企业综合风险水平的技术文件。

4 基本原则

4.1 真实性

报告的内容应真实有效,其信息的采集、记录、整理和分析可验证。

4.2 完整性

报告内容应完整,符合本标准要求。

4.3 易读性

报告的信息表达方式和报告内容应易于阅读、理解和接受。

4.4 时效性

报告采用的信用信息应及时反映一定时间内企业的信用状况。

5 报告内容

5.1 总则

报告内容可包括企业信用信息、评估机构信息、评估方法与流程、评估要素项信息、评估结论信息和补充信息等方面。

说明评估缘由,相关方委托或主动评估。

5.2 企业信用信息

包括企业信用档案信息,企业信用风险量化指标信息等。

注1:企业信用数据项可参见 GB/T 22120。

注2:实际应用时,可考虑行业特点相关的信用信息、用于信用风险管理评价模型运行所需的量化数据和第三方验证信息等。

5.3 评估机构信息

包括评估机构名称、组织机构代码、评估资质、评估负责人及报告编制人等信息。

5.4 评估方法与流程
5.4.1 评估方法
说明采用评价指标、指标权重、计分规则与评级内容及依据等。
5.4.2 评估流程
说明成立信用评估小组、准备信用评估所需材料、实地调研、预评、初评、复评、跟踪评估等过程。

注：可参考 GB/T 22119。

5.4.3 评估数据说明
说明评估数据来源及有效性说明信息。
提供评估数据的可验证性方法。

5.5 评估要素项信息
5.5.1 总则
以企业守信意愿、履约能力和社会责任等三方面作为基本评估要素项，记录相应的评估办法，包括指标、权重和计分规则等。
评估要素项可包括但不限于这三个方面。

注：根据实际情况，可显示企业信用负面信息，明确信用风险点。

5.5.2 守信意愿
主要从企业意愿和领导者意愿两个方面，对守信意愿的稳定性、规范性、持久性进行评价，以此对企业的守信意愿做出分析。

5.5.3 履约能力
主要从资金能力、经营管理能力、经济效益和创新能力等方面对企业履约能力做出分析，具体包括：

（1）资金能力，主要从资产和负债两个方面，对资金的安全性、流动性和盈利性进行评价，以此对企业的资金情况做出分析。

（2）经营管理能力，主要从企业经营管理的现状方面，对企业经营管理情况做出分析。

（3）经济效益，主要从资金使用效益、管理效益等方面，对企业经济效益做出分析。

（4）创新能力，主要从产品创新能力、技术创新能力和管理创新能力方面，对企业创新能力做出分析。

5.5.4 社会责任
主要从企业在公共责任、相关方履约和公益支持等方面对企业社会责任履行情况进行评估。

5.6 评估结论信息
根据要素项和评估指标，对企业在一定时期内的表现进行评估后给出结果描述，包括相应的信用等级，对现有风险点的改进建议、对企业未来信用的预测与展望等。

5.7 补充信息
补充信息是企业信用评估报告的补充部分，可包括企业信用评估参照值取得的依据和其他有关企业信用评估的事宜，包括各项具体指标的计算、分析、评分表和评分汇总表等信息，还可包括对报告内容的解释和后续服务。

上海市政府部门使用信用报告指南
（2013版）

上海市征信管理办公室

第一章 总　则

为了对政府部门、具有管理公共事务职能的事业单位（以下统称使用部门）使用信用报告提供业务指引，完善信用奖惩机制，规范行政审批行为，制定本指南。

本指南所称信用报告是指信用服务机构根据使用部门社会管理和公共服务的需要，按照使用部门认可的操作规范和评价指标，在对企业或个人（以下统称被征信主体）进行信息采集、加工、整理、分析的基础上，对被征信主体的履约能力和履约意愿进行判断、分析、评价所形成的书面材料。

本指南供使用部门使用信用报告时参考。

第二章　信用报告使用条件

使用部门应当遵守法律法规和政策，根据实际情况，从自身的职能和需求出发使用信用报告：

（1）在工作中需要获取行政相对方信用信息，信息来源为外地区政府部门，通过政府内部信息共享机制无法获取或者难以便捷获取的，使用部门可以使用信用报告；

（2）在工作中需要获取行政相对方信用信息，信息来源为政府部门以外的社会领域，使用部门自主采集难以获取或者获取成本很高的，使用部门可以使用信用报告；

（3）需要核实行政相对方提供材料中信用信息的准确性、全面性时，使用部门可以通过购买服务方式，委托信用服务机构对行政相对方信用信息进行核实；

（4）对行政相对方信用状况负有后续监管职责，但实施信用后续监管所需的人力、时间成本较高，或者行政相对方有关信用信息难以获取时，使用部门可以通过购买服务方式，委托信用服务机构对行政相对方信用信息进行跟踪核实；

（5）使用部门认为有必要使用信用报告的其他情形。

第三章　信用报告使用领域

一、一般使用领域

（一）资质认定

使用部门按照法律法规对各类资质进行评测、认定和管理，包括但不限于高新技术企业资质、软件企业资质、安全生产资源、物业管理企业资源、房地产开发企业资质、动拆迁企业资质等领域。

（二）专项资金管理

使用部门根据各类专项资金管理办法评审确定财政资金支持项目，包括但不限于支持产业发展、促进科技创新、推动中小企业发展等领域。

(三) 政府采购、项目招投标

使用部门通过招投标方式确定政府采购供应商或工程项目承包商,包括但不限于政府采购、政府投资项目的建设工程招标投标、土地使用权出让办理等。

(四) 人事事务

使用部门对各类人事事务申办、人才职业(择业)流动等过程中涉及的单位和个人的人事信用信息进行评估、认定和管理,包括但不限于公务员招录用、上海市居住证办理、户籍人才引进、执业资格考试、专业技术资格评定、人才职业流动等。

(五) 福利事务

使用部门对各类社会福利和社会救助过程中涉及的个人和单位的信用信息进行评估、认定和管理,包括但不限于保障性住房申请和享受、社会救助管理等。

(六) 表彰评优

使用部门对各类主体进行打分、评比、排名并给予特定荣誉,包括但不限于对企业、个人、商品、服务、品牌等的表彰。

(七) 行政监管和社会公共管理

使用部门根据法定职责,对各类行政相对人进行监管以及其他社会公共管理活动,包括但不限于日常监管、监督检查、后续抽查等活动。

二、扩展使用领域

使用部门根据实际需要,可对信用报告的使用范围进行特定扩展。

第四章 信用报告的功能、内容和效力

一、信用报告主要功能

(一) 反映被征信主体的信用状况

信用报告通过政府、市场、行业、社会等多种信息采集渠道,全方位调查和反映被征信主体过去和当前的信用状况。

(二) 预测、规避履约风险

信用报告能够对被征信主体履约意愿和履约能力进行横向和纵向的比对分析,评估违约风险,预测被征信主体未来的信用状况。

二、信用报告主要内容

(一) 个人信用报告

(1) 身份信息：被征信个人的姓名、性别、年龄、工作单位、联系地址等用以识别个人身份的信息；

(2) 银行信用：和被征信个人的信用卡交易和贷款有关的记录，通过个人负债历史判断未来偿还能力和偿还意愿；

(3) 非银行信用：被征信个人与商业机构发生赊购关系而形成的信息；被征信个人在公用事业服务单位的缴费与欠费信息；

(4) 公共记录信息：行政机关、司法机关、依法行使行政权的组织在行使职权过程中形成的与被征信个人信用相关的公共记录，包括根据国家和本市有关规定将企业失信信息与企业主要负责人和失信行为直接责任人个人信用记录相关联而形成的公共记录；

(5) 查询记录：被征信个人的信用报告在最近6个月内所有被查询的记录的汇总；

(6) 异议信息：被征信个人对信用报告所反映的内容有异议时，可以通过添加声明的方式在信用报告中予以反映。使用部门根据实际需要，可以与提供个人信用报告的信用服务机构达成定制信用报告协议，对上述报告内容进行缩减、修改、扩展或调整顺序。

(二) 企业信用报告

1. 基本信息

(1) 企业注册资料：企业在工商行政管理部门的登记信息。

(2) 组织机构代码信息：质监部门颁发的企业组织机构代码证信息。

(3) 股权结构信息：被征信企业的股本结构状况。

(4) 主要股东背景：被征信企业股东情况和实力。

(5) 附属机构和关联企业：被征信企业的附属机构和关联企业。

(6) 管理层及员工信息：企业主要管理人员的背景和从业经历；员工数量和素质。

(7) 历史沿革：对被征信企业历史重要事件的回顾。

(8) 其他基本信息：被征信企业的开户银行和账号信息、办公设施、联系方式等。

2. 资质信息

包括被征信企业获得的各种行政许可和业务资质。

3. 经营信息

(1) 主营业务与所属行业：被征信企业的产品或服务种类，所属的行业分类，以及各类业务在企业所有业务中的地位。(2) 采购情况：被征信企业采购的主要产品和服务、主要的供应商及支付方式，采购频率等。(3) 销售情况：被征信企业主要产品和服务的销售区域，销售方式及渠道，主要的客户群及重要客户等。(4) 交易方评价：被征信企业的交易方对其的评价，以及在市场和行业中的普遍口碑。(5) 其他经营信息：包括进出口情况、行业背景、行业对比分析等。

4. 财务信息

(1) 财务资料：包括被征信企业的资产负债表、损益表和现金流量表等资料以及主要财务比率。

(2) 财务说明：

主要针对财务数据中的异常数字进行解释。

(3) 其他财务信息：

包括引用权威机构的行业财务指标、行业财务指标对比、财务指标的行业排名和区域排名等。(如数据来源为信用服务机构自身数据库,需注明样本数量。)

5. 知识产权信息

包括被征信企业持有商标、专利和著作权等知识产权的情况。

6. 公共记录信息

(1) 司法记录：被征信企业的历史诉讼时间及结果、当前诉讼情况等信息。

(2) 行政记录。主要包括：

① 纳税记录。

被征信企业的纳税情况,以及是否受税务机关的表彰或处罚等信息。

② 工商处罚记录。

被征信企业是否因违反有关法律法规,受到工商管理机关处罚的信息。

③ 质量监督记录。

被征信企业的产品或服务的质量表现,是否受质量管理部门的表彰或处罚等。

④ 其他行政记录。

其他与被征信企业信用相关的行政记录,包括各种行业部门监管记录、政府部门授予的荣誉信息、海关监管信息、价格监管信息、外汇监管信息、其他承担行政管理职能的机构组织、社团组织等方面记录的企业信用信息。

(3) 其他公共记录信息：

包括社会组织授予的荣誉信息、银行信用等级以及媒体、电子交易平台等主体记录的关于企业的正面和负面信息。

7. 重要事项

对被征信企业信用有重要影响的事件,包括管理架构或重要负责人的调整、发展方向或经营战略的变化和其他有重大影响的事件。

8. 评价与综述

(1) 报告摘要。

对被征信企业规模、性质、历史、经营绩效、主营业务等方面重要信息的简要概括,便于快速了解企业的信用状况。

(2) 信用评价。

对企业规模、企业盈利能力、营运能力、偿债能力、发展能力、信用表现、信用等级的评价,可通过文字综述、信用评分或信用等级等形式表现,使用等级符号表示的需要提供等级符号释义。由多家信用服务机构分别提出信用报告的,建议使用部门事先统一等级符号形式及释义。

(3) 信用报告有效期。

信用报告有效的时间期限,一般不超过1年。

使用部门根据实际需要,可以与提供企业信用报告的信用服务机构达成定制信用报告协议,对上述报告内容进行缩减、修改、扩展或调整顺序。

三、信用报告的效力

一般情况下,信用报告仅供使用部门参考。如使用部门对信用报告效力有特殊要求,可与信用服务机构协商达成特别约定。

第五章 信用报告使用流程

一、一般流程

(一)使用部门确定信用报告需求和标准

使用部门应当事先明确使用信用报告的目的和要求,确定使用信用报告的程序规则、信用服务机构委托和定价模式、信用报告标准以及投诉渠道等内容。

使用部门可以参考本指南确定上述规则和标准。

(二)使用部门公告

使用部门根据《中华人民共和国政府信息公开条例》《上海市政府信息公开规定》向社会公布告知信用报告使用的制度安排,并可根据实际情况,公布使用信用报告的程序规则、信用服务机构准入条件、委托和定价方式、信用报告标准以及投诉渠道等内容。

(三)选择信用服务机构

使用部门采用公开、公正的方式对信用服务机构进行选择。依法设立并经相关监管机构许可或备案的信用服务机构均属可选择范围。

为了保证信用报告质量,使用部门应当通过组织公开招投标、评测信用报告质量、设定机构入围条件等方式,对信用服务机构进行遴选。

(四)委托信用服务机构

信用报告的委托方可以是使用部门、被征信主体等,具体采取何种委托方式由使用部门确定。信用服务机构与委托方签定委托合同时,应确定调查程序、期限以及服务费用,其中付费方按照"谁委托、谁付费"的原则确定。

委托方对信用报告有其他要求应当在此阶段提出,并与信用服务机构达成协议。

(五)信用报告定价

使用部门作为委托方的,信用报告定价可以采取以下两种方式:

1. 采取公开招投标或者设定机构入围条件等方式选择信用服务机构的,使用部门可以与信用服务机构协商确定信用报告价格或者项目费用总额;

2. 在试点活动中使用部门采取项目总包的方式委托一家信用服务机构的,使用部门可以与信用服务机构商定项目费用总额,不确定单个报告价格;

被征信主体作为委托方的,使用部门可以不明确信用报告价格,只规定信用报告的内容和质量。对信用报告有统一定价的,建议报物价部门核准。

(六) 信用报告制作

信用服务机构通过对被征信主体信用信息的采集、加工、分析、评审等,在使用部门要求的期限内出具信用报告。

(七) 异议处理

使用部门或被征信主体对信用报告有异议的,可向信用服务机构提出复评要求并提供补充资料,信用服务机构收齐补充资料后,应当在使用部门要求的期限内提交新的信用报告,作为最终结果。

(八) 信用报告使用

信用报告仅供使用部门使用。为拓展信息报告使用范围,经原使用部门同意,其他使用部门可以根据需要参考使用。

(九) 信用报告归档

信用报告由委托方负责归档。

(十) 信用报告公示

使用部门可以根据工作需要,将信用报告全文或部分报告内容通过媒体、网站等渠道向社会公示。

(十一) 投诉受理

使用部门可以根据工作需要,在本部门使用范围内受理对信用服务机构的投诉,并告知市征信办。

二、信用报告质量后评估

使用部门在使用信用报告之后,可以单独或者会同市征信办评估信用报告质量和信用服务机构服务水平。

信用报告质量后评估可以通过使用部门自评、组织行业专家评审和信用服务机构互评等方式进行。评估结果可以作为使用部门继续使用信用报告时遴选信用服务机构的依据之一。

三、特别流程

使用部门根据实际需要,可设定使用信用报告的特别流程。

附件:企业信用报告范本一
  企业信用报告范本二

附件

　　以下范本为企业信用报告的参考模版，实际信用报告内容和格式由委托方与信用服务机构协议确定。鼓励信用服务机构在满足委托方要求的基础上拓宽信息来源，增加分析深度，提供特色服务。

企业信用报告范本一

（征信报告）

企业名称

委托时间
报告类型
委托类型
完成时间
信用服务机构声明

报告摘要

基本信息

企业名称
企业地址
电话
传真
网址
邮政编码

注册资料
成立时间：
注册地址：
邮政编码：
注册机关
法定代表人　_____
工商注册号
企业性质
注册资本
法定经营范围
经营期限　_____

注册变化情况

变更日期	变更项目	变更前	变更后

股东及股份

股东	出资额	份额(%)

合计

股东	出资方式	到位率(%)

主要股东背景

名称
地址
电话
传真
网址
主营业务
营业收入
其他重要信息

姓名
身份证号

历史沿革

主要管理人员

姓名
职务
性别
出生日期
身份证号
教育背景

工作经历

附属机构

名称

地址

网址

主营业务

营业收入

目标公司份额

开户银行

开户银行

人民币账号

外币账号

员工数量

员工总数

本部人员

办公设施

地理位置

面积

产权性质

交通状况

资质信息

经营信息

主要业务

主营业务

行业分类

产品与服务

采购情况

主要采购商品

主要供应商数

主要供应商

主要付款条件

销售情况

国内销售

国内销售区域

国内客户
主要销售条件

国际销售
国际销售区域
出口总额
国际销售条件

进出口情况
进出口权
交易方评价
供应商名称
主要供应商品
被访问者姓名
被访问者职务
被访问者电话
被访问者评价
被访问时间

知识产权情况

商标总数
注册号
注册时间
商标图案
专利类型
专利数量

公共记录信息

司法记录
行政记录
其他公共记录

财务信息

资产负债表

损益表
现金流量表
财务说明

信用评价

信用等级及释义

综合评价
报告有效期

企业信用报告范本二
（信用评估报告）

上海×××有限公司

信用评估报告
沪××信评(20××)第××号

地址：××××
邮码：××××
电话：021-××××
传真：021-××××　　　　×××征信机构
网址：××××　　　　　　二○××年×月×日

××公司信用评估报告

评估结果
信用等级：
等级释义：
历史信用等级：

表1 主要财务数据与指标

指标名称	前年	上年	当年
总资产			
净资产			
销售收入			
利润总额			
应收账款周转率			
存货周转率			
固定资产周转率			
流动比率			
现金流动负债比率			
毛利率			
总资产报酬率			
资产负债率			
三年销售平均增长率	—	—	
三年净资产平均增长率	—	—	
其他主要财务指标			

注：1. 报表为审计报表/未审计报表；
2. 审计机构：
3. 审计意见：无保留意见/保留意见/否定意见/拒绝发表意见。

信用评估人员：
报告出具时间：
报告有效期：自　　年　　月　　日
　　　　　　至　　年　　月　　日

评估观点：

1. 对影响被评对象履约能力和履约意愿的外部环境、经营状况、管理状况、财务状况、公共记录等要点进行概要性表述。

2. 揭示影响被评级对象信用评估结论的主要风险因素。

3. 结合评估目的和应用领域对被评对象信用状况进行综合评定。

（以上观点应足以支撑评估结论；语言精练，观点明确）

其他重大事项：

揭示对被评对象可能产生重要影响的其他重大事项。

一、基本信息

表2　基础信息

企业名称				
注册地址			注册日期	
注册资本		实到资本		
办公地址		邮政编码		
法定代表人		身份证号码		
联系人		联系电话		传真	
组织机构代码				
营业执照号		税务登记号		
开户银行		贷款卡号		
股东名称				
出资金额				
股权比例				
经营范围				
主营业务				
主要产品/服务				
员工人数		管理人员		科研人员	

表3　公共记录

类　别	项　目	内　容
信用记录	工商信用记录	
	纳税信用记录	
	财会信用记录	
	银行信贷信用记录	
	合同履约状况	
	税、贷解缴记录	
	违法违规记录	
	三年内重大法律诉讼情况	
	主要经营管理者个人信用记录	
	其他	

续 表

类　别	项　目	内　容
社会荣誉	企业荣誉证书	
	专业获奖证书	
	主要经营管理者个人荣誉	
资质认证	管理体系认证	
	产品质量认证	
	其他资质	
其他信息		

二、企业概况分析

三、外部环境分析

四、经营状况分析

五、管理状况分析

六、财务状况分析

七、公共记录分析

八、其他信息分析

九、评估结论

声　明

　　本征信机构及其信用评估人员与被评对象间不存在任何影响评估行为独立、客观、公正的关联关系；

　　评估人员在评估过程中，恪守职业规范，履行了相应的尽职调查和诚信义务；

　　信用评估结论未因被评对象或其他任何组织、个人的影响而改变；

　　未经本征信机构书面授权与许可，任何单位与个人不得复制、转载、散发和出售报告的信息；

　　本征信机构出具的信用评估报告仅供有关方面在　　　　　　领域中作为参考。

附件一：企业近三年比较财务报表
附件二：信用等级标识与释义

内蒙古自治区企业综合信用等级评价规范

基准性评价指标和评价内容（2015年版）

分　类	评价指标	主要考评内容	权　重
基本信用素质（基础信用度评价）30%	基本素质	资本实力	12
		股东实力	
		连续经营年限	
		法定代表人及高管信用状况	
	管理水平	法人治理结构情况	12
		管理制度建设情况	
		管理团队整体素质	
		管理体系认证情况	
		企业内部信用管理体系建设情况	
	社会责任	社会公益事业支持情况	6
		节能减排与环境保护情况	
		员工权益保障情况	
		客户或消费者权益保障情况	

续 表

分 类	评价指标	主要考证内容	权 重
信用保障能力(商务信用度评价)35%	发展能力	企业所处行业发展前景	10
		企业在行业中的地位	
		市场竞争力	
	运营能力	盈利能力	15
		偿债能力	
		创新能力	
	履约能力	取得的专项许可或资质等级	10
		技术装备水平	
		合同履约情况	
		贷款或债务偿还情况	
信用行为记录(社会信用度评价)35%	公共信用记录	法院生效的判决、裁定、调解和执行信息	25
		欠缴税费信息	
		劳动社会保障信息	
		行政事业性收费、政府性基金欠费信息	
		行政处罚信息	
		行政强制信息	
		其他提示信息	
	其他信用记录	有关部门评定的行业内部信用等级信息	10
		其他社会组织掌握的信用信息	
		社会公众投诉、举报信息	
		其他征信调查信息	
综合信用得分			100

一、本章重点概念

客户资信调查　信用评级　5C要素法　信用债

二、复习思考题

1. 简述实地调查的业务内容。
2. 简述征信中的侵权救济。
3. 简述信用评级业务流程。
4. 简述信用评估方法与技巧。
5. 简述债券评级框架。

6. 如何为企业设计评级模型？
7. 如何撰写信用评级报告？

三、练习题

1. 从观察的方式来看，包括（　　）观察。
   (A) 参与性观察　　　　　　　　(B) 仔细性观察
   (C) 为观察而走马观花式的观察　(D) 考察性观察

2. （　　）是企业整体信用状况的综合反映，是各级政府部门建立信用奖惩联动机制、实施信用联合监管和优化公共资源配置的重要参考。
   (A) 企业综合信用等级评价　　　(B) 信用评级
   (C) 资信调查　　　　　　　　　(D) 信用评分

3. 资信评级本身就是对被评对象（　　）能力和意愿所做的综合评价。
   (A) 履约能力　　　　　　　　　(B) 未来的履约能力
   (C) 偿债　　　　　　　　　　　(D) 经营

4. 标准普尔短期债券等级符号中表示已有违约情况发生的符号是（　　）。
   (A) B　　(B) D　　(C) C　　(D) A-2

5. 根据《征信业管理条例》规定，征信机构对个人不良信息的保存期限，自不良行为或者事件终止之日起为5年；超过（　　）年的，应当予以删除。
   (A) 3　　(B) 4　　(C) 5　　(D) 7

6. 信息主体认为征信机构或者信息提供者、信息使用者侵害其合法权益的，可以向所在地的（　　）投诉。
   (A) 人民银行　　(B) 银监局　　(C) 人民法院　　(D) 地方人民政府

7. 在实践的基础上，调查人员总结出5W调查事项中"When"是指（　　）。
   (A) 被调查企业属于什么行业　　(B) 办公场所或生产场地在什么地方
   (C) 经营者的专业背景情况　　　(D) 被调查企业是什么时间成立

8. 主体评级和债项评级是（　　）。
   (A) 据评级对象所处的市场不同分类　(B) 据被评主体是否自愿接受评级分类
   (C) 根据评级对象分类　　　　　　　(D) 根据评级覆盖的期间分类

9. 企业债项信用评级评定的是债务工具的（　　）。
   (A) 债权保护措施　　　　　　　(B) 违约可能性及违约损失的严重性
   (C) 发债主体　　　　　　　　　(D) 盈利能力

10. 关于征信投诉不予受理情形有（　　）。
    (A) 无明确的投诉对象
    (B) 无异议处理的地点
    (C) 投诉事项已通过司法等途径受理
    (D) 人民银行相关分支机构已就投诉事项进行过核实处理，无新情况

11. 在征信活动中，我国对征信侵权行为的解决方式有（　　）两种方式。
    (A) 行政救济　　(B) 司法救济　　(C) 诉讼　　(D) 仲裁

12. 异常分析法具体关注以下（　　）异常情况。

(A) 账户名称异常、数据增加异常
(B) 季节性异常
(C) 经营范围和经营性质变更
(D) 金额精确异常、往来关系异常

13. 常用单项指标分析法有( )等。
　　(A) 分段定分法　　　　　　　(B) 比例定分法
　　(C) 功效系数法　　　　　　　(D) 财务指标评分法

参考文献

[1] 林钧跃,陈殿佐.信用管理师[M].北京:中国劳动社会保障出版社,2006.
[2] 谢旭.全程信用管理实务与案例[M].北京:中国发展出版社,2007.
[3] 吴晶妹.信用管理概论[M].北京:上海财经大学出版社,2011.
[4] 孙健.账款催收的心理博弈术[M].北京:电子工业出版社,2011.
[5] 高秀屏,赵迎东,汪宇瀚.企业信用管理[M].上海:上海财经大学出版社,2013.
[6] 吴晶妹.三维信用论[M].北京:当代中国出版社,2013.
[7] 叶伟春.信用评级理论与实务[M].上海:上海人民出版社,2011.
[8] 巩宇航.中小企业融资实训教程[M].北京:中国金融出版社,2013
[9] 林钧跃.征信技术基础[M].北京:中国人民大学出版社,2007.
[10] 汪海清.企业征信调查实务[M].上海:立信会计出版社,2008.
[11] 谷再秋,潘福林.客户关系管理[M].北京:科学出版社,2009.
[12] 郭敏华,信用评级[M].北京:中国人民大学出版社,2004.
[13] 陈文,庞素琳.高级信用管理师实务[M].广州:广东人民出版社,2015.
[14] 陈文,蒋海.中级信用管理师实务[M].广州:广东人民出版社,2015.
[15] 刘乐平.信用评级原理[M].北京:中国金融出版社,2012.
[16] 孙森,翟淑萍.信用管理[M].北京:中国金融出版社,2012.
[17] 关建中.国家信用评级新论[M].北京:中国金融出版社,2011.
[18] 秦国勇.商业保理操作实务[M].北京:法律出版社,2011.
[19] 曹宗一.地方政府信用失范的成因与对策[J].金陵科技学院学报,2010.
[20] 《征信前沿问题研究》编写组.征信前沿问题研究[M].北京:中国经济出版社,2010.
[21] 王玥.个人征信权益保护问题的调查与研究[J].征信(164).
[22] 赵胜.论公共危机中我国政府信用的建构[J].经营管理者,2010(10).
[23] 郭箭.浅析企业征信系统异议处理[J].征信,2010(5).
[24] 安建,刘士余,潘功胜.征信业管理条例释义[M].北京:中国民主法制出版社,2013.
[25] 高武.小额贷款评估技术与风险控制[M].北京:中国金融出版社,2013.
[26] 方立新.助理信用管理师实务[M].北京:中央广播电视大学出版社,2010.